普通高等教育"十一五"国家级规划教材

# 农业信息技术

（第二版）

李　军　主编

科学出版社

北京

## 内 容 简 介

农业信息技术是现代信息技术与农业科学相结合的新兴交叉学科，是主要研究现代信息技术在农业领域中应用的理论与技术，为农业的生产管理、经营决策、科学研究和技术推广提供新的管理方法、决策技术、试验手段和传播途径，促进传统经验型农业向现代精确型农业转变。全书共分 9 章，主要介绍农业信息技术概述、农业信息采集、农业数据库系统、农业遥感监测、地理信息系统、作物模拟模型、农业专家系统、精确农业技术和农业信息网络的技术原理、应用现状与发展趋势。

本书适合高等农业院校植物生产类专业和相关专业的本科生和研究生教学使用，也可供农业管理人员和技术人员参考。

**审图号：GS京（2022）1599号**

**图书在版编目（CIP）数据**

---

农业信息技术/李军主编. —2 版. —北京：科学出版社，2010. 9
（普通高等教育“十一五”国家级规划教材）
ISBN 978-7-03-028739-7

Ⅰ.①农…　Ⅱ.①李…　Ⅲ.①信息技术-应用-农业-高等学校-教材　Ⅳ.①S126

中国版本图书馆 CIP 数据核字（2010）第 163400 号

---

责任编辑：丛　楠　席　慧　孙　青／责任校对：赵桂芬
责任印制：赵　博／封面设计：耕者设计工作室

科学出版社 出版
北京东黄城根北街 16 号
邮政编码：100717
http://www.sciencep.com
保定市中画美凯印刷有限公司印刷
科学出版社发行　各地新华书店经销
*
2006 年 1 月第　一　版　开本：787×1092　1/16
2010 年 9 月第　二　版　印张：18 3/4
2024 年 7 月第十五次印刷　字数：440 000

**定价：69.80 元**

（如有印装质量问题，我社负责调换）

# 《农业信息技术》编写委员会

**主　编**：李　军

**副主编**：王长发　褚庆全　马新明

**编　委**：李　军　王长发　李轶冰　胡希远　闵安成

（西北农林科技大学）

褚庆全（中国农业大学）

马新明　余　华（河南农业大学）

张永江（河北农业大学）

刘同海（天津农学院）

蒋桂英（石河子大学）

刘景辉（内蒙古农业大学）

廖桂平（湖南农业大学）

陈国庆（山东农业大学）

段红平（云南农业大学）

蔡德利（黑龙江八一农垦大学）

刘成忠（甘肃农业大学）

史纪安（河南科技大学）

周鑫斌（西南大学）

# 前　言

农业信息技术是现代信息技术与农业科学相结合的新兴交叉学科，它是研究现代信息技术在农业领域应用的理论与技术，利用高新技术改造传统农业，为农业的生产管理、经营决策、科学研究和技术推广等提供新的管理方法、决策技术、试验手段和传播途径，促进传统经验型农业向现代精确型农业转变。在美国、英国、澳大利亚和加拿大等发达国家，农业信息技术的研究与推广历经半个多世纪的发展历程，在农业科学研究和农业生产管理上已经发挥十分重要的作用，并显示出巨大的应用潜力，成为农业生产领域中与农业生物技术并列的前沿科学领域。我国农业信息技术研究起步较晚，研究历史不足 30 年，基础研究和应用条件都比较薄弱。“十五”至“十一五”期间，我国农业信息技术的科学研究和应用示范均取得了明显进展。我国建立了一批农业信息技术研究机构和示范基地，出版和发表了一批农业信息技术方面的研究专著和学术论文，在国内外产生了较大的学术影响，并初步显现出良好的生产应用前景。但由于涉及农业科学、信息技术和工程技术等众多学科的交叉与融合，农业信息技术的研究内容十分庞杂，许多概念、理论和技术尚处于构想、创建和发展之中，一些相对较为成熟技术的生产应用也仍处于试验示范和小规模应用阶段，学科发展总体上仍处于初中期阶段，学科内容体系也还在初步形成和发展完善之中。

农业信息技术作为 21 世纪农业科技创新的前沿领域，不仅为农业科学研究提供了先进的思想方法和试验手段，受到农业科学家的高度评价和广泛重视，而且作为农业高新技术成果推广应用的先进技术工具和高效传播载体，能够向各级农业生产人员和管理干部传播各类实用的农业知识、管理知识和各种经济信息，改进农业生产管理方法和经营决策手段，提高农业生产效率和经济效益，因而也受到农业生产管理和经营者的普遍欢迎。为了促进我国农业信息技术的快速发展和生产应用，首先需要在高等农业院校开设农业信息技术课程，开展农业信息技术教学与研究，使学生具备利用现代信息技术带来的新思想、新方法和新技术来改造传统农业的研究、示范、生产、经营和管理的能力。因此，农业信息技术可以作为植物生产类专业的基础拓展课程，在系统学习相关专业基础课和专业课的基础上学习本课程，有利于促进农艺学、信息技术、农业工程等学科的相互融合，改进传统植物生产类专业的研究手段，拓宽专业研究领域，深化专业自身内涵，提升专业竞争能力。同时，本课程也可以作为高等农业院校其他专业的公共选修课，以便实现“厚基础、宽口径、强能力、高素质”的人才培养目标。目前，越来越多的高等农业院校在植物生产类专业相继开设了农业信息技术课程，促进了农业信息技术的不断发展与普及。

农业信息技术教材建设已历经 10 年的发展过程。1999 年农业信息技术课程被列入西北农林科技大学农学专业培养计划之中。2001 年由李军、王长发、闵安成等编写了校内教材《农业信息技术概论》，相继在农学、植物科学与技术等本科专业使用。经过对该教材的扩充和修订，由李军主编、全国9所农业院校10多位任课教师参编的全国高等农林院校教材《农业信息技术》于2006年由科学出版社出版发行，在全国10多所高等农业院校的农学、植物科学与技术、信息技术等本科专业，以及作物栽培学与耕作学、农业生态学、农业推广等研究生专业使用。2006年《农业信息技术》教材入选普通高等教育“十一五”国家级规划教材行列。经过几年来对教材内容的教学实践检验，为了适应教学改革后课程教学学时缩短的要求，减少与其他课程有关内容的重复，编写框架体系全面、内容精练的概论性教材，本次编写组织了全国14所高等农业院校20多位任课教师，在2006年版《农业信息技术》教材框架和内容的基础上，结合国内外农业信息技术研究新进展，进一步完善了教材框架体系并精练内容，压缩和合并了部分章节，扩充和增添了部分章节，编写完成了国家“十一五”规划教材——《农业信息技术》。在初稿完成后，进一步精练了文字描述，删减了部分文字和图表，并把第三章第四节“农业数据统计分析方法”、第四章第六节“农业遥感监测示例”、第六章第三节“EPIC模型应用示例”、第六章第四节“作物生长与产量形成的数学模拟原理”、第七章第五节“小麦生产管理决策系统”、第八章第四节“农业机器人”、第九章第四节“计算机网络概述”及第九章第五节“电子农务工程”8节内容制作为电子版，储存于随书附赠的光盘中，供教学参考或者学生自学之用，以帮助读者理解相关内容。

本教材主要作为植物生产类本科专业学生使用的概论性教材，兼顾作物栽培学与耕作学、农业生态学等相关专业研究生教学需求。根据读者专业背景知识和学科发展需要，本教材的主要编写特点是：①体系较为完善。能够涵盖国内外农业信息技术发展的主要领域。②内容较为新颖。能够反映当前国内外农业信息技术发展的最新进展。③内容难度适中。充分考虑到学生的专业背景和课程学时的设置情况，重点介绍农业信息技术的原理、应用现状和发展趋势，对于复杂的计算机技术原理和农业工程设计细节未做过细的介绍。④注重图文并茂。通过精练的文字叙述和大量的插图展示，尽量增加教材内容的信息量和直观性。⑤配套多媒体课件。制作与教材内容配套的多媒体课件，增加了相关内容的彩色图片和视频资料，有利于学生学习和教师授课。

本书共分为9章：第一章为农业信息技术概述，介绍信息技术和农业信息技术的概念、主要研究内容、国内外发展概况与未来发展前景；第二章为农业信息采集，系统介绍农田生物信息，农田气候信息，农田土壤信息，设施农业环境，农业感官智能分析等计算机自动化信息采集、处理（调控）的基本方法和技术原理；第三章为农业数据库系统，主要介绍数据库系统的基本概念与设计方法，农业数据库发展概况，农业管理信息系统；第四章为农业遥感监测，系统介绍遥感技术发展概况，电磁波谱与地物波谱特征，遥感影像获取、解译与处理，高光谱遥感与定量遥感基础，农业遥感监测应用；第五章为地理信息系统，介绍地理信息系统（GIS）的概念、功能、构成与基本原理，GIS软件系统，“3S”集成技术以及GIS在农业应用领域的示例；第六章为作物模拟模型，主要介绍作物生长模型、虚拟植物模型的研究与应用概况以及作物生长模型的研究应用示例；第七章为农业专家系统，介绍专家系统的概念、类型、结构和原理，农业专家系统发展状况与典型示例，作物管理知识模型，农业决策支持系统；第八章为精确农业技术，系统介绍精确农业的概念、技术体系和关键技术，全球卫星定位系统GPS和智能化农业机械装备技术的技术原理以及农业机器人的概念、类型和基本原理；第九章为农业信息网络，介绍计算机网络的基本原理，农业网络信息的获取与发布，农业电子商务，农业电子政务和电子农务的概念、技术体系和应用发展概况。

如前所述，由于农业信息技术学科尚处于初中期发展阶段，学科内容体系还在形成之中，许多理论和技术尚不成熟，加之涉及内容十分宽泛，属于高度交叉和综合性学科。限于编者的学术水平，书中不妥和错误之处难免，恳请使用本教材的有关院校师生和农业信息技术专家给予批评指正。在本教材编写过程中，参阅了相关领域专家学者的大量文献资料，在此对各位作者表示衷心感谢。

李　军

2010 年 4 月于杨凌

# 目　　录

# 第一章　农业信息技术概述

21 世纪是生物技术与信息技术的时代。以基因工程、生物芯片等新型技术为代表的现代生物技术，正在引发医学、农业等领域新的科技革命，形成新的生物产业浪潮。而以计算机技术和通信技术为代表的现代信息技术，正迅速渗透到国民经济的各个部门，改变着人们的生活方式、工作方式和思维方式，继而引发许多传统技术思想和观念的革命。

农业生物技术和农业信息技术作为 21 世纪农业科技发展的两大前沿技术，对未来农业科技革命和农业生产经营的影响不可估量。农业生物技术通过突破自然遗传对生物个体生产力的限制，培育超级农业生物品种，这显示出未来农业的巨大生产潜力。农业信息技术则为改善与调节生物与环境关系提供最佳技术手段，促进农业生产潜力的发挥。因而，农业生物技术和农业信息技术是 21 世纪农业科技创新与农业发展缺一不可的两大核心支撑技术体系。

## 第一节　信息技术发展概述

信息技术是指对信息的采集、加工、存储、交流、应用的手段和方法的体系，即通过各种物化形态的信息媒体手段，对各种信息进行采集、加工、存储、交流、应用的方法。通常所说的信息技术是指以微电子技术、计算机技术和通信技术为主要手段开发和利用信息资源的高技术群。

### 一、信息技术的概念

信息(information)是信息源所发生的各种信号和消息经过传递被人们所感知、接收、认识和理解的内容的统称。信息现象无时无处不在，信息广泛分布于自然界、人类社会和人的思维活动过程中，信息现象是永存的，超越人类社会的发展过程。

信息技术(information technology，IT)是指获取、处理、传递、存储、使用信息的技术，是能够扩展人们的信息功能的技术。它集通信(communication)技术、计算机(computer)技术和控制(control)技术于一体，其内容包括信息采集技术、信息传递技术、信息处理技术及信息控制技术，其功能对应着人体信息器官的功能，即感觉器官、传导神经网络、思维器官和效应器官。

#### 1. 信息采集技术

信息采集技术是指能有效地扩展人类感觉器官的感知域、灵敏度、分辨力和作用范围的技术，包括传感、测量、识别和遥感遥测等技术，但目前广泛使用的主要是传感技术、遥测技术、遥感技术和全球卫星定位技术等。传感技术也称传感器技术，主要是开发和研制能感知外界环境信息的人造感觉器官(各类传感器)，实现对生物及其环境因子的检测，如机器视觉、电子鼻和电子舌等。遥测技术是对被测对象的某些参数进行远距离测量的一种信息获取技术,其系统一般由传感器、通信设备和数据处理设备三部分构成。遥感技术是指从不同高度的平台上(包括近地面、远距离高空及外层空间),利用各种传感器接收来自地球表面各类地物的电磁波信息,并对这些信息进行扫描和摄影、传输和处理,从而对地表各类地物和现象进行远距离探测及识别的现代综合技术。全球卫星定位技术是利用人造地球卫星进行点位测量的技术,使用它可以标示出农业信息采集点的精确空间位置。

2. 信息传递技术

信息传递技术也称通信技术,是传导神经网络功能的延伸,包括数字程控交换技术、综合业务数字通信网、光纤通信、数字移动通信、卫星通信、信息高速公路等,用于迅速、准确、有效地传递信息。

3. 信息处理技术

信息处理技术就是应用计算机硬件、软件及数字传输网,对信息进行文字、图形、特征识别,信息与交换码之间的转换,信息的整理、加工、生成,以及利用数据库、知识库实现信息存储和积累的技术。它又分为信息识别技术、信息转换技术、信息加工技术、信息存储技术四大组成部分,是人脑思维器官功能的扩展与延伸,能更好地存储、加工和再生信息。计算机技术是现代信息处理技术的主体或核心。

4. 信息控制技术

信息控制技术的功能是根据输入的指令信息(决策信息)对外部事物的运动状态和方式实施干预,是效应器官功能的扩展延伸。主要包括显现技术、人机接口技术、遥控技术、自动控制技术、机器人技术等。

在信息技术的四大内容中,信息传递技术和信息处理技术是整个信息技术的核心,而信息采集技术、信息控制技术是核心与外部世界的接口,四者构成了一个完整的功能体系,并与人的信息器官及其功能系统相对应。其内容互相综合,已形成多项应用开发技术,如数据库技术、人工智能、专家系统、遥感技术、地理信息系统、全球定位系统、计算机辅助决策系统、自动控制技术、多媒体技术、计算机网络技术等。

## 二、信息技术的发展历程

信息技术并不是当代社会发展的独创产品,其产生和发展经历了由古代到现代、由简单到复杂的漫长历史过程。

1. 古代信息技术

在远古时代,人类以手势、喊叫、形体动作来沟通信息。此后,人类开始在石器、陶器、甲骨、竹片、丝帛等载体上刻画、书写各种符号和文字,交流、传播、保存信息。后来,我国发明了造纸术和印刷术,造纸技术使得信息的记载和传递有了轻便好用的信息载体,印刷技术使得世界范围内的书籍数量激增，极大地促进了信息交流的速度和范围，对科学技术的传播和世界文化交流产生了巨大的作用。此外，视觉通信和听觉通信是古代的通信方法。中国古代利用烽火、击鼓传递紧急军情，通过邮驿传递政府文书和各类邮件，还利用信鸽传递信件和特殊信息。

2. 近代信息技术

近代信息技术的典型包括摄影技术、电影技术、电报与电话技术、广播与电视技术等。发明于19世纪中期的摄影技术，使人类活动和自然界变化过程中的图景得以留存，克服了只能依赖文字、符号、绘画等手段记录信息的不足。19世纪中后期，电报的发明、无线电通信技术的应用，使得人类远距离高速信息传播进入到新境界，电话的发明使人的声音可以跨越万水千山，远隔重洋传播，延长了人的口与耳的功能，使"顺风耳"的神话变为现实。在19世纪末期，电影的诞生使人类掌握了一种全新的传播媒体，获得了一种新的娱乐形式。20世纪初期，无线电广播的发明，实现了一点对多点的声音信息传播，使众多新闻信息及时传达到人们的耳畔，成为最早的电子大众传媒。20世纪中期，电视的发明和发展，又是信息技术的一项重大成果。电视传播声像并茂，色彩生动，并且能够远距离传送，将世界上正在发生的事情原本展现在观众面前，这使得人们获取信息的方式发生了巨大的变化，并对人类的社会生活产生了广泛而深刻的影响。

3. 现代信息技术

20世纪中叶以来，现代信息技术发展迅猛，它是以微电子技术为基础技术，以计算机技术和现代通信技术为主要代表，包括信息获取技术、信息处理技术、信息传递技术、信息存储技术等方面。80年代以来，计算机网络的出现和使用，改变了人们传统的生产和生活方式，利用网络就可以查阅大洋彼岸的计算机中的文件、资料和文献，可以在家中上班、就医和购物，这说明真正的信息时代已经到来。

## 三、现代信息技术内容

现代信息技术是指20世纪70年代以来，随着微电子技术、计算机技术和通信技术的发展，围绕着信息的产生、收集、存储、处理、检索和传递，形成的一个全新的、用以开发和利用信息资源的高技术群，包括微电子技术、新型元器件技术、通信技术、计算机技术、各类软件及系统集成技术、光盘技术、传感技术、机器人技术、高清晰度电视技术等，其中以微电子技术、计算机技术、软件技术、通信技术为主导。

1. 微电子技术

微电子技术是随着集成电路技术发展起来的一门新兴技术，包括系统与电路设计、器件物理、工艺技术、材料制备、自动测试与封装等一系列专门技术，以芯片和集成电路为研究重点，发展趋势是不断缩小电路元件的尺寸，提高集成度，使集成电路体积更小、质量更轻、耗电更少、功能更强。微电子产品已经广泛地应用于生产和生活的各个领域。

### 2. 传感技术

现代传感技术就是人们采集获取信息的技术,包括传感器技术、雷达技术、遥测技术和遥感技术等。传感器是将非电的物理量(如压力、温度、湿度、流量等)转换为电量的装置,可以对某些物理量进行测试或处理。雷达技术主要用于对飞行物的方位和距离进行测定,包括微波发射机、接收机和信息处理系统三部分。遥测技术是对被测对象的某些参数实施远距离测量的技术,通过传感器获得被测对象的某些参数后,通过信号变换、传输、记录和处理,获得信息。遥感技术是利用传感器探测被测物体的电磁波谱信息,获取物体的数量、质量和运动变化的信息,广泛应用于生态环境、天文研究、资源利用及军事等多个领域。

### 3. 信息存储技术

信息存储技术是人们记录保存信息的技术。最原始的信息存储技术或许是结绳记事,后来用文字符号在石板、木片、树叶、纸等介质上记录信息,而现代信息存储技术则包括磁存储技术、光存储技术、微缩存储技术等。

### 4. 计算机技术

计算机是一种能自动、快速、精确进行信息处理的电子设备,是20世纪最重大的发明之一,促进了人类社会从工业化向信息化的转变。计算机在科学计算、数据采集和处理、信息传输和处理、实时控制、计算机辅助教育、计算机辅助设计、人工智能与机器人等方面应用广泛。计算机技术包括计算机硬件技术和计算机软件技术。计算机硬件包括主机和外部设备。计算机软件是计算机程序,实现此程序功能所采用的方法、规则和相关联的文档以及运行程序所需要的数据的集合。

### 5. 多媒体技术

多媒体技术是指能对音乐、声音、文字、图像、照片、动画、电影、电视等多种形式信息进行处理和传输的技术,能使用户获得图像、声音、文字并茂的计算机画面。多媒体技术是集计算机技术、声像技术和通信技术于一体的综合技术,包括数据压缩技术、光盘存储技术、数据库技术、网络通信技术等。多媒体技术在远程教育与培训、商业宣传、图书资料管理、监视系统、办公自动化、医疗诊断、电子出版、仪器仪表、农业管理、虚拟现实技术等方面得到了广泛的应用。

### 6. 通信技术

通信就是信息的传输与交换,也就是将语言、文字、符号、音乐、图像等信息从发送者传输给另一个时空点的收集者。通信系统是指实现这一通信过程的全部技术设备和信道(传输媒介)的总和。通信系统种类很多,包括长途和本地的有线电话网(包括光缆、同轴电缆网)、无线电话网(包括卫星通信、微波中继通信网)、有线电视网和计算机数据网,由它们组成的现代通信网,通过多媒体技术,可为家庭、办公室、医院、学校等提供文化、娱乐、教育、卫生、金融等方面广泛的信息服务。

7. 计算机网络技术

计算机网络是一些相互连接、自治的计算机的集合，由计算机和通信网络两部分组成，计算机是通信网络的终端或信息源，通信网络为计算机的数据传输与交换提供了通道。计算机网络按照作用范围可分为局域网(local area network，LAN)、城域网(metropolitan area network，MAN)和广域网(wide area network，WAN)。因特网(Internet)是世界上规模最大、用户最多、影响最大的广域网，能提供匿名文件传送服务(FTP)、电子图书阅览、新闻浏览、电子邮件服务、远程登录和文件查询服务等。

## 四、"数字地球"构想

现代信息技术发展十分迅猛，技术进步日新月异，人们对未来信息技术发展前景的描绘也层出不穷，提出了"数字地球"的构想。数字地球(digital earth)的概念是前美国副总统戈尔于 1998 年发表题为"数字地球——21 世纪人类认识地球的方式"演讲时提出的。"数字地球"的核心思想是用数字化的手段整体性地解决地球问题(与空间位置相关的问题)和最大限度地利用信息资源。

1. "数字地球"的含义与特点

所谓数字地球，可以理解为对真实地球及其相关现象统一的数字化重现和认识，是以地球为对象，以地理坐标为依据，以计算机技术、多媒体技术和大规模存储技术为基础，以宽带网络为纽带，由海量地球信息组成的多分辨率、多尺度、多时空，并能用多维空间描述的虚拟地球。"数字地球"的核心是基于遥感、地理信息系统、全球定位系统、宽带网络、仿真与虚拟技术的全球信息化，是一个以计算机、海量地球信息与通信网络为主体的、具有数字化、网络化、智能化和可视化特征的全球性综合信息系统。

作为一个超巨大的海量信息系统，与其他传统信息系统相比，数字地球具有如下特点：①数字地球具有空间性、数字性和整体性，三者融合形成了与其他信息系统的根本区别；②数字地球的数据具有无边无缝的分布式数据层结构，包括多源、多比例尺、多分辨率、历史和现时、矢量格式和栅格格式的海量数据；③数字地球具有迅速充实、联网的地理数据库；④数字地球以图像、图形、文本报告等形式提供服务；⑤数字地球采用开放平台、构件技术、动态互操作等最先进的技术方案；⑥任何用户都可以在宽带网上根据自己的权限实时查询和调用数字地球中的信息，运用具有传感器功能的特制数据手套，还可以对数字地球进行各类可视化操作；⑦数字地球的服务对象覆盖整个社会层面，无论政府机关还是科教、生产单位，无论专业技术人员还是普通老百姓，都可以找到自己所需要的信息。

2. 数字地球的技术基础

数字地球涉及的多学科信息支撑技术主要包括如下几个方面。

(1) 信息高速公路和计算机宽带高速网。数字地球系统多个数据库服务器是由高速网络来连接的，被称为信息高速公路，由计算机服务器、网络和计算机终端组成。远程宽带通信网络已达 10Gb/s,而未来数字地球的互联网可达每秒 $10^{15}$ byte。

(2) 高分辨率卫星影像。获取优于 0.5m 空间分辨率影像已经实现。高光谱遥感的光谱分辨率已达到 5～6nm 量级和 400 多个波段。对地观测卫星重访周期可以达到 3～5 天。

(3) 空间信息技术与空间数据基础设施。信息空间技术是指实现影像数据库、矢量图形库和数字高程模型(DEM)三库一体化管理的 GIS 软件和网络 GPS。空间数据基础设施包括空间数据协调管理与分发体系和机构、空间数据交换网站、空间数据交换标准及数字地球空间数据框架等。空间数据共享机制是使数字地球能够运转的关键之一。

(4) 大容量数据存储及元数据。数字地球需要存储海量遥感影像数据信息。为了在海量数据中迅速找到需要的数据,需要建设元数据(metadata)库,它描述了有关数据的名称、位置、属性等信息,从而大大减少了用户寻找所需数据的时间。

(5) 科学计算。在高速计算机上利用数据挖掘(data mining)技术,能够认识和分析所观测到的海量数据,从中找出规律和知识。科学计算将突破实验和理论的限制,通过建模和模拟技术,能更加深入地探索所搜集到的地球数据。

(6) 可视化和虚拟现实技术。可视化是实现数字地球与人交互的窗口和工具,没有可视化技术,计算机中的一堆数字是无任何意义的。运用虚拟现实技术,建立数字地球的三维虚拟世界以后,用户戴上显示头盔就可以走进视听效果逼真的虚拟世界,实现对各种地球现象的研究。

### 3. 我国“数字地球”的发展

我国也提出了发展“数字中国”的初步构想,构建“数字中国”地理空间基础框架,建立由组织管理、基础测绘生产、信息分发服务和科技创新机构或实体等组成的运行机构体系。发射对地观测小卫星,建设“三网(电信网、广播电视网和计算机通信网)合一”的高速宽带网,建设地理空间数据基础设施,建立标准化、规范化、数字化的三维、动态空间数据库。近年来,我国在“数字地球”领域的研究也正在深入和拓展,我国“十五发展纲要”中已把数字化、信息化的内容列入重中之重的项目中。“数字地球”概念和技术也在我国农业生产与经营、城市规划与建设、区域经济发展、流域研究与开发、校园信息化建设、交通管理信息化等相关领域得到应用,形成了诸如“数字农业”、“数字省区”、“数字城市”、“数字流域”、“数字校园”、“数字社区”、“数字交通”等相关应用实例。

## 五、“智慧地球”愿景

1995 年克林顿政府提出“信息高速公路”战略,通过发展互联网,推动了全球信息产业革命。2008 年 11 月美国 IBM 公司发布了“智慧地球”(smarter planet,SP)战略,这是一种运用先进信息技术手段构建新的世界运行模型的“愿景”构想。“智慧地球”战略被奥巴马政府借鉴和列入美国经济振兴计划,已批准投资 300 亿美元在美国发展“智慧电网”和“智慧医疗”。

### 1.“智慧地球”的含义

IBM 认为,“智慧地球”的核心内容是基于信息基础架构与高度整合的基础设施之间的完美结合，能够以一种更智慧的方法通过利用新一代信息技术来改变政府、公司和人们相互交互的方式，以便提高交互的明确性、高效性、灵活性和响应速度，使得政府、企业和市民可以做出更明智的决策。智慧方法包括更透彻的感知、更广泛的互联互通和更深入的智能化等三个特征。更透彻的感知是指利用任何可以随时随地感知、测量、捕获和传递信息的设备、系统或流程；更广泛的互联互通是指先进的系统可按新的方式协同工作；更深入的智能化是指利用先进技术获取更智能的洞察并付诸实践，进而创造新的价值。

“智慧地球”可以分为地球部分和智慧部分，地球部分主要包括人、企业、机构、社会团体、生态系统等，智慧部分主要包括电力、通信、IT 三方面，三者的融合效应产生了“智慧”。对“智慧地球”认知可以用“3I”表示：物联化(instrumented)，即更透彻的感知；互联化(interconnected)，即更全面的互联互通；智能化(intelligent)，即更深入的智能分析。“智慧地球”由新锐洞察(new intelligence)、智慧运作(smart work)、动态构架(dynamic infrastructure)和绿色未来(green and beyond)四大领域构成。对一个企业而言，新锐洞察即建立对信息智能归类和分析的信息架构；智慧运作即构建科学的业务流程架构；动态构架即搭建能动态调整的基础设施架构；绿色未来即建立应对环境保护和可持续发展的资源架构。

IBM 认为建设智慧地球需要三个步骤：第一步，各种创新的感应科技开始被嵌入各种物体和设施中，从而令物质世界极大程度地数据化；第二步，随着网络的高度发达，人、数据和各种事物都将以不同方式联入网络；第三步，先进的技术和超级计算机则可以对这些堆积如山的数据进行整理、加工和分析，将生硬的数据转化成实实在在的洞察，并帮助人们做出正确的行动决策。IBM 提出将在六大领域建立智慧行动方案：智慧的电力、智慧的医疗、智慧的城市、智慧的交通、智慧的供应链和智慧的银行。

简单地讲，“智慧地球”就是把互联网和“物联网”结合起来，即互联网＋物联网＝智慧地球。具体来讲，“智慧地球”是把各类传感器嵌入和装备到电网、铁路、桥梁、隧道、公路、建筑、供水系统、大坝、油气管道、家用电器等各种物品中，并且被普遍连接而形成“物联网”，并通过超级计算机和“云计算”来处理所有网络数据，实现人类社会与物理系统的整合，实时管理和控制人员、机器、设备和基础设施，以更加智慧、精细和动态的方式管理生产和生活，提高资源利用率和生产力水平，改善人与自然间的关系。

### 2. 物联网

物联网(the Internet of things)是指通过射频识别(radio frequency identification，RFID)、红外感应器、全球定位系统、激光扫描器等信息传感设备，按约定的协议，把任何物品与互联网连接起来，进行信息交换和通信，以实现智能化识别、定位、跟踪、监控和管理的一种网络。物联网就是“物物相连的互联网”，它有两层含义：第一，物联网的核心和基础仍然是互联网，是在互联网基础上的延伸和扩展的网络；第二，其用户端延伸和扩展到了任何物品与物品之间，进行信息交换和通信。

从结构上，物联网可分为感知层、网络层和应用层。感知层是物联网的皮肤和五官，主要作用是识别物体和采集信息，包括二维码标签和识读器、RFID 标签和读写器、摄像头、GPS、传感器、终端、传感器网络等。网络层是物联网的神经中枢和大脑信息传递和处理,主要作用是对感知层获取的信息进行传递和处理,包括通信与互联网的融合网络、网络管理中心、信息中心和智能处理中心等。应用层是物联网的“社会分工”与行业需求结合,实现广泛智能化,是物联网与行业专业技术的深度融合,与行业需求结合,实现行业智能化,这类似于人的社会分工,最终构成人类社会。

建立物联网的步骤:①对物体属性进行标识,属性包括静态和动态的属性,静态属性可以直接存储在标签中,动态属性需要先由传感器实时探测;②需要识别设备完成对物体属性的读取,并将信息转换为适合网络传输的数据格式;③将物体的信息通过网络传输到信息处理中心,完成物体通信的相关计算。

### 3. 云计算

云计算(cloud computing)是一种新兴的共享基础架构方法和商业计算模型,也是一种IT基础设施的交付和使用模式,是将计算任务分布在大量计算机构成的资源池上,使各种应用系统能够根据需要获取计算力、存储空间和各种软件服务,用户通过网络以按需、易扩展的方式获得所需的资源(硬件、平台、软件)。提供资源的网络被称为“云”,“云”是一些可以自我维护和管理的虚拟计算资源,通常是由计算服务器、存储服务器、宽带资源等组成的大型服务器集群。之所以称为“云”,是因为其具有现实中云的特征:规模较大、动态伸缩、边界模糊、飘忽不定、难以定位、无处不在。

云计算是分布式处理(distributed computing)、并行处理(parallel computing)和网格计算(grid computing)的发展及其概念的商业实现。“云计算”被其吹捧者视为“革命性的计算模型”,它使得超级计算能力通过互联网自由流通成为可能。“云计算”将所有的计算资源集中起来,并由软件实现自动管理。企业与个人用户无须投入昂贵的硬件购置成本,只需要通过互联网来购买和租赁计算力。在使用者看来“云”中的资源是可以无限扩展的,并且可以随时获取,按需使用,随时扩展,按使用付费。这种特性经常被称为像水电一样使用IT基础设施。云计算具有超大规模、虚拟化、高可靠性、通用性、高可扩展性、按需服务、极其廉价等特点。

### 4. “智慧地球”的意义

“智慧地球”的目标就是将智能信息技术应用到生产的各行各业和生活的方方面面。IBM希望地球上的每种信息都能被充分地利用,每个企业都具备智慧,它们之间有越来越广泛与深入的联系。如果把网络看做是神经,那么遍布全球的这些网络就可以看成是地球的神经,按照有条理的、繁杂的、可控的、灵活的规则去运转,让地球上的信息互联互通,让每个企业、每个设备都能发挥出自己最大的能量与能力,从而让这个星球充满智慧,并越发的繁荣。

## 第二节　农业信息技术发展概述

农业作为国民经济中分布区域最广泛、经营项目最复杂、受自然条件和社会经济因素双重影响最大的基础产业部门,对信息技术的需求和依赖日趋强烈。农业信息技术是农业科学与现代信息技术相结合的新兴交叉学科，它主要研究现代信息技术在农业领域应用的理论与技术，是信息技术学科最重要的应用分支。

## 一、农业信息技术的概念

农业信息技术（information technology in agriculture 或 agricultural information technology，AIT）是指利用信息技术对农业生产、经营管理、战略决策过程中的自然、经济和社会信息进行采集、存储、传递、处理和分析，为农业研究者、生产者、经营者和管理者提供资料查询、技术咨询、辅助决策和自动调控等多项服务的技术的总称。它是信息技术和农业技术发展相结合的边缘交叉学科，是信息技术在农业领域的应用分支，是利用现代高新技术改造传统农业的重要途径。

农业信息技术是传感器、计算机和通信技术在农业上的综合应用，其内容主要包括农业数据库与管理信息系统、地理信息系统、农业遥感监测、全球定位系统、农业决策支持系统、农业专家系统、作物模拟模型、农业信息网络、农业智能控制技术等。目前在农业中应用比较广泛的有农业信息数据库、农业专家系统、作物模拟模型及其集成系统、精确农业技术体系等。

农业信息技术为农业生产和经营管理、科学研究和技术推广提供了新的思想方法、管理技术、试验手段和传播途径，可应用于农业资源与环境监测、农业生产管理决策、农田精细管理、农业技术推广、农业经济管理、农业灾害防治、农业教育与培训等领域，能够促进传统经验型农业向现代精确型农业转变。

## 二、国外农业信息技术发展现状

20 世纪 50 年代以来，信息技术以其广泛的影响和巨大的生命力风靡全球。信息技术的突破性进展为世界农业科技革命和农业的飞跃发展带来了契机，也为世界农业科技革命拉开了序幕。90 年代以来，由于信息产业的发展，促进了各类农业技术的发展及应用，使美国、日本、西欧等发达国家的农业生产率得到很大的提高，农产品、工业品要比以往的农业社会、工业社会时期更加丰富。

世界农业信息技术的发展大致经历了三个阶段：第一阶段是 20 世纪五六十年代的广播、电话、电视通信信息化和计算机科学计算，即以广播、电话和电视传播农业科技，利用计算机研究饲料配合问题；第二阶段是七八十年代的数据处理和知识处理，以开始农业数据库建设、作物生长模型、农业专家系统和自动控制技术研究为标志；第三阶段是 90 年代以来精确农业技术的产生与发展，是地理信息系统、遥感技术、全球定位系统、智能化农业控制机械技术的系统集成与实践应用。进入 90 年代以来，美国、日本、西欧等发达国家在农业信息化方面发展很快，应用范围很广，应用成效显著，大幅度提高了农业生产率。目前，欧美国家农业信息技术发展已进入产业化阶段。以美国、德国和日本为代表的发达国家在完成了农业工业化和农业机械化后，已经进入了农业信息化时代。

美国是农业信息技术研究起步早、发展速度快、应用也较为广泛的国家。早在 20 世纪 70 年代初期，美国就开始建立农业技术信息数据库，建成了美国国家农业数据库 AGRICOLA，并较早地通过互联网来传播农业技术。据美国农业部相关报告，2007 年美国拥有电脑或租用电脑的农场数量达59%,配有互联网接口的农场数量为55%;互联网的普及刺激了农业电子商务的发展,2003年以来美国农业电子商务的销售额以每年25%的速度增长,而同期全美零售额的增长速度仅为6.8%;2007年美国从事在线交易的农场数量已经达到35%。美国农业卫星数据传输系统AgDaily和FarmData的应用也非常广泛,从用户观察点获得数据,连续不断地把数据从卫星传送到租用的数据终端并自动存储,能提供最新的市场价格、气象图表、美国农业部有关市场发展报告、长短期天气预测以及产品信息和保险服务方案。美国农业专家系统、作物模拟模型、智能信息系统的研究处于世界领先水平,已研制出一大批作物模拟模型、作物生产管理系统或病虫害管理系统。以"3S"为主要支撑技术的精确农业技术也率先在美国产生,其研究水平和应用程度都居于世界首位。

日本依靠计算机为主的信息处理技术和通信技术,来增加农村地区的活力,发展农业、农村的信息化。日本已将计算机广泛应用于耕作、作物育种、农作物与森林保护、蚕业与昆虫利用、农业气象、农业经营、农产品加工等方面。20世纪90年代建立了农业技术信息服务全国联机网络,即电信电话公司的实时管理系统,其大型电子计算机可收集、处理、储存和传递来自全国各地的农业技术信息。近两年开发的农业技术情报网络系统,借助公用电话网、专用通信网、无线寻呼网,把大容量处理计算机和大型数据库系统、Internet网络系统、气象情报系统、温室无人管理系统、高效农业生产管理系统、个人计算机用户等联结起来。政府公务员、研究和推广人员、农协和农户等各类用户,可随时查询和利用入网的农业技术、文献摘要、市场信息、病虫害情况与预报、天气状况与预报、世界或本国地图、电子报刊、音像节目、公用应用软件等各种数据。最近开发的Field Server更为农民提供了无处不在的网络环境,农民可以随时获得实时的小气候数据,更可以通过Field Server所提供的网络环境直接访问决策支持系统,获得实时的支持。

德国农业行政管理机构、科研机关、大专院校、农业技术服务单位等,都普遍配备计算机。计算机在农业上扮演科学计算、数据处理、自动控制、模拟模型等多方面的角色。德国已实现了农业网络与欧洲、北美、日本等国网络的连接;国内网络更是通过联邦中央、州及各区县的网络系统遍布全国各个角落。农业信息服务体系加紧数据库的建设,不断扩大数据存储,增加信息资源,通过网络连接实现资源共享。德国的农业技术信息服务主要通过三种类型的计算机网络来实施。一是各州农业局开发和运营的电子数据管理系统,用户可随时获得作物生长情况、病虫害预防、防治技术以及农业生产资料市场信息等。二是邮电局开发运营的电视文本显示服务系统,用户可通过邮局的通信网络,获得农业技术信息服务。三是德国农林生物研究中心开发建设的植物保护数据库系统(PHYTOMED),可联机检索有关农业技术信息。在信息技术应用方面,德国利用计算机模拟农作物生长和杂草竞争状态,对农作物进行优化控制和病虫害的预测预报,以及利用遥感资料,在计算机上预测生产性状和绘制森林树木分布评价图等。

## 三、我国农业信息技术发展现状

我国对农业信息技术的研究和应用起步较晚。在农业领域引进计算机技术起始于

20世纪80年代初期。从1990年开始，我国开展了智能化农业专家系统、农业系统模拟模型及实用农业信息管理系统等方面的研究与推广应用工作。1995～2000年，国家“863”计划306主题在全国相继选择建立了北京、云南、杨凌等20多个智能化农业信息技术应用示范区。1997年10月，中国农业科技信息网络中心建成，开始组建农业信息网络“金农工程”。2001年国家农业信息化工程技术研究中心（National Engineering Research Center for Information Technology in Agriculture，NERCITA）在北京市农林科学院挂牌成立，技术上依托北京农业信息技术研究中心。与此同时，我国一批科研院所和大专院校相继成立有关农业信息技术研究机构，开展农业信息技术的科研、教育、示范与推广工作。

“七五”以来，我国在农业数据库、农业专家系统、作物模拟模型、农业遥感监测、农业地理信息系统、农业信息网络、农业自动化控制、精确农业技术等领域开展了研究与应用推广工作，成效显著。已建成中国农林文献数据库、中国农作物种子资源数据库等100多个数据库，同时还引进了世界上几个最主要的农业数据库。自20世纪80年代开始，开发了5个“863”品牌农业专家系统开发平台，200多个本地化、农民可直接使用的农业专家系统，如水稻、小麦、棉花等作物栽培管理专家系统。初步建成的“金农工程”已经能够与全球的农业科技信息网联网，而且也实现了与国内各农业网络的联网。畜牧生产的自动控制可优化饲料配方，工厂化农业生产，如温室栽培，已经得到广泛示范与初步生产应用。我国还利用遥感与地理信息系统技术，研制出耕地变化监测系统，棉花种植面积遥感调查系统，作物产量气候分析预报系统，作物短期、中期、长期预报模型，小麦、水稻遥感估产信息系统等。

“十五”期间，国家科学技术部设立“863”计划现代农业技术主题“数字农业技术研究与示范”专项，进行数字农业关键技术研究和产品开发，通过系统集成构建了数字农业技术平台，初步形成我国数字农业技术框架，初步实现了玉米、水稻株型结构数字化设计，建立了小麦、水稻、玉米、棉花四大作物的气候-土壤-作物综合系统模型，初步形成了畜禽数字化养殖技术平台和数字林业公共技术平台框架。先后在上海浦东、吉林省、黑龙江省、新疆地区以及北京的小汤山等地建立了设施农业数字化技术、大田作物数字化技术和数字农业集成技术综合应用的示范基地。

“十一五”期间，国家科学技术设立了国家科技支撑计划重大项目“现代农村信息化关键技术研究与示范”，进行农业生产过程、农产品流通过程、农村综合信息服务等关键技术与产品的研发以及农村信息化技术集成与示范。在数字农业方面，开展了农业生物-环境信息获取与解析技术、农业过程数字模型与系统仿真技术、虚拟农业与数字化设计技术、农业数字化管理技术和农业数字化控制技术研究。在精准农业技术方面，研究开发了精准作业车载土壤信息和作物信息采集的共性技术与产品、精准作物生产管理决策模型及农田变量作业处方生成技术、精准作业控制与导航技术、农业机械装备总线技术和作业电子控制单元技术。在精准农业关键技术、精准农业重大装备、精准农业技术集成与示范、精准农业推广模式与组织机制四个方面取得了重大技术创新和突破。

我国农业信息化的步伐虽然很快,但是农业信息技术的应用开发研究尚处于分散无序、部门分割状态,信息资源封闭、不能共享。计算机应用系统发展不充分、不平衡,数据库总量不足、结构失衡、欠缺和重复并存。农业信息技术产品和商品化的应用软件较少,而且存在低水平重复的问题。总体上,信息技术在我国农业上的实际应用水平还很低。

## 四、"数字农业"技术

1997 年美国科学院、工程院两院院士讨论并发表了题为"Precision Agriculture in the $21^{st}$ Century——Geospatial and Information Technologies in Crop Management"的报告,报告正式提出了"数字农业"(digital agriculture)的概念,它是指在地学空间和信息技术支撑下的集约化和信息化的农业技术。1998 年,前美国副总统戈尔在提出"数字地球"概念时,再次把"数字农业"定义为"数字地球与智能农机技术相结合产生的农业生产和管理技术"。"数字农业"很快成为世界各国 21 世纪的农业发展战略,以及争先抢占科技、产业和经济的制高点之一。

### 1. "数字农业"的概念

数字农业是用数字化信息技术,对农业所涉及的对象和过程进行数字化表达、设计、控制和管理,是数字地球的理论与知识在农业上的拓展和深化。目前,对数字农业的定义尚未形成统一的认识,但对数字农业的理解一般有广义和狭义之分。

广义的"数字农业",即农业信息化,是指运用数字地球技术实现农业要素(生物要素、环境要素、技术要素、社会经济要素等)和农业过程(生产、管理、储运、流通等)的数字化、网络化、自动化以及智能化,形成数字驱动的农业生产管理体系。它是对农业各个子系统(种植业、养殖业、水产业、林业)的各种过程(生物、环境、经济)全面实现数字化的农业。要求在农业的各个部门(生产、科研、教育、行政、加工、流通、服务等)全面地实现数字化与网络化管理。

狭义的"数字农业",即精确农业或精细农业,是指将遥感、地理信息系统、全球定位系统、计算机技术、通信和网络技术、自动化技术等高新技术与地理学、农学、生态学、植物生理学、土壤学等基础学科有机地结合起来,在农业生产过程中对农作物、土壤从宏观到微观地进行实时监测,以实现对农作物生长、发育状况、病虫害、水肥状况以及相应的环境进行定期信息获取,生成动态空间信息系统,对农业生产中的现象、过程进行模拟,达到合理利用农业资源、降低生产成本、改善生态环境、提高农作物产品和质量目的的高新技术系统。

### 2. "数字农业"的内容与特点

数字农业技术的内容主要包括:农业要素(生物要素、环境要素、技术要素、社会经济要素)的数字信息化、农业过程的数字信息化(数字化实施、数字化设计)、农业管理的数字信息化。其本质是把信息技术作为发展农业生产力的重要要素,将工业可控生产和计算机辅助设计的思想引入农业,通过计算机、空间信息技术、网络通信、电子工程技术与农业机械的融合，实现对农业的生产、农产品加工、储运、流通与市场配送、信息服务以及农业资源环境等整个领域进行数字化设计、可视化表达和智能化控制，使农业按照人类的需求目标发展。

由于“数字农业”的概念出现时间较短，数字农业的研究仍处于探讨和试验阶段。数字农业的技术体系由数字农业技术基础、数字农业关键技术和数字农业平台技术等组成。①数字农业技术基础。包括数字农业空间信息管理标准和数字农业平台建设的标准、政策和法规等。②数字农业关键技术。包括 GIS 技术、RS 技术、GPS 技术、元数据管理技术、遥感图像的快速处理技术、计算机宽带网络技术、虚拟现实技术、快速自动分析检测技术、全自动化农业机械电子监控技术、作物生产管理专家决策系统、农情监测及信息采集处理技术设备、智能化农业机械装备技术等。③数字农业平台技术。数字农业平台就是指利用数字化、网络化、智能化、可视化等信息技术，建立一个提高农业管理水平、生产水平的综合平台，即对农业生产过程中所涉及对象的地域特征、形象特征、属性特征进行数字化，并将这些数字化后的特征数据，采用计算机、网络等信息技术手段，进行存储、传输、整合、分析，最终以声音、图像、图形、文字等形式输出，作为农业生产的重要技术依据，以提高农业生产效率、质量和水平。数字农业平台由网络平台、数字农业数据共享平台、数字农业技术集成平台等构成。

数字农业的核心：一是数字化统一处理农业问题；二是最大限度地开发农业信息资源；三是农业信息的集成与共享。在数字农业的背景下，各级政府能够在信息资源共享的基础上，更加合理地配置农业资源、调整农业结构，农业技术人员能够有效地控制农产品质量、减少农业资源的浪费、保护农业生态环境、提高农产品的竞争力，农民能够有的放矢，减少农业生产的盲目性，增加农业生产经营收入。

## 第三节　数字农作技术展望

农作物生产是整个农业产业中最基础和本质的部分，因此，数字农作技术是数字农业需要研究和发展的基础性和向导性工作，是现代农业发展的前沿领域和必然趋势。曹卫星教授(2008)提出了数字农作技术的含义、技术体系和发展趋势。

### 一、数字农作的含义与内容

#### 1. 数字农作的内涵与特征

数字农作(digital farming)是通过综合运用数据库、“3S”技术、系统模拟、人工智能、虚拟现实、网络通信等现代信息技术，研究农作物生产系统中信息获取、处理、管理和利用的关键技术及应用系统，从而对农作系统过程的信息流实现全面的数字化表达和整合。数字农作具有系统化、模型化、知识化、智能化、可视化、网络化等基本特征。数字农作技术使得农作生产系统从定性理解到定量分析、从概念模式到数字模型、从专家经验到优化决策，实现定时、定量、定位的数字化和精确化农作信息管理与决策支持。

### 2. 数字农作的内容

数字农作的主要内容包括理论基础、关键技术、应用系统等方面。

数字农作的理论基础包括农作信息的结构、性质、分类及其表达,农作信息的传输机制与信息流的形成机制,农作信息的管理与调控技术等。需要将系统动力学原理、信息数字化技术、知识工程技术等创造性地应用于农作生长与生产系统的监测、预测、设计及调控中。

数字农作的技术体系包括农作信息获取、信息处理、信息模拟、信息控制等方面,包括遥感系统、地理信息系统、全球定位系统、数据库、模拟模型、人工智能、决策支持和网络技术等。

数字农作的应用系统是以数字农作关键技术为基础,以农作产业的应用领域为服务对象,以农作信息流为主线,定量描述整个农作生产系统的过程及其环境与社会经济关系,实现农作生产系统分析、设计管理、决策调控的信息化和科学化,并广泛应用于优化资源配置、动态监测农情、预测作物产量、设计生产方案、实施精确管理等方面。

### 3. 数字农作的作用

在研究数字农作理论体系和关键技术的同时,开发面向服务的农作信息化软硬件产品,增强对农作研究对象的量化描述和认识,综合发展和集成单项农业理论与技术,提高农业管理决策的科学性和预见性,为农业科技提供新的研究和推广手段与方法,促进传统粗放型和经验型农业向现代化、数字化、精确化和科学化的现代农业转变,实现农业资源有效配置与优化利用,发展优质、高效、生态和安全农业。目前,数字农作技术已经应用于农情动态的无损化检测、农作生产力的数字化预测和农业生产的精确化管理等方面。

## 二、数字农作的关键技术

当前数字农作技术研究主要集中在农作信息管理技术、农作过程模拟技术、农作信息监测技术、农作管理决策技术和数字农作平台技术等方面。

### 1. 农作信息管理技术

农作信息包括农作生产的宏观信息和微观信息两大类。宏观信息包括资源环境、种植业结构、农作科技成果、生产设施与技术,以及产前、产中、产后动态等;微观信息包括农作生产的气象条件、土壤特征、品种参数、管理技术、栽培知识、历史苗情与产量、生产资源与水平等。农作信息管理技术主要包括地区编码库、气象库、土壤库、品种库、农情库、灾情库、灌溉库、植保库、施肥库、化控库、作物营养库等数据库的建立和管理。农作信息管理系统通常需要和地理信息系统(GIS)、遥感系统(RS)、全球定位系统(GPS)结合起来,建立综合性的和多功能的农业空间信息管理系统。

2. 农作过程模拟技术

农作过程模型主要是通过定量描述作物生长与生产系统内相关成分及过程的相互关系，着重建立基于作物-环境-技术关系的系统动力学模型，从而动态预测农作系统的行为和结果，具有系统性、动态性、机制性、预测性、应用性等特征。农作过程模拟模型包括作物生长模拟模型和作物形态虚拟模型。理想的农作过程模拟模型具有综合知识、定量关系、测验假说、动态预测和支持决策等功能。目前，土壤水分和养分运移过程模拟与作物生理生态过程模拟以及形态结构建成模拟相结合是国际农业系统模拟模型研究的前沿和热点。

3. 农作信息监测技术

农作信息监测主要是通过光谱遥感、红外成像、机器视觉、图像处理等手段，对农田土壤水分、土壤肥力、杂草、病虫害、作物苗情等农情状态进行实时无损监测和诊断，为农业生产预测预报和管理决策提供基础信息。农作信息无损实时监测分为空间监测和地面监测。空间监测利用空间平台上的遥感技术，大面积、适时、准确地获取农业信息，已广泛应用于作物类型、面积、长势、灾害和产量等农情信息的监测。地面监测利用地面平台上的遥感技术，如高光谱分析仪，进行作物生理与生长特征的综合监测和诊断，目前在叶面积指数(leaf area index，LAI)、干物质等指标的监测技术上已趋于成熟。

4. 农作管理决策技术

对获取的各种信息分析、处理和管理，是农业生产决策必不可少的环节。完整的农作管理系统应实现产前、产中、产后等农作生长全过程管理决策，包括农作种植结构与优化布局、产量与品质目标确定、优良品种选择、适宜播期(移栽期)和密度的设计、肥料运筹、水分管理、生育指标预测、化学调节剂使用、病虫草害防治以及效益分析等。农作管理决策系统主要有专家系统和基于模型(包括知识模型、生长模型以及两者的结合)的决策支持系统。

5. 数字农作平台技术

数字农作平台技术就是完成各个系统之间的集成技术，包括“3S”技术的集成、知识系统与模拟模型的集成、模拟系统与“3S”技术的集成、形态模型和生长模型的集成等，最终将模拟模型的预测功能、遥感技术的监测功能、专家系统的决策功能、信息系统的管理功能等融合，从而对不同环境下的作物生长状况实时监测，预测并提供优化管理决策，以取得最高的农业产量、最低的生产成本和最佳的经济效益，并能达到改善资源利用和环境质量，实现农作生产系统的优质、高产、高效、安全和持续发展的效果。

## 三、数字农作的发展展望

1. 数字农作发展的总体趋势

数字农作的未来发展将需要综合运用信息管理、自动监测、动态模拟、虚拟现实、知识工程、精确控制、网络通信等现代信息技术，以农业生产要素与生产过程的信息化与数字化为主要研究目标，发展农业资源的信息化管理、农作状态的自动化监测、农作过程的数字化模拟、农作系统的可视化设计、农作知识的模型化表达、农作管理的精确化控制等关键技术，进一步构建综合型数字农作技术平台与应用系统，并研制出相关支撑设备和仪器。对于种植业而言，今后的研究重点将是提高数字农作关键技术与应用系统的机制性、数字化、可靠性和通用性水平，并研制出具有较强综合性和科学性的大型数字农业技术平台及软硬件产品。

### 2. 数字农作关键技术的发展趋势

为了实施对农业生产的监测、诊断、评估、预报和规划等，需要研制和建立专门领域的农学模型库，建立网络化和综合性的数据库管理系统和信息管理系统，实现科学合理的定量化决策支持。有关农作系统模型的构建发展趋势表现出由局部到整体，由经验性到机制性，由智能化到数字化，由功能化到可视化的发展态势，重点是提高农作系统模拟模型的完整性和解释性，改善农作管理决策的广适性和准确性。其中，农作过程模拟，微观水平上要与作物生理生化及遗传模型结合，进行作物适宜性状组合或基因型的设计和评价；在宏观水平上要与“3S”技术结合，进行农田水平的精确生产设计与管理；同时，结合决策支持系统，构建综合性与构件化的农作管理决策支持系统，为进一步发展数字化农作技术平台和应用系统奠定基础。

农业遥感技术的发展趋势表现为多传感器、高分辨率、多时相、广应用，由遥感估产到品质监测，由生长特征到生理参数，由空中遥感到空间遥感和地面遥感结合，重点是提高农情信息无损获取的有效性、精确度及诊断调控的数字化和指导性。管理决策系统的研制则需要综合过程模型的动态预测功能，管理模型的优化决策功能，遥感技术的实时监测功能，GIS的空间信息管理功能，进一步结合农作生态区划与生产力分析技术以及数据库和网络通信技术等，建立综合性、定量化和智能化的数字农作技术平台和应用系统，以实现农作系统监测、预测、设计、管理、控制的数字化、精确化、可视化、网络化，从而提升农业生产系统的综合管理水平和核心生产力，带动农业的信息化和现代化。

## 思　考　题

1. 什么是信息技术？信息技术包括哪四部分？分别对应人体信息器官的哪些功能？
2. 信息技术是如何发展的？近代和现代信息技术有何区别？
3. 什么是现代信息技术？主要包括哪些方面？
4. 如何理解数字地球？有何特点？其主要支撑技术包括哪些？
5. 数字地球发展现状如何？数字地球在我国有哪些应用？
6. 什么是智慧地球？其内容包括哪些？有何意义？
7. 什么是物联网？其发展有何意义？未来物联网发展趋势如何？
8. 什么是云计算？其特点是什么？云计算对互联网发展有何意义？
9. 什么是农业信息技术？农业信息技术对农业发展有何作用？
10. 国外农业信息技术发展现状如何？

11. 我国农业信息技术发展取得了哪些成就？
12. 什么是数字农业？它包括哪些内容？
13. 什么是数字农作？其基本特征和主要内容包括哪些方面？
14. 数字农作关键技术包括哪些？对农作管理有何意义？
15. 未来数字农作技术发展趋势如何？

# 第二章　农业信息采集

对农业生物与环境信息的采集，是人们了解生物生活状态与环境变化情况以便实施人工调控和管理决策的基本途径。传统的人工手动观测方法难以满足现代精确农业对农业信息大量、及时、准确的需求，以计算机为中心的自动信息采集方法正在逐步代替传统信息采集方法成为农业信息采集的主要手段。

## 第一节　计算机数据采集管理系统概述

计算机数据采集管理系统是数据采集、监控、管理系统的简称，融合了现代微电子技术、计算机技术、通信技术和显示技术，能实现系统信息的采集、处理、存储和管理。以监测、控制为主的农业生物环境，应用数据采集管理系统，能够实现对环境的实时监测与控制，为农业生物的生长发育和产品的储藏创造良好环境，促进农作物高产、稳产和农业的高效发展。

### 一、数据采集管理系统的典型结构

数据采集管理系统的典型结构如图 2-1 所示，由信号调理器、数据采集器、计算机 I/O 接口、计算机硬件和软件系统、数模转换器等部分组成。

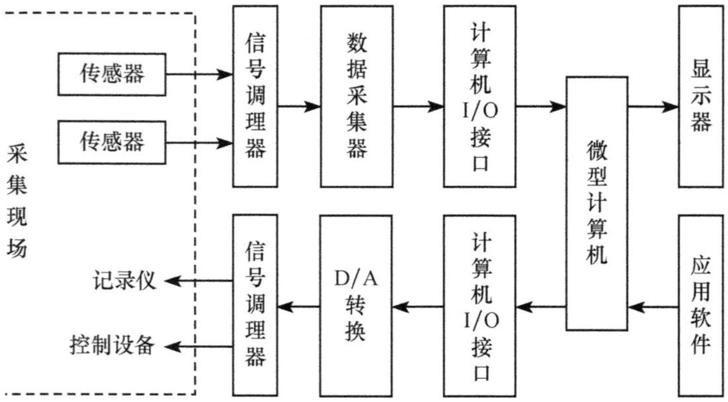


图 2-1　数据采集管理系统的典型结构框图(白广存，1998)

#### 1. 信号调理器

被采集的生物与环境特征变量(物理、化学、生物量等)经过传感器转换为方便处理的电量(一般为电压、电流、电阻和脉冲量)信号。常用传感器有热敏传感器、光敏传感器、湿敏传感器、压力传感器、位移传感器、电化学传感器和生物传感器等。

系统采集的信号可以分成模拟信号和数字信号两类。数字信号只有两个分离的状态:高电平和低电平,可分为开关信号和脉冲信号。模拟信号包括了随时间变化的连续信息,可分为直流信号、时域信号、频域信号。这5种信号分别对应着一种主要的信号信息:状态、变化率、幅值、形状、频率(图2-2)。

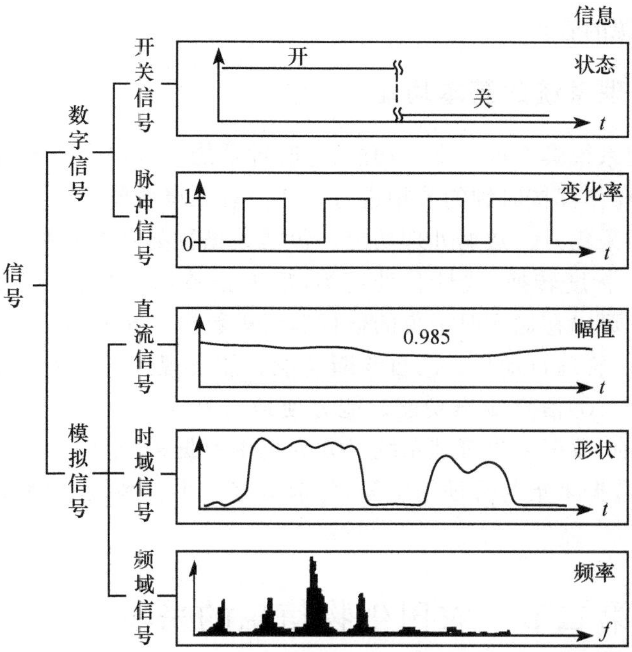


图2-2　信号分类

通常系统采集的信号多为模拟信号,且为多元弱信号,易受系统自身和外界的干扰,需要在系统前端添加信号调理电路(滤波器、变换器、前级放大器、隔离电路),实现阻抗变换、信号变换、滤波、放大、隔离保护等功能。

2. 数据采集器

一般由多路开关MUX、测量放大器、采样保持器S/H、模数转换器A/D(analogue-to-digital)组成,完成多路信息的采集、放大和数字化处理。

3. 微机I/O接口

微机接口是计算机与外界进行信息交换的通道和窗口。采集器输出的数字信号经总线送给微机接口,再经I/O通道送给微机处理。

4. 数模转换器

将微机输出的数字信号再转换为模拟信号,以完成计算机的输出记录和对外设备的自动控制。

5. 应用软件与监控程序

应用软件是计算机数据采集管理系统的灵魂,有了应用软件才能充分发挥采集系统的功能。监控程序负责调度数据采集系统的各应用程序模块,并与系统的外部设备及时交换信息。监控程序在在线状态下,能接收来自键盘或接口的操作命令,并解释、执行,实现系统硬、软件资源的管理。

## 二、数据采集管理系统的基本功能

数据采集管理系统具有如下基本功能:①时钟功能。时钟是系统自动运行的中枢,系统定时采集、分时操作都按时钟的节拍进行。②信息采集功能。可分为定时采集、实时采集;单项采集、多项采集。③数据处理功能。包括数据预处理和数据二次处理,前者指数字滤波、A/D转换、标度转换、线性化处理等,后者指数据运算、数据变换、图形处理等。④数据存储功能。可以存储实时采集的数据和历史数据。⑤控制功能。可以实现现场环境的调控,实现生产管理自动化。⑥自诊断功能。能实现系统超限报警、状态自检、自动复位等自诊断功能。⑦信息输出功能。能方便地与外界交换信息,如图形显示、报表打印、硬拷贝等。目前,数据采集管理系统可分为集中数据采集处理系统、集散型数据采集管理系统、分布式数据采集与管理网络等,分别适宜于小型系统、中型系统和大型系统的数据采集与管理。

# 第二节　农田生物信息的采集与处理

作物生产系统是以农作物为主要管理对象的农业生态系统,对农田生物信息的采集与处理是农作物生产管理决策的基础。

## 一、农田生物信息

1. 农田生物信息的类型

在农作物生长过程中,人们要实时观测农作物生理特征、作物结构特征、病虫草害危害特征,以便适时采取相应的田间管理措施,实现农作物高产、优质和高效的目标。

(1) 农作物生理功能信息。农作物地上部叶片的光合速率、呼吸强度、蒸腾速率以及地下部根系对养分、水分吸收、运输与转化状况等生理功能信息,是判断作物群体与个体生长发育是否正常的基本依据之一,这需要采用各种特殊的仪器或传感器来获取,而其具有的时间与空间分布特征还需要用多种传感器技术。

(2) 农作物结构信息。农田作物的结构包括微观结构与宏观结构。作物微观结构指农田作物生物大分子的形态结构及其组成成分,可以用各种仪器分析方法,如光谱分析、色谱分析、质谱分析、电化学分析法等测量。作物宏观结构包括作物长势、生长速度、基本苗数、LAI、分蘖数、植株形态、作物根系生长及其分布等宏观信息,可以用光谱分析结合计算机图形、图像处理技术来取得农作物形态结构信息。

(3) 农作物病虫草害信息。掌握农田作物病虫害发生、流行的状况，病虫害的危害的程度以及杂草对农作物生产的胁迫状况，可为农田病虫草害防治提供决策依据。这些生物信息可以通过化学、物理传感器来取得，也可以采用计算机图形、图像处理技术进行采集。

### 2. 农田生物信息的特点与研究方法

农田生物信息的特点与相应的研究方法如下。

(1) 农田生物信息的层次性。农田作物物种不同、生长状况不同、群体与个体结构形态不同，而同一物种结构也有微观和宏观结构之分。对微观信息的采集主要采用光谱、波谱、色谱、质谱等仪器分析的方法；对宏观信息的传统采集方法主要依靠人的感官进行定性描述，而计算机图形、图像学方法可以对宏观物体的形态特征、纹理特征与灰度特征进行定量描述。

(2) 农田生物信息的多元性。农田生物系统组分复杂，其生物信息表现出多元性特点，通常为满足活体、整体和动态测定的要求，采集到的信息往往是多种组分信息的叠加，信息采集需要用多种传感器协同工作，其信息的分离、利用则需要多组分信息分离技术，运用化学计量学方法。

(3) 农田生物信息属于弱信息。各种农田生物信息包含于复杂的农田环境系统中，许多非生物环境产生了很强的背景信息，使生物信息变成了弱信息，给生物信息的提取带来一定的困难，必须采用弱信息提取与恢复技术，使弱信息变强。

(4) 农田生物信息的时空分布特征。农田生物信息随空间和时间不断发生动态变化，生物信息采集要考虑空间分布特征和时间分布特征，注重实时性和空间分布差异性，采用计算机图形、图像处理技术。

## 二、农田生物信息采集与处理系统

### 1. 系统组成

农田生物信息采集与处理系统由硬件和软件两部分组成。硬件部分包括信息检测系统、信息调理系统和计算机硬件系统。软件部分包括信息预处理软件、信息提取软件，以及信息综合处理、模拟和优化软件等。

#### 1) 信息检测系统

(1) 图像传感器。农田作物的形态结构特征可以通过野外安装的与计算机联机的摄像机采集作物群体和个体的形态结构信息，以便对病虫草害、栽培措施等进行模式识别，也可以获得作物生长发育的状态信息(图 2-3)。为了能立体观察物体，可以使用两台摄像机或采用镜面反射获得三维结构信息。

(2) 光谱传感器。反射光谱包含了丰富的物质结构及其组成信息。通过测定作物反射光谱可以获得作物生育阶段信息和叶绿素等各种色素、蛋白质、淀粉等物质含量信息，预测作物生物学产量与经济产量，监测作物病虫害发生规律。在田间安装与计算机联机的可见光、近红外光分光装置(图 2-4)，可以实现波长为 0.4～2.5$\mu$m 时连续扫描、定时扫描，实现准确地遥测数据采集。

图 2-3　CCD 型扫描相机与彩色摄像机

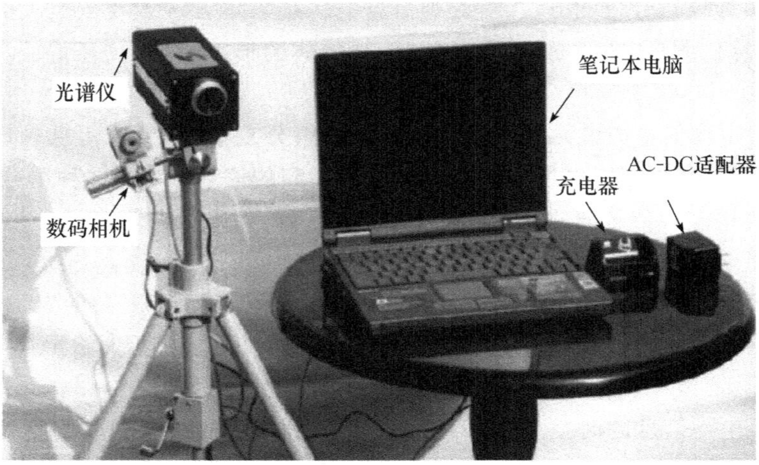


图 2-4　与计算机连接的便携式地物光谱仪

图 2-5　LI-6400P 便携式光合作用测定系统

(3) 生理信息传感器。作物的产量与其生理活动(如光合速率与呼吸速率、田间温度、光照强度等)的变化关系密切。采用光合测定仪等生理信息采集系统(图 2-5),可以实现随时观测田间作物的生理信息变化。

(4) 实验室分析仪器。室内分析仪器按其原理可分为光谱分析仪器、色谱分析仪器、电化学分析仪器及其他仪器。这些仪器都可与计算机联机,实现分析数据的自动采集与处理。

**2) 信号调理系统**

农田生物信息经过信息检测系统检测后,其信息负载到具有某种能量(如光、电、热、声、磁等)的模拟量上即为模拟信号。模拟信号被计算机采集以前需要进行调理,提高信噪比。信号调理系统包括:滤波器、积分器、调制解调器、锁相放大器和厢车式积分器等。

**3）信息处理软件系统**

农田生物信息采集与处理系统通过信息检测系统检测到的各种图谱、图像信息，拥有复杂的背景，需要用各种软件来实现对有用信息的处理与提取。

（1）信息预处理软件。采用数据平滑法、图谱叠加平均法、厢车式平均法、傅里叶变换滤波法、小波变换等方法编制的波谱信息数据预处理软件，能够去除或降低原始信息中的高频随机噪声。运用对比度增强法、非线形灰度变换法、直方图平坦化法、移动平均法、中值滤波法等编制的预处理软件，消除或降低图形和图像中的随机噪声，校正辐射量畸变和几何畸变，改善图像质量。

（2）信息提取软件。弱信息提取软件包括计算机差谱技术、计算机导数技术。多元信息提取软件包括逐步回归分析法、主成分回归法、偏最小二乘法等方法所编制的软件。图像纹理特征处理软件包括逐步判别法、主成分分析法、聚类分析法等。

（3）信息综合处理、模拟和优化软件。开发信息综合处理模拟优化软件，以便实现农田管理措施的优化。

## 2. 系统功能

**1）农田生物信息检测**

（1）微观形态结构和组分信息检测。在田间安装可见红外光谱传感器，能够检测到包含农田作物丰富的物质结构及其组成的漫反射光谱信息，可见和近红外光谱区的信息包含农田生物物质组成成分和含量的信息，中红外光谱区包含农田生物组成物质的结构信息。也可借助实验室中的分光光度计、光谱仪、色谱仪、质谱仪等先进信息检测仪器来检测。

（2）宏观形态结构信息检测。农作物宏观形态结构信息中包含了几何形态结构信息、纹理特征信息和颜色特征信息。利用田间安装的与计算机联机的图像传感器，可以检测农田作物群体、个体结构信息，也可以用照相机摄取农田作物群体或个体的照片，然后用彩色图像扫描仪将图像信息输入计算机中。此外，利用基于声学、光学和磁学原理开发的三维数字化仪（图 2-6），可以在作物生长过程中快速、精确地连续采集和检测作物形态结构的三维空间坐标。计算机视觉技术对作物生长监测具有无损、快速、实时等特点。利用实验室显微照相、摄像技术可以获得器官、组织、细胞、染色体等形态结构信息，然后通过图像扫描仪扫描或直接与计算机联机的摄像机将信息采集到计算机中。

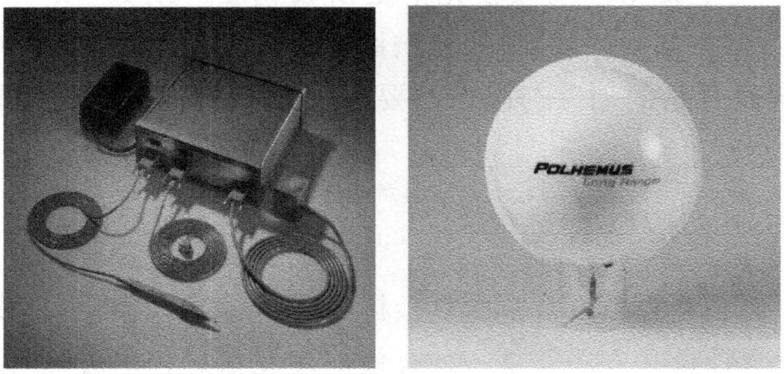


图 2-6　三维数字化仪

图 2-7　PTM-48M 植物生理及环境监测系统

(3) 生理功能的信息检测。植物光合作用测定仪可用于农田作物光合作用信息的直接检测,也可以检测多个与光合作用有关的信息指标(图 2-5)。图 2-7 所示的 PTM-48M 植物生理及环境监测系统是用于温室或生长箱内直接、同时测量植物光合速率、蒸腾速率、植物生长环境因子和植物生长状况的自动监测仪器。该系统可连续、自动测量和记录植物的光合速率、蒸腾速率,叶片温度、茎流、茎秆微变化、茎秆与果实生长、环境因子等参数。

(4) 间接信息的获得。一些不需要仪器检测或不能被计算机自动采集的信息,如来自文献的科技情报信息,可以通过计算机输入设备直接输入到计算机中,作为农田生物信息的一部分存放在计算机中,便于计算机综合处理信息时调用。

**2) 生物信息检测信号的调理**

信号调理是指采用电子硬件设备来改善信噪比。信噪比是指仪器系统分辨信号和噪声的能力,信噪比(S/N)=信号幅度的平均值/噪声幅度的平均值,信噪比越大通常表示噪声越少。噪声来源包括固体电子器件的固有噪声和环境噪声。减少环境噪声的方法是将所有仪器正确接地、使信号传输的频率远离环境噪声频率以及加屏蔽等。通常用电子硬件(滤波器、锁相放大器等)或软件算法(整体平均、厢车式平均、傅里叶变换滤波、小波变换等)获得高的信噪比。

## 三、农田生物信息增强与提取技术

### 1. 农田生物弱信息的增强技术

农田生物信息数据中包含了多种信息的重叠,分析信号包括两部分:由待测组分产生的部分和由样品中的其他成分或环境、仪器产生的部分,后者被称为背景。其中变化有一定规律的背景称为系统背景,变化的大小和方向无一定规律的背景称为随机背景(噪声)。系统背景的消除与降低主要采用计算机差谱技术和导数光谱技术。计算机差谱技术可对存储的图谱进行数据处理,对两张图谱进行差减,已达到溶剂、基体的扣除,以及多组分光谱的分离等。导数光谱或微分光谱是以吸光度对波数(或波长)的导数为纵坐标,以波数(或波长)为横坐标所记录的光谱图,可以消除或降低信号中的低频分量,消除背景的影响。随机背景的消除与降低主要采用数字滤波技术、傅里叶变换滤波和小波变换等方法。

### 2. 农田生物多元信息的提取技术

对于采集并存储在计算机磁盘中的复杂样品图谱信息数据,可用多元信息处理技术从中提取信息。化学计量学方法就是一种有效的多元信息提取方法,是应用数学与现代统计学的方法和计算机技术,设计和选择最佳测量程序与实验方法,并通过解析分析化学数据而获得最大限度的化学信息，即通过对一组待测成分含量已知的标准样品，进行光谱区的全程扫描，然后通过计算机快速处理数据，建立样品组分含量与样品光谱之间的数学关系，再测出未知样品中待测组分的光谱，就可以确定其中待测成分的含量。其方法主要有多元线性回归法(multi-factor line regression method，MLR)、逐步回归分析法(stepwise regression analysis，SRA)、主成分回归法(principal component regression，PCR)、卡尔曼滤波法(kulman filter，KF)、偏最小二乘法(partial least squares，PLS)、人工神经网络法(artificial neural network，ANN)等。

### 3. 农田生物宏观形态结构信息提取技术

对于农田生物宏观结构信息的数字图像，宜采用计算机图像处理技术提取。所谓数字图像就是图像各点的灰度值的二维数组。根据灰度层次、光谱轴和时间轴上的组合方式的不同，数字图像可分为二值图像、浓淡图像、彩色图像、多光谱图像、立体图像、动态图像等。农田生物色度信息就是用 RGB 三基色不同数量级的合成来表示。数字图像可用应用程序自由地进行处理，再现性好，精度高，适应面广。

分析图像是为了识别和理解图像所表示的对象，必须提取图像中被研究对象的形状和纹理的二维特征。应用计算机图像处理技术提取的农作物宏观结构信息如下。

(1) 几何形状结构信息的提取。农田作物群体几何形状信息包括叶面积指数、覆盖率、田间基本苗、田间作物动态生长状态等。例如，通过计算机图像处理方法对紧凑型和平展型玉米获得其株型的特征信息，可为育种中合理选择株型提供高效、精确的依据(图 2-8)。

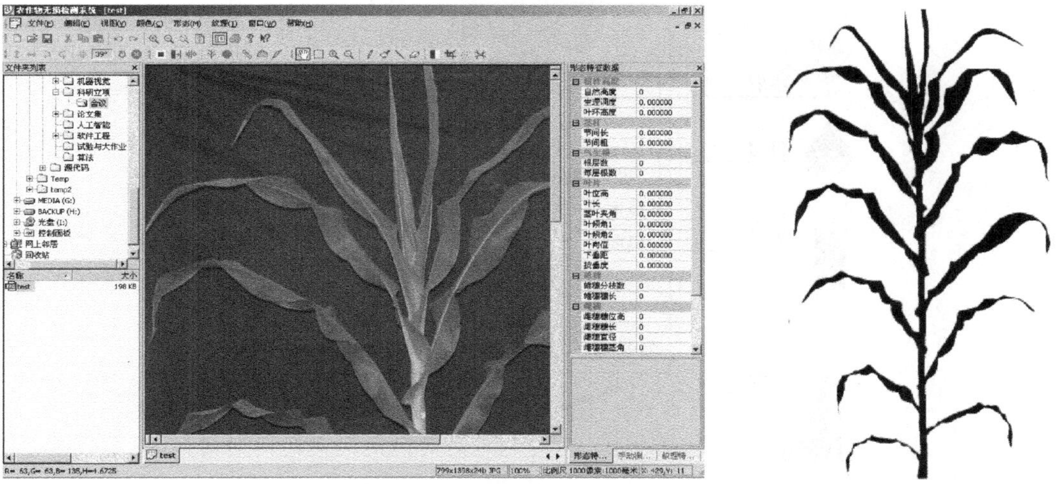

图 2-8　农作物无损检测系统与获取的玉米株型结构图

(2) 纹理特征信息的提取。纹理特征是指图像中灰度和颜色的二维变化图案。不同作物、不同栽培方式、不同种植密度、不同间套作方式、不同生育时期的农田具有不同的纹理特征，提取这些纹理特征可以为研究作物栽培模式提供依据。

(3) 颜色特征信息的提取。不同作物、不同品种、不同种植密度、不同生育时期、不同施肥量等条件下农田具有不同的颜色特征。作物遭受病虫害侵袭后，叶色变化、叶片与植株变形，都可以通过计算机图像处理方法检测到，从而可以快捷地对农田生物进行大面积的监测。

## 第三节　农田气候信息的采集与处理

气候是长时间内气象要素和天气现象的平均或统计状态，时间尺度为月、季、年、数年到数百年以上。农田气候一般指距农田地面几米内的空间气候，是各种动物、植物和微生物赖以生存的空间气候。农田气候要素包括太阳辐射、大气温度、大气湿度、风速等。农田气候随时间、地点、空间发生变化，对农田作物的生长、发育与产量影响巨大。采集与处理农田气候信息，以便对农业生态环境进行模拟、调节和控制。

### 一、农田气候信息采集与处理系统的硬件构成

农田气候信息采集处理系统(即自动气象站)是一个功能扩张的单片机应用系统，是一种按设定的要求对多项气象要素自动进行采集、处理、存储和编制报表的地面气象监测设备，通常由气候信息采集模块、数据通信输出模块和单片机功能扩展模块等三部分组成(图 2-9)。

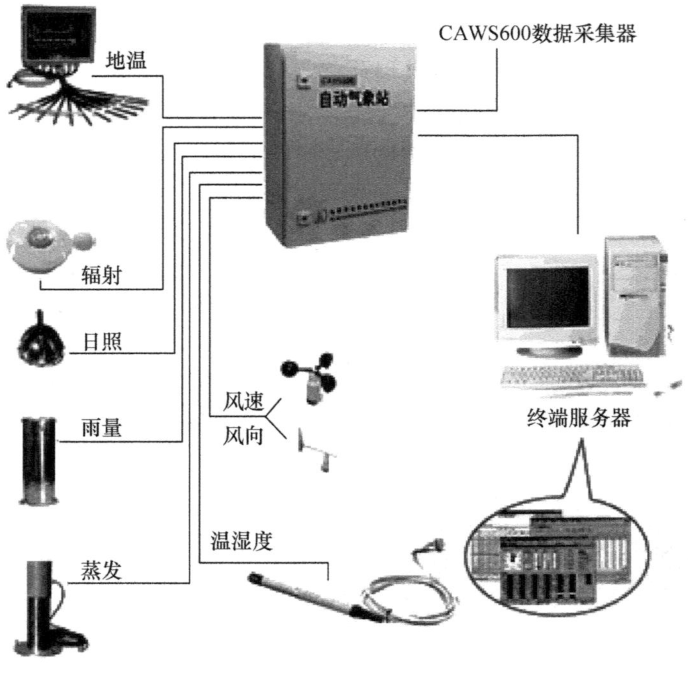


图 2-9　CAWS600 地面气象监测站的组成

#### 1. 信息采集模块

随着气象要素值的变化，自动气象站各传感器的感应元件输出的电量产生变化，该变化被 CPU 实时控制的数据采集器所采集，经过线性和定量化处理，实现工程量到要素量的转换，再对数据进行筛选，得出各个气象要素值，并按照一定的格式存储在采集器中。数据采集器有十五六个数据通道，由多路开关分时选通，完成空气温度、空气湿度、光辐

射、地面风速以及土壤热通量等气候信息的采集。

(1) 土壤热通量信息采集。采用热流量传感器(以电压信号方式输出)测定土壤热流量,以便了解近地面环境中能量的流动和气候的发展趋势。

(2) 空气温度信息采集。温度传感器中的敏感元件常用的有热敏电阻和半导体 PN (positive and negative)结,分别利用其电阻或电压与温度的线性关系来检测温度信息。铂电阻气温传感器是将铂电阻丝烧制在细小的玻璃棒或者瓷板上,外面有金属保护管。0℃时铂电阻的电阻值为 100Ω,铂电阻的电阻值随温度升高呈现非线性增大,经过标定就可求出不同电阻时的温度值。铂电阻地温传感器与气温传感器测量原理相同,需要埋入浅层土壤中来观测 5～20cm 地温。

(3) 空气湿度信息采集。湿敏电容湿度传感器是用有机高分子膜做介质的一种小型电容器(图 2-10)。当空气中的水汽透过上电极时,其介电层吸水导致介电常数和电容量变化,电容量变化与相对湿度成正比。在高温和高湿条件下,湿敏电容传感器会对低湿反应显现瘫痪效应。此外,湿度传感器中的湿敏元件还有毛发、尼龙、电解质、半导体、陶瓷等。但至今尚未制成长期稳定、可靠的湿敏元件。

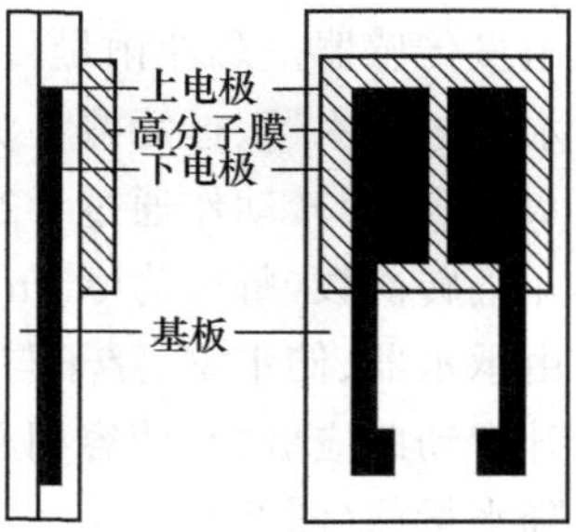

图 2-10　湿敏电容湿度传感器

遥测通风干湿球传感器中的干球和湿球感应元件是性能相同的两支铂电阻温度传感器。湿球温度传感器的感应部位套有纱布套,通过上部储水箱湿润纱布。采用干湿球查算法测量相对湿度,湿度查算表存储于计算机中,能自动连续进行采集计算。

(4) 太阳辐射信息采集。辐射能的测量基于辐射的热效应,通过热电元件测定温差电动势来计算辐射能。辐射传感器属于热电型传感器,由感应面和热电堆组成(图2-11)。当太阳光投射到辐射传感器时,感应面黑色部分吸收辐射能增热,使位于其下的热电堆形成温度差,产生温差电动势,太阳辐射强度和温差电动势基本呈线性关系。而光照强度通常利用光敏元件将光强直接转换为电压量进行检测。

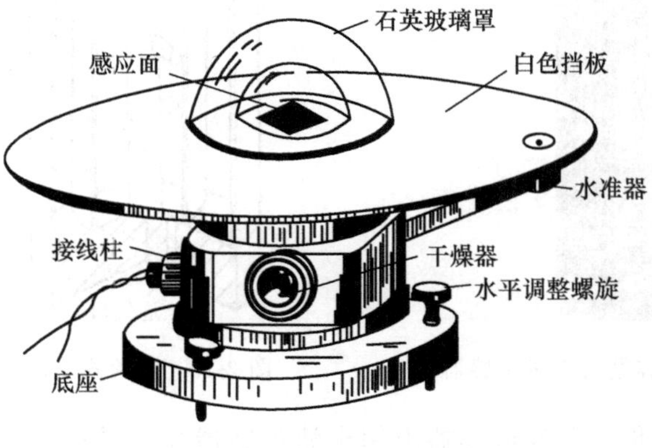

图 2-11　辐射传感器

(5) 日照时数信息采集。双金属片日照传感器是由相互均匀隔开的 6 对双金属黑化元件组成,当照射到传感器上的直接辐射大于设定阈值($120W/m^2$)时,被照射的那对金属片受热接触闭合形成电流回路，接触闭合的开始时间和持续时间被采集器作为有日照时间记录下来。

(6) 风速与风向信息采集。三杯风速传感器通常采用碳纤维增强塑料制成，当风杯转动时带动同轴的多齿截光盘转动，使其下光敏三极管接收其上发光二极管的光线而导通或者截止，通过计数器记录与风杯转速成正比的脉冲信号，利用风速 $V$ 与风杯线速度 $u$ 的关系($V=a+bu+cu^2$，$a$、$b$、$c$ 为仪器常数)，就可换算出实际风速值。风向采用单翼风标传感器，采用编码式角位移传感器进行检测，风标转动时带动格雷码盘输出分辨率为 2.8°的 7 位格雷码，从而确定与正北的方位角而记录风向变化。

(7) 降雨信息采集。常用自动测量雨量的传感器有翻斗式雨量传感器和双阀容栅式雨量传感器。翻斗雨量传感器主要由承水器、过滤漏斗、翻斗、干簧管和底座等组成。降水通过承水器、过滤漏斗流入翻斗里，当翻斗流入一定量的雨水后，翻斗翻转倒空斗里的水，每次翻转动作通过干簧管转换成脉冲信号(1 脉冲为 0.1mm)传输到采集器，记录翻斗翻转次数(每次为 0.1mm 降水量)，进而就可推算出降水量。容栅式雨量传感器主要由承水器、储水室、浮子与感应极板以及信号处理电路组成。利用储水室内浮子随雨量上升带动感应极板，使容栅移位感应器产生电容量的变化，经转换为位移计量数据就可得到降水量值(图 2-12)。

(8) 气压信息采集。电测气压传感器包括振筒式和膜盒电容式。振筒式气压传感器是由两个一端密封的同轴圆筒组成，位于内振筒中央的线圈架上，相互垂直安装了激振线圈和拾振线圈，能够激励和检测内振筒的振动频率(图 2-13)。大气压力使内筒壁表面压力紧张，振筒的固有频率随大气压力增加而增加，测定其频率即可得到大气压力。膜盒式电容气压传感器的感应元件是金属和单晶体真空膜盒，大气压力变化使膜盒弹性膜片产生形变，引起电容量改变，通过测定电容量即可计算大气压力。

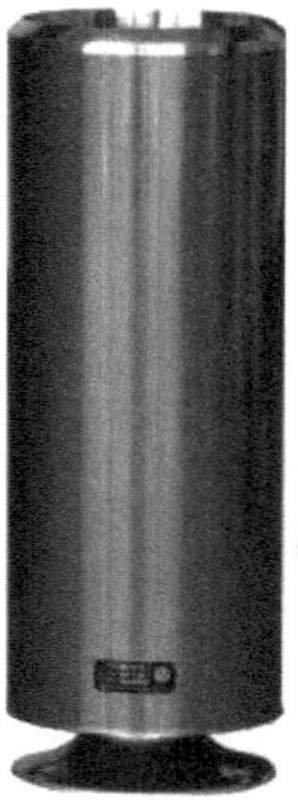

图 2-12 双阀容栅式雨量传感器

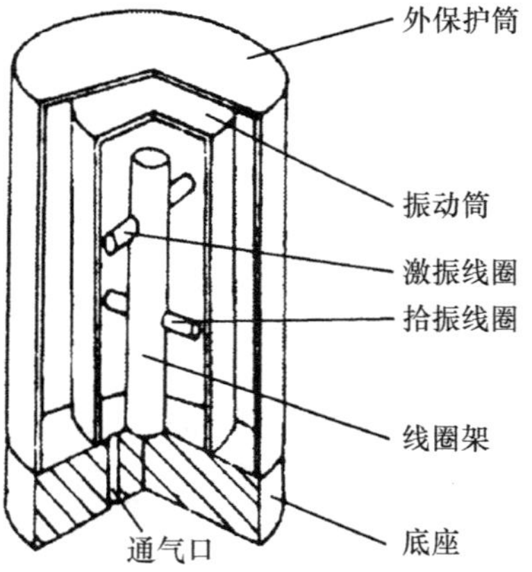


图 2-13 振筒式气压传感器的结构图

(9) 蒸发信息采集。蒸发传感器由超声波传感器和不锈钢圆筒组成，应用高精度超声波探头，根据超声波测距原理，能够自动测量蒸发筒内水面高度的连续变化，采集器自动计算出每小时和每天的蒸发量，并自动减去同时段内的降水量。测量范围为 0～100mm，分辨率为 0.1mm，测量准确度为±1.5%。

### 2. 数据通信输出模块

采集处理系统为方便数据处理、数据存储和图形显示，设置了数据通信输出通道，通过 RS-232-C 串行通信总线（适宜于 30m 内）和 20mA 电流环（远距离），将数据送入系统主机，以便对数据做进一步的处理、分析。

### 3. 系统功能扩展模块

为了适应农田气候信息采集、存储、处理的需要，增强单片机系统的功能，系统外扩展了程序存储器、数据存储器、输入/输出口以及定时器/计数器。

## 二、农田气候信息采集处理系统应用软件

采集处理系统依靠运行程序软件实现信息的自动采集和自动处理，其应用软件系统框图如图 2-14 所示。农田气候采集与处理系统能自动采集和处理辐射量、空气温度、空气湿度、近地面风速以及土壤热通量等多种参数，精度高，操作方便，在小气候综合监测、农业气候预测预报和能量平衡研究方面得到应用。

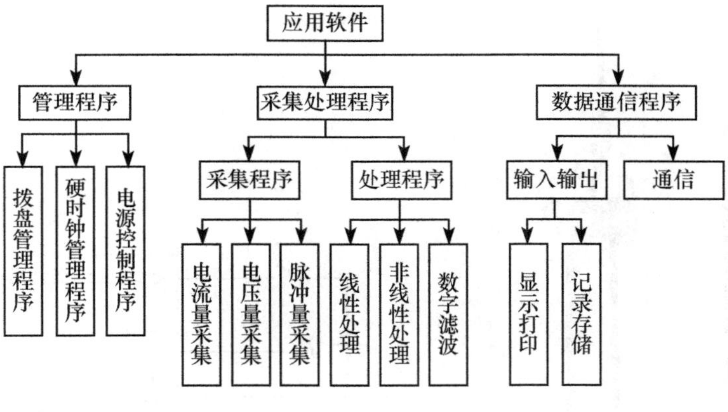


图 2-14　采集处理系统应用软件框图

# 第四节　土壤信息的采集与处理

土壤信息主要是表征土壤状况和性质的一系列参数，土壤质地、结构、有机质含量等参数值变化相对缓慢，通常不必多次测定，而土壤含水量、含盐量、含养分量等参数值则随时间不断变化，需要进行动态的多次测定。

## 一、土壤含水量的监测

国际上普遍采用的经典土壤水分测定方法是烘干称重法，即用土钻等取湿土样称重后放入烘箱，在 105～110℃条件下烘干 6～8h 至恒重，湿土重与烘干土重之差即为水重，水重与烘干土重的比值即为土壤水分含量。其优点是对设备要求不严，结果可靠。缺点是费时、费力，综合费用并不低；取样会破坏土壤，深层取样困难，定点测量时因取样换位

而带来误差,在很多情况下不可能长期定点监测;受土壤空间变异性影响也比较大。据此,需要研究和使用自动化程度较高的各种快速、连续定位土壤水分测定系统来代替烘干法。

## 1. TDR 土壤水分测定系统

时域反射仪(time domain reflectometry,TDR)是一种测定土壤电磁量的方法,类似一个短波雷达系统(图 2-15),通过测定电磁波沿插入土壤的探针传播时间来测定土壤介电常数,进而计算整个探针长度土层土壤平均体积含水量,可以直接、快速、方便、可靠地同时独立监测土壤水盐状况,测定结果几乎与土壤类型、密度、温度等因素无关,无需埋设中子管,缺点是仪器价格昂贵。

TDR 系统主要部件包括阶跃脉冲信号产生器、接收器、示波器、时间控制电路和波导棒等。土壤水盐的电磁测定是基于土壤的介电性质。介电常数又与土壤水分含量的多少有密切关系。将长度为 $L$ 的波导棒插入土壤介质中,高频电磁脉冲信号从波导棒的始端传播到终端,并在探头周围产生一个电磁场,由于波导棒终端处于开路状态,脉冲信号受反射又沿波导棒返回到始端。检测脉冲从输入到反射回的时间以及反射时的脉冲幅度的衰减,可以反映出土壤的电导率,继而计算土壤水盐含量(图 2-16)。

图 2-15 TDR 系统

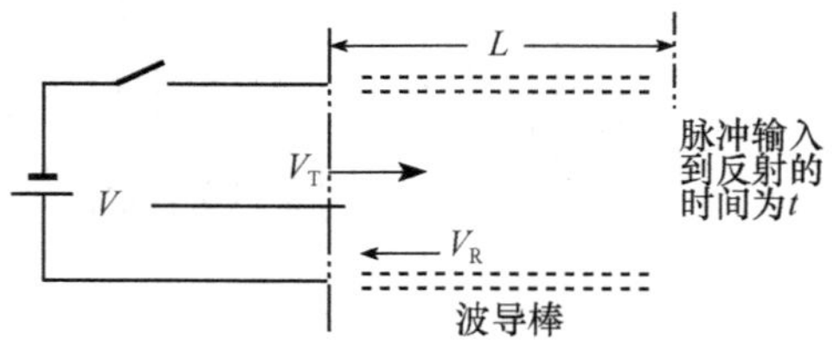


图 2-16 TDR 测定原理示意图

常见的 TDR 土壤水分测定系统有 Trase 土壤水分测定系统、Trime 土壤水分测定系统等。不同型号的 TDR 土壤水分测定系统通常有 8cm、15cm、20cm、30cm、45cm、50cm、60cm、70cm、110cm、160cm 等不同长度的波导探头可供选择,可以分别采用插入式、埋入式和管道式探头测定表土层和土壤剖面不同深度的土壤含水量(图 2-17),剖面湿度最深可达 3m。如果与多路盒相连可以连接多个探头,实现多点土壤水分同时监测。

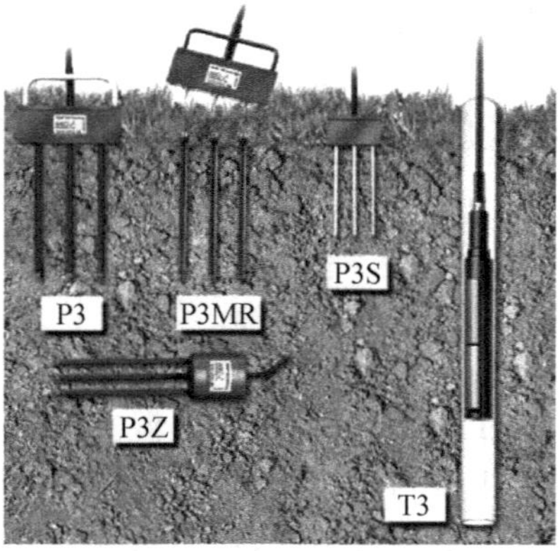


图 2-17 TDR 的探针

## 2. 负压计土壤湿度监测系统

土壤含水量与毛管力之间具有一定的函数关系，毛管力变化能够反映土壤含水量变化。负压计，又称张力计，以测量土壤负压（张力）来显示土壤水分状况（图 2-18）。负压计包括一个多孔的陶瓷杯和一个液压计。陶瓷杯埋于所测的土壤中，负压计内部的水分通过陶瓷杯上的微孔同土壤水分进行交换而使内外水势渐趋平衡，由于水分渗入和渗出使负压计读数发生变化，仪器上所指示的负压值即代表土壤水势，可以直接反映土壤水分能为植物吸收利用的程度，同时又可换算为土壤含水率。

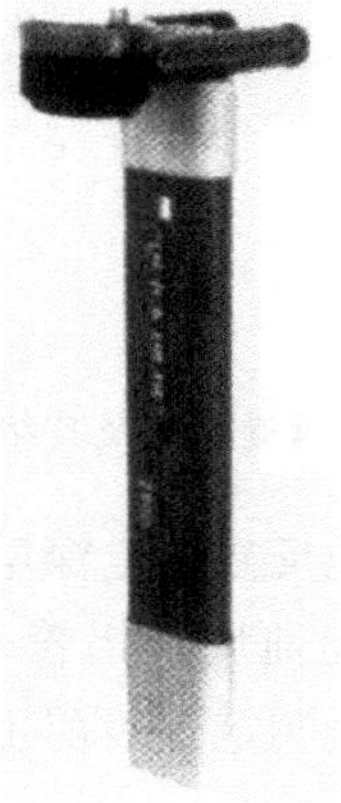

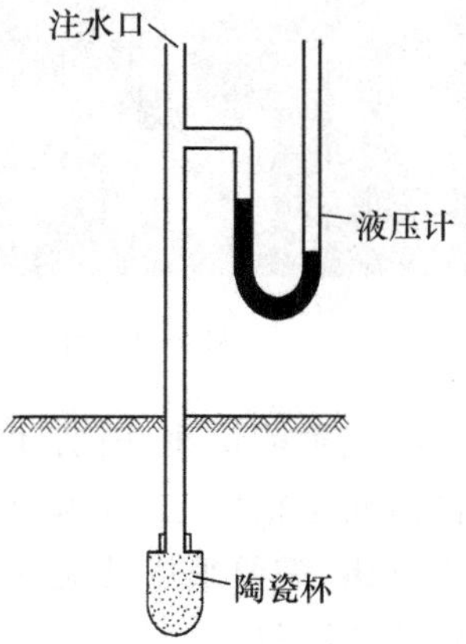


图 2-18　不同类型负压计及其结构示意图

负压计结构简单、易于制造、价钱便宜、使用方便，可以在不同测点多处埋设，也可进行连续多次观测。但需要提前测定土壤水分特性曲线来换算土壤含水量，安装前要注水除气、密封和标定，需要 1～2 天的土壤吸力平衡过程才能正常观测，测试土壤吸力范围为 $0 \sim 0.86 \times 10^5$ Pa，土壤干燥、吸力大于 $0.86 \times 10^5$ Pa 时会把陶瓷杯击穿，因而负压计不适合于干旱土地，适用于灌溉地、喷灌和滴灌田。同时，负压计易于受环境温度的影响，仪器稳定性较差，观测结果具有滞后性，往往不能及时反映土壤水分状况。

## 3. 中子土壤湿度仪

利用中子热化原理，快中子源发出的中子在遇到氢原子后，失去部分动能转化成慢中子，仪器根据测出的慢中子数量计算出土壤含水量。土壤含水量越多，快中子转化为慢中子的数量也越多，仪器可以将计数器的计数转换为土壤含水量值。

中子仪由探头和计数器组成。探头由快中子源和一个三氟化硼慢中子检测器组成（图 2-19）。计数器用来监测土壤散射的慢中子通道。中子仪使用方法较为简单，只需将探头插入预设的测量孔的某一位置，即可测出该位置（点）周围的土壤含水量。沿测孔上下移动即可测定不同深度土层的土壤含水量，可测量多达 30m 深的土壤剖面含水量。

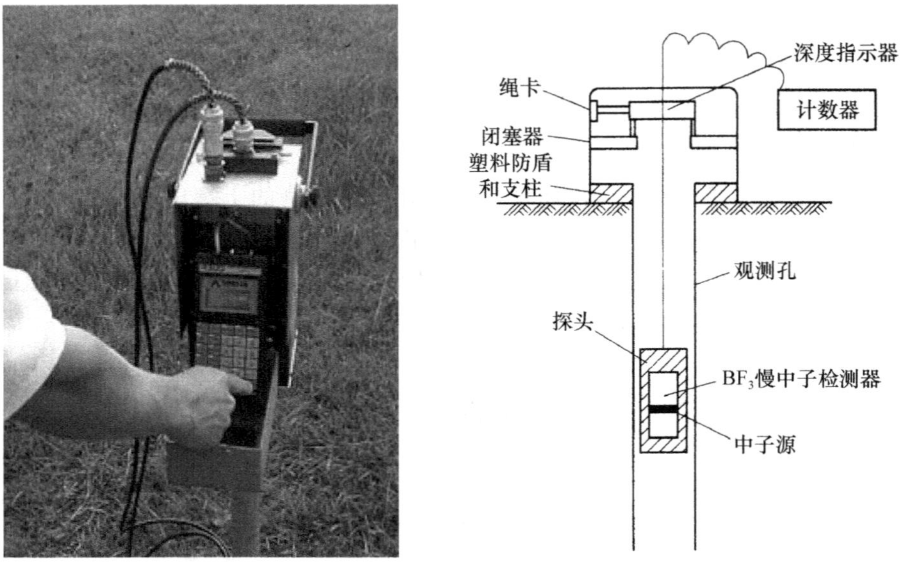


图 2-19　中子土壤湿度仪及其结构示意图

中子仪法的特点是能快速、周期性地反复测定深层土壤含水量而不破坏土壤,但当土壤有机质含量高时测定精度差,且需要提前埋设铝管,导致设备成本较高,同时 30cm 表土层因辐射危害健康,需要采用其他方法测定。目前主要采用手工方法测量,也可改造为自动化或半自动化监测仪。

4. 电阻/电容式土壤湿度监测系统

电阻/电容式土壤湿度监测系统分别采用电阻式土壤湿度传感器和电容式土壤湿度传感器。前者通过测量埋入土壤中的感湿元件的电阻值得到感湿元件的湿度,从而间接求得土壤湿度,测量结果易受土壤盐分影响,且有滞后性。后者根据土壤介电常数随土壤湿度变化的原理来测定土壤湿度,受土壤盐分的影响较小。例如,石膏块土壤水分测定系统(图 2-20)通过测量石膏块内两个电极间的电阻可以显示含水量。石膏块永久埋入土壤中,寿命为 3～5 年,适用于干燥土壤环境(张力计无法使用),测量范围为 3～100kPa。

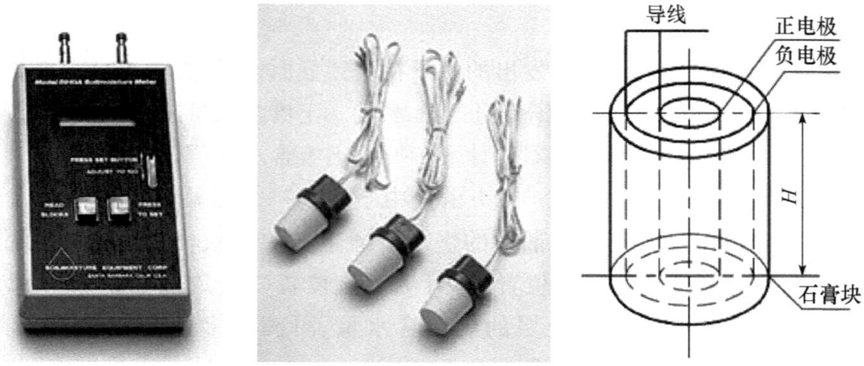


图 2-20　石膏块土壤水分测定仪及石膏块传感器结构图

### 5. FDR 土壤水分测定系统

频域反射仪(frequency domain reflectometry, FDR)是一种用于测量土壤水分的仪器,它利用电磁脉冲原理,根据电磁波在介质中传播频率来测量土壤的表观介电常数,从而得到土壤容积含水量。FDR 具有简便安全、快速准确、定点连续、自动化、宽量程、少标定等优点,在土壤干旱条件下测定结果误差小于 TDR。FDR 的探针类似于 TDR。图 2-21 为 Thetaprobe 土壤水分测量系统,其传感器测量范围是 5%~55%体积湿度,精确度为 2%。

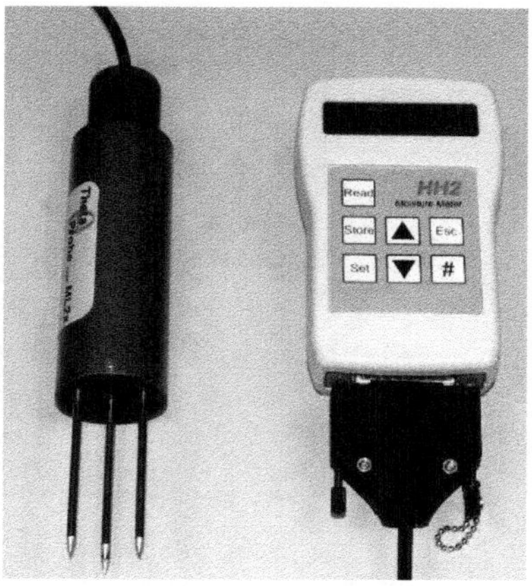

图 2-21 Thetaprobe 土壤水分测量系统

### 6. 土壤水分遥感监测

利用卫星遥感监测土壤水分的方法具有宏观、高时效、经济、视野广、周期快和动态条件好等特点,成为区域性土壤水分和农作物干旱监测与评估的重要手段,遥感技术可以迅速、大面积与多时相地获得地面信息,且具有简便、不破坏环境的特点,而且其监测点点俱到,较容易画出土壤不同含水量区域之间的界线,便于对不同含水量区域面积的统计和分析,已成为一种监测土壤含水量的全新方法。

对于裸地,可利用热红外遥感土壤水分,其内容包括:一是通过热红外遥感方法获取的热图像数据推算地表温度的时空分布;二是确定土壤水分含量与地表温度之间的定量关系,推算土壤湿度的地区分布。若地表有植被覆盖时,可用多谱段遥感技术来区分植物反射和土壤反射光谱,找出土壤含水量与多谱段反射率的关系,确定土壤含水量。此外,还可采用微波遥感土壤水分和应用 NOAA-AVHRR 数据探测土壤水分。

## 二、土壤养分成分的监测

### 1. 土壤养分的连续流动分析

土壤养分的测定方法一般是将土样取回后,称取一部分浸提或消煮,加入有关试剂显色或屏蔽待测组分的影响组分,然后用比色计等检测仪器测定。传统的分析方法是逐个手动显色和检测,工作效率较低。连续流动分析技术(continuous-flow analysis,CFA)将样品显色与检测合为一体,使浸提样品的检测效率成倍提高。德国布朗卢比公司推出的 AutoAnalyzer 3 系统,由自动进样器、蠕动泵、化学分析盒、检测器和计算机 5 个独立部分组成(图 2-22),能进行在线消解、在线溶剂萃取、在线蒸馏、在线过滤、氧化还原、在线离子交换、自动稀释、自动进样,Windows 下全计算机自动系统控制软件,结果自动报表打印,多功能化学分析盒,高低量程转换,不用装电子除气泡装置,大量应用于海水、自来水、地表水、污水、烟草、土壤、植株、肥料、食品等样品的自动检测。

图 2-22　AutoAnalyzer 3 连续流动分析仪

## 2. 土壤养分成分监测——ISFET 法

化学量传感器的传感对象包括离子与分子。离子传感器是能把溶液中离子活度转换为电位或电流等电信号的传感器。离子传感器的基本原理是离子识别，利用固定在敏感膜上的离子识别材料有选择性地结合被传感的离子，从而发生膜电位或膜电流的改变。ISFET(ion sensitive field effect transistor)即离子敏场效应晶体管或离子选择性场效应管，是常见的离子传感器，是由 ISE 敏感膜和 MOSFET 场效应晶体管组合而成的、对离子具有一定选择性的新型半导体器件，能在被测离子作用下产生相应的漏-源电流 IDS，以显示该种离子的浓度(图 2-23)。其离子的主要探测元件为固态或液态的离子敏感膜，选择不同的敏感膜，可以测定不同的离子浓度。ISFET 主要有 $H^+$、$K^+$、$Na^+$、$Ca^{2+}$、$Cl^-$、$F^-$、$Br^-$、$I^-$、$CN^-$、$Ag^+$、$S^{2-}$、$NH_4^+$ 等几种。也可以将 $H^+$、$K^+$、$Na^+$、$Cl^-$ 等离子敏感膜集成在一个芯片上，通过模拟开关使 4 个 ISFET 输出信号，分别测定离子的浓度。对于土壤营养监测来说，ISFET 器件的技术关键是在于离子选择性敏感膜的研制。可以将多 ISFET 传感器集成到 FIA(flow injection analysis)系统中进行土壤营养成分的监测。也可以用 ISFET 连续检测土壤 pH。

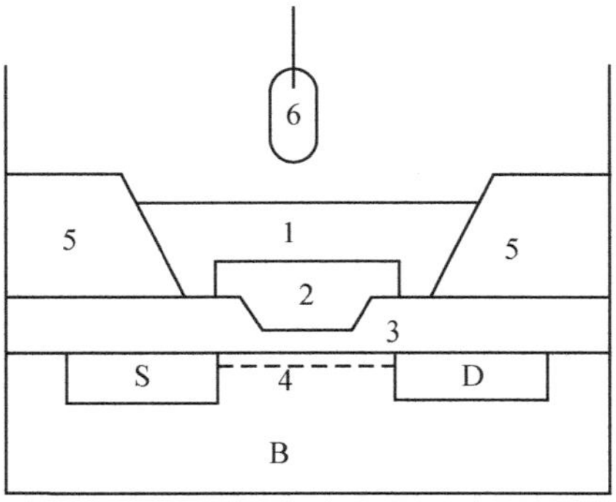


图 2-23　ISFET 结构示意图

1. 硅钨酸 PVC 膜；2. $SiN_4$；3. $SiO_2$；4. 沟道；5. 绝缘树脂；6. 参比电极；B：P-Si 基体；S：源极；D：漏极

## 3. 土壤养分测定仪

国内外已研制出适宜于野外使用的众多型号的土壤养分和肥料快速测定设备。例如，国产土壤养分测定仪 TPY-6(图 2-24)，可测定土壤速效氮、速效磷、有效钾、全氮、全磷、全钾、有机质含量、土壤酸碱度及土壤含盐量(定量)等指标，具有存储和打印功能。国外生产的 Rqflex 便携式反射光度计——土壤养分测定仪，利用反射分光光度计原理，用于多种有机物质和无机离子的快速测定，包括氨态氮、硝态氮、亚硝酸盐、磷酸盐、硫酸盐、钾、钙、氯、铬、钴、铜、pH 等数十种。仪器主要包括显色试纸、含仪器校正和控制功能的条形码、反射光度计表头三个部分(图 2-25)。利用可见和近红外光谱技术，结合数据挖掘和融合技术研制而成的光谱法土壤养分分析仪，不破坏样品，不需要化学试剂，不需要前处理，即可实现土壤养分的实时快速测试。可以测试土壤、肥料、植株中全量的和速效的氮、磷、钾、有机质和酸碱度，可溶性含盐量以及腐殖酸的含量(图 2-26)。

图 2-24　土壤养分测定仪

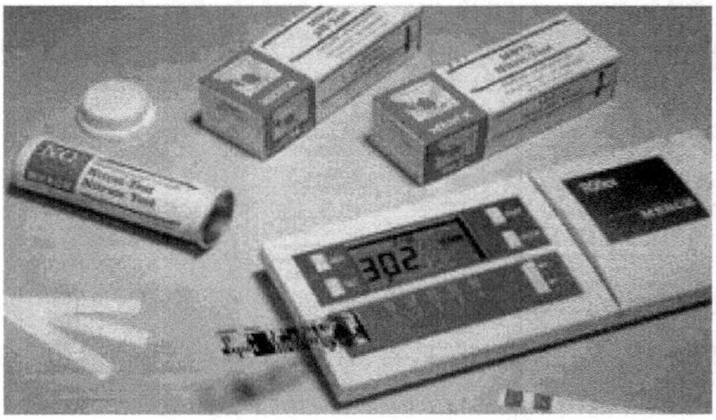

图 2-25　Rqflex 土壤养分测定仪

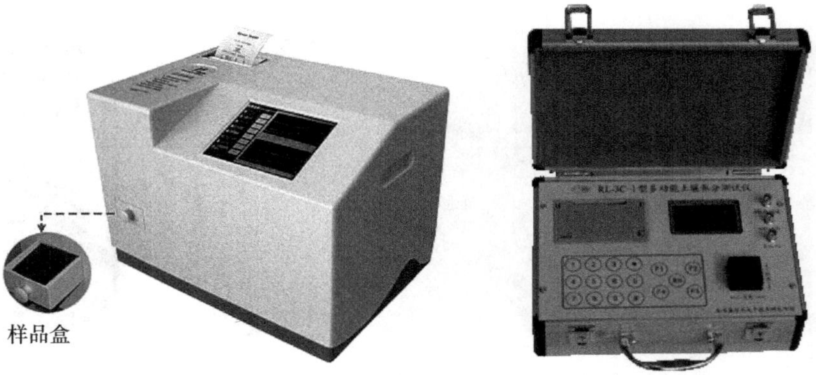


图 2-26　光谱法土壤养分分析仪

### 4. 土壤盐分的监测

大地电导仪是快速勘查大面积土壤电导率的专门仪器。土壤电导率数据包含了土壤含盐量、土壤水分、有机质含量、土壤压实度、质地结构、空隙度等土壤理化信息。

接触式土壤电导率传感器是一种电极式传感器，采用电流-电压四端法，将恒流电源、电压表、电极和土壤构成回路，用车辆牵引并集成 GPS 系统，用于测定土壤电导率。例如,美国的 Veris 公司的 Veris3100 大地电导仪(图 2-27)有 6 个犁刀式电极,用车辆牵引并集成 GPS 系统,可同时获得 0～30.5cm 和 0～91.5cm 的土壤电导率,每隔 1s 记录一组数据,记录在闪存中,经过配备的专门数据处理与分析软件,就可得到农田土壤电导率分布图。

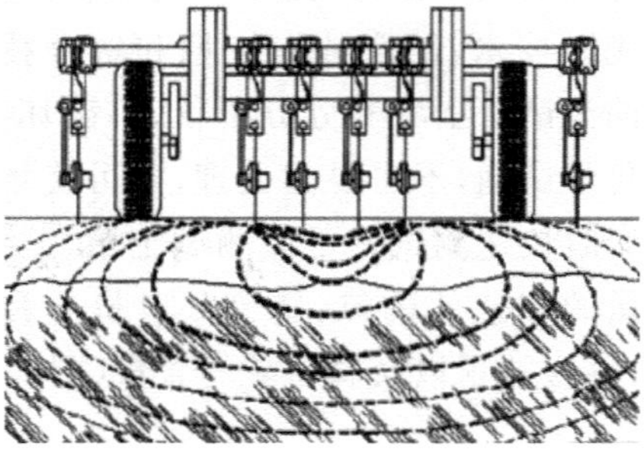

图 2-27　Veris3100 大地电导仪及其工作原理示意图

非接触式土壤电导率传感器,如加拿大 Geonics 公司的 EM38 大地电导仪(图 2-28),质量较轻,长度也仅 1m,能以极好的灵敏度快速地进行勘查。其主要工作原理是在电导仪后端的小型发射线圈,能产生一个随时间变化的初级磁场,在大地中诱导出微小电子涡流,而其前端的小型接收线圈,通过测量诱导出的次级磁场来测量大地电导率。其主磁场强度和副磁场强度比值与电导率呈线性关系。通常进行测定时,只要把仪器放在地上,就可记录土壤含盐量。也可以把它安装在木制滑桥上,以步行速度在地上拖着走,完成密集数据采集,探测深度达 1.5m,配套 Map 图形软件可以绘制土壤含盐量地理轮廓图像。

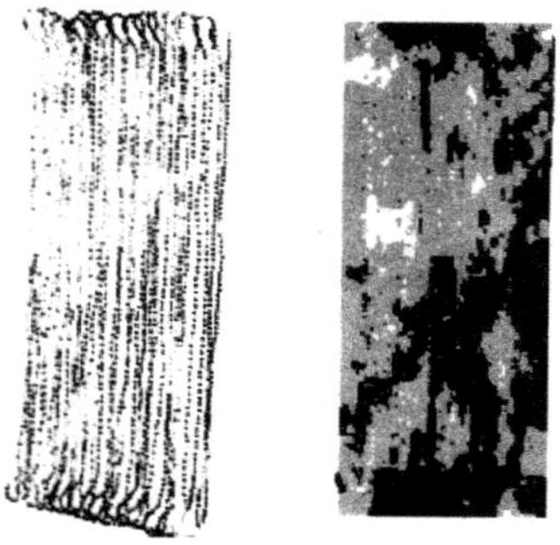

图 2-28　EM38 大地电导仪及获取的土壤电导率原始数据图

## 5. 土壤样品自动化采集系统

土壤样品自动化采集系统由取样管、导向器、液压油缸、采样头定位器、移动滑道、底座加强套、液压动力单元、动力单元固定座、立柱导向固定器、支撑底座、立柱及 GPS 导向记录系统组成(图 2-29)。将系统固定在皮卡外侧槽的顶部,通过液压油缸固定架移动滑道将取样系统向外滑出,调整好土壤取样的深度,利用系统提供的两根辅助固定杆将系统固定在皮卡货物箱的顶部,然后使液压油缸处于直列状态。将液压动力单元上的两条动力线直接连接在拖拉机电瓶上，按动控制按键上的“上升”和“下降”按钮即可完成土壤的取样工作。土壤样品取出后放在塑料袋内保存，将 GPS 取样点坐标记录在土壤样品袋标签上。

图 2-29　美国 CEE 土壤样品自动化采集系统

## 三、智能化农田节水灌溉监控系统

由中国科学院南京土壤研究所研制的智能化农田节水灌溉监控系统，可用于自动监测土壤水分、土壤温度、大气温度与湿度、土壤离子总浓度、地下水位等农田参数，对农田节水灌溉、作物适宜播种期、土壤肥力状况实施智能化管理。

### 1. 系统构成

该系统由多路传感器、系统信息采集主机、微机及外设等组成（图 2-30）。

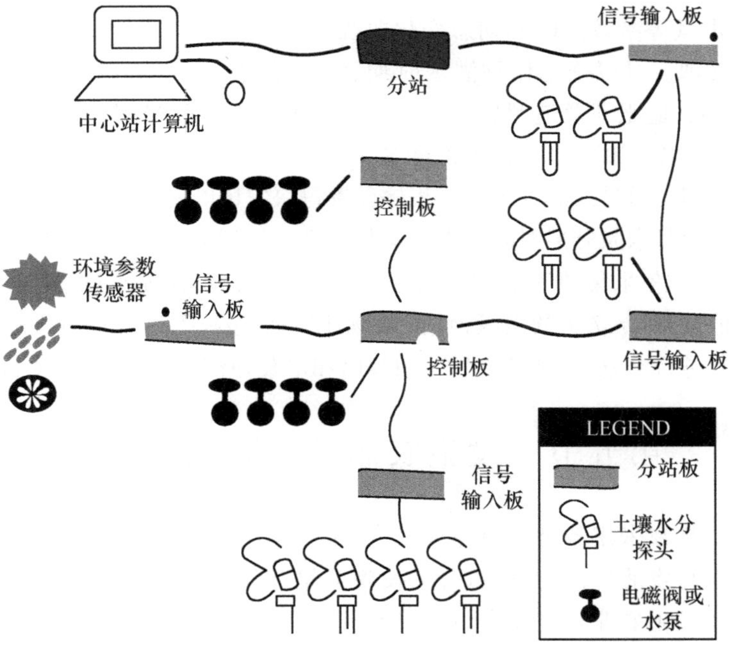


图 2-30　智能化农田节水灌溉监控系统

分站内配有信号输入板、控制板、网卡、信号输入板，可连接温度、湿度、风速、雨量、水位、水流速、$CO_2$、土壤水分、光照等多种类型传感器

(1) 传感器。包括水势、水位、温度、离子总浓度、相对湿度 5 种传感器。水位与土壤水势传感器由陶土管负压计和半导体压力传感器组成，通过感知土壤吸水力来测量湿度的高低。温度传感器由单片集成温度传感器构成，适宜于远距离传输温度信息。相对湿度传感器采用湿敏陶瓷片传感变送一体化结构，直接将被测定系统相对湿度转换为 0～1V 标

准信号。土壤离子总浓度传感器,由分别在两面紧贴白金丝网的多孔陶瓷片烧结而成,测量 0～5kΩ 电阻范围,利用土壤含盐量成分与电阻关系换算得到土壤中的含盐量。

(2) 系统主机。由程控多路开关阵列、衡流源、隔离变送放大器和 12 位 A/D 变换器等组成。当系统主机在计算机应用程序驱动下,对多路传感器进行周期巡回检测,传感器的输出信号由程控多路开关送入隔离变送放大器,各传感器测得的微弱信号被放大,经 A/D 转换器转换为 12bit 数字信号,经计算机进行信息采集、处理分析并存储,测量结果能以表格或曲线方式显示和复制。

2. 系统功能

(1) 信息采集。采用 32 通道定时和实时自动多点采集土壤水分、土壤温度、大气温湿度、土壤离子总浓度、地下水位等参数。用户可利用数据管理程序对采集的数据进行更新、打印和删除。

(2) 信息处理与显示。根据采集数据计算土壤含水量、有效储水量、田间持水量、土壤空隙度、需灌水量、水泵运行需时、适宜播种期和适宜追肥期等数据。可显示或打印数据表格与动态变化曲线,包括土壤水势、土壤温度、气温、大气相对湿度、离子总浓度、地下水位和土壤含水量等参数随时间动态变化曲线。

(3) 信息管理。可以确定作物灌水时期、灌水量、排水措施,预报灌溉期及水泵与动力提示,适宜播期、追肥期及追肥后土壤离子总浓度动态变化过程、地下水资源平衡状况、农田耗水速率、降水入渗速率与影响深度等。

(4) 灌溉管理。通过灌溉参数设置程序设置每块农田的灌溉面积、需灌时间、水泵出水量、警戒水势、阀门和水泵开启时间等灌溉参数。灌溉管理数据程序通过用户界面显示与灌溉有关的数据,如中午采集的气温、相对湿度以及每个灌区的需灌水量、需灌时间,并根据最近 3 天的水势值进行 1～7 天的灌溉预报。灌溉控制程序根据系统灌溉参数自动启动灌区的电磁阀和水泵进行灌溉,灌溉结束后关闭阀门和水泵,所有动作均由系统自动控制完成。

## 第五节　设施农业环境监控与管理

设施农业是指在采用各种材料建成的、具有一定温度和其他环境因子调控设施的半封闭式空间里进行农业生产的方法,分为设施栽培和设施养殖两大类。设施农业是工厂化农业的前提。设施农业环境通常包括温室、畜禽舍、农产品干燥及储藏设施、果蔬分级及包装设施。设施农业的功能因种类不同而异,主要是调节环境和提高作业效率。本节主要介绍温室栽培、果蔬储藏、农产品加工等设施农业环境的监控与管理技术。

### 一、温室环境监控与管理

温室是用人工方法模拟温度、湿度、光照、空气成分和风速等生态因子,创造的一个适宜生物生长和繁育的良好生态环境,以实现农业生物一年四季均衡生产。其类型包括日光温室和人工光照室。温室要求对温室内温度、湿度、光照、$CO_2$ 等环境因子进行监控,需要采集环境信息和实现实时控制。计算机监控系统软硬件构成如图 2-31 至图 2-35 所示。

图 2-31　温室环境监测系统软件界面

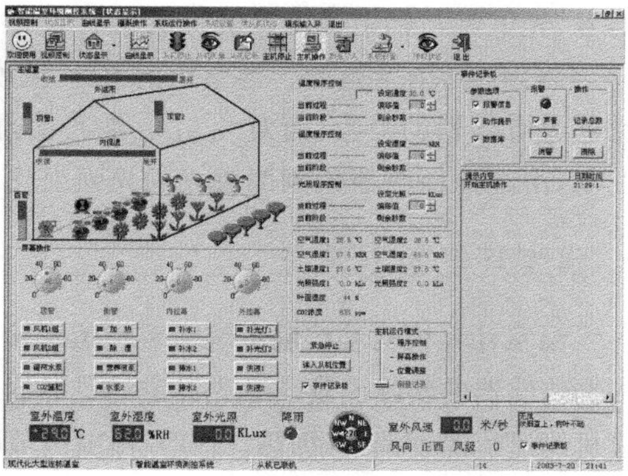

图 2-32　温室环境监测系统状态显示界面(一)

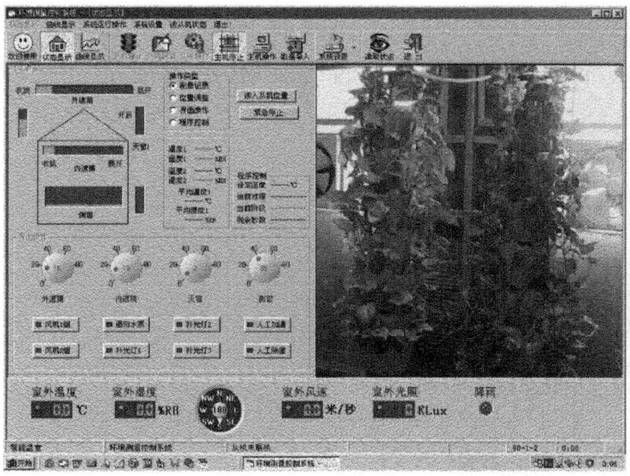

图 2-33　温室环境监测系统状态显示界面(二)

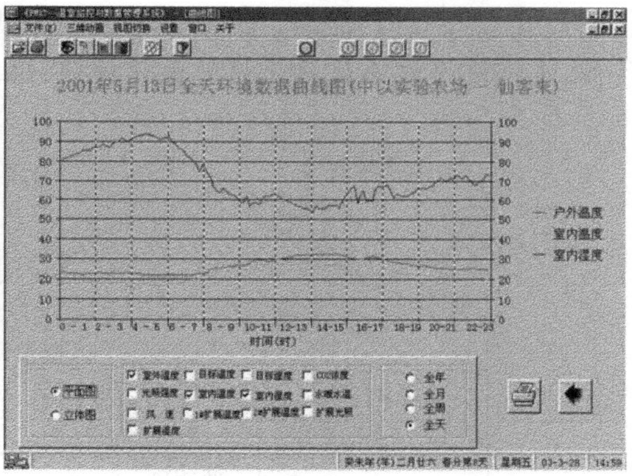

图 2-34　温室环境监测系统环境因子变化曲线图

图 2-35　光量子传感器、温湿度测量仪和手持 $CO_2$ 测量仪

## 1. 温室环境监测系统

(1) 温度、湿度监测。温度、湿度的监测是通过选择集成温度传感器组成干湿球表综合进行的，一个温度传感器称为干球，另一个相同的温度传感器感应部位包有湿润纱布称为湿球，干球直接监测环境温度，根据干湿球温度差值计算相对湿度。

(2) 光合有效辐射的监测。光合有效辐射的测量需要选择光量子传感器，它由硅太阳能电池和匹配滤光片系统组成，在光的照射下，输出变化十分微弱的电流(约几个微安)

信号,光电流与辐射强度呈线性关系。

(3) $CO_2$ 浓度监测。温室内的 $CO_2$ 浓度日变化较剧烈。$CO_2$ 气体对 4.28μm 波长的红外光有强烈的吸收,而对 3.9μm 波长的红外光基本不吸收,利用双波长的光分别通过气室,由红外探测器检测两束光的光强变化,即可得到温室中 $CO_2$ 浓度。

## 2. 温室环境控制系统

温室计算机自动控制系统需要种植者输入温室作物生长所需环境的目标参数,计算机根据传感器的实际测量与事先设定的目标值进行比较,以决定温室环境的控制过程,控制相应机构进行温度调节(加热、冷却)、湿度调节(加湿、去湿)、光照调节(补光、遮阴)、$CO_2$ 浓度调节(通风、人工增施 $CO_2$)等(图 2-36)。温室控制属于多参数控制,一般以温度控制为主,同时辅以湿度、光照和 $CO_2$ 浓度的控制。计算机自动控制的温室生产实现了自动化和规模化,劳动生产率得到提高。然而这种控制方式只是通过改变温室环境设定来调节温室环境气候,未能涉及温室作物生长的内在规律,难以对作物生长状况的改变做出及时反应。

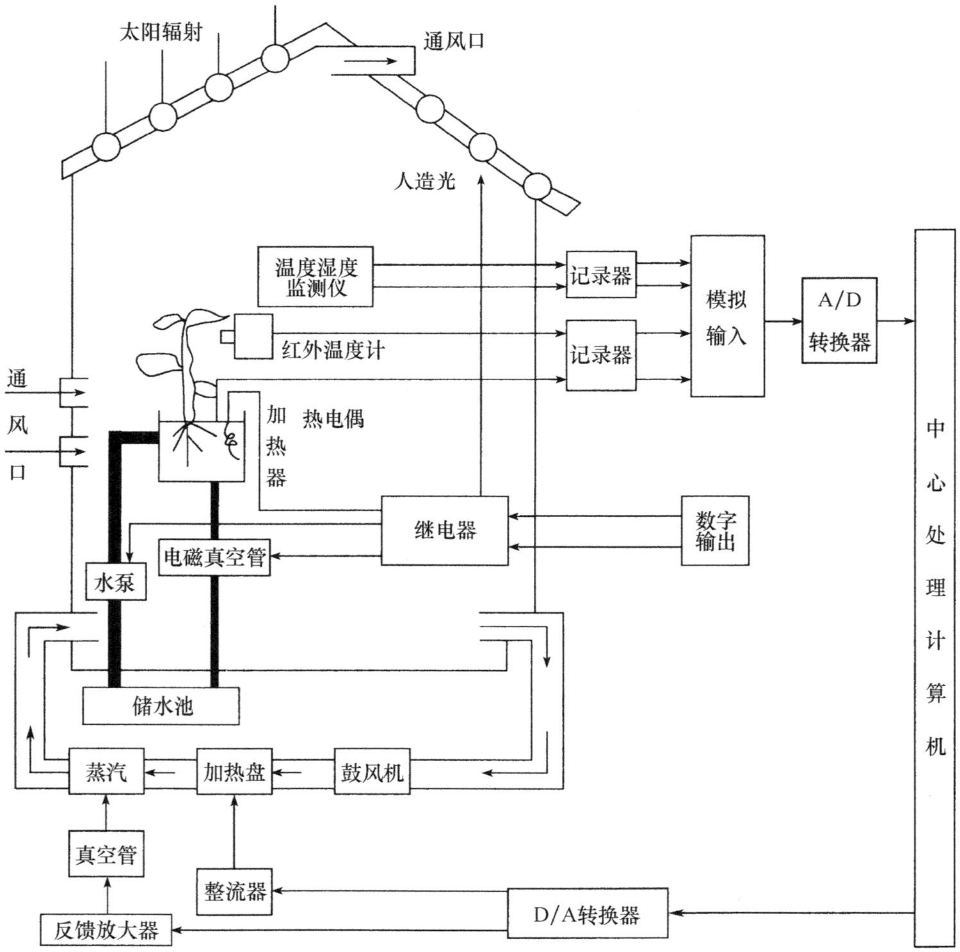


图 2-36 温室环境控制系统示意图

今后，温室环境控制将进一步向智能化控制方向发展，即开发温室农业专家控制系统。通过总结、收集、农业领域知识、技术和试验数据，建立基于温室作物生长模型的温室专家控制系统。温室中环境参数及执行机构工作参数等信息通过各种传感器转变为电信号传送至计算机，农业专家系统根据不同作物在不同时期的生理需要，在作物生长的不同时期自动设定温度、湿度、光照和 $CO_2$ 浓度等最佳值域作为理想数据，并将实际检测数据与理想数据的偏差作为温室气候的调节量。为此，现代化大型温室实现智能化控制，必须配备计算机控制系统、自然通风系统、外遮阳系统、内保温系统、湿帘/风扇强制降温系统、$CO_2$ 补气系统、微雾系统、补光系统、灌溉/施肥系统、育苗系统、顶喷淋系统、加热系统、植保系统、照明系统、采摘系统等配套设备(图 2-37)。

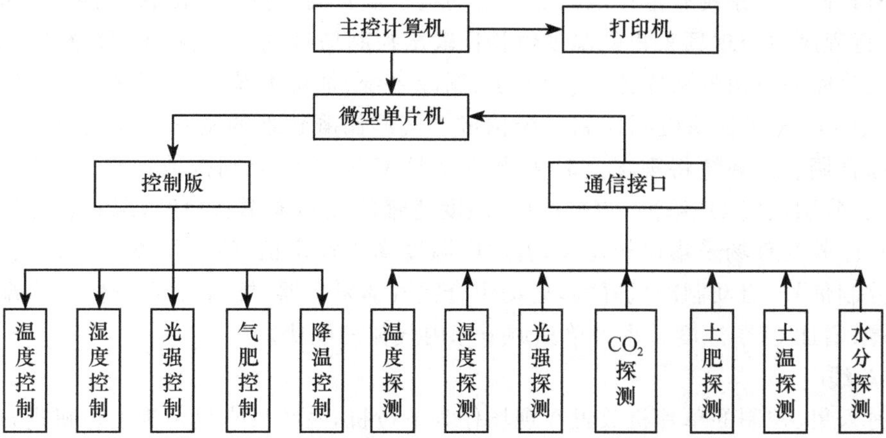


图 2-37　温室环境监控管理系统组成图

## 二、果蔬储藏环境监控与管理

果蔬储藏能延缓果蔬的成熟过程，保持果蔬原有的品质和新鲜状态，实现新鲜果蔬全年均衡供应。冷库(cold storage)，又称冷藏库，是利用降温设施创造适宜的湿度和低温条件的仓库，是加工、储存产品的场所，能使果蔬产品摆脱气候的影响，延长果蔬产品的储存期限，以调节市场供应。

### 1. 果蔬冷库储藏方法与原理

果蔬冷库储藏方法包括自然冷源储藏、机械制冷储藏和气调储藏三类。自然冷源储藏是利用地窖、水井、冰川和雪山等天然相对低温环境来储藏果蔬产品，设备简单、成本低，但储藏保鲜期短，难以人工有效调控储藏环境。机械制冷储藏是利用机械压缩机制冷形成低温环境储藏果蔬产品，储藏保鲜期长，但设备昂贵、耗能多、成本高。气调储藏是指在适宜低温条件下，通过改变储藏环境气体成分、相对湿度，营造低氧(一般 $O_2$ 含量为 1%～5%)和适当 $CO_2$ 浓度，以减少果蔬中营养物质的损耗，增加环境气体中的相对湿度，以降低果蔬的蒸腾作用，抑制果实乙烯合成与催熟作用，从而减轻或避免某些生理病害的发生，最大限度地创造了果蔬储藏最佳环境。气调储藏所需成本相对较低，储藏保鲜周期较长。

### 2. 果蔬储藏环境监控管理系统

果蔬储藏环境监控管理系统是一个二级计算机监控管理系统，由智能监控站、通信总线、调控设备与管理计算机组成。

#### 1) 智能监控站

设置在储藏现场，是以单片机为中心的智能化系统，可以独立完成监测与控制等多项任务，通过串行通信总线与管理中心机连接，接收中心机的控制与管理。储藏环境监测包括对温度、湿度与 $CO_2$ 浓度的监测。

机械制冷库果蔬储藏管理的基本措施是降温、保湿。系统实时采集现场温度信息并按数据格式储存。系统软件按照储藏果蔬的类别设置温度控制范围、控制精度，编制控制程序，运行程序并与现场采集的温度值相比输出控制信号，启动或停止制冷机降温、排湿。

气调冷库一般由气密库体、气调系统、制冷系统、加湿系统、压力平衡系统以及温度、湿度、$O_2$、$CO_2$ 气体自动检测控制系统构成。气调储藏管理的基本措施是对 $O_2$、$CO_2$ 和温度的综合调制。系统将现场实时采集的温度、$CO_2$ 浓度分别按数据格式存储，按储藏果蔬类别，分别设定 $O_2$ 浓度、$CO_2$ 浓度、温度适宜的控制范围和精度，编制软件程序。运行调控程序并与现场采集值相比较，若库内温度高于设定值，$CO_2$ 浓度低于设定值，则分别输出控制信号，启动制冷机降温，启动组合式气体发生器，排出内部气体，充入配比好的组合气体，增加 $CO_2$ 浓度。也可单独调节库内气体的配比。

#### 2) 通信总线

实时采集、控制的单片机放置在现场作为下位机，系统机常设定为上位机进行综合管理，二者组成二级管理系统。通常应用 RS-232-C 串行通信总线将上位机与下位机连接起来，实现采集数据与调控指令的传递。

#### 3) 管理计算机

系统的管理中心，多选用工业控制机进行管理。其主要功能如下。

(1) 数据库管理。数据库存储各种储藏参数，如果蔬类别、品种、采摘时间、预冷情况、入库时间、包装情况、存储状态、适宜存储环境、色度、硬度、气味变化、生化指标和市场信息等，编制综合管理程序，实现专业化管理。

(2) 图形管理。图形管理具有直观、形象的特点，应用管理机图形显示功能，建立操作和监视的多种画面。各种操作画面(总貌画面、流程画面、趋势画面)显示有虚拟仪表盘、记录仪，按画面进行操作管理特别形象、方便。

(3) 网络化管理。管理计算机可以通过通信网络挂接多个监测站，将多个冷藏库联系起来，实现网络化管理。

## 第六节　农业感官智能分析技术

传感器技术是信息技术的主体技术之一，从本质上讲它要解决的问题是如何实现对人类自身感觉器官功能的模仿和拓展。这些感觉器官包括物理传感方式的视觉、听觉、触觉、平衡器官和生物、化学传感方式的嗅觉、味觉等。

## 一、机器视觉技术及其应用

### 1. 机器视觉的概念、原理与发展

机器视觉(machine vision),也称为计算机视觉(computer vision),可以理解为给机器加上视觉装置,使机器具有类似于人类的视觉功能,从而提高机器的自动化和智能化程度。机器视觉是指利用计算机模拟人眼的视觉功能,从图像或图像序列中提取信息,对客观世界的三维景物和物体进行形态和运动识别,最终用于实际检测、测量和控制。

机器视觉的核心是图像获取和处理,输入的是某种形式的图像、多视点图像或者图像序列,输出的是景物内容的符号描述并对图像数据做出有用的解释,通常采用 64 级以上灰度表示图像量化的像元特征,其目标就是用机器来解释、模拟、重现和处理人的视觉,在工农业生产的质量检验、生产监测和对象识别等领域代替人眼做测量和判断,实现快速、准确、稳定、连续和重复的图像处理、判别分析和运动控制,有利于提高生产效率与减少劳动力成本。

机器视觉是多学科的交叉和结合,涉及数学、人工智能、计算机科学、图像处理、模式识别、光学、神经生物学、心理物理学等多个领域。机器视觉是 20 世纪 70 年代初期在遥感图像处理和医学图像处理成功应用的基础上兴起的,随着计算机、控制理论、模式识别、人工智能等技术的发展,已广泛应用于军事技术、科学研究、医疗卫生、工农业生产等领域,研究方法也从二维到三维,从串行到并行,从直接依赖于输入信号的低层处理到依赖于特征、结构关系和知识的高层处理。

### 2. 机器视觉系统构成及其关键技术

机器视觉系统由图像采集、图像处理和分析、输出或显示三部分组成。一个典型的机器视觉系统包括光源、光学系统、图像捕捉系统、图像数字化模块、数字图像处理模块、智能判断决策模块和机械控制执行模块(图 2-38)。首先,采用摄像机将被摄取目标转换成图像信号;其次,传送给专用图像处理系统,根据像素分布、亮度和颜色等信息,转变成数字化信号;再次,图像系统对这些信号进行各种运算来抽取目标的特征,如颜色、面积、长度、数量等;最后,根据预设的标准和其他条件输出判断结果,从而达到对目标物进行检测和控制的目的。

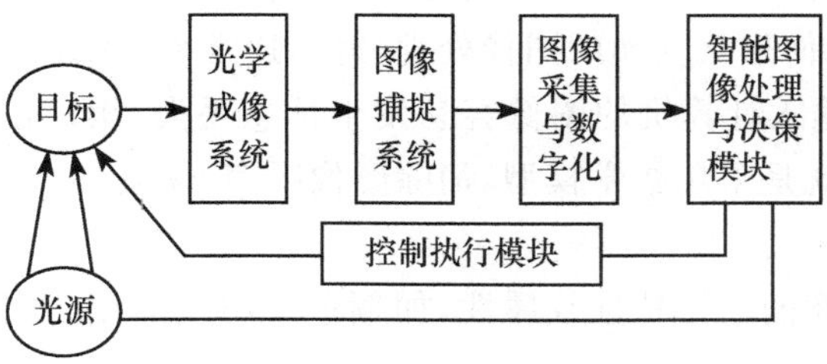


图 2-38　典型机器视觉系统模块组成

#### 1) 图像采集技术

(1) 光源。为了尽可能突出目标物的特征量,产生明显的区别和对比度,并消除外界环境对图像质量的影响,机器视觉系统采用程控自足光源。光源的选择必须符合所需的

几何形状、照明亮度、均匀度、发光的光谱特性等,同时还要考虑光源的发光效率和使用寿命。机器视觉的光源分为可见光源和不可见光源,常用的可见光源包括白炽灯、日光灯、LED灯、卤素灯、荧光灯和钠光灯,不可见光源包括X射线和超声波等。其照射方式包括背向照明、前向照明、结构光和频闪光等。

图 2-39　CCD摄像机和镜头

(2) 相机。人类视觉是依靠眼睛中的晶状体将景物图像投影在视网膜上。相机中的图像传感器相当于人眼中的视网膜,而镜头相当于人眼的晶状体。工业相机或摄像机是一个将光学图像转换为数字图像的光电转换装置(图 2-39)。按图像传感器的类型,相机可分为CCD相机和CMOS相机;按照图像传感器结构,相机可分为线阵相机和面阵相机。数码相机分辨率一般直接等于其图像传感器的像元数量,模拟相机分辨率一般为768×576或640×480。

(3) 图像采集卡。图像采集卡是相机和计算机之间信号传输的桥梁,其作用是把来自相机的模拟信号或者数字信号转换为数字图像数据流,并输送给计算机主机。图像采集卡一般可分为中速采集卡、实时单帧采集卡和实时采集卡。

**2) 图像预处理技术**

(1) 图像增强。图像增强是指按需要突出某些有用的信息,去除和削弱有害无益的信息,如改变图像对比度、去除噪声或者强调边缘的处理。图像增强的方法包括灰度变换法、直方图变换法、图像锐化、图像平滑等。灰度变换处理是指通过点运算方式改善图像的灰度对比度,通常包括线性灰度变换和非线性灰度变换。灰度直方图是指数字图像中表示灰度级与其频率关系的图形。所谓直方图变换是指图像的直方图均衡化,即通过构造灰度级变换,改造原图像的直方图,使灰度分布较为集中的输入图像变换为直方图近似均匀分布的输出图像,使图像对比度增强,层次分明。图像锐化是指使图像边缘由模糊转化为清晰的处理方法,通常包括差分法、空域高通滤波和频域高通滤波。图像平滑是指去除或者削弱图像噪声的处理,一般采用邻域平均法、空域低通滤波、频域低通滤波和中值滤波等方法。

(2) 几何变换。几何变换处理是指通过坐标变换,将失真图像坐标系变换为新坐标系,达到几何校正和几何形状变换的图像处理方法,通常采用线性变换和非线性变换。

(3) 图像复原。输入计算机的图像容易发生信息丢失、噪声污染和形态模糊等图像退化。图像复原处理就是采用数学模型,消除图像噪声,恢复其原来的面貌。

**3) 图像特征提取技术**

图像特征是指图像的原始特性或属性,如颜色、纹理、亮度、灰度、大小、外形轮廓、频谱特性、直方图和矩等。

(1) 形状特征提取。景物的形状特征包括几何特征、统计特征和拓扑属性等。景物形状特征提取包括图像分割和形状特征描述。图像是由背景和有意义的区域组成,区域是由颜色、灰度和纹理相似的像素集合。图像分割(区域生成)就是指利用像素特性的相似性将图像划分出背景区域和各个有意义区域,并加上不同标记的过程。通常有灰度阈值法、合并法、复合法、松弛法等，最基本方法是在灰度图像中设置阈值的分割方法。形状特征描述是在经过图像分割、二值化、线图形化等处理的基础上，进一步抽象出形状特征参数的过程，如面积、周长、圆形度、圆半径、形状复杂度等区域简单形状特征、区域矩特征、链码与形状特征、傅里叶描绘子等。

(2) 颜色特征提取。图像的彩色模型通常采用三基色 RGB 值及其色度坐标($r$,$g$,$b$)表示，有时也采用以色调(hue)、饱和度(saturation)和亮度(intensity)表示的 HSI 图像彩色模型。彩色特征提取是利用分解的三基色的原始数据或者经过一定数学处理后的算子[如三基色 RGB、色度坐标($r$,$g$,$b$)、HSI 及其运算因子等]作为彩色因子，区分场景中的景物，如绿叶丛中的红色果实。

(3) 纹理特征提取。纹理意指图像中像素灰度或颜色的某种变化，反映了图像或物体本身的属性。纹理特征是由纹理基元及其排列组合构成的，纹理分析就是通过图像处理技术抽取出纹理特征，获得纹理的定量或定性描述的处理过程，一般采用统计方法和结构方法，统计方法适合于不规则物体纹理分析，结构方法适合于纹理规则的图像。统计方法包括空间域和频域方法，前者基于统计图像像素灰度级的分布状况，如直方图统计特征；后者将图像变换到傅里叶变换的频域中，然后抽取相应的特征量。

(4) 图像特征优化。在图像模式识别时，良好的特征应该具有可区分性、可靠性、独立性和数量少。图像特征优化就是一个不断删去无用的特征和组合有关联特征的过程，直至特征数目减少到易于驾驭的程度，且分类器性能仍然满足要求为止。

**4) 视觉信息的模式识别技术**

模式是通过对具体事物观测所得到的具有时间和空间分布的信息。模式识别就是在一定度量或观测基础上，将待识别的模式划分到某一模式类中去的过程。视觉信息模式识别是根据研究对象的特征和属性，运用一定的分析算法，利用以计算机为中心的机器系统认定研究对象的类型，使分类识别结果尽量与客观事物相符。模式识别包括特征提取、特征选择、学习和训练、分类识别等步骤。

模式识别方法包括统计模式识别、句法模式识别、模糊模式识别、神经网络法等。统计模式识别包括聚类分析、最小距离聚类法、最近邻法等。模糊模式识别法包括隶属度原则识别法、贴近原则识别法、模糊聚类分析法等。神经网络法包括反向传播网络(back propagation,BP)和交互传播网络。

### 3. 机器视觉技术的农业应用

近 20 多年来，机器视觉在农业领域中也得到广泛的研究和应用。在农产品品质检测、农产品收获机械、动植物生长情况监测、农副产品加工自动化等方面，利用机器视觉技术可以部分代替人类视觉辨别和判断工作。

(1) 水果自动分选。按照水果的大小、颜色、果形和表面缺陷等外观品质以及成熟度等内部品质进行分级，可以提高水果的商品价值。但人工分选效率很低，易受人眼颜色辨别能力、情绪、疲劳状况等因素的影响，分选精度不高。运用机器视觉技术，采集水果表面的图像，通过图像处理提取水果的大小尺寸、颜色、果形以及果面缺陷和损伤状况等特征参数，再根据预定的分级标准完成水果的自动分级(图 2-40)。基于机器视觉技术的农产品分级、检验和分类,具有快速、高效、准确、客观、无损伤等特点,已经成功地运用到苹果、柑橘等水果自动分选。

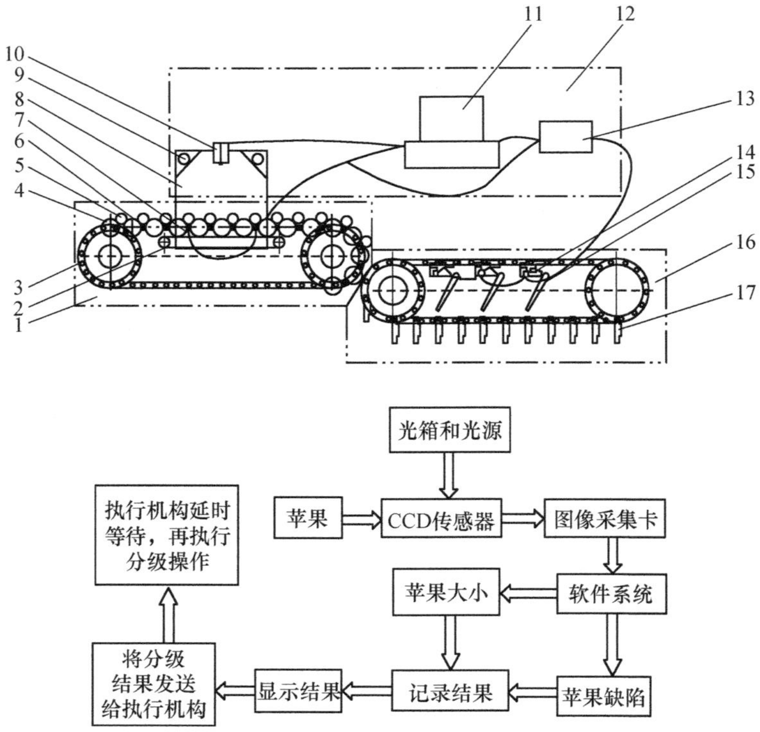


图 2-40　水果精选分级系统结构及分级过程示意图

1. 水果输送翻转系统;2. 摩擦带;3. 链轮;4. 双锥式滚子;5. 水果;6. 链条;7. 传感器;8. 光照箱;9. 灯;10. CCD 摄像头;11. 微机;12. 计算机识别系统;13. 控制模块;14. 分级执行机构;15. 滑道;16. 分机系统;17. 料斗

(2) 种子和粮食品质检测。利用机器视觉技术采集种子图像,提取种子的尺寸、形状、颜色、胚芽位置、胚芽形状和大小等特征参数,可以分辨出不同种子的品种,并可检测出种子上的裂纹、破损以及霉变等情况,从而评定种子的纯度和发芽力。此外,利用机器视觉技术还可以检测大米的垩白度、垩白粒率、黄粒米和粒型等参数,从而实现大米质量的评判和精选。

(3) 农产品中异物检测。棉花和烟草等农作物在收获过程中,易掺杂秸秆、土块、残膜等杂质,这严重影响农产品品质。利用机器视觉技术采集棉花和烟草图像,可以识别其中的杂质或者劣质部分,采用执行机构将其剔除,极大提高其品质。基于机器视觉技术的智能烟草异物剔除系统,对异物识别率为 99%,异物剔除率 96%,烟叶误剔率为 0.65%。在食品工业中,利用 X 光源,通过机器视觉技术可以检测食品中的异物、骨头和碎骨等。

(4) 农业机械自动化作业。利用机器视觉技术,实时采集农田农业机械作业区域的场景,通过图像处理技术,识别农作物、土地和杂草,判定农作物和杂草的位置和宽度,自动调整喷头位置和喷洒宽度,实现农药精量喷洒。在果蔬自动收获机等农田自动作业机械上,需要机器视觉系统来确定作物行与机械的相对位置,以控制自动作业机械在作物行间自动行进，并利用机器视觉系统识别出果实，判定果实的位置和成熟度，指挥机械手完成自动采摘。

(5) 植物生长状况监测。作物营养状态及其生长状况可以通过叶片状态及表面颜色等外在特征反映出来，机器视觉比人眼能更早发现作物营养不足的细微变化，为及时灌溉和施肥提供可靠依据。例如，利用机器视觉系统交互地采集玉米植株的 RGB(红绿蓝)色彩特征，能够清晰地表征玉米植株中的颜色变化，可供进行灌溉和施用氮肥决策时参考。

(6) 动物生长状况监测。利用机器视觉技术可以检查出鸡蛋等蛋类产品的质量，并可在鸡蛋孵化早期检测出鸡蛋的生命活力，以去除死蛋和坏蛋，提高出雏率，并可采用机器视觉技术对幼鸡进行性别分类和喂养管理。例如，利用机器视觉技术对连续旋转鸡蛋进行裂纹检测，准确率达到 94%。

## 二、电子鼻技术及其应用

### 1. 电子鼻的概念、结构及其工作原理

电子鼻(electronic nose)是一种嗅觉模拟技术，也称为人工嗅觉、气味扫描仪或化学传感器阵列技术。北大西洋公约组织对电子鼻的定义为：由多个性能彼此重叠的气敏传感器和适当的模式分类方法组成的具有识别单一和复杂气体能力的装置。电子鼻模拟人的嗅觉器官，其工作原理与人的嗅觉形成相似，也分为 3 个层次：①气味分子被人工嗅觉系统中的传感器阵列吸附，产生信号；②生成的信号经各种方法加工处理与传输；③将处理后的信号经模式识别系统做出判断。电子鼻系统由气体传输/采样系统、化学传感器阵列、信号预处理、模式识别等部分组成(图 2-41)，与哺乳动物嗅觉系统中肺、感受器细胞、嗅球、脑等器官一一对应，分别完成取样、感测、处理和分类判断的任务。

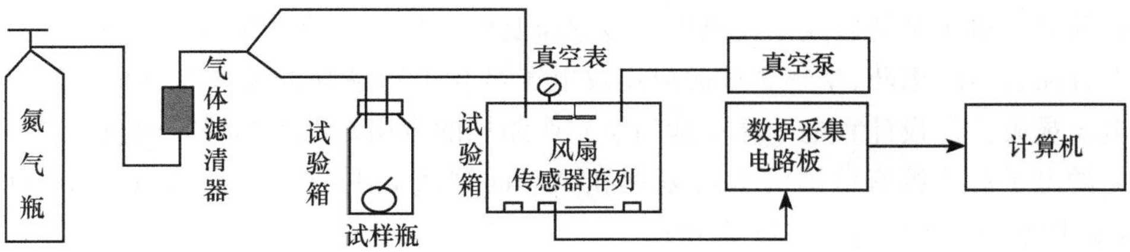


图 2-41 电子鼻结构流程图

电子鼻主要由气味取样操作器、气敏传感器阵列和信号处理系统三种功能器件组成。其中，气敏感器阵列是电子鼻关键部件之一，通常由多个气敏传感器构成。电子鼻传感器的主要类型有导电型传感器、压电式传感器、场效应传感器、光纤传感器等，最常用的气敏传感器材料为金属氧化物、高分子聚合物材料、压电材料等。例如，测量材料在吸附气体后表面电阻变化的金属氧化物半导体传感器(metal oxide semiconductor，MOS)、测量阻抗变化的导电聚合物气敏传感器(conducting polymer，CP)、测量材料振荡频率变化的石英晶体微天平(quartz crystal microbalance，QCM)和声表面波传感器(surface acoustic wave，SAW)、测量电流变化的安培计传感器等。目前研究和应用最多的是 MOS、CP 和 QCM 类型。MOS 是价格便宜、产量最大、应用最广泛的一类气敏传感器，其常用材料为 $SnO_2$、ZnO 和 $Fe_2O_3$ 等。

电子鼻的信号处理包括信号的预处理和模式识别。预处理的作用是对传感器阵列传入的信号进行滤波、交换和特征提取。目前,常用的特征提取方法有相对法、差分法、对数法和归一法等。模式识别是对传感器阵列的输出信号进行适当的处理,以获得混合气体组分信息和浓度信息,即对特征提取后得到的信息进行再处理。模式识别方法分为定性识别和定量分析。定性识别是指对所测量的气体(包括混合气体)的种类做出正确评价。定量分析则除了要对气体种类正确评价外,还需对所测量气体的含量进行评价。目前定性识别所采用的算法有:主成分分析法(PCA)、聚类分析(CA),判别函数分析(DFA)、人工神经网络(ANN)等。其中 PCA 和 ANN 应用最为广泛。ANN 是一种并行分布式信息处理工具,模拟了人脑信息处理基本单元和网络结构,具有很好的容错性、很强的自学习能力和对环境的适应能力,训练好后具有快速操作性能。

电子鼻识别气味的主要机制是:当某种气味与某种活性材料传感器接触时,传感器将化学输入转换成电信号,传感器阵列中每个传感器对被测气味响应的灵敏度不同,由多个传感器对同一种气味的响应便构成了传感器阵列对该气味的响应谱,每种气味都会有它的特征响应谱,根据其特征响应谱可区分不同的气味。由于在同一个仪器里安装多类不同的传感器阵列,使检测更能模拟人类嗅觉神经细胞,根据气味标识和利用化学计量统计学软件对不同气味进行快速鉴别。在建立数据库的基础上,对每一样品进行数据计算和识别,可得到样品的“气味指纹图”和“气味标记”。电子鼻采用了人工智能技术,实现了由仪器“嗅觉”对产品进行客观分析。由于这种智能传感器矩阵系统中配有不同类型传感器,能更充分模拟复杂的鼻子,得到某产品实实在在的身份证明(指纹图),从而辅助专家快速地进行系统化与科学化的气味监测、鉴别、判断和分析。

### 2. 电子鼻研究与应用进展

目前对于电子鼻的研究主要集中在传感器及电子鼻硬件的设计、模式识别及理论,电子鼻在食品、农业、医药、生物领域的应用及电子鼻与生物系统的关系等方面。其中传感器及电子鼻硬件的设计和电子鼻在食品及农业领域的应用是电子鼻研究的热点。目前比较著名的电子鼻系统有法国的 Fox 系列和 Alpha MOS,德国的 Focus Tech. GC-O 气相色谱,瑞士的 Smart Nose 等(图 2-42)。

电子鼻是一种由一个以传感器阵列形式存在的化学传感系统和一个神经网络形式的模式识别系统组成的高级传感器系统,能够在几小时、几天甚至数月的时间内连续地、实时地监测特定位置的气味状况。电子鼻能够应用于饮料、食品和烟草的质量控制,药品、化肥和化工材料生产中的控制,煤田、油田、油库和建筑物的消防报警,环境保护中空气、土地和水污染的检测,公安和海关安全检查中对爆炸物和毒品等违禁物品的检测,汽车发动机控制和排气质量检测,医学临床人体呼吸和排泄物气味检测和疾病诊断,航空航天领域发动机和机舱环境检测,军事国防中生化武器防御,机器人嗅觉定位系统等。

电子鼻提供了一种客观的质量检测监控系统,而且能在短时间内给出大量的气味评价,比人工评测更客观、更迅速、更可靠。目前,国内外电子鼻主要应用于饮料、酒类、茶叶、烟草、鱼和肉等食品挥发气味的识别和分类,进行质量分级和新鲜度判别。例如,在烟草种类鉴别、果蔬成熟度检测、酒类及液体类食品的鉴别、粮食储存与加工中霉变检测及

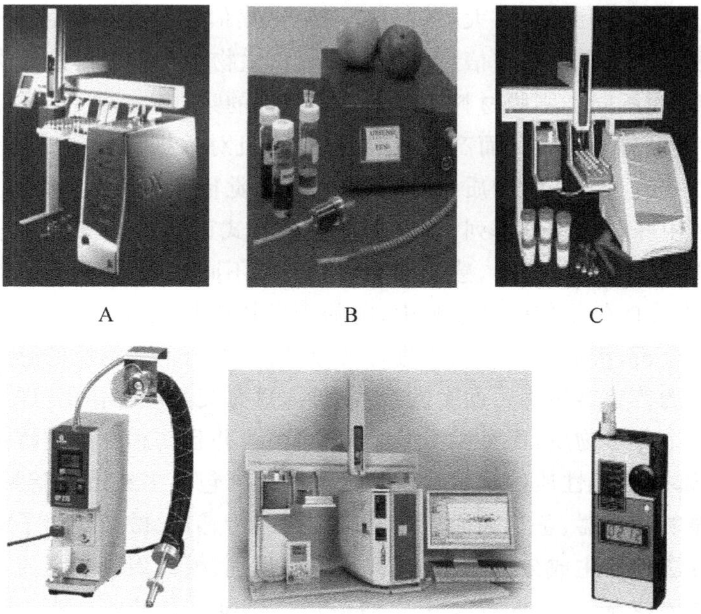

A B C

D E F

图 2-42 不同类型的电子鼻

A. 法国 FOX4000 电子鼻；B. 德国 PEN3 电子鼻；C. 法国 Alpha MOS 电子鼻；
D. 德国 Focus Tech. GC-O 气相色谱-电子鼻；E. 瑞士 SmartNose200 质谱技术电子鼻；
F. 日本新宇宙 XP329F 系列(自动吸引式)便携式气味检测仪

香精香料、化妆品生产中的香气识别和评价。电子鼻可用于食品加工业中食品新鲜度与质量鉴别，如原料质保、烧制过程监测、发酵控制、食物储存效应研究、产品与包装相互作用、鱼肉新鲜度、果汁鲜度、过程控制、禽类的沙门氏菌探测等。例如，根据酒类挥发的气味对其进行分类与分级，在品牌的鉴定、异味检测、新产品的研发、原料检验、蒸馏酒品质鉴定、制酒过程管理的监控方面有广泛的应用前景。

电子鼻发展具有两个明显趋势：一是结构“微型化”，电子鼻体积越做越小，从“台式”到“便携”，从“手机大小”到“电子鼻芯片”(nose on a chip)；二是“生物系统”化，模拟生物嗅觉系统传感器的数目，传感器阵列中气敏传感器大规模集成，争取达到 1 万个气敏传感器/$cm^2$ 以上的集成度。

## 三、电子舌技术及其应用

### 1. 电子舌的概念、结构及其工作原理

电子舌(electronic tongue，E-Tongue)，也称味觉指纹分析仪，是一种利用低选择性、非特异性、交互敏感的多传感阵列检测液体样品的整体特征响应信号，通过信号模式识别处理或多元统计分析方法，对样品进行定性和定量分析的一类新型现代化分析仪器。电子舌与电子鼻的最大区别在于前者测试对象为液体，后者为气体。

生物体能利用舌面味蕾孔穴的生物膜感受不同液体味觉物质，味觉物质使生物膜电位发生变化，味觉细胞产生了对化学物质响应的电信号，在味觉神经上产生一系列电脉

冲,并传输给大脑产生刺激信号,大脑针对味细胞采集信号的整体特征进行处理分析,给出不同物质的区分辨识以及相应信息。电子舌模仿生物味觉的机制是用类脂膜作为模拟味蕾的敏感材料,用不同类脂膜材料可制备不同特性的味觉传感器,当类脂膜的一侧与味觉物质接触时,膜电势发生变化而产生响应,由计算机对数据进行模式识别,能够以类似人的味觉感受方式检测出味觉物质,得到反映样品味觉特征的结果。

电子舌主要由味觉传感器阵列、信号采集器和模式识别系统三部分组成。味觉传感器阵列相当于生物系统中的舌头,感受被测溶液中的不同成分;信号采集器类似于神经感觉系统,采集被激发的信号传输到电脑中;电脑则发挥生物系统中大脑的作用,通过软件对数据进行处理分析,最后对不同物质进行区分辨识,得出不同物质的感官信息。传感器阵列中每个独立的传感器仿佛舌面上的味蕾一样,具有交互敏感作用,即一个独立的传感器并非只感受一个化学物质,而是感受一类化学物质,并且在感受某类特定的化学物质的同时,还感受一部分其他性质的化学物质。味觉传感器包括多通道类脂膜传感器、基于表面等离子体共振的传感器、基于表面光伏电压技术的传感器、微结构离子味觉图像传感器等。模式识别方法包括主成分分析、人工神经网络识别、模糊识别和混沌识别等。

电子舌的主要特点:①检测探头由多通道传感器阵列构成;②测试对象为液体化样品;③采集的信号为溶液特性的总体响应强度,而非有关某个特定组分浓度的响应信号;④从传感器阵列采集的原始信号,通过数学方法处理,能够区分不同被测对象的整体属性差异;⑤所描述的特征与生物系统的味觉不是同一概念。电子舌与传统分析化学思想有一定的差异性,即电子舌所检测的不是溶液中某个具体化合物浓度的强度信号,而是与几个组分浓度相关的总体强度信号;电子舌重点不是在于测出检测对象的化学组成及各个组分的浓度多少以及检测限的高低,而是在于反映检测对象之间的整体特征差异性,并且能够进行辨识,或是在特定条件下求出内部组分浓度,提取出被测对象方面的某些属性信息。

### 2. 电子舌研究与应用进展

#### 1) 味觉传感器研究进展

味觉传感器是决定电子舌性能的关键部件,“电子舌”的传感器列阵主要由基于电势测定法、伏安法、电气化学的方法用于液体传感的列阵组成。其主要的区别是在综合传感系统灵敏性、选择性、多面性和重复性方面。

(1) 电位分析传感器。主要类型包括:①离子选择电极(ion-selective electrode, ISE),是一种对某种特定离子具有选择性的指示电极,通过工作电极与参比电极间膜电势的大小来反映样本离子浓度信息。②多通道类脂膜味觉传感器,由多个含有类脂膜的电极构成,味觉物质使类脂膜的电位发生变化,输出反映其味道性质和强度的电信号,通过数字电压表转化为数字信号送入计算机进行处理。

(2) 伏安分析传感器。由4个工作电极(Au、Ir、Pt、Re)、1个Ag/AgCl参比电极和1个不锈钢辅助电极构成的三电极结构,在外加电压下测定通过溶液的电流来反映被测对象信息,具有高灵敏性、多功能性、简单性、鲁棒性(稳健性)等优点。

(3) 光学方法味觉传感器。主要类型包括:①光寻址电位传感器LAPS。LAPS是利用半导体的内光电效应而研发的电子舌。②基于光化学原理的集成光学离子传感器。基于传统化学分析方法中的一种——显色反应,颜色的变化通过CCD相机显微拍摄并存储到计算机中,通过计算机对实验数据进行处理和识别。

(4) 其他传感器。①SH-SAW味觉传感器,根据SH-SAW的声电效应来实现对液体样品的识别。②电导分析传感器,运用味觉物质使电解液电导率降低的原理制成。③纳米材料传感器,主要有纳米电极和纳米光纤探针。

**2)电子舌研究与应用进展**

当前比较典型的商品化电子舌系统有法国Alpha M. O. S公司的Astree电子舌和日本Kiyoshi Toko教授的电子舌,其中Alpha M. O. S公司生产的电子舌系统占全世界电子舌市场的99%以上,在食品、医药、环境、化工等领域都有很好的应用(图2-43)。

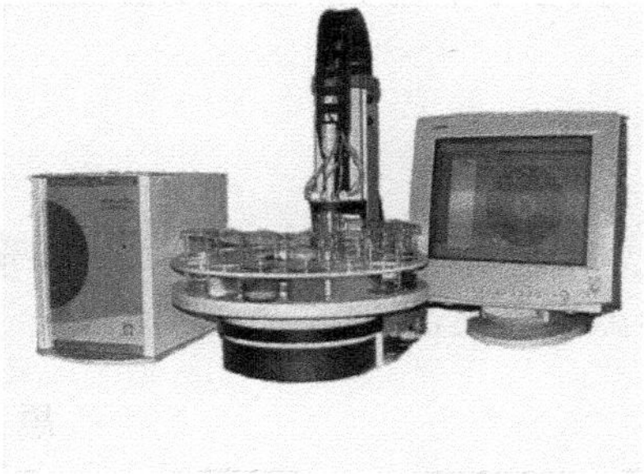

图2-43　法国Alpha MOS的Astree II电子舌(左)、苦度预测电子舌Astree Pharma/BPM(右)

(1) Kiyoshi Toko的电位型电子舌。日本九州大学的Kiyoshi Toko研制开发了世界上第一台能够区分5种基本味觉的电子舌,由8个含有类脂膜的电极组成,已成功应用于各种啤酒、牛奶、矿泉水等饮料类食品的区分以及日本豆发酵过程的监控中。

(2) Winquist的伏安型电子舌。瑞典的Link Ping大学成功开发了一种基于金属裸电极和伏安法的新型电子舌系统,由一组贵金属的工作电极阵列组成,以常规大幅脉冲电势作为激发信号,采集各个电极上的电流响应信号,在工业用水等环境方面的定性定量分析,袋泡茶、红酒、牛奶等食品方面的定性定量分析以及发酵过程的监控等生物化工领域中成功应用。

**3) 电子舌的应用领域**

电子舌能对酸、甜、苦、辣、咸味进行有效识别,具有可分析有毒样品或成分、不会疲劳的优势,提供了一种精确而可靠的味道检测手段,可得到检测样品的电子指纹图,从而辅助专家快速地进行系统化与科学化的味道鉴别、判断和分析。目前,电子舌主要应用于食品、医药、环境、化工等领域的研究。例如,利用电子舌的味感对饮料进行分类识别(图2-44),对食物味道的量化评定,定性和定量分析茶叶的品质(图2-45),水的软硬度和有害物质含量检测,对人工肾透析液中无机离子的分析,进行苦度等不良味道掩盖效果分析等。

**4) 电子舌技术发展趋势**

电子舌技术的研究只有20多年,其技术尚不成熟。今后电子舌技术发展的趋势是研制新的味敏材料,开发烟草、肉、鱼、酒、饮料等专用电子舌;传感器向微型化和芯片化方向

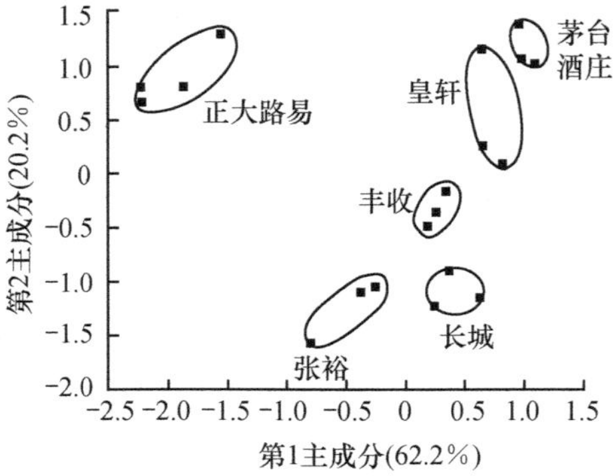


图 2-44　电子舌对不同品牌干红葡萄酒区分辨识

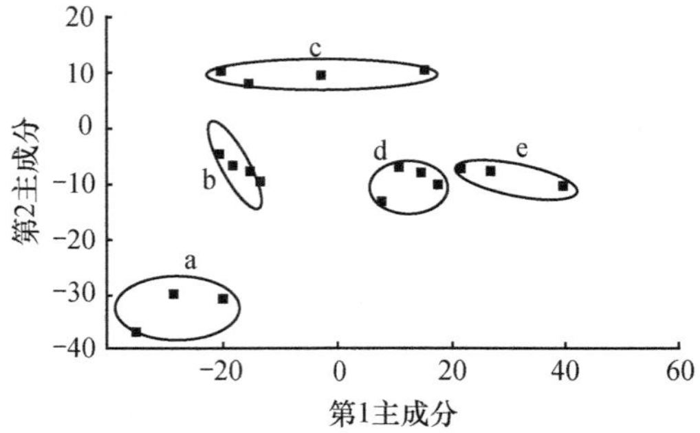


图 2-45　电子舌对 5 种茶叶品质差异区分辨识

a. 江苏碧螺春；b. 浙江龙井；c. 黄山毛峰；
d. 福建毛峰；e. 浙江开化针尖

发展；不同感受机理的传感器联合使用；增强实用能力，促进电子舌的进一步商品化；电子舌和电子鼻集成化，提高样品识别能力。

## 思　考　题

1. 计算机数据采集管理系统的结构和功能是什么？
2. 农田生物信息包含哪些类型？有何特点？如何采集和提取农田生物信息？
3. 农田生物信息采集与处理系统的结构和功能有哪些？
4. 农田气候信息采集与处理系统的构成包括哪些？能监测哪些农田气候参数？其主要工作原理是什么？
5. 农田土壤水分监测有哪些方法？其主要工作原理是什么？各有何特点？
6. 农田土壤养分快速监测有哪些方法？各有什么特点？
7. 农田土壤电导率测定的方法有哪些？其主要工作原理是什么？
8. 智能化农田自动灌溉系统的结构和功能有哪些？
9. 温室环境监测与控制系统包括哪些部分？其主要监测和控制原理是什么？
10. 果蔬储藏环境如何监控与管理？有哪几种冷库储藏方法？
11. 什么是机器视觉？其主要工作原理和关键技术是什么？
12. 机器视觉在农业上有哪些应用？
13. 什么是电子鼻？其结构和工作原理是什么？电子鼻在农业上有哪些应用？
14. 什么是电子舌？其结构和工作原理是什么？电子舌在农业上有哪些应用？

# 第三章　农业数据库系统

数据库技术是对一些数据量庞大、结构比较复杂的数据进行处理的专门技术。农业数据库是一种有组织地动态存储、管理、重复利用、分析预测一系列有密切联系的农业方面的数据集合(数据库)的计算机系统。主要包括农业资源信息数据库、农业生产信息数据库、农业技术信息数据库、农产品市场信息数据库、农业政策法规数据库、农业机构数据库等。

## 第一节　数据库系统概述

数据是将现实世界中的各种信息记录下来的、可以识别的符号,是信息的载体和具体表示形式。数据处理是利用计算机对各种形式的数据进行收集、存储、分类、计算、加工、检索和传输的过程,即将"原料"加工成"产品"的过程。其目的是从大量的原始数据中抽取和推导出对人们有价值的信息,以作为行动和决策的依据。数据库系统是为了满足数据处理需要而发展起来的软件系统,是存储介质、处理对象和管理系统的集合体。

### 一、数据库系统的构成与特点

#### 1. 数据管理与数据库系统

在数据处理的一系列活动中,数据收集、存储、分类、检索、传输等基本操作环节,被称为数据管理。数据库技术所研究的问题就是如何科学地进行数据管理。数据管理技术是指对数据进行分类、编码、存储、检索和维护,经历了人工管理、文件系统、数据库系统、高级数据库等发展阶段。数据库系统(database system)是计算机应用系统中一种专门管理数据资源的系统,由数据库、数据库管理系统和用户应用三部分组成。各种应用程序或应用系统通过数据库管理系统访问数据库中的数据,实现数据资源的共享。

数据库(database,DB)是按照数据结构来组织、存储和管理数据的仓库。详细讲,数据库是长期存储在计算机内、与应用彼此独立的、以一定的组织方式存储在一起的、彼此相互关联的、具有较少冗余的、能被多个用户共享的数据集合。数据库类型多样,有最简单的存储各种数据的表格,也有存储海量数据的大型数据库系统,有文字型、数字型、图像型和声音型等多种数据形式。按照数据类型和表现形式,数据库可分为文献型数据库、数值型数据库、事实型数据库、文本型数据库以及结合型数据库。按照数据结构和存取方法,数据库可分为关系型数据库、层次型数据库和网络型数据库。Web 数据库是在传统的关系数据库技术之上,融合最新网络技术、数据库技术、存储技术和检索技术为一体,完全基于 Internet 应用的数据库结构和数据模型的新型数据库。

在数据库基础上,近年来又发展了数据仓库技术。数据仓库(data warehouse,DW)

是决策支持系统和联机分析应用数据源的结构化数据环境，是一个面向主题的、集成的、相对稳定的、反映历史变化的数据集合，用于支持管理决策。数据仓库研究和解决从数据库中获取信息的问题。数据仓库系统是一个信息提供平台，包含数据获取(data acquisition)、数据存储(data storage)、数据访问(data access)三个关键部分，为用户提供各种手段从数据中获取信息和知识。例如，数据挖掘(data mining)技术是从大型数据库或者数据仓库的大量数据中发现隐藏其后的规律或数据的关系，抽取有价值的信息，为管理决策提供依据。

### 2. 数据库系统的构成

数据库系统是以数据为中心的计算机系统，主要应用于大量数据的管理，其目的是存储和产生所需要的有用信息。作为计算机系统，一个数据库系统应由数据库、用户、硬件和软件构成(图 3-1)。

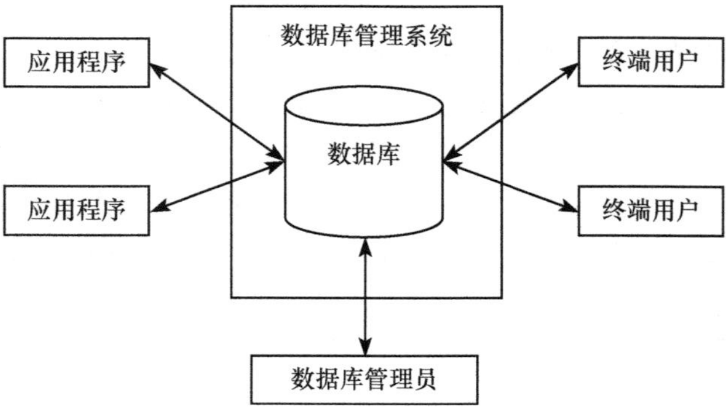


图 3-1　数据库系统简图

(1) 数据库。数据库是存储在磁带、磁盘、光盘或其他外存介质上、按一定结构组织在一起的相关数据的集合，是数据库系统的工作对象。数据库中的数据按一定的数据模型组织、描述和存储，具有较小的数据冗余度，较高的数据独立性和易扩展性，并可以与一定范围内的多个用户共享。

(2) 用户。使用数据库的用户是指存储、维护和检索数据的各类请求，可分为终端用户、应用程序员和数据库管理员三类。

(3) 软件。软件是一组能完成描述、管理、维护数据库的程序系统，通常称为数据库管理系统(data base management system，DBMS)，按照一种公用的和可控制的方法完成插入新数据、修改和检索原有数据的操作。DBMS 是数据库系统的基础和核心。

(4) 硬件。硬件是指存储数据库和运行 DBMS(包括操作系统)的硬件资源。

### 3. 数据库系统的特点

和传统数据管理相比，数据库系统有如下基本特点：①数据的结构化。这是与文件系统的根本区别，文件系统不能提供对任意部分数据的快速访问。②数据共享性好。冗余数据少，数据共享程度高。③数据独立性好。数据和程序相互独立有利于加快软件开发速度，节省开发费用。④用户接口简单。为用户提供了友好的接口，用户容易掌握，使用方便。⑤系统运行可靠。数据安全性和完整性高，出现故障时能迅速排除，不受非受权者访问或破坏。⑥能够重组数据。能改变数据存储结构或数据存储位置，改善数据组织零乱和时空性能变坏的状况，具有可修改性和可扩充性。⑦基于某种数据模型，能够充分描述数据间的内在联系。

## 二、数据库管理系统

数据库管理系统是一种操纵和管理数据库的大型软件，用于建立、使用和维护数据库，对数据库进行统一的管理和控制，以保证数据库的安全性和完整性。用户通过 DBMS 访问数据库中的数据，数据库管理员也通过 DBMS 进行数据库的维护工作。它使用户能方便地定义和操纵数据，维护数据的安全性和完整性，以及进行多用户下的并发控制和恢复数据库。

### 1. 数据库管理系统的功能与层次结构

数据库管理系统是数据库系统的核心，位于用户和操作系统之间的一个数据管理软件。按功能划分，数据库管理系统大致可分为模式翻译、应用程序编译、交互式查询、数据组织与存取、事务运行管理、数据库维护 6 部分。DBMS 的基本功能是数据定义、数据存取、数据库运行管理、数据库建立和维护功能、数据库的传输等。根据处理对象的不同，数据库管理系统的层次结构由高级到低级依次为应用层、语言翻译处理层、数据存取层、数据存储层和操作系统。

### 2. 常用的数据库管理系统

选择数据库管理系统时，应从以下几个方面予以考虑：构造数据库的难易程度、程序开发的难易程度、数据库管理系统的性能、对分布式应用的支持、并行处理能力、可移植性和可括展性、数据完整性约束、并发控制功能、容错能力、安全性控制、支持汉字处理能力和提供恢复数据库的功能等。目前，有许多数据库管理系统产品，如 Oracle、Sybase、Informix、Microsoft SQL Server、Microsoft Access、Visual FoxPro 等产品各有其特有的功能。

(1) Oracle。它是一个通用的关系型数据库管理系统，不仅具有完整的数据管理功能，还是一个分布式数据库系统，支持各种分布式功能和 Internet 应用，提供了一套界面友好、功能齐全的数据库开发工具。Oracle 使用 PL/SQL 语言执行各种操作，具有可开放性、可移植性、可伸缩性等功能。目前最新版本是 Oracle 11g。

(2) Microsoft SQL Server。SQL(strutured query language)语言是专门为访问关系型数据库而设计的结构化语言，用于存取数据以及查询、更新和管理关系数据库系统。SQL 由数据定义语言(data definition language，DDL)、数据操作语言(data manipulation language，DML)和数据控制语言(data control language，DCL)三部分组成，其主要功能包括数据查询、数据操纵、数据定义、数据控制。SQL 是一个通用的关系数据库标准语言，绝大多数关系型数据库管理系统都采用了 SQL 语言标准。Microsoft SQL Server 是一种典型的关系型数据库管理系统，使用 Transact-SQL 语言完成数据操作。目前最新版本的产品为 Microsoft SQL Server 2008，具有可靠性、可伸缩性、可用性、可管理性等特点，为用户提供完整的数据库解决方案。

(3) Microsoft Access。作为 Microsoft Office 组件之一的 Microsoft Access 是在 Windows 环境下非常流行的桌面型数据库管理系统，无需编写任何代码，只需通过直观的可视化操作就可以完成大部分数据管理任务。它不仅可以与其他数据库相连，实现数据交换和共享，还可以与 Word、Excel 等办公软件进行数据交换和共享，并且通过对象链接与嵌入技术在数据库中嵌入和链接声音、图像等多媒体数据。

## 三、数据库中的数据模型

在数据库中用数据模型(data model)来抽象、表示和处理现实世界中的数据和信息。数据模型是指描述反映客观事物的数据及其联系。按照应用层次，数据模型分为概念数据模型、逻辑数据模型和物理数据模型三类。概念数据模型也称信息模型，它是按用户的观点来对数据和信息建模，主要用于数据库设计。逻辑数据模型又被简称为数据模型，主要包括网状模型、层次模型、关系模型等，它是按计算机系统的观点对数据建模，主要用于 DBMS 的实现。物理数据模型简称物理模型，是面向计算机物理表示的模型，描述了数据在储存介质上的组织结构，它不但与具体的 DBMS 有关，而且还与操作系统和硬件有关。

### 1. 概念模型

概念模型用于信息世界的建模，是现实世界到机器世界的一个中间层次，是数据库设计的有力工具。概念模型的特点是：具有较强的语义表达能力，能够方便、直接地表达应用中的各种语义知识；简单、清晰、易于用户理解，是用户与数据设计人员之间进行交流的语言。

**1) 信息世界中的基本概念**

(1) 实体：客观存在，并且可以互相区别的事物。它可以是具体的物件，也可以是抽象的概念，还可以是某种关联。

(2) 属性：实体具有的每一个特性都称为一个属性。属性有“型”和“值”的概念，属性的名称(说明)就是属性的“型”；对型的具体赋值就是属性的“值”。

(3) 键：在众多属性中能够唯一标识(确定)实体的属性或属性组的称为实体的键。

(4) 域：属性的取值范围称为该属性的域。

(5) 实体型：用实体名及其属性名集合来抽象和刻画同类实体，称为实体型。

(6) 实体集：某个实体型下的全部实体称为实体集。

(7) 关联：分实体(型)内部的关联和实体(型)之间的关联两种。实体内部的关联通常指组成实体的各属性之间的关系。实体间的关联指不同实体集之间的关系。

两个实体型之间的关联可以分为三类：一对一关联(1 : 1)、一对多关联(1 : $n$)、多对多关联($m$ : $n$)等。实体型之间的一对一、一对多、多对多关联不仅存在于两个实体型之间，也存在于两个以上的实体型之间、同一个实体集内的各实体之间。

**2）概念模型的表示方法**

E-R方法称为实体-联系方法（entity-relationship approach），该方法能够方便、准确地表示出上述信息世界中常用的概念，它用E-R图来描述现实世界的概念模型。E-R方法也称为E-R模型，它是概念模型常用的方法。此外，还有扩充的E-R模型、面向对象模型及谓词模型等。

## 2. 数据模型

数据模型是数据库系统的核心和基础，它是对客观事物及其关系的数据描述，它反映了实体内部以及实体与实体之间的联系。各种计算机上实现的DBMS软件都是基于某种数据模型的。数据模型的好坏直接影响数据库的性能。数据模型的设计方法决定着数据库的设计方法。数据模型的命名一般是由数据结构决定的。数据结构是指数据的组织形式或数据之间的联系。目前常用的数据模型有三种：层次模型、网状模型和关系模型。它们之间的根本区别在于数据之间联系的表示方式不同。层次模型、网状模型是早期的数据模型。通常把它们称为格式化数据模型，因为它们是属于以"图论"为基础的表示方式。关系模型是用"二维表"（或称关系）来表示数据之间的联系。

（1）层次模型。层次数据模型是一种有根结点的定向有序树（在数学中"树"被定义为一个无回的连通图），即用"树"结构表示实体集之间的关联，其中实体集（用矩形框表示）为结点，而树中各结点之间的连线表示它们之间的关联。根据"树"结构的特点，建立数据的层次模型需要满足下列两个条件：①有且仅有一个结点无"父"结点称为根结点；②其他数据记录有且只有一个"父"结点。按照层次模型建立的数据库系统称为层次模型数据库系统，其典型代表是管理信息系统（management information system，MIS）。层次模型的优点：数据模型简单；对具有一对多的层次关系描述自然、直观、容易理解；性能优于关系模型，不低于网状模型；提供了良好的完整性支持。层次模型的缺点：不能很好地表示两个以上实体型之间的复杂关联和实体型之间多对多关联。

（2）网状模型。由于层次模型还不能很好地表达实体间的复杂关系（多对多关联），于是又产生了网状模型，网状模型很好地解决了实体间复杂关系的表达问题，但是它也有致命的弱点，即当需求扩展时，对原有数据结构及应用程序的修改会产生严重的后果。网状模型的特点：①可以有一个以上的结点无"父"；②至少有一个结点有多于一个的"父"。按照网状数据结构建立的数据库系统称为网状数据库系统，其典型代表是DBTG（data base task group）。用数学方法可将网状数据结构转化为层次数据结构。

（3）关系模型。关系模型是以人们经常使用的二维表格形式来表示实体本身及其相互之间的关联。把数据看成一个二维表格，每个二维表格就是一个关系，由多列和多行组成，每列描述实体的一个属性，每行描述一个具体实体。对于一个表示关系的二维表格，其最基本的要求是，不允许表中再有表。一个关系称为一个数据库，若干个数据库可以构成一个数据库系统。由关系数据结构组成的数据库系统被称为关系数据库系统。关系模型的优点：①数据结构简单；②具有很高的数据独立性；③可以直接描述多对多的关联；④有坚实的理论基础。关系模型的缺点：当数据库很大时，查找满足特定关系的数据费时，对空间关系无法满足。目前流行的数据库管理系统，如dBASEII、Visual FoxPro、Oracle、Informix、Sybase、SQL Server、Access 和 Visual FoxPro 全都是关系数据库管理系统。

## 四、数据库设计

数据库设计是指在已有数据库管理系统的基础上建立数据库的过程。数据库设计在数据库开发中占有非常重要的地位,数据库设计的好坏将会直接影响整个系统的性能。

### 1. 数据库设计的步骤

数据库设计的过程就是将数据库系统与实际的应用对象紧密地结合起来,构成一个有机的整体过程。数据库设计过程可以划分为 5 个阶段,即需求分析阶段、概念结构设计阶段、逻辑结构设计阶段、物理结构设计阶段以及数据库的实施、运行与维护阶段(图 3-2)。

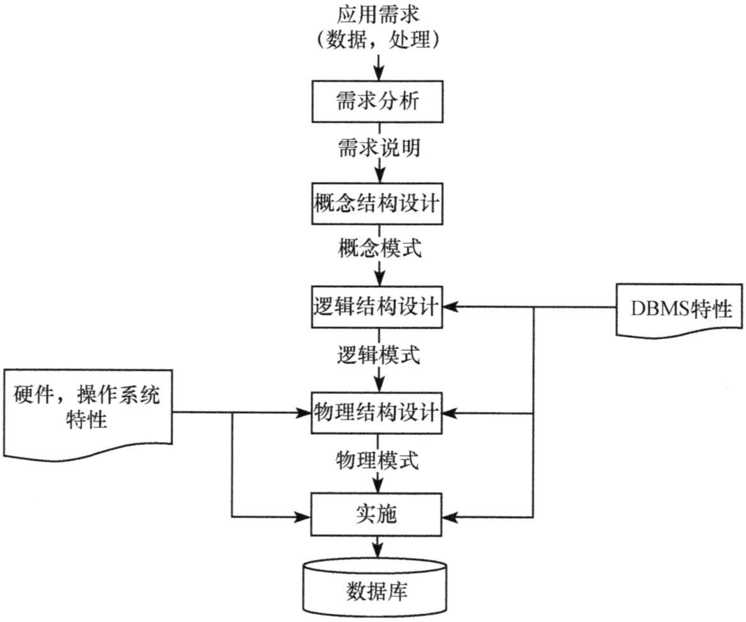


图 3-2　数据库设计的基本步骤

需求分析的任务是通过详细调查现实世界要处理的对象(组织、部门、企业等),充分了解原系统(手工系统或计算机系统)的工作概况,明确用户需求,确定新系统的功能。概念结构设计的任务是根据需求分析阶段形成的系统需求说明书,对现实世界进行数据抽象,建立数据库的概念模型。逻辑结构设计的任务是将在概念结构设计阶段生成的概念模型进一步转化为相应的数据模型。物理结构设计的任务是在指定的 DBMS 功能范围内,为数据库的逻辑模型确定最适合应用环境的存储结构和存取方法。数据库的实施、运行与维护阶段的主要任务包括定义结构、加载初始数据、编制与调式程序、数据库试运行、数据库备份与恢复、数据库安全性和完整性控制、数据库性能监督分析和改进、数据库重组织和重构造等。

## 2. 概念结构设计

概念模型是对实际应用对象进行形象而又具体的描述，因此，也可以把概念模型设计看成是逻辑设计的开始。概念结构设计要借助于某种方便又直观的描述工具。E-R 图是设计概念模型的有利工具，提供了表示实体型、属性和关联的方法(图 3-3)：①实体型：用矩形表示，框内写明实体名。②属性：用椭圆形表示，框内写明属性名，用无向边将其与相应实体连接起来。③关联：用菱形表示，框内写明关联类型，菱形旁表明关联名，用无向边分别与相关实体连接起来。如果关联具有属性，也应将其与该关联连接起来。

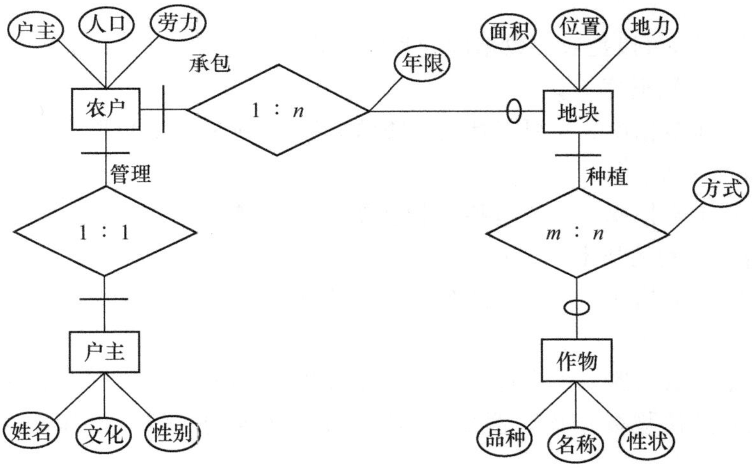


图 3-3　农户地块管理数据库的 E-R 图

## 3. 关系数据库设计

关系数据库就是依据关系模型建立的数据库。将 E-R 数据模型转化为关系模型的过程，可分为以下 3 个步骤。

(1) 将用 E-R 图描述的数据库概念模型转化一组关系模式。①一个实体型转换为一个关系模式，实体型的属性就是关系的属性，实体型的关键字就是关系的关键字。②一个 1∶1 的关联转换为一个关系。每个实体型的关键字都是关系的候选关键字。③一个 1∶$n$ 的关联转换为一个关系。多方实体型的关键字是关系的关键字。④一个 $n$∶$m$ 的关联转换为一个关系。关联中各实体型关键字的组合组成关系的关键字(组合关键字)。⑤具有相同关键字的关系可以合并。

(2) 根据关系型数据库规范化理论对这组关系模式进行规范化处理。由 E-R 图向关系模型转换过程中，要进行规范化处理，即用模式合并与分解方法达到规范化级别。

(3) 根据数据库的完整性和一致性要求以及系统查询效率要求，对所得模式进行优化。关系模型的优化就是要从用户需求及系统效率出发，对经过规范化处理的关系模型做进一步的分析，确定是否需要从提高数据操作效率、提高存储空间利用率、消除特定数据依赖等角度出发，对某些关系模式再进行分解，或是需要从提高查询效率的角度出发，对部分关系模式进行合并等。

# 第二节 农业数据库建设

数据库是信息处理的基础,农业数据库建设是农业信息技术工作的基础、核心。农业信息量大、面广而分散,目前国际上最普遍、最实用的方法是将各种农业信息加工成数据库,并建立农业数据库系统。农业数据库建设能够为农业生产管理、农业政策制定、农业科研、教育和推广等提供信息和服务。

## 一、农业数据库的类型

从适用范围上,可以把农业数据库分为农业资源数据库、农业技术数据库、农业统计数据库和管理信息数据库等。

(1) 农业资源数据库。主要包括地理资源数据库、种质资源数据库、基因资源数据库和人力资源数据库等。

(2) 农业技术数据库。主要包括作物栽培技术、动物养殖技术、农副产品加工技术、农业资源综合开发利用技术、专利项目等。

(3) 农业统计数据库。主要包括企业与产品数据库、生产信息统计数据库、农业气象资料数据库等。

(4) 农业生产数据库。主要包括农业企业与产品数据库、农业市场信息数据库。

(5) 农业政策法规数据库。例如,农业政策与法规、技术标准、国际条约与公约等信息。

(6) 农业科技文献数据库。例如,各类农业期刊发表的农业科技论文全文数据库等。

## 二、国外农业数据库

在 20 世纪 60 年代中期,美国就开始了数据库方面的建设;70 年代中期,欧洲各国和日本相继建立和发展了本国的数据库,到了 80 年代后期,数据库联机检索系统开始在经济发达国家兴起。光盘数据库、网络在线数据库和农业信息网络系统也在不断涌现。

### 1. 国外农业文摘数据库

(1) CAB Abstracts。国际农业和生物科学中心文摘数据库(Commonwealth Agricultural Bureaux,CAB Abstracts)是由国际农业和生物科学中心出版,涵盖 130 多个国家出版的 1.1 万余种期刊、图书、专业报告以及会议录等。内容涉及农艺学、生物技术、植物保护、乳品科学、经济、森林、遗传、微生物、寄生虫、畜牧兽医、人类营养、乡村发展等。从 1910 年至今,数据量达 636 万篇,每年新增数据 18 万篇。

(2) AGRICOLA。美国农业文献联机存取书目型数据库(AGRIOultural Online Access,AGRICOLA),主要以美国农业部国家农业图书馆馆藏文献为基础,兼收与农业有关的美国政府出版物、会议文献、专利文献等 8000 多种。内容分为农业经济、土壤和肥料、食品与营养、植物科学及农业专利文献等十大类。从 1970 年至今,拥有 380 万条记录,季度更新,年增加 11 万条记录。

(3) AGRIS。国际农业科技情报系统数据库(International Information System for the Agricultural Sciences and Technology,AGRIS)是由FAO所属的国际农业科技信息系统建立的一个书目型国际农业数据库,收录了135个国家和地区、146个国际AGRIS中心和22个国际中心组织收集的连续出版物及有关文件、系列文集、书籍、科技报告、专利、会议论文等。从1975年至今,拥有320万条记录,季度更新,年增加13万条记录。

(4) FSTA。食品科学与技术文摘(Food Science and Technology Abstracts,FSTA)数据库是国际公认的食品科学和技术文献的首要数据库,涉及食品科学、食品技术和所有与人类营养相关的食品商品等各个方面,收录了1800余种与食品科学和技术相关的期刊、图书、会议录、学术报告、专利、标准、法规等信息。从1990年至今,拥有50万条记录,每月更新,年增加1.8万条记录。

(5) Pest-Bank。虫害全集数据库(Pest-Bank)是一个事实型数据库,提供杀虫剂化学成分参数资料,内容涉及杀虫剂产品名称、登记公司名称与登记日期、有效成分、组成与制剂、可允许的残留量、被取消的产品记录等。涵盖了美国登记和被取消使用的农药相关信息,范围涉及杀虫剂、环境、食品和农业。从2002年至今,拥有9万条记录,季度更新,年增加1.3万条记录。

(6) BIOSIS Previews。生命科学文摘数据库(BIOSIS Previews,BP)是由美国生物科学信息服务社(BIOSIS)生产的有关生命科学的文摘和索引数据库,涵盖农业、细菌学、生物化学、生物工程、生物技术、植物学、细胞生物学、临床医学、环境生物学、遗传学、微生物学、营养学、寄生虫学、毒理学、兽医学、病毒学等。从1969年至今拥有1250万条记录,每月更新,每年大约增加56万条记录。

(7) TROPAG和RURAL。热带农业和农村数据库(TROPAG and RURAL)是由荷兰皇家热带研究所信息部、图书馆和文献部联合制作的,主要收录了有关农业、经济和社会发展的文摘型数据。TROPAG内容涉及热带和亚热带地区的粮食和经济作物的培育、动物饲养、饲料和牧草、水产、林业、产后加工、农场系统和环境管理等。RURAL内容涉及发展中国家的经济和社会发展战略、国际合作、发展问题和环境问题等。从1972年至今,拥有16万条记录,每月更新,每年增加0.4万条记录。

(8) Zoological Records。动物学文摘数据库(Zoological Records)涵盖所有当代动物学的研究资料,资料来自100多个国家的5000多种连续出版物,收录了80 000种有较高价值的动物学命名数据,涉及动物形态学、寄生生物学、遗传学、动物地理学等领域。从1978年至今,拥有150万条记录,每月更新,每年大约增加7.2万条记录。

(9) Derwent Biotechnology Abstracts。德温特生物技术文摘数据库收录了1200余种国际期刊、40多家权威专利机构提供的资料和国际会议的文摘,已经成为世界最大的生物技术方面的数据库。从1982年至今拥有27.4万条记录,每月更新,每年大约增加1.6万条记录。

(10) FOODLINE。食品科学与技术数据库(FOODLINE)是食品科学技术领域较完整的光盘数据库之一,包括食品加工、配料、技术、包装与营养、环境与生物技术等,涉及生物技术、生物化学、乳品科学、政府法规、饮料、健康与安全、毒理学等。从1972年至今,拥有53万条记录,每月更新,每年增加2.5万条记录。

2. 国外农业全文数据库

(1) EBSCO全文数据库。EBSCO全文数据库包含ASP和BSP两个全文数据库。ASP称为综合学术全文数据库,内容包括8200种学术期刊的文摘/目录、4300种全文学术期刊,涵盖了生物科学、农业科学、医学、计算机和信息技术、经济等学科。BSP称为商业管理财经类全文数据库,内容包括9028种商业类期刊的文摘/目录、8167种全文文献。

(2) Science Direct电子期刊数据库。Elsevier出版社是世界著名学术出版公司,Science Direct数据库是该出版社电子期刊数据库,提供Elsevier的1800多种期刊的在线检索和全文下载服务,涵盖了科学、技术以及医学领域的21个学科。与农业相关的有农业科学、生物科学、生物化学、遗传学、分子生物学、环境科学、免疫学和微生物学等,共420多种电子期刊。

(3) ProQuest博硕士学位论文全文数据库。PQDD(ProQuest Digital Dissertations)是美国UMI公司出版的博硕士学位论文数据库,收录了欧美1000余所大学的160多万篇学位论文。

(4) Annual Reviews电子期刊。Annual Reviews的期刊涉及生物学、医学、物理学和社会科学领域的31个学科,邀请各学科领域最权威、顶尖的科学家撰写综述,回顾本学科最前沿的进展,为科学研究提供方向性指导,超过半数Annual Reviews系列杂志的影响因子位于不分学科排名的前100位。

(5) Blackwell出版社电子期刊。Blackwell Synergy为Blackwell公司推出的电子期刊数据库,出版期刊总数超过700种。与农业相关的有生命和自然科学;兽医、动物科学、农业和水产;工程、计算机技术;经济学等4个专题,共230种电子期刊。

(6) SpringerLink(Springer出版社电子期刊数据库)。Springer Science and Business Media是世界著名学术出版公司,出版了1250种学术期刊,其中自然科学类期刊有1000余种,这些期刊通过SpringerLink平台提供在线服务。

(7) ProQuest生物和农业全文期刊数据库。由ProQuest公司出版和提供平台服务的农业专题全文数据库产品,包括ProQuest Biology Journals和ProQuest Agriculture Journals。

(8) BioOne全文数据库。BioOne为一非营利组织,共收录了69种学术期刊,其中59种为SCI收录。这些期刊主要涵盖农业、生物科学等领域。

(9) *Nature*系列电子期刊。英国著名杂志*Nature*主要报道和评论全球科技领域里最重要的突破。Nature NPG(Nature Publishing Group)诞生于1999年。包括*Nature*杂志、8种研究类月刊和6种综述类期刊。

(10) ASABE Technical Library。美国农业、食品和生物系统工程学会在线数据库,收录了5000多篇该学会出版的期刊、标准、会议录、教材和专著等多种文献信息,涉及领域为农业、食品、生物等学科,为农业工程领域权威性全文数据库。

(11) 泰勒和弗朗西斯(Taylor and Francis)农业百科全文数据库。包括动物科学百科全书(Encyclopedia of Animal Science)、植物和作物科学百科全书(Encyclopedia of

Plant and Crop Science)、土壤科学百科全书(Encyclopedia of Soil Science)、农业食品与生物工程百科全书(Encyclopedia of Agricultural Food and Biological Engineering)、水科学百科全书(Encyclopedia of Water Science)、害虫管理百科全书(Encyclopedia of Pest Management)等百科全书。

(12) OECD农业与食品数据库和电子图书资源。包括了自1998年以来出版的所有农业和食品类图书和报告,可以在线浏览这些图书的全文,同时还有纸质版本可以阅读。自1998年以来共有100多本电子图书,每年出版20多本,随时更新,数据库一年更新两次。

## 三、中国农业数据库

### 1. 中国农业数据库建设概况

中国的数据库建设在经过了20世纪70年代的起步、80年代上半期的普及阶段后,到现在数据库的建设已进入快速发展的时代。我国农业信息方面的数据库建设不断发展进步,经历了从题录文献库到全文库,从光盘库到网络库的发展。据统计,全国省级以上107个农业科研单位和农业高等院校自建数据库85个,数据量约3510万条(篇)。自2003年国家科学技术部启动科学数据共享工程后,农业数据库的建设进入了一个相对集中快速发展的时期,中国农业科学数据中心、中国气象科学数据共享网站、水利科学数据中心、中国林业科学数据中心等数据共享平台初步建成并投入运行。但农业数据库建设仍然滞后,主要问题:①农业数据库数量不足,规模不大,覆盖面不广,信息不全,质量不高,利用率低。②缺乏统筹规划,重复建设现象严重,标准化和规范化较低,封闭现象严重,兼容性和共享性差。③数据库内容以文摘型、题录型为主,而全文数据库、多媒体数据库比重较低。④数据库建设和管理不规范,重建设轻维护,重形式轻功能,重硬件轻软件等现象严重。

### 2. 综合性农业数据库

(1) 中国农业科技文献数据库(Chinese Science and Technology Document Databases,CASTDB)。为中国农业科学院科技文献信息中心研制开发的中文文摘-目录型数据库,属于万方数据科技信息子系统。该数据库涵盖了1988年至今1000多种中文农业科技期刊、会议论文等与农学、园艺、植保、土壤、畜牧、兽医、农业工程、农产品加工和农业经济相关的文献信息,文摘量在50%以上。

(2) 中国期刊全文数据库。由中国学术期刊(光盘版)电子杂志社等单位推出,收录了1994年至今的8200种全文期刊的数据,累计全文文献2200多万篇。农业专辑主要包括农业基础科学、农田水利工程、农艺学、植物保护、农作物、园艺、林业、野生动物保护、畜牧、动物医学、狩猎、蚕蜂、水产、渔业等。

(3) 中文科技期刊数据库。由重庆维普资讯公司开发,包含了1989年以来的自然科学、工程技术、农业、医药卫生、经济、教育和图书情报学科112万余种期刊刊载的1700余万篇文献,并以每年100万篇的速度递增。其中农业科学包括农业基础科学、农业工程、农学(农艺学)、植物保护、农作物、园艺、林业、畜牧、动物医学、狩猎、蚕、蜂、水产和渔业等。

(4) 全国报刊索引数据库。由上海图书馆编印,主要收录建国以来国内公开发行和内部发行的全国性的省、直辖市、自治区及部分地区的中文报纸和期刊,包括期刊7000余种、报纸200余种,从2003年开始按季度更新并推出网络版。

3. 典型农业专题数据库

(1) 中国作物种质资源数据库(CGRIS)。是拥有180种作物、38万份种质信息、2400万个数据项值、2000Mb的植物遗传资源信息系统,用于管理粮、棉、油、菜、果、糖、烟、茶、桑、牧草、绿肥等作物的野生、地方、选育、引进种质资源和遗传材料信息,包括种质考察、引种、保存、监测、繁种、更新、分发、鉴定、评价和利用数据,作物品种系谱、区试、示范和审定数据,以及作物指纹图谱和DNA序列数据。

(2) 中国农业科学数据中心(agridata)。由中国农业科学院农业信息研究所主持建设,是一个汇集国内外农业科技数据资源,并进行规范化加工处理,分类存储的农业信息资源数据平台。包括作物科学、动物科学与医学、农业区划数据、渔业与水产科学、热带作物科学、草地与草业科学、农业科技基础数据等12大类主体数据库、720多个有关农业信息数据库,数据量30Gb以上,已全部实现网络化共享。

(3) 中国土壤数据库。由中国科学院南京土壤研究所组建,包括土壤分类数据库、1∶400万土壤空间数据库、1∶100万土壤空间数据库、中国土种数据库、土壤质量动态监测数据库、氮磷钾养分循环数据库和区域农田生态研究数据库。

(4) 资源环境遥感数据库。由中国科学院遥感应用研究所和中国科学院上海技术物理研究所组建,包括了遥感基础图像数据库、植被环境数据库、土地资源数据库、水资源数据库、人居环境数据库、动物生境数据库等。

## 第三节　农业管理信息系统

数据库技术的发展经历了电子数据处理(electronic data processing,EDP)、管理信息系统(management information system,MIS)、决策支持系统(decision support system,DSS)和综合利用4个阶段。管理信息系统(MIS)是一个以人为主导的,利用计算机硬件、软件和网络设备,进行信息的收集、传递、存储、加工、整理的系统,以提高组织的经营效率。农业管理信息系统是收集和加工农业系统管理过程中的有关信息,为管理决策过程提供帮助的信息处理系统,在数据支持下进行与农业相关的事务处理、信息服务和辅助管理决策。

### 一、农业管理信息系统的类型

农业管理信息系统(agricultural management information system,AMIS)按其内容可以分为如下几类。

(1) 土地资源信息系统(land resources information system,LRIS)。主要用于土地资源调查与监测、土地资源评价与规划、土地资源日常管理等。例如,加拿大地理信息系统(CGIS)是公认的世界上第一个土地资源信息系统。

（2）土壤资源信息系统（soil resources information system，SRIS）。其发展始于1972年。加拿大首先建立了土壤数据库，英国、法国、美国、澳大利亚、FAO等相继建立了土壤资源信息系统。我国于20世纪80年代开始建立中国土壤数据库。

（3）水资源信息系统（water resources information system，WRIS）。它始于水资源管理与GIS相结合的研究，包括水分配管理、水质监测、污染控制、防洪排涝等内容。

（4）农业气候资源信息系统（agricultural climate resources information system，ACRIS）。主要包括农业气象资料数据的收集、管理、分析与评价。例如，中国气象科学数据共享网提供的地面气象资料、农业气象资料、气象卫星资料、气象灾害资料等数据共享服务。

（5）肥料资源信息系统（fertilizer resources information system，FRIS）。包括肥料区域平衡预测与布局、肥料生产与流通、施肥信息等内容。例如，基于施肥数据库的各类施肥模型和施肥推荐专家系统等。

（6）农业种质资源信息系统（agricultural gene resources information system，AGRIS）。也称为生物资源信息系统，包括动物资源、植物资源、微生物资源和基因资源等。

## 二、农业管理信息系统的构成与开发流程

农业管理信息系统是一个GIS专题信息系统，由计算机硬件、计算机软件、数据、应用模型和系统组织管理者组成（图3-4），其开发过程包括可行性研究、系统分析、系统总体方案设计、系统技术方案分析、系统实施、系统评价与维护6个阶段，其开发流程如图3-5所示。

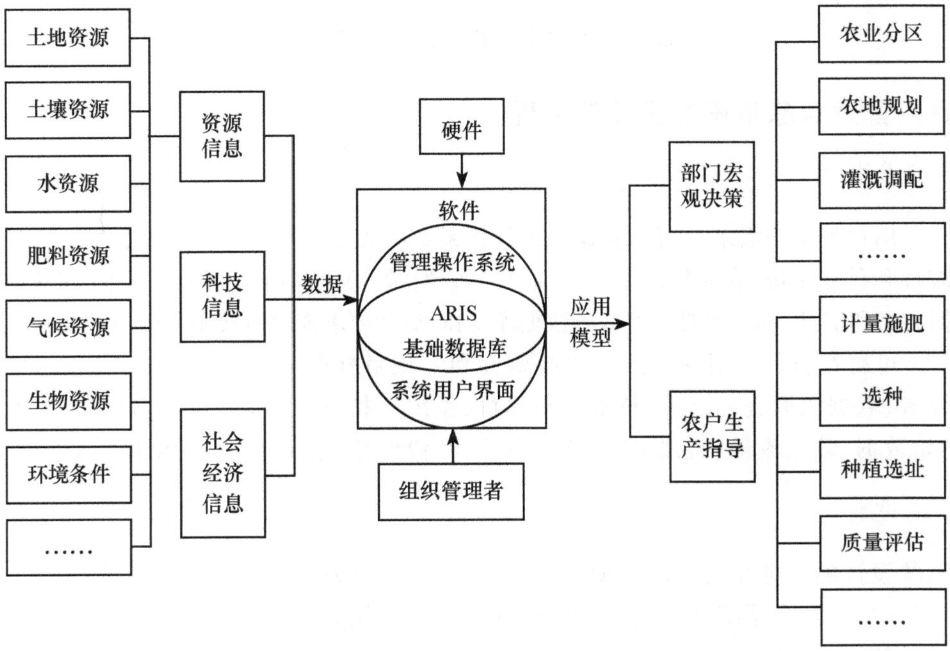


图3-4　农业管理信息系统构成框图

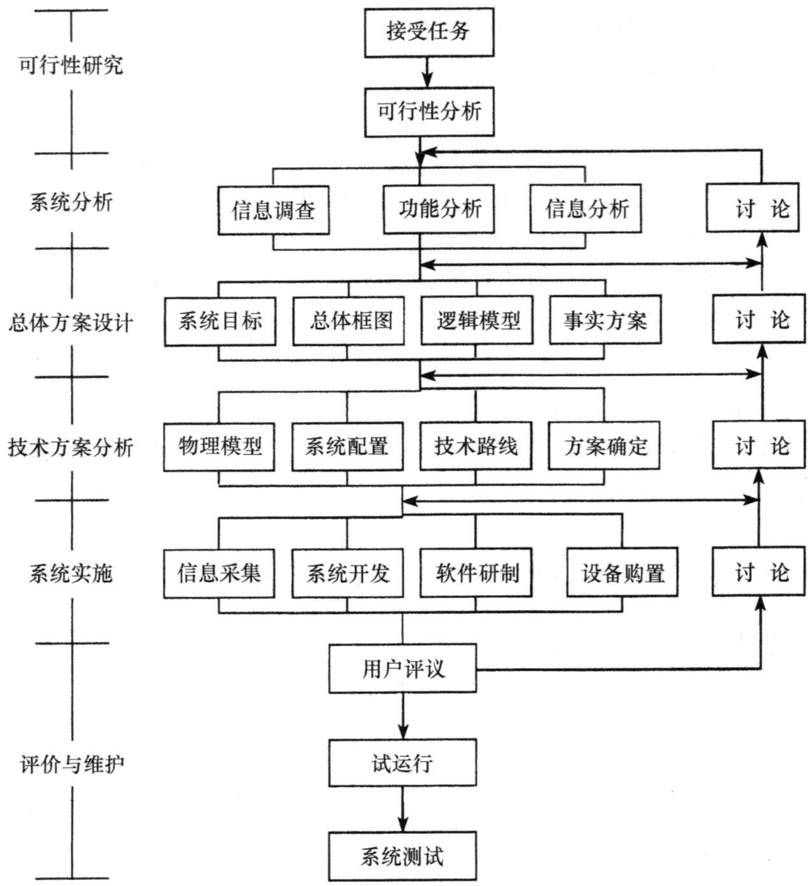


图 3-5　农业管理信息系统开发流程图

## 三、农业管理信息系统的设计与实现

### 1. 系统分析

(1) 用户类型与需求分析。农业管理信息系统(AMIS)的用户类型包括政府管理部门、农业院校和科研单位、农业生产单位(含农户),它们对 AMIS 功能需求有所不同,前两者偏重于数据共享和信息交流,需要大型基础数据库支持,后者要求能够直接服务于农业实际生产。

(2) 可行性分析。对建立系统的必要性和实现目标的可行性进行分析,包括系统目标和任务、数据源调查和评价、技术水平评价、系统支持状况等,以确定用户实力、系统环境、原始数据、数据流量、储藏空间、软件系统、经费预算、进度预测、技术水平等。

### 2. 系统设计

系统设计的任务是将逻辑模型转换为物理模型,分为总体设计、数据库设计和应用设计三个阶段,主要为系统功能设计和软硬件选择。系统开发一般采用自上而下的方法设计系统的功能结构图(图 3-6)。系统软硬件选择要考虑用户支撑条件、系统实际运行和发展需要等因素。

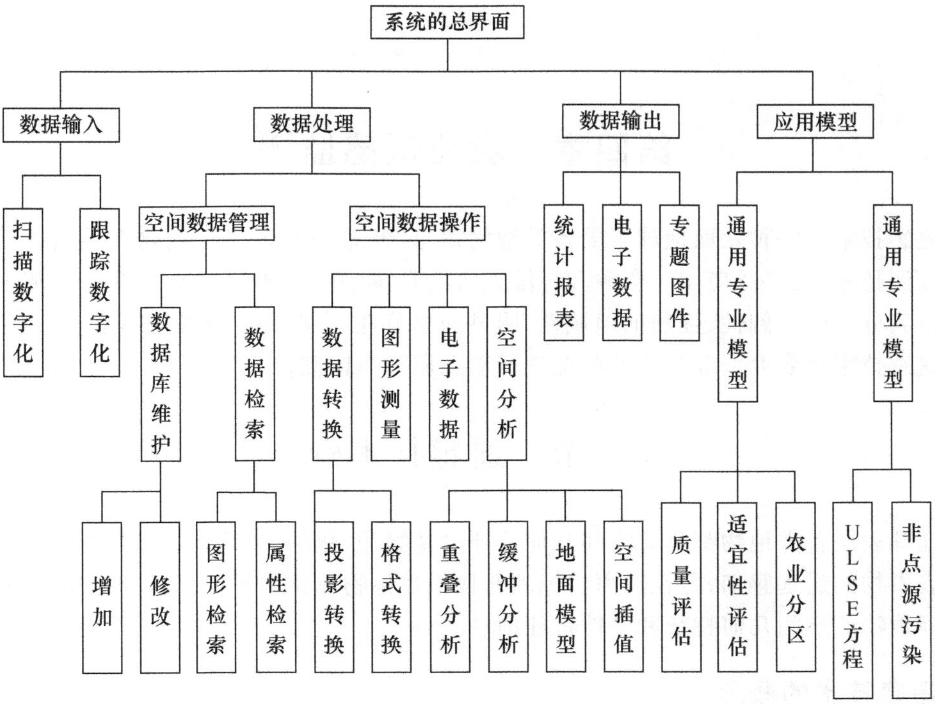


图 3-6　农业管理信息系统基本功能结构图

3. 系统应用设计

AMIS 的应用设计主要是应用模型的设计、模型分析结果的输出设计以及方便用户的应用而进行的对话设计等。应用模型是 AMIS 系统深入应用的关键所在，需要进行二次开发，如农业分区、水土流水评价、土地质量评价等应用模型，才能满足专业应用需要。对话设计采用菜单式或问答式对话方式，便于人机结合。

## 思　考　题

1. 什么是数据管理技术？什么是数据库？数据库有哪些类型？
2. 什么是数据库系统？数据库系统由哪些部分构成？数据库系统和传统数据管理相比有哪些特点？
3. 简述 DBMS 的主要功能和结构。常用的代表性数据库管理系统有哪些？
4. 什么是数据模型？有哪些类型？各有何特点和作用？
5. 数据库设计的主要步骤和任务是什么？举例说明数据库设计的方法？
6. 农业数据库类型有哪些？
7. 国外农业数据库建设状况如何？国外主要农业数据库有哪些？
8. 我国农业数据库建设现状如何？我国主要农业数据库有哪些？
9. 什么是管理信息系统和农业管理信息系统？农业管理信息系统包括哪些类型？
10. 农业管理信息系统由哪些部分构成？其开发流程是什么？
11. 农业管理信息系统的主要功能是什么？

# 第四章　农业遥感监测

遥感技术是一种获取地球表层各类地物信息、测量与判定目标地物性质或特性的综合性探测技术，已广泛应用于资源和环境调查与监测、军事、城市规划等多个领域。农业生产以其分布的广阔性、强烈的地域性、明显的季节性、资源的综合性等特点，特别适合于采用遥感技术对农业资源和生产状况进行动态调查与监测。

## 第一节　遥感技术概述

地球表层各类地物都具有空间几何特征以及物理、化学、生物等属性特征。遥感泛指对地表事物的遥远感知，是在远离目标和非接触目标物体条件下探测目标地物，获取与分析目标地物的空间几何特征和属性特征信息。

### 一、遥感技术的概念

遥感(remote sensing，RS)是一种远距离的、非直接接触的目标探测技术和方法。拍摄照相就是常见的遥感，从拍摄目标到再现目标所使用的手段，就是遥感技术。通过对目标进行探测，获取目标的信息，然后对所获取的信息进行加工处理，从而实现对目标进行定位、定性或定量的描述。遥感利用地面目标反射或辐射电磁波的固有特性，通过观察目标的电磁波信息以达到获取目标的几何信息和物理属性的目的(图 4-1)。不同地面目标所固有的电磁波特性受到太阳及大气等环境条件的影响后，再通过传感器收集并经过数据加工处理，最终应用到各种领域的数据流程(图 4-2)。

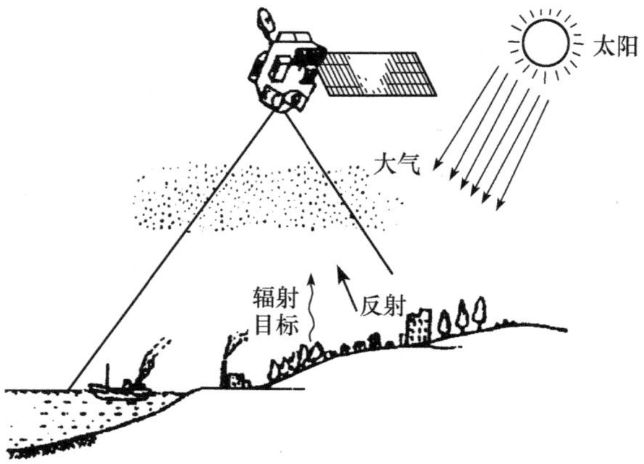


图 4-1　遥感数据采集示意图

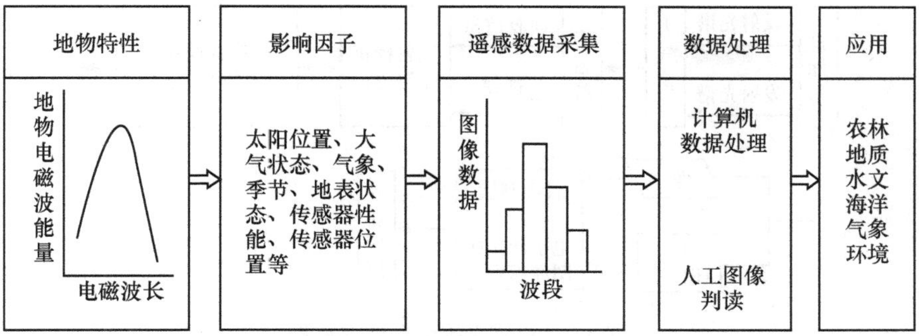


图 4-2　遥感数据流程图

综合地说，遥感技术是指从不同高度的平台上，使用不同的传感器，收集地球表层各类地物的电磁波谱信息，并对这些信息进行分析处理，提取各类地物的特征，探测和识别各类地物的综合技术。

## 二、遥感技术系统

任何目标物都具有发射、反射和吸收电磁波的性质，这是遥感的信息源。目标物与电磁波的相互作用，构成了目标物的电磁波特性，它是遥感探测的依据。根据遥感的定义，将遥感技术和方法应用到某个专业领域便构成了一个遥感技术系统。遥感技术系统包括空间信息获取、遥感数据传输与接收、遥感图像处理、遥感信息提取与分析等（图 4-3 和图 4-4）。

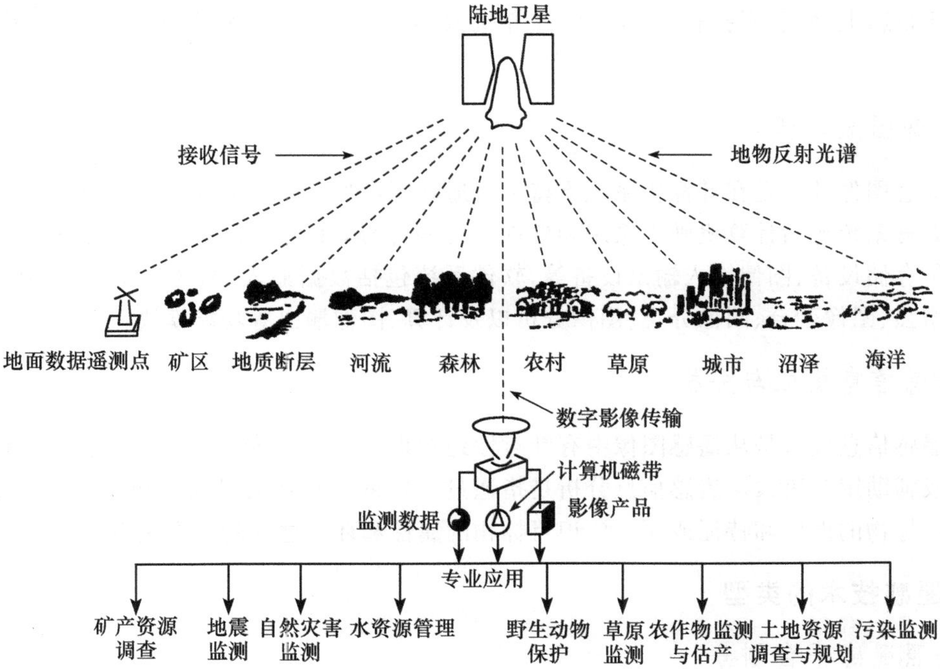


图 4-3　遥感技术系统示意图

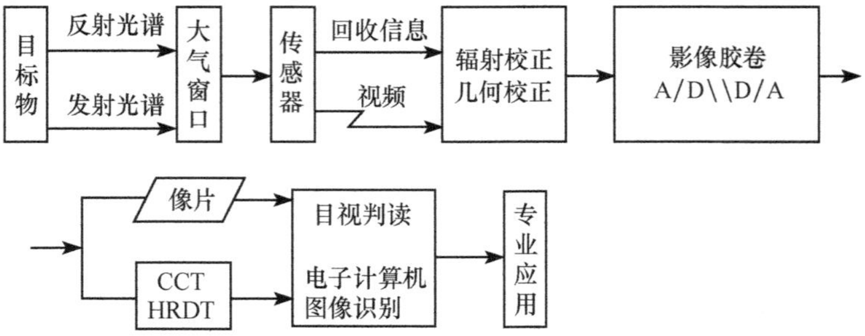


图 4-4　遥感系统信息处理流程

1. 空间信息获取系统

地球表面地物目标空间信息获取主要由遥感平台、遥感器等协同完成。遥感平台(platform for remote sensing)是安放遥感仪器的载体,包括气球、飞机、人造卫星、航天飞机以及遥感铁塔等。遥感器(remote sensor)是接收与记录地表物体辐射、反射与散射信息的仪器。

2. 遥感数据传输与接收

遥感器接收到地物目标的电磁波信息,并记录在胶片或数字磁带上。从遥感卫星向地面接收站传输的空间数据中,除了卫星获取的图像数据以外,还包括卫星轨道参数、遥感器等辅助数据。这些数据通常用数字信号传送,需要采用数据压缩技术。卫星地面接收站主要工作是接收、处理、存档和分发各类地球资源卫星数据,并实时记录到高密度磁带(HDDT)上,然后根据需要拷贝到计算机兼容磁带(CCT)、光盘、盒式磁带等其他载体上。

3. 遥感图像处理

遥感图像处理是在计算机系统支持下对遥感图像加工的各种技术方法的统称。数字图像处理系统包括计算机硬件系统和软件系统两部分,硬件系统包括计算机、显示设备、大容量存储设备、图像输入输出设备等,软件系统包括数据输入、图像校正、图像变换、滤波和增强、图像融合、图像分类、图像分析以及计算、图像输出等功能模块。

4. 遥感信息提取与分析

遥感信息提取是从遥感图像中有针对性地提取感兴趣的专题信息,以便在具体领域应用或辅助用户决策。遥感信息分析是指通过一定的方法或模型对遥感信息进行研究,判定目标物的性质和特征或深入认识目标物的属性和环境之间的内在关系。

## 三、遥感技术的类型

1. 按照遥感平台划分

按照遥感平台高度,遥感技术可分为:①地面遥感。传感器设置在地面平台上,如车载、船载、手提、固定或活动高架平台等。②航空遥感。传感器设置于航空器上，主要是飞机、气球等。③航天遥感。传感器设置于环地球的航天器上，如人造地球卫星、航天飞机、空间站、火箭等。④航宇遥感。传感器设置于星际飞船上，指对地月系统外目标的探测。

2. 按照传感器的探测波段划分

按照传感器探测波段，遥感技术可分为以下几种。①紫外遥感。探测波段为0.01～0.4μm。②可见光遥感。探测波段为0.4～0.7μm。③红外遥感。探测波段为0.7μm～1mm。④微波遥感。探测波段为0.001～1m。⑤多波段遥感。探测波段在可见光波段和红外光波段范围内，再分成若干窄波段来探测目标。

3. 按照工作方式划分

按照工作方式，遥感技术可分为以下几种。①主动遥感和被动遥感。主动遥感由探测器主动发射一定电磁波能量并接收目标的后向散射信号；被动遥感的传感器不向目标发射电磁波，仅被动接收目标物自身发射和对自然辐射源的反射能量。②成像遥感与非成像遥感。前者传感器接收的目标电磁辐射信号可转换成（数字或模拟）图像；后者传感器接收的目标电磁辐射信号不能转换成图像。

4. 按照遥感的应用领域划分

按照大的研究领域，可分为外层空间遥感、大气层遥感、陆地遥感、海洋遥感等；按照具体应用领域，可分为资源遥感、环境遥感、农业遥感、林业遥感、渔业遥感、地质遥感、气象遥感、水文遥感、城市遥感、工程遥感、灾害遥感及军事遥感等。

5. 按照遥感光谱分辨率划分

按照遥感光谱分辨率，可分为：①常规遥感，又称宽波段遥感，波段宽度一般大于100nm，且波段在波谱上不连续，并不完全覆盖整个可见光至红外光光谱范围，属于二维遥感。②高光谱遥感。利用多种波段宽度小于10nm的电磁波波段从目标物体获取连续光谱信息，达到光谱和图像合一的三维遥感方法。

## 四、遥感技术的特点

与传统地面调查方法相比，遥感技术具有以下特点。

(1) 综合性。遥感技术包含遥感信息的接收、记录、传输和处理等多个技术环节，涉及电磁学、机电仪器制造学、信息技术和图像识别技术等多学科内容。

(2)宏观性。遥感技术侧重于大范围、大尺度获取地面以及一定深度的自然资源和生态环境的信息，为自然资源和生态环境管理和决策部门提供服务。

(3) 时效性。不同类型的遥感卫星能够短期内周期性地重复收集大气、海洋和陆地动态变化信息，提高了观测的时效性，对天气预报、火灾、水灾等灾情监测十分重要。

(4) 经济性。与传统的人工调查方法相比，遥感技术是一项投入相对小、综合效益大的技术。美国陆地卫星的经济投入与取得的效益比为1∶80。

(5) 客观性。遥感获得的地物电磁波特性可以客观和真实地反映地质、地貌、土壤、植被、水文等特征,可以较大程度地排除人为干扰。

(6) 局限性。遥感技术所利用的电磁波仅是其中的几个波段范围,尚有许多波段的资源有待进一步开发。此外,遥感成像的空间分辨率和光谱分辨率也有待于进一步提高。

## 五、遥感技术发展与展望

1957 年 10 月 4 日,苏联第一颗人造地球卫星的发射成功,标志着人类从空间观测地球和探索宇宙奥秘进入了新的纪元;1960 年美国发射了 Television Infrared Observation Satellite(TIROS-1)和 National Oceanic and Atmospheric Administration(NOAA-1)太阳同步气象卫星,开始利用航天器对地球进行长期观测;1960 年美国人 Evelyn Pruitt 提出遥感一词;1972 年美国发射 ERTS-1(后改名为 Landsat-1),装有 MSS(多光谱扫描仪)传感器,分辨率 79m,标志着遥感进入新阶段;1982 年美国发射 Landsat-4,装有 TM(主题成像仪)传感器,分辨率提高到 30m;1986 年法国发射 SPOT-1,装有 PAN 和 XS 遥感器,分辨率提高到 10m;1988 年中国发射的第一颗"风云 1 号"气象卫星,其主要任务是获取全球的昼夜云图资料及进行空间海洋水色遥感试验;1991 年欧洲太空局(ESA)发射了第一颗雷达卫星 ERS-1;1992 年日本发射了雷达卫星 JERS-1;1995 年加拿大发射了雷达卫星 Radarsat,ESA 发射了雷达卫星 ERS-2;1999 年美国发射 IKONOS,空间分辨率提高到 1m,中国发射中巴资源卫星 1 号(CBERS-1),美国发射 LANDSAT-7,携带了增强型主题成像传感器(ETM+);2001 年美国 Digital Globe 公司发射高分辨率卫星 QuickBird,是当时世界上唯一能提供亚米级分辨率的商业卫星;2002 年 ESA 发射了遥感卫星 Envisat-1,中国发射 CBERS-2 卫星;2004 年中国发射新一代地球静止轨道气象卫星——风云二号 C 星;2005 年印度发射 Cartosat-1(IRS-P5)高分辨率卫星,搭载的可见光全色波段摄像仪分辨率为 2.5m;2006 年日本发射先进对地观测卫星 ALOS,携带全色遥感立体测绘仪(PRISM)等 3 种传感器;2007 年美国 Digital Globe 公司发射了 0.5m 分辨率的商业卫星——WorldView-1,意大利发射 COSMO-SkyMed 1 卫星,为全球第一颗分辨率高达 1m 的雷达卫星;2008 年世界上规模最大的商业卫星遥感公司——美国 GeoEye 公司发射商业卫星——地球之眼 GeoEye-1 卫星,其黑白影像分辨率为 0.41m,彩色影像分辨率为 1.65m,定位精度为 3m;2009 年美国 Digital Globe 公司成功发射新一代高分辨率商业卫星——WorldView-2,多光谱影像分辨率为 1.8m,全色影像分辨率为 0.46m。2006~2009 年中国相继发射"遥感卫星一号"至"遥感卫星八号"等八颗卫星,用于空间科学试验、国土资源勘查、农作物估产及防灾减灾等领域。20 世纪中期以来,全球已有 5000 余颗人造卫星升空,有地球同步卫星、太阳同步卫星,还有一些低轨和高轨卫星。不同高度、不同用途的卫星可以对地球和宇宙空间进行的多角度、多周期观测。

随着人类对遥感技术的逐渐认识,观测技术的进步和社会需求的增加,遥感正经历着技术不断完善、能力不断增强、应用领域不断扩大的发展过程,人类将进入一个多层、立体、多角度、全方位和全天候对地观测的新时代。高光谱遥感是未来空间遥感发展的核心内容,其发展体现为遥感信息定量化和"定性"、"定位"一体化。微波遥感以全天候性、穿透性和纹理特性等特点,在海况监测、灾害监测、冰雪覆盖区、云雾覆盖区、松散层掩盖区及国土资源勘查等方面发挥重大作用，进一步发展体现为多极化技术、多波段技术和多工作模式。小卫星群能够协调时间分辨率和空间分辨率的矛盾，将成为现代遥感的另一发展趋势。海量遥感信息的定量管理、分析与预测，大容量、高速度的计算机与功能强大的专业图像处理软件的结合成为遥感信息处理的主流。

# 第二节　电磁波谱与地物波谱特征

遥感技术是建立在物体电磁波辐射理论基础上的。地物的电磁波响应特性随电磁波长改变而变化的规律，称为地物波谱。不同的物质反射、透射、吸收、散射和发射电磁波的能量是不同的，表现为地物波谱随波长而变的特性，这些特性称为地物波谱特性。地物的波谱特性是遥感识别地物的基础。

## 一、电磁波谱与大气窗口

### 1. 电磁波谱特性

目前遥感应用的各波段及特性如下(图 4-5)。

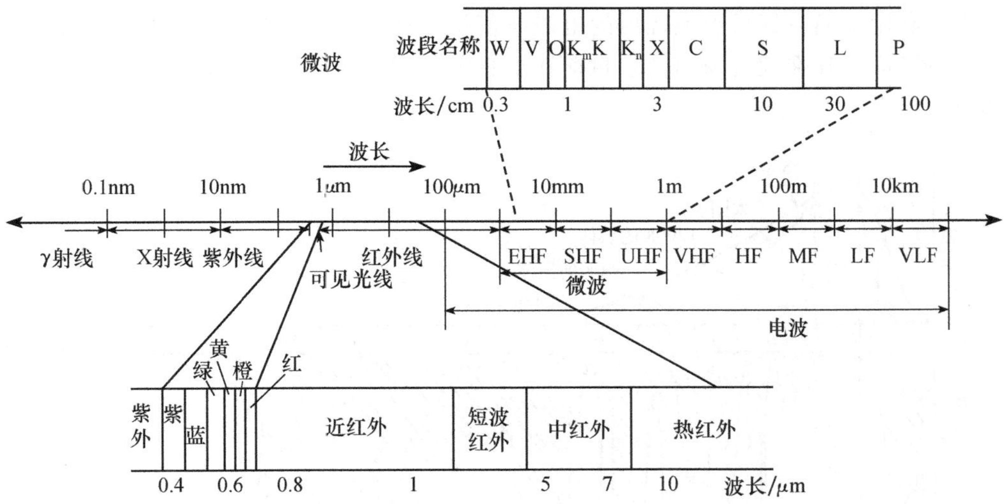


图 4-5　电磁波谱

(1) 紫外线。波长为 0.01～0.4μm，主要源于太阳辐射，通过大气层时被吸收，只有 0.3～0.4μm 能部分地穿过大气层，但散射严重。大多数地物在该波段的反差较小，仅萤石和石油等部分地物能在此波段表现出来。紫外遥感除在石油普查勘探中应用外，在其他领域较少使用。另外，由于大气层中臭氧对紫外线的强烈吸收与散射作用，紫外遥感通常在 2000m 高度以下范围进行。

(2) 可见光。波长为 0.4～0.7μm，主要源于太阳辐射，是遥感成像所使用的主要波段之一，有摄影和扫描两种方式。大部分地物在此波段都具有良好的亮度反差特性，不同地物图像易于区分。可将此波段进一步分为红(0.6～0.7μm)、绿(0.5～0.6μm)、蓝

(0.4～0.5μm)以及仅有十几埃差等不同波段分别对地物进行探测,称为多光谱遥感。航空、航天遥感成像中均用到可见光波段。

(3) 红外线。波长为0.7μm～1mm,近红外(0.7～3.0μm)和短波红外主要源于太阳辐射,中红外(3～5μm)和热红外(8～14μm)主要源于太阳辐射及地物热辐射,而远红外(15～30μm)主要源于地物热辐射。在红外线波段不同的地物间反射特性和发射特性都可以较好地表现出来,除近红外波段可用摄影成像外,整个红外线波段均可用于扫描成像。红外线波段的遥感称为红外遥感,可分为近红外遥感、热红外遥感等。

(4) 微波。波长为0.001～1m,由于其波长比可见光、红外线要长,受大气层中云、雾的散射干扰要小,不受光照等条件的限制,因此能全天候进行遥感。使用微波的遥感称为微波遥感。由于地物在微波波段的辐射能量较小,一般由传感器主动向地面目标发射微波,然后记录地物反射回来的电磁波能量,因此这种遥感又称为主动遥感。微波波段在航空、航天遥感中均能应用。

2. 大气窗口

由于大气对电磁波散射和吸收等因素的影响,使一部分波段的太阳辐射在大气中的透过率很小或根本无法通过。电磁波辐射在大气传输中透过率较高的波段称为大气窗口。为了利用地面目标反射或辐射的电磁波信息成像,遥感中对地物特性进行探测的电磁波"通道"应选择在大气窗口内。目前在遥感中使用的一些大气窗口(图4-6)主要为以下几类。

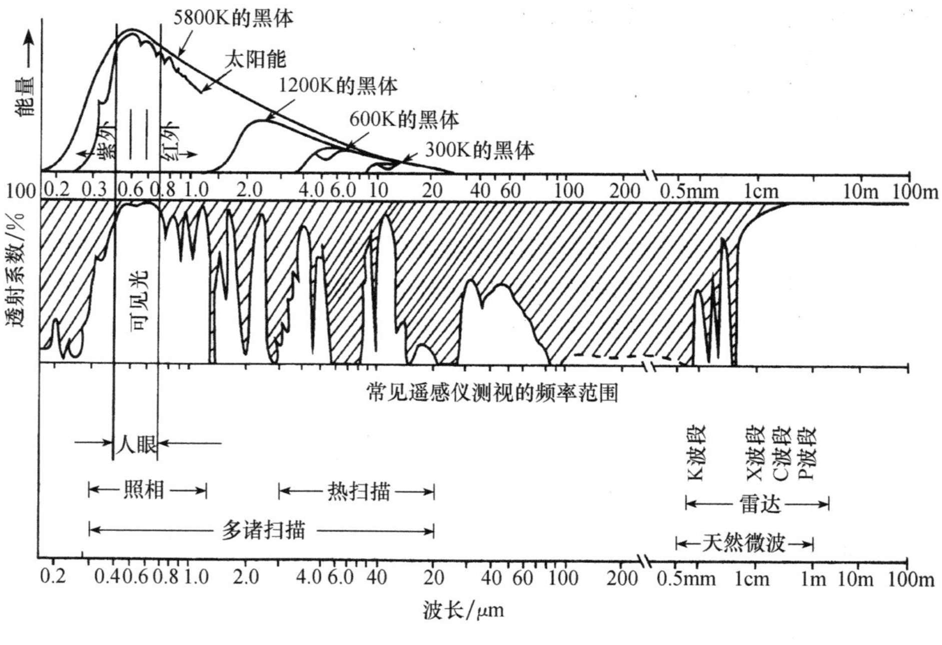


图4-6 大气窗口及其遥感应用的电磁波谱图

(1) 0.3～1.3μm,即紫外、可见光、近红外波段,是摄影成像的最佳波段,也是许多卫星传感器扫描成像的常用波段,如Landsat卫星的TM(主题成像仪)1～4波段。

(2) 1.5～1.8μm 和 2.0～3.5μm，即近红外、中红外波段，是白天日照条件好时扫描成像的常用波段，如 TM 的 5、7 波段等，用以探测植物含水量以及云、雪，或用于地质制图等。

(3) 3.5～5.5μm，即中红外波段，除通过反射光外，也通过地面物体自身发射的热辐射能量，如 NOAA 卫星的 AVHRR(advanced very high resolution radiometer)传感器用 3.55～3.93μm 探测海面温度，获得昼夜云图。

(4) 8～14μm，即远红外波段，主要通过来自地物热辐射的能量，适于夜间成像。

(5) 0.8～2.5cm，即微波波段，穿云透雾能力强，可以全天候观测，而且是主动遥感方式，如侧视雷达。

## 二、物体的电磁波反射特性

入射到物体表面的电磁波与物体之间发生三种作用：反射、吸收和透射。地物对电磁波反射、透射、吸收的能力常用反射率、透射率、吸收率来表示。不同地物的反射、透射和吸收能力是不相同的。目前遥感中传感器记录的主要是地物本身发射的电磁波信息和地物反射太阳光中的电磁波信息(图 4-7)，这里主要讨论地物对电磁波的反射特性。

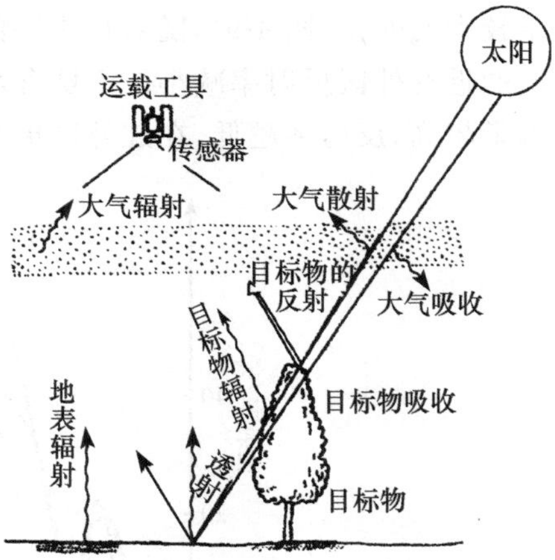


图 4-7 传感器所接收的地物电磁波示意图

### 1. 地物反射波谱特性

通常反射率(reflectance)定义为物体的反射通量与入射通量之比，即 $\rho=E_\rho/E$。这是在理想的漫反射情况下的定义，是指在整个电磁波波长范围的平均反射率。实际上由于物体的固有结构特点，对不同波长的电磁波是选择性反射的。因此，我们定义光谱反射率(spectral reflectance)$\rho_\lambda$ 为：地物在某波段的反射通量与该波段的入射通量之比，即$\rho_\lambda=E_{\rho\lambda}/E_\lambda$，也就是某个特定波长间隔下测定的物体反射率。连续波长测定的物体反射率曲线构成反射率波谱(reflectance spectrum)。

地物波谱反射率随波长变化而改变的特性称为地物反射波谱特性。将地物的波谱反射率与波长的关系在直角坐标系中描绘出的曲线称为地物反射特性曲线。图 4-8 绘出了几种主要地物的反射特性曲线。由图 4-8 可知：不同地物有不同的光谱反射率，同一地物在不同波段有不同的光谱反射率。因此在同一幅图像上不同的地物会有不同的色调(彩)；同一地物在不同的波段的图像也会有不同的色调(彩)。

### 2. 影响地物反射率变化的因素

地物的光谱反射率与电磁波入射通量和地物本身性质有关。而许多因素会引起入射通量及地物性质的变化，如太阳位置(太阳高度角和方位角)、遥感器位置(遥感器的观测角和方位角)、地理位置、地形、季节、气候变化、地面湿度变化、地物本身的变异、大气形状等。

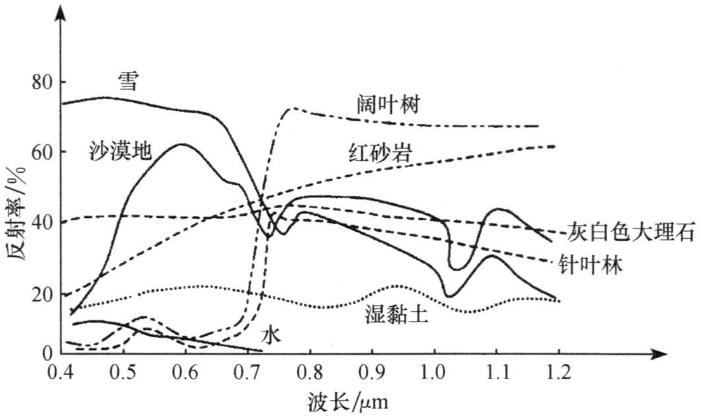


图 4-8 几种主要地物的反射特性曲线

地物本身的变异,会使其反射率有很大的变化。例如,植物的病虫害会造成反射率发生较大的变化(图 4-9),随着病虫害的加剧,在 0.58～0.7μm 反射率增加,而在 0.7μm 以上的近红外区反射率减小。土壤含水量也直接影响着土壤光谱反射率(图 4-10),土壤含水量越高,反射率越低,在红外区更为明显。

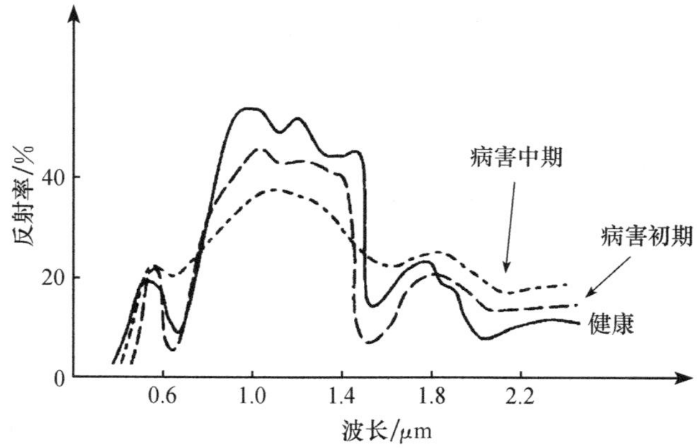


图 4-9 不同健康状况松树的反射特性曲线

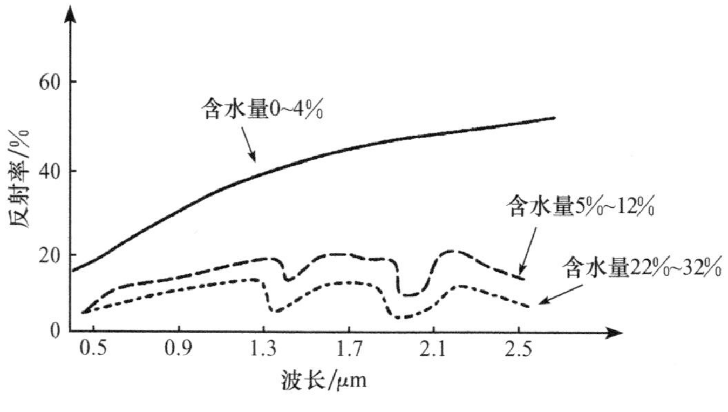


图 4-10 不同含水量沙土的光谱反射特性曲线

由于时间的推移也会使同一种地物的光谱反射特性产生变化(图 4-11),新雪和两天后陈雪的光谱反射率在 0.8μm 以下差别不大,但在 0.8μm 以上的红外区变化很大,新雪的反射率明显地比陈雪高。同样,植物在不同生育期反射率也有很大差异。

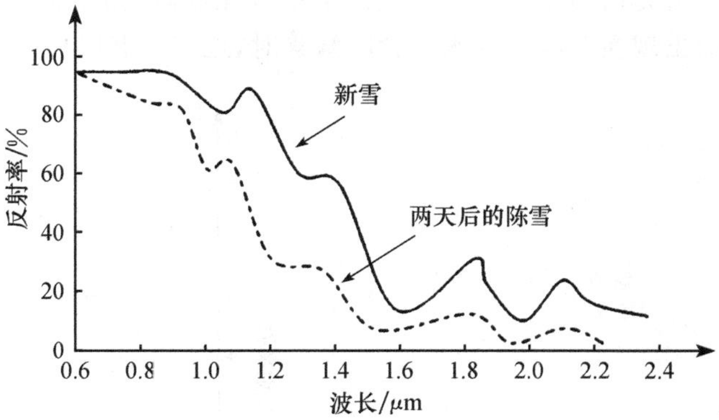


图 4-11　新雪和陈雪的光谱反射特性曲线

3. 几种主要地物的反射波谱曲线

地物反射波谱曲线除了随不同地物(反射率)不同外,同种地物在不同内部结构和外部形态条件下表现的(反射率)也不同。一般说,地物反射率随波长变化有规律可循,从而为遥感影像的判读提供依据。

(1) 植被。由于色素吸收、近红外波段的多次散射,在可见光近红外波段植被有其独特的光谱特征,即"蓝边"、"绿峰"、"黄边"、"红谷"、"红边"、"红肩"等区别于土壤、岩石、水体的独特光谱特征(图 4-12),色素吸收决定着可见光波段的光谱反射率,细胞结构决定近红外波段的光谱反射率,而水汽吸收决定了短波红外的光谱反射率特性。

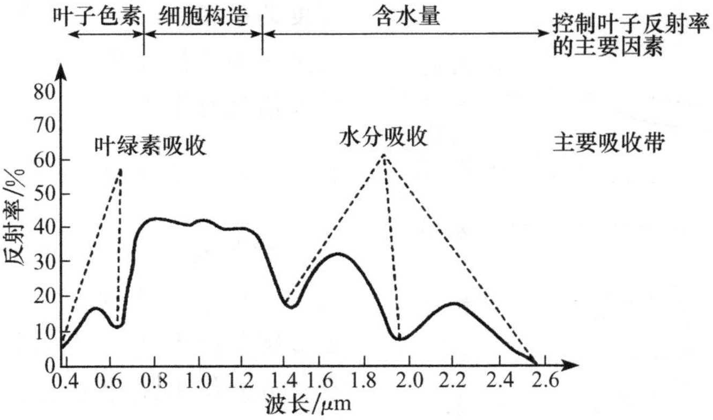


图 4-12　绿色植物有效光谱响应特征

(2) 土壤。自然状态下土壤表面的反射率没有明显的峰值和谷值,一般来讲土质越细反射率越高,有机质和含水量越高反射率越低,此外土壤类型和肥力也会对反射率产生影响(图 4-13)。由于土壤反射波谱曲线呈比较平滑的特征,所以在不同光谱段的遥感影像上,土壤的亮度区别不明显。

(3) 水体。水体的反射主要在蓝绿光波段,其他波段吸收都很强,特别到了近红外波段,吸收就更强(图 4-14)。在遥感影像上,特别是近红外影像上,水体呈黑色。但当水中含有其他物质时,反射光谱曲线会发生变化。水中含泥沙时,由于泥沙散射,可见光波段反射率会增加,峰值出现在黄红区。水中含叶绿素时,近红外波段反射率明显提升。

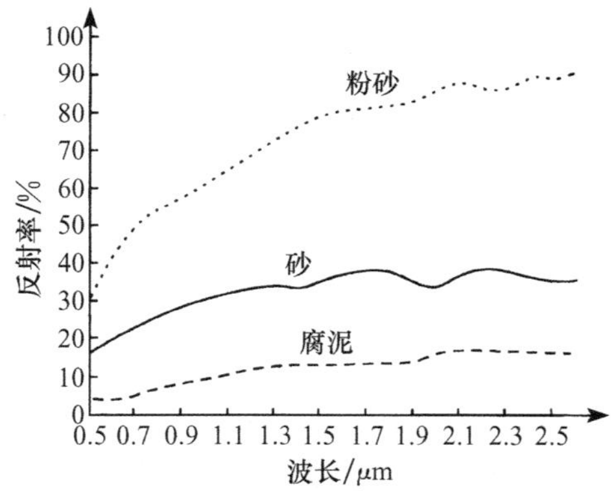


图 4-13 三种土壤的波谱曲线

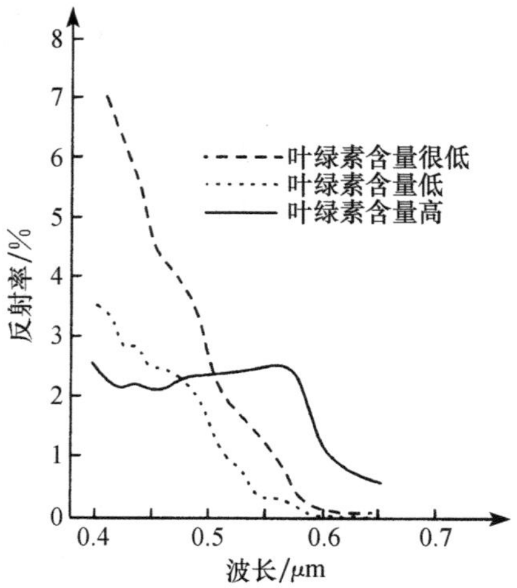


图 4-14 具有不同叶绿素浓度的海水的波谱曲线

(4) 岩石。岩石的反射波谱曲线无统一的特征,矿物成分、矿物含量、风化程度、含水状况、颗粒大小、表面光滑程度、色泽等都会对曲线形态产生影响(图 4-15)。

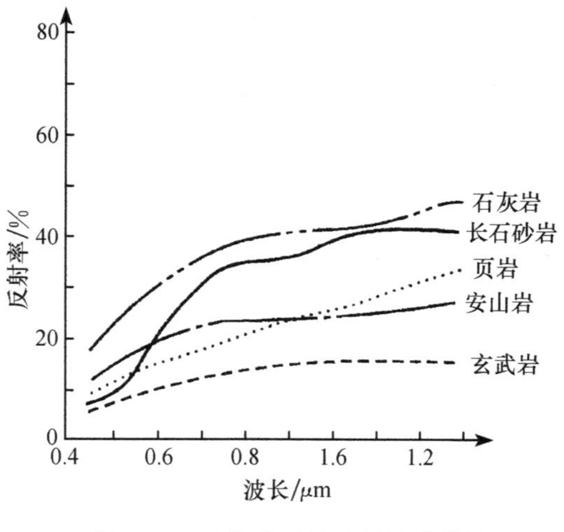


图 4-15 几种岩石的反射波谱曲线

大部分地物的波谱值具有一定的变化范围,同一地物在同一谱段上具有不同的波谱值,多波段地物波谱测量数据分布在一定宽度的条带内。当一类地物波谱变化范围与另一类地物波谱变化范围部分重叠时,地物波谱具有重叠性。

### 4. 地物反射波谱特性的测量

电磁波谱中,可见光和近红外波段(0.3～2.5μm)是地表反射的主要波段,多数传感器使用这一区间,其地物光谱的测试有三方面作用:①传感器波段选择、验证、评价的依据。这就要求在飞行前或卫星发射前,系统地测量地面各种地物的波谱特性;②建立地面、航空和航天遥感数据的关系,为此地面测量最好与空中遥感同步进行;③将地物光谱数据直接与地物特征进行相关分析并建立应用模型,建立地物的标准波谱数据,为计算机图像自动分类和识别提供光谱数据,为遥感图像的解译提供依据。地物反射波谱特性测量分为实验室测量和野外测量两类。

野外测量又分为地面测量和航空测量。

## 第三节　遥感影像获取、解译与处理

遥感技术的目的是为了获得地物的几何属性和物理属性。不同的遥感技术系统，其遥感影像的获取过程和遥感影像的特征不同。

### 一、遥感影像获取

#### 1. 遥感平台

**1）遥感平台的种类**

遥感中搭载传感器的工具统称为遥感平台(platform for remote sensing)。按平台距地面的高度，遥感平台可分为地面平台、航空平台、航天平台三类。选择遥感平台的主要依据是遥感图像空间分辨率。一般说来，近地遥感地面分辨率高，但观测范围小；航空遥感地面分辨率中等，其观测范围较广；航天遥感地面分辨率低，但覆盖范围广。

(1) 地面平台。地面平台是指用于安置遥感器的三脚架、遥感塔、遥感车等，高度为100m以下。通常三脚架的放置高度为0.75～2.0m，在三脚架上放置地物波谱仪、辐射计、分光光度计等地物光波测试仪器，用以测定各类地物的野外波谱曲线。遥感车、遥感塔上的悬臂常安置在6～10m甚至更高的高度上，在这样的高度上对各类地物进行波谱测试，可测出地物的综合波谱待性。为了便于研究波谱持性与遥感影像之间的关系，也可将成像传感器置于同高度的平台上，在测定地物波谱特性的同时获取地物的影像。

(2) 航空平台。航空平台主要是指高度在30km以内的遥感飞机等。按照飞机飞行高度的不同，又可分为低空平台、中空平台和高空平台。低空平台是在离地面2000m以内的对流层下面飞行的，若要取得中等比例尺、大比例尺航空遥感图像时，通常遥感试验在1000～1500m的高度范围内进行。中空平台是在离地面2000～6000m的对流层中层飞行的。通常使用这类平台取得中小比例尺的航空遥感图像。高空平台是在离地面12 000m左右的对流层顶层和同温层下层中飞行的。航空遥感对飞机性能和飞行过程有特殊的要求，如航速不宜过快，稳定性能要好；续航能力强，有较大的实用升限；有足够宽敞的机舱容积；具备在简易机场起飞的能力及先进的导航设备等。

(3) 航天平台。航天平台是指高度在150km以上的人造地球卫星、宇宙飞船、空间轨道站和航天飞机等，目前对地观测中使用的航天平台主要是遥感卫星(图4-16)。根据航天遥感平台的服务内容，可以将其分为气象卫星系列、陆地卫星系列和海洋卫星系列。虽然不同的卫星系列所获得的遥感信息常常对应于不同的应用领域，但在进行监测研究时，常常根据不同卫星资料的特点，选择多种平台资料(表4-1)。

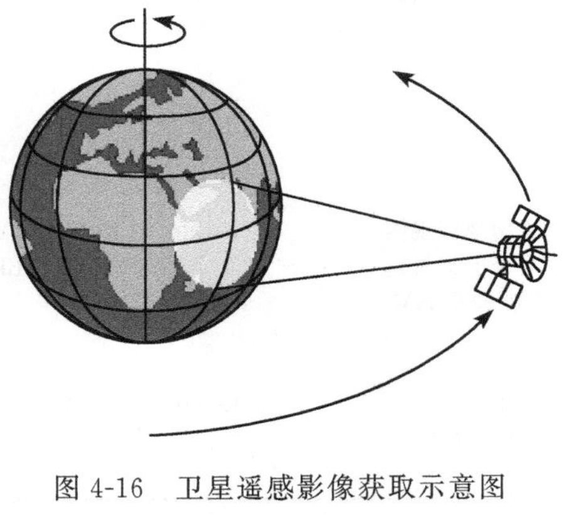

图4-16　卫星遥感影像获取示意图

**表 4-1 主要遥感卫星性能指标**(王纪华等,2008)

| 卫星平台 | 轨道参数 | | 搭载的传感器 | 主要传感器性能及成像特点 | 应用领域 |
|---|---|---|---|---|---|
| | 重访周期/天 | 地方时 | | | |
| 美国 Landsat-5 | 16 | 9:50 | TM、MSS、RBV | TM扫描带宽185km,7波段,范围:450~1250nm,空间分辨率30m,但热红外为120nm;MSS幅宽185km,空间分辨率80m;RBV幅宽98m,空间分辨率38m | 土地利用、农林业、地质、水资源、制图等 |
| 美国 Landsat-7 | 16 | 9:50 | ETM+ | ETM+为8波段多光谱扫描辐射计,工作于可见光、短波红外、热红外等,全色波段空间分辨率15m,热红外60m | 土地利用、农林业、地质、水资源、制图等 |
| 法国SPOT卫星系列 | 26 | 10:30 | HRV、PASTEL、HRVIR、VEGETION、POAMI、DORIS | SPOT-4HRVIR为多光谱4波段,空间分辨率20m,全色10m,侧视±27°,幅宽60km;SPOT-5 HRVIR为立体成像,全色空间分辨率5m,3个多光谱波段10m,中红外20m,幅宽60km,最大空间分辨率2.5~3m | 土地利用、农林业、地质、水资源、制图、区域规划等 |
| 中巴资源卫星CBERS-1 | 26 | 10:30 | CCD相机、IRMSS红外扫描仪、广角成像仪 | 红外多光谱扫描仪:B6、B7、B8、B9 4波段,幅宽119.5m,B6~B8空间分辨率77.8m,B9为156m;CCD相机:B1、B2、B3、B4、B5 5波段,幅宽113km,空间分辨率19.5m;广角成像仪:B10和B11 2波段,幅宽890km,空间分辨率256m | 地球资源与环境监测 |
| 美国 Earth-Watch | 20 | | EarlyBird、QuickBird | 全色波段空间分辨率0.61m,彩色多光谱分4波段,分辨率2.44m,幅宽16.5km | GIS、制图、民用勘测和军事侦察等 |
| 美国IKONOS | 2.9或1.5 | 10:30 | | 全色4波段,空间分辨率1m | GIS、制图、民用勘测和军事侦察等 |
| 印度遥感卫星IRS-P6 | | 10:30 | 线性自扫描相机LISS、PAN、WIFS | LISS-3为3个可见光和1个短波红外的4波段多光谱相机,空间分辨率分别为23m和70m;宽视场相机空间分辨率188m,幅宽810km | 测绘、区域环境观测、灾害监测、资源调查等 |
| 日本先进陆地观测卫星ALOS | 46 | | PRISM、AVNIR-2、PALSAR | 全色遥感立体测绘仪PRISM有星下点、前视和后视3个独立相机,可获取立体影像,建高精度DEM,星下点空间分辨率2.5m;先进可见光-近红外辐射计AVNIR-2有4波段,相控阵型L波段合成孔径雷达PALSAR为主动式微波遥感器 | 测绘、区域环境观测、灾害监测、资源调查等 |
| 美国地球观测系统上午轨道计划EOS-AM-1 | | 10:30 | CERES、MODIS、MISR、ASTER、MOPITT | ASTER有14波段,空间分辨率15m;MODIS有36波段,空间分辨率250m、500m、1000m | 云、气溶胶、辐射平衡观测及地球表面特性研究 |
| 加拿大雷达卫星RADAR-SAT | 24 | 18:00 | SAR侧视雷达 | 8种工作方式,空间分辨率9~100m | 北极冰运动、农林业、地形、海洋和管理 |

续表

| 卫星平台 | 轨道参数 | | 搭载的传感器 | 主要传感器性能及成像特点 | 应用领域 |
|---|---|---|---|---|---|
| | 重访周期/天 | 地方时 | | | |
| 日本地球资源卫星 JERS-1 | 44 | 10:30 | SAR 合成孔径雷达、OPS | SAR 合成孔径雷达：L 波段，空间分辨率 18m；OPS 光学传感器 8 波段，空间分辨率 18.3m×24.2m | 地质、土地利用、沿海地区观测、制图、环境、灾害监测 |
| 欧洲遥感卫星 1 号 ERS-1 | 参考轨道 3 天；制图轨道 35 天 | | AMI、RA-1、ATSR、LRR、PRARE | AMI 主动式微波成像，空间分辨率 30m，LRR 激光后向反射仪，350～800nm | 海洋、极冰、陆地生态、地质、林业、气象等 |
| 欧洲太空局 ENVISAT 卫星 | 35 | | 10 种 ASAR | ASAR 有 5 种工作模式，成像宽度 5km、100km、400km，空间分辨率 10m、30m、150m、1000m | 环境监测、制图、资源勘察、气象及灾害判断 |

**2）气象卫星概述**

气象卫星是最早发展起来的环境卫星。气象卫星资料主要应用于天气分析和气象预报，气候变迁研究，森林火灾、沙尘暴、水污染等环境监测方面。目前，已经有多种实验性或业务性气象卫星进入不同轨道。主要代表有 TIROS（电视和红外辐射观测卫星）、ESSA（环境科学服务业务卫星）、Nimus（实验性气象卫星）、ATS（应用技术实验卫星）、SMS（地球同步气象卫星）、GOES（静止同步环境应用卫星）、NOAA（美国极轨气象卫星）系列、“风云一号”和“风云二号”气象卫星等。

气象卫星的轨道分为低轨和高轨两种，低轨就是近极地太阳同步轨道，简称极地轨道。轨道高度为 800～1600km，南北向绕地球运转，对东西宽约 2800km 的带状地域进行观测，一日两次。高轨是指地球同步轨道，轨道高度 36 000km 左右，绕地球一周需 24h，为地球同步卫星或静止气象卫星，能观测 1/4 地球面积，每隔 20～30min 获取一次资料。气象卫星的特点是：时间分辨率较高，有助于对地面快速变化的动态监测；成像面积大，有利于获得宏观同步信息；有助于减少数据处理容量，资料来源连续，实时性强，成本低。

**3）陆地卫星系列**

陆地卫星系列是指地球资源卫星，能产生世界范围的遥感图像，离地面的高度一般在 700km 左右。主要的陆地卫星系列如下。

（1）美国陆地卫星（Landsat）。由美国航空航天局发射的地球资源卫星系列，目前 Landsat-5 和 Landsat-7 仍在运转工作。其轨道为太阳同步圆形近极地轨道，每 16～18 天覆盖地球一次，图像覆盖范围为 185km×185km。Landsat-7 的 ETM 空间分辨率为 15m。

（2）法国斯波特卫星（SPOT）。是法国国家空间研究中心（CNES）设计制造的地球观察卫星系统，已发射了 5 颗。SPOT 的轨道为太阳同步圆形近极地轨道，覆盖周期 26 天，重复监测能力一般为 3～5 天，最高空间分辨率达 10m。

（3）中国资源卫星。中国的中巴地球资源卫星（CBERS）（又称资源一号卫星），其轨道是太阳同步图形近极地轨道，卫星重访周期 26 天，传感器的最高空间分辨率是 19.5m。

(4) 高空间分辨率陆地卫星。美国的陆地卫星 IKONOS-2,可获得 4 个波段的 4m 分辨率多光谱数据和一个波段的 1m 分辨率的全色数据。美国的商业遥感卫星 QuickBird 空间分辨率达到了 0.61m。印度的遥感制图卫星 Cartosat-1 号(又名 IRS-P5),载有两个分辨率为 2.5m 可见光全色波段摄像仪,可形成同轨立体像对。美国 Digital Globe 公司的全色立体影像商业卫星 WorldView-1,最高分辨率 0.45m,重访周期 1.7 天。美国 GeoEye 公司的对地成像卫星 GeoEye-1,其全色影像分辨率 0.41m,多光谱影像分辨率 1.65m,定位精度达到 3m,重访周期 2～3 天。美国 Digital Globe 公司的高分辨率、8 波段、多光谱商业卫星 WorldView-2,多光谱波段地面分辨率为 1.8m,全色波段达到 0.41m,重访周期 1.1 天。Digital Globe 公司建立了由 QuickBird、WorldView-1 和 WorldView-2 3 颗高分辨率卫星组成的商业卫星集群(图 4-17)。

图 4-17 美国几种高空间分辨率陆地卫星

A. QuickBird 卫星;B. GeoEye-1 卫星;C. WorldView-1 卫星;D. WorldView-2 卫星

**4) 海洋卫星系列**

由于海洋具有范围广、幅度大、变化快的特点,需要高空和空间的遥感平台,以进行大面积同步覆盖的观测。海洋遥感以微波遥感为主,能够透过云层获取全天候的世界海洋信息。海洋卫星可分为海洋水色卫星、海洋动力环境卫星和海洋综合探测卫星。例如,美国的海洋水色卫星 SeaStar、加拿大和欧洲航空局的海洋观测雷达卫星 Radarsat 和 Envisat-1。中国的海洋水色卫星——海洋一号 A 卫星和海洋一号 B 卫星,载有海洋水色扫描仪和海岸带成像仪,主要应用于海洋资源开发与管理、海洋环境监测与保护、海洋灾害监测与预报、海洋科学研究及国际与地区合作等方面。

### 2. 遥感器

遥感器是收集与记录地球表面观测目标的反射、辐射能量的装置,一般由采集单元、分光单元、探测与信号转化单元、记录或通信单元组成,遥感器的空间分辨率、辐射分辨率、波谱分辨率等特性决定着遥感构象的特征。根据其波段不同可分为光学遥感器和微波遥感器。常用的遥感器有摄影机、推帚式扫描仪、TV 摄像机、光机扫描仪、雷达、微波辐射计等。按照遥感信息收集和记录原理差异,常见的遥感器类型(图 4-18 和表 4-1)如下。

(1) 光学成像类型。光学照相机是最早的和常见的一种遥感器,其普遍特性是遥感影像的空间分辨率高。用于遥感的光学相机有分幅式摄影机、全景摄影机、多光谱摄影机等。

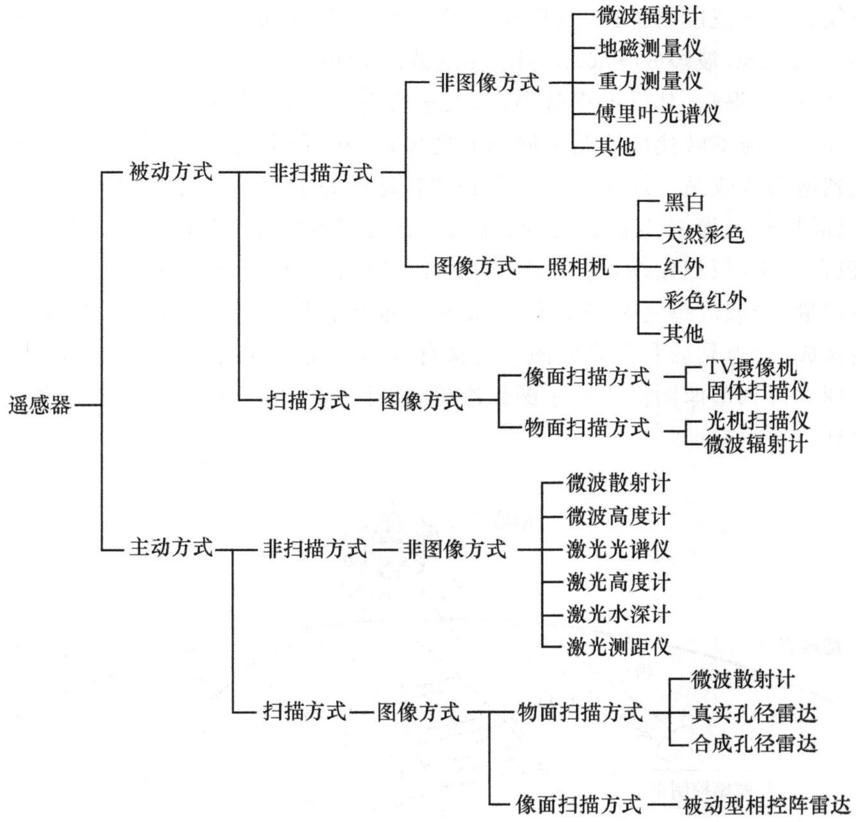


图 4-18　遥感器分类

(2) 扫描成像类型。光机扫描仪(optical mechanical scanner)是对地表辐射分光后进行观测的机械扫描型辐射计。陆地卫星 Landsat 的多光谱扫描仪(multi-spectral scanner,MSS)、专题成像仪(thematic mapper,TM)及气象卫星 NOAA 的 AVHRR 都是光机扫描仪。此外,还有推帚式扫描仪(pushroom scanner)都可获得二维信息。

(3) 成像光谱仪。成像光谱仪是遥感领域中的新型遥感器,采用既能成像又能获取目标光谱曲线的成像光谱技术。目前,可见光、近红外波段的成像光谱仪很多,其遥感影像的光谱分辨率较高。

(4) 微波成像系统。以成像雷达为代表,包括真实孔径侧视雷达(real aperture radar,RAR)和合成孔径侧视雷达(synthetic aperture radar,SAR),后者的方位分辨率更高。

### 3. 遥感的工艺流程

在不同平台上搭载不同遥感器时,其获取地面信息的方式有所不同,但卫星遥感的工艺流程大致相似。现以美国陆地资源卫星多光谱扫描仪获取地面信息为例说明(图 4-19):多光谱扫描仪 MSS 扫描宽度为 185km,把地面划分成许多东西宽约 56m、南北长约 79m 的小格子,称之为像元,自西向东扫描时共收集 3240 个像元的光谱反射率。该多光谱扫描仪在4个波段内工作,收集每个像元在0.5～0.6μm(波段4)、0.6～0.7μm(波段5)、0.7～0.8μm(波段6)和0.8～1.1μm(波段7)内的反射率。若某像元内的地物大量吸收太阳光,就显得暗,其反射率就小,若大量反射太阳光,就显得亮,其反射率就大。传感器把不同的反射率转换成明暗不同的亮度值(即灰度)并记录在卫星的高密度磁带内,然后传送到地面接收站。地面接收站得到的是宽度为185km的带状地面的亮度值,经过编辑、剪辑成长宽均为185km的方块,存入计算机兼容磁带(CCT)内,这就是一景卫星图像数据,包含2340根扫描线,共有3240×2340×4个像元的亮度值。这些亮度值可分别转换成模拟量,分波段感光在相纸上,就是单波段黑白图像,若取其中3个波段的亮度值进行彩色合成,就得到假彩色合成图。通常首先得到地面像元的亮度值,即数字图像,经过加工处理才得到影像图像。数字图像准确,便于计算机管理,影像图像丢失许多信息,但直观逼真。

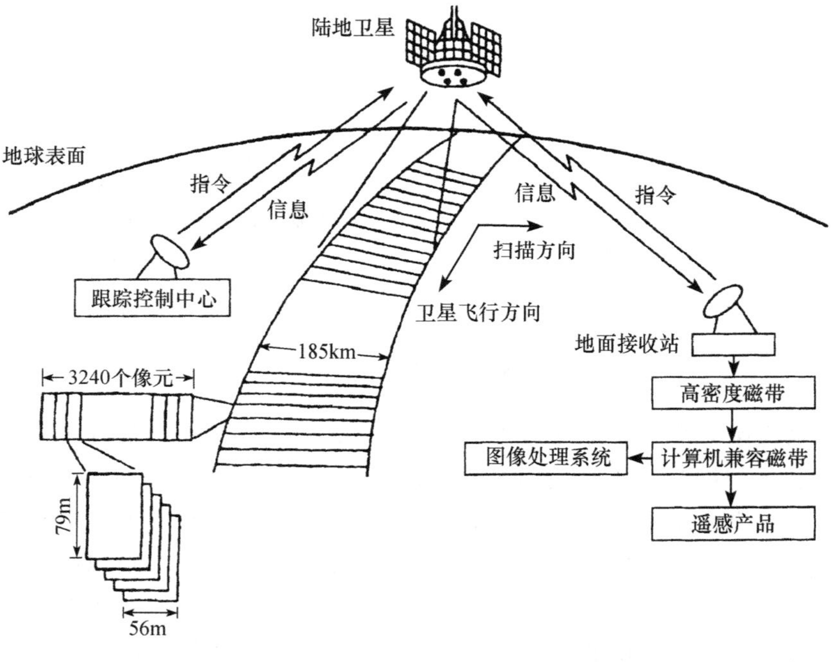


图4-19 陆地卫星获取地面信息的工艺流程

## 4. 遥感图像的特征

遥感图像是各种传感器所获信息的产物,是遥感探测目标的信息载体。遥感解译人员需要通过遥感图像获取三方面的信息:目标地物的大小、形状及空间分布特点;目标地物的属性特点;目标地物的变化动态特点。因此相应地将遥感图像归纳为三方面特征,即几何特征、物理特征和时间特征。这三方面特征的表现参数即为空间分辨率、光谱分辨率和时间分辨率。

图像的空间分辨率是指像元所代表的地面范围的大小,即扫描仪的瞬时视场,或地面物体能分辨的最小单元。表4-2为不同的遥感目的所要求的空间分辨率。

**表 4-2　各种遥感目的对空间分辨率的要求**

| 巨型环境特征 | | 大型环境特征 | | 中型环境特征 | | 小型环境特征 | |
|---|---|---|---|---|---|---|---|
| 遥感目的 | 空间分辨率 | 遥感目的 | 空间分辨率 | 遥感目的 | 空间分辨率 | 遥感目的 | 空间分辨率 |
| 地壳 | 10km | 区域地理 | 400km | 作物估产 | 50m | 污染源识别 | 10m |
| 成矿带 | 2km | 矿产资源 | 100km | 作物长势 | 25m | 海洋化学 | 10m |
| 大陆架 | 2km | 海洋地质 | 100km | 天气状况 | 20m | 水污染控制 | 10～20m |
| 洋流 | 5km | 石油普查 | 1km | 水土保护 | 50m | 港湾动态 | 10m |
| 自然地带 | 2km | 地热资源 | 1km | 植物群落 | 50m | 水库建设 | 10～50m |
| 生长季节 | 2km | 环境质量评价 | 100m | 土种识别 | 20m | 航行设计 | 5m |
| | | 土壤识别 | 75m | 洪水灾害 | 50m | 港口工程 | 10m |
| | | 土壤水分 | 140m | 径流模式 | 50m | 鱼群分布与迁移 | 10m |
| | | 土壤保护 | 75m | 水库水面监测 | 50m | 城市工业发展规划 | 10m |
| | | 灌溉计划 | 100m | 城市、工业用水 | 20m | 城市居住密度分析 | 10m |
| | | 森林清查 | 400m | 地热开发 | 50m | 城市交通密度分析 | 5m |
| | | 山区植被 | 200m | 地球化学性质、过程 | 50m | | |
| | | 山区土地类型 | 200m | 森林火灾预报 | 50m | | |
| | | 海岸带变化 | 100m | 森林病害探测 | 50m | | |
| | | 渔业资源管理与保护 | 100m | 港湾悬浮质运动 | 50m | | |
| | | | | 污染监测 | 50m | | |
| | | | | 城区地质研究 | 50m | | |
| | | | | 交通道路规划 | 50m | | |

波谱分辨率是指传感器在接收目标辐射的波谱时能分辨的最小波长间隔。间隔越小，分辨率越高。成像光谱仪在可见光至红外波段范围内，被分割成几百个窄波段，具有很高的光谱分辨率，从其近乎连续的光谱曲线上，可以分辨出不同物体光谱特征的微小差异，有利于识别更多的目标，甚至有些矿物成分也可被分辨。图 4-20 表明水铝矿在不同光谱分辨率下被识别的情况。光谱分辨率在 512nm 时不能被分辨，当光谱分辨率为 32nm 时，在 1.2μm 波长附近即出现明显双谷形态。此外，传感器的波段选择必须考虑目标的光谱特征值，如感测人体应选择 8～12μm 的波长范围，而探测森林火灾等则应选择3～5μm 的波长，才能取得良好效果。

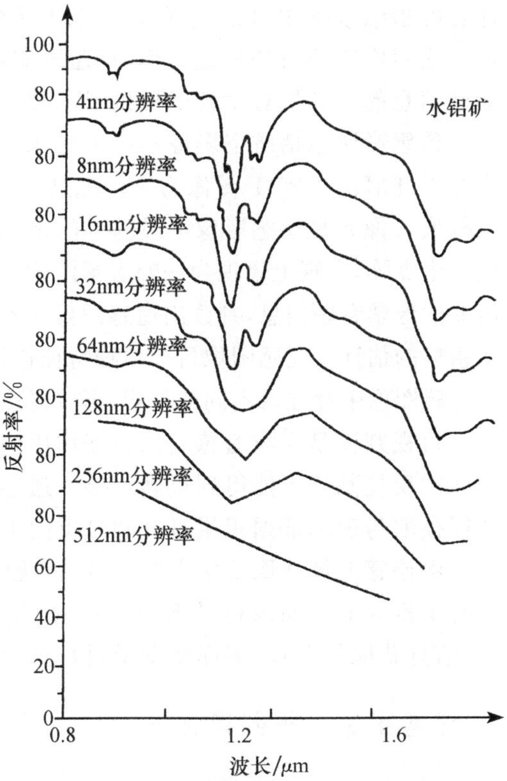


图 4-20　不同波谱分辨率对水铝矿反射光谱的要求

时间分辨率是指对同一地点进行遥感采样的时间间隔，即采样的时间频率，也称为重访周期。遥感的时间分辨率范围较大。以卫星遥感来说，静止气象卫星（地球同步气象卫星)的时间分辨率为1次/0.5h;太阳同步气象卫星的时间分辨率2次/天;Landsat为1次/16天;中巴(西)合作的CBERS为1次/26天等。还有更长周期甚至不定周期的。时间分辨率对动态监测尤为重要,天气预报、灾害监测等需要短周期的时间分辨率,故常以“小时”为单位。植物、作物的长势监测、估产等需要用“旬”或“日”为单位。而城市扩展、河道变迁、土地利用变化等多以“年”为单位。总之,可根据不同的遥感目的,采用不同时间分辨率。

## 二、遥感图像目视判读

遥感的主要目的之一就是地物识别。遥感信息提取主要由目视判读和计算机提取。遥感影像的人工判读借助于简单的工具,如放大镜、立体镜、投影观察器等直接由肉眼来识别影像特性,从而判断各种地物与自然现象。

### 1. 遥感图像目视判读原理

图像识别(image reading)是指从像片中目标物的大小、形状、颜色等信息判断目标物是否为森林、草地、湖泊、道路等的过程。图像测量(image measurement)是指测量、计算目标物的大小、长度、密度或相对高度。图像判读或目视解译(image interpretation)是指根据人的经验和知识,按照应用目的解释图像所具有的意义,识别目标,并定性、定量地提取目标的形态、构造、功能等有关信息,把它们汇总在底图上的过程。目视判读运用了解译者的遥感基础知识、地学背景知识等综合知识对遥感对象进行分析、识别。目视判读是许多遥感应用项目的先遣工作,是遥感应用的基础。同时遥感目视解译的研究也为研究遥感信息的计算机自动理解提供了基础。

遥感影像包括航空影像和卫星影像。常用的航空影像以航空像片为主,常用的卫星影像以TM和SPOT图像为主。把这些图像放大来看,它们都是由一行行、一列列的像元构成。像元是遥感影像中最基本的单元,也称为像素。各个像元按照行列方式排列,构成一个点阵,宏观上表现为一幅遥感图像。遥感图像目视判读的目的是从遥感图像中获取需要的地学专题信息,判读出遥感图像中有哪些地物,它们分布在哪里,并对其数量特征给予粗略的估计。遥感图像目标地物特征包括“色彩、形状、位置”三大类,地面各种目标地物在遥感图像中存在着不同的色彩、形状、位置的差异,构成了可供识别的目标地物特征。

目视判读是人与遥感图像相互作用的复杂认知过程,对一个目标的识别,往往需要经历几次反复判读才能得到正确结果。遥感图像的认知过程包括了自下向上的信息获取、特征提取与识别证据积累过程和自上向下的特征匹配、提出假设与目标辨识过程。

由遥感图像获取地学专题信息,传统的目视判读和解译方法,既需要图像目视判读者具有丰富的地学知识和目视判读经验,又需要花费大量的时间去目视判读,其劳动强度大,信息获取周期长,解译质量受目视判读者的经验、对解译区域的熟悉程度等因素制约。

### 2. 遥感图像目视判读标志

#### 1) 遥感摄影像片的判读标志

常见的遥感摄影像片包括可见光黑白全色像片、黑白红外像片、彩色像片和多波段摄影像片。为了提高摄影像片判读精度与判读速度,必须掌握摄影像片的判读标志。直接判读标志是指能够直接反映和表现目标地物信息的各种遥感图像特征,包括遥感摄影像片上的色调、色彩、形状、阴影、纹理、大小、图形等,解译者利用直接判读标志可以直接识别遥感像片上的目标地物。间接判读标志是指航空像片上能够间接反映和表现目标地物的特征,借助间接判读标志可以推断与某地物的属性相关的其他现象。例如,与目标地物成因相关的指示特征、指示环境的代表性地物、成像时间作为目标地物的指示特征。

现以黑白全色像片判读为例说明:在黑白全色像片上,目标地物的形状和色调是识别地物的主要标志。在可见光范围内成像的黑白全色像片,与人类在可见光下观察地物的条件相一致,因此黑白像片上各种地物比较容易识别。黑白像片识别与解译的规律是:可见光范围内反射率高的地物,在航空像片(正片)上呈现淡白色调,反射率低的地物,在像片上呈现暗灰色调,如水泥路面呈现灰白色,而湖泊中的水体呈现深暗色。加上可见光黑白像片多数为大比例尺像片,地物形状特征明显,形状特征与色调特征等多种解译标志综合使用,可以提高目标地物的正确识别率。

**2)遥感扫描影像的判读标志**

常用的遥感扫描影像都是卫星遥感影像,具有多中心投影、像框扭动变形、信息量丰富、动态观测等特点。遥感扫描影像判读标志包括:①色调与颜色;②阴影;③形状;④纹理;⑤大小;⑥位置;⑦图形与相关布局。

MSS 影像为多光谱扫描仪获取的影像,它具有 4 个波段,按顺序分别被命名为 4 波段、5 波段、6 波段、7 波段。第 4 波段为绿色波段,可以判读浅水地形和近海海水泥沙,探测健康植被在绿色波段的反射率。第 5 波段为红色波段,可以判读海水中的泥沙流、河流中的悬浮物质与河水混浊度,区分沼泽地和沙地,可以进行植物分类,能够反映道路、大型建筑工地、砂砾场和采矿区;还可用于地质研究。第 6 波段为近红外波段,可区分健康与病虫害植被,区分水体与湿地。第 7 波段也为近红外波段,可用来测定生物量和监测作物长势,区分海陆界线,勾划地质体边界,区分规模较大的构造形迹或岩体。

TM 影像为专题绘图仪获取的遥感图像。采用 7 个波段来记录目标地物信息,与 MSS 相比,它增加了 3 个新波段:蓝色(蓝绿)波段、短波红外波段和热红外波段,比起 MSS 图像应用范围更广,对植被和土壤含水量等检测效果更好。

SPOT 卫星的两台"高分辨率几何成像仪"(high resolution visible and infrared,HR-VIR),其工作谱段有 4 个,能分别从前后视不同角度对目标地物观测,获取同一地区的立体图像,可制作精确的地形图和高程图。可用于监测自然资源分布,特别是监测农业、林业和矿产资源,观测植被生长状态与农田含水量,对农作物进行估产,了解城市建设与城市土地利用状况等。

高光谱技术是将成像技术与高光谱技术结合在一起,对目标地物成像时,也对组成每个地物的像元经过色散形成几十个乃至几百个窄波段进行光谱覆盖,形成同一地区几十个乃至几百个的高光谱图像。对于高光谱像片的判读一般可采取假彩色合成法和比较判读法。

热红外像片记录了地物热辐射,各种地物热辐射强度不同,在像片上具有不同的色调和形状构象,是识别热红外像片地物类型的重要标志。其直接的判读标志主要包括:色调、形状与大小、地物大小、阴影等。

微波遥感的成像雷达提供了微波遥感影像。雷达影像可应用于海洋环境调查、地质制图和非金属矿产资源调查、洪水动态检测与评估、地貌研究与地图测绘等领域。

### 3. 遥感影像目视判读方法

遥感影像目视判读方法(visual interpretation method on image)是指根据遥感影像目视解译标志和解译经验,识别目标地物的办法与技巧。遥感扫描影像的判读,要遵循“先图外、后图内,先整体,后局部,勤对比,多分析”的原则,对扫描影像进行认真判读。常用的目视判读方法包括直接判读法、对比分析法、信息覆合法、综合推理法、地理相关分析法。遥感图像目视判读分为5个阶段:①目视解译准备工作阶段;②初步解译与判读区的野外考察;③室内详细判读;④野外验证与补判;⑤目视解译成果的转绘与制图。

## 三、遥感影像计算机处理

遥感影像的计算机处理是在将影像数字化后,再进行各种校正、变换、分类等,使遥感信息充分发挥其效能,减轻人工判读人员的工作量,有利于定量分析。

### 1. 遥感图像校正处理

在遥感图像使用前通常要对图像存在的某些误差和偏差进行校正,这种校正主要分为对像元位置误差进行的几何校正和对图像灰度值偏差进行的辐射校正两部分。

(1) 几何校正。遥感成像时,由于飞行器姿态(侧滚、俯仰、偏航)、高度、速度,地球自转等因素而造成图像相对于地面目标而发生几何畸变,畸变表现为像元相对于地面目标实际位置发生挤压、扭曲、伸展和偏移等,针对几何畸变进行的误差校正就称为几何校正。一般由卫星地面站等遥感图像服务部门购买的卫片,已经经过几何校正,这种校正主要根据记录的遥感平台姿态数据、遥感器数据和地球数据等进行,精度通常不高,所以称为几何粗校正。根据使用目的和要求不同,通常还要对卫片进行几何精校正。几何精校正的方法很多,最常用的是根据已知控制点对图像数据进行坐标变换。这种方法可以校正除地形起伏外,其他各种因素引起的几何变形。校正的精度主要取决于控制点的数量和精度。

(2) 辐射校正。辐射校正是指对由于外界因素,数据获取和传输系统产生的系统的、随机的辐射失真或畸变进行的校正,消除或改正因辐射误差而引起影像畸变的过程。辐射误差在图像上的表现主要是灰度失真疵点、离散的灰点、条状和环状干扰或亮度边缘值段缺失等亮度失真。引起辐射畸变有两个原因:一是传感器本身产生的误差;二是大气对辐射的影响。前者一般由遥感图像生产销售单位根据遥感器参数进行校正,后者主要由用户来完成。对大气影响的校正一般采用直方图最小去除法和回归分析法。

### 2. 遥感图像变换处理

遥感图像数据变换处理包括图像增强和特征提取(图4-21)。

**1) 遥感图像增强**

图像增强是为了突出图像中的某些信息(如强化图像高频分量,可使图像中物体轮廓清晰、细节明显），同时抑制或去除某些不需要的信息来提高遥感图像质量的处理方法。图像增强可以改善图像质量，使之更适于人的视觉或机器识别系统。遥感图像增强方法主要包括灰度变换和彩色合成。

灰度变换是把原图像的灰度值 $X$ 通过函数 $F$ 转变为 $Y$ 值从而使分析者便于识别，其方法有线性变换、分段线性变换、三角波变换、连续函数变换、直方图变换等。

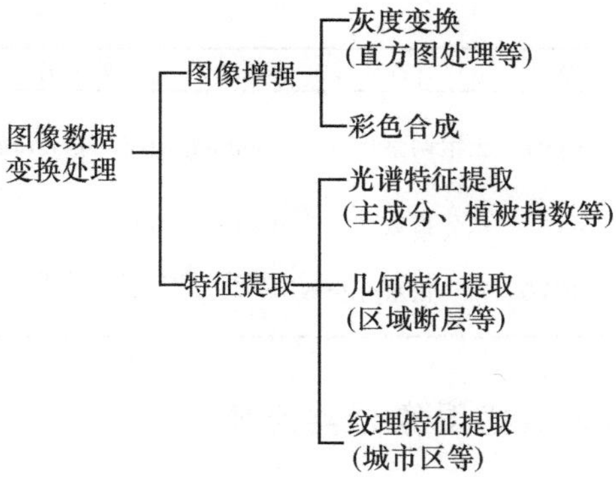


图 4-21　遥感图像数据变换处理

彩色合成是将多波段黑白图像变换为彩色图像的增强处理技术。彩色合成分为真彩色合成和假彩色合成两种：真彩色合成是指合成后的彩色图像上地物色彩与实际地物色彩接近或一致，假彩色合成是指合成后的彩色图像上地物色彩与实际地物色彩不一致，通过彩色合成增强，可以从图像背景中突出目标地物，便于遥感图像判读。

**2）遥感图像特征提取**

特征提取可以定量地提取光谱、空间（几何）特征和纹理特征等，包括多光谱图像的波段间运算及不同时期观测的图像间运算，其结果仍可形成图像。光谱特征提取包括颜色及灰度或波段间的亮度比等目标物的光谱特征，它对应于每一个像元，但与像元的排列等空间结构无关，植被指数分析和主成分分析就属此类。

植被指数就是由多光谱数据，经线性和非线性组合构成的对植被差异有一定指示意义的各种数值。常用的植被指数包括归一化植被指数（normalized difference vegetation index，NDVI）、比值植被指数（ratio vegetation index，RVI）、差值植被指数（difference vegetation index，DVI）、垂直植被指数（perpendicular vegetation index，PVI）等（表 4-3）。归一化植被指数也称为标准植被指数，定义为近红外波段与可见光红波段数值之差和这两个波段数值之和的比值，即 $\mathrm{NDVI}=(\mathrm{IR}-R)/(\mathrm{IR}+R)$。NDVI 是植物生长状态及植被空间分布密度的最佳指示因子，与植物分布密度呈线性相关。比值植被指数定义为近红外波段与可见光波段数值的比值，即 $\mathrm{RVI}=\mathrm{IR}/R$，它与叶面积指数、叶干生物量、叶绿素含量相关最好。差值植被指数定义为近红外波段与可见光红波段数值的差值，即 $\mathrm{DVI}=\mathrm{IR}-R$，它对土壤背景的变化比较敏感。

**表 4-3　典型植被指数**

| 缩写 | 名称 | 英文名 | 公式 | 参考文献 |
|---|---|---|---|---|
| RVI | 比值植被指数 | ratio vegetation index | $\mathrm{RVI}=R_{\mathrm{nir}}/R_{\mathrm{red}}$ | Pearson et al.，1972 |
| NDVI | 归一化植被指数 | normalized difference vegetation index | $\mathrm{NDVI}=\frac{R_{\mathrm{nir}}-R_{\mathrm{red}}}{R_{\mathrm{nir}}+R_{\mathrm{red}}}$ | Rouse et al.，1973 |
| PVI | 垂直植被指数 | perpendicular vegetation index | $\mathrm{PVI}=R_{\mathrm{nir}}/R_{\mathrm{red}}$ | Richardson et al.，1977 |
| DVI | 差值植被指数 | difference vegetation index | $\mathrm{DVI}=R_{\mathrm{nir}}-R_{\mathrm{red}}$ | Jordan et al.，1969 |

续表

| 缩写 | 名称 | 英文名 | 公式 | 参考文献 |
|---|---|---|---|---|
| SAVI | 土壤调整指数 | soil adjusted vegetation index | $SAVI=\frac{(1+L)(R_{nir}-R_{red})}{R_{nir}+R_{red}+L}$, $L=0.5$ | Huete et al. ,1988 |
| WI | 水分指数 | water index | $WI=R_{900}/R_{970}$ | Penuelas et al. ,1997 |
| NDWI | 归一化水分指数 | normalized difference water index | $NDWI=\frac{R_{860}-R_{1240}}{R_{860}+R_{1240}}$ | Gao,1996 |

3. 遥感图像分类处理

图像分类是以计算机来区分图像中所含的多个目标物为目的,并对区分的像元组给出对应其特征的名称,从而达到对影像判读的目的。遥感图像分类的主要依据是地物的光谱特征,即地物电磁波辐射的多波段测量值。目前用于图像分类的数学理论有三个分支:统计图像分类、专家系统分类和模糊分类。其中,统计图像分类是最成熟的方法。

统计图像分类是统计模式识别技术在遥感图像分类中的具体应用,即把像元的亮度值作为主要的分析对象,以数学上的决策理论为基础,从大量的统计分析中找出规律性的认识,提出反映地物本质特征,作为识别不同地物的依据。遥感图像的计算机分类方法包括监督分类和非监督分类。

(1) 监督分类。首先需要从研究区域选取有代表性的训练场地作为样本。根据已知训练区提供的样本,通过选择特征参数(如像元亮度均值、方差等),建立判别函数,据此对数字图像待分像元进行分类,依据样本类别的特征来识别非样本像元的归属类别(图4-22)。这种方法称为监督分类法。监督分类中常用的具体分类方法包括最小距离分类法、多级切割分类法、特征曲线窗口法、最大似然比分类法等。

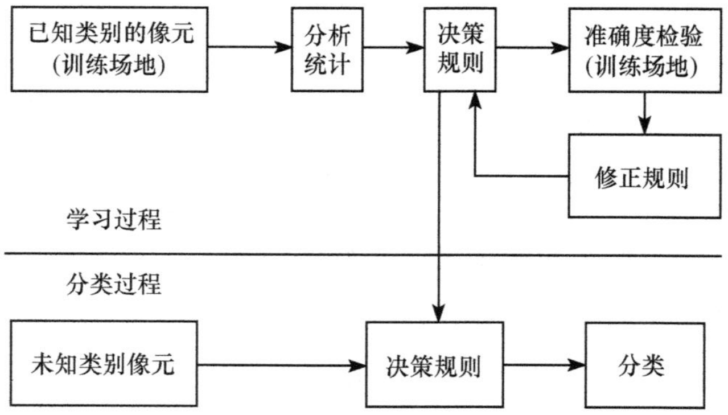


图 4-22 监督分类法流程图

(2) 非监督分类。非监督分类是在没有先验类别(训练场地)作为样本的条件下,即事先不知道类别特征,主要根据像元间相似度的大小进行归类合并(将相似度大的像元归为一类)的方法,也称为“边学习边分类法”。非监督分类方法不必对影像地物获取先验知识,仅依靠影像上不同类地物光谱信息(或纹理信息)进行特征提取的统计特征的差别来达到分类的目的,最后对已分出的各个类别的实地属性进行确认。常用的非监督分类方法包括特征空间图形识别法、聚类法、分裂法、动态聚类法等。

### 4. 遥感图像处理系统

（1）ERDAS Imagine。ERDAS Imagine是美国ERDAS公司开发的遥感图像处理系统，主要功能包括数据转换、几何校正、图像拼接、图像增强、图像解译、图像分类、子像元分类、雷达图像、矢量功能、正射影像校正、Virtual GIS、空间建模、命令工具、批处理工具、图像库管理和专题制图等。以Imagine Essentials、Imagine Advantage、Imagine Professional的形式为用户提供了低、中、高三档产品架构，其功能扩展模块包括：雷达影像基本处理、矢量数据处理、三维虚拟现实的可视化和分析、程序员接口开发扩展、立体分析、正射雷达纠正、立体雷达DEM数据提取、大气因子校正和雾霁去除、子像元分类器等。

（2）ER PAPPER。ER PAPPER是澳大利亚Earth Resource Mapping公司研制的遥感图像处理系统，软件采用全模块设计，除了具有空间滤波、影像增强、波段间运算、几何变换、几何纠正、影像配准、镶嵌、影像分类等传统图像处理功能外，还有航片的正射校正、等高线生成、镶嵌与数据融合、镶嵌图像颜色平衡、地理配准、数据的栅格化、雷达图像处理、三维可视化及贯穿飞行、支持各种流行数据格式、支持各种输出设备、先进的制图系统等高级功能。

（3）ENVI(the environment for visualizing image)。ENVI是美国Better Solutions Consulting Limited Liability Company开发的遥感图像处理系统，包含校正、定标、波段运算、分类对比增强、滤波、变换、边缘检测及制图输出等所有基本遥感影像处理功能，具有对遥感影像进行配准和正射校正的功能，可以给影像添加地图投影，并与各种GIS数据结合。ENVI拥有屏幕数字化、栅格和矢量叠合的矢量工具、高光谱和多光谱分析工具、集成式雷达分析工具(图4-23)，能高效地利用和分析各种卫星遥感图像数据，进行地物目标识别。

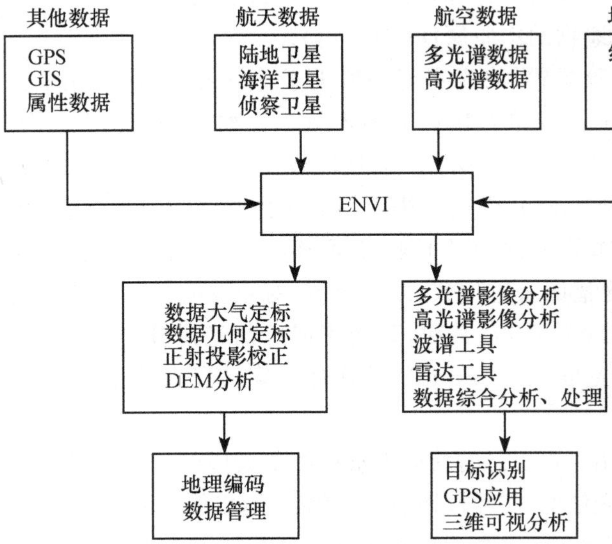


图4-23　ENVI遥感图像处理系统功能框图

(4) IRSA。IRSA是中国科学院遥感应用研究所开发的国产遥感图像处理分析系统,含有图像浏览、复原、基本处理、纠正、镶嵌、融合、分类、解译、地形仿真、光谱处理等35个通用遥感图像处理模块。

(5) Titan Image。Titan Image是北京东方泰坦科技有限公司开发的国产遥感图像处理系统。具有常规图像处理、几何纠正、影像镶嵌、HDF格式数据读取、三维飞行、雷达图像处理、高光谱数据处理、高空间分辨率数据处理、影像数据管理、图像质量评价、图像流程化处理、应用程序开发接口等模块。

## 第四节 高光谱遥感与定量遥感基础

高光谱遥感(hyperspectral remote sensing,即高光谱分辨率遥感)是指将遥感成像技术和光谱分析技术相结合,利用几百乃至上千个小于10nm的电磁波波段从地表目标物体获取连续光谱曲线,从而形成图像和光谱合一的高精度遥感方法。应用高光谱遥感等方法进行定量遥感,是当前遥感前沿技术之一。

### 一、高光谱遥感的概念与特点

地球表面不同物体表现出不同的光谱反射和辐射特征,其吸收峰和反射峰的波长宽度为5～50nm,其物理内涵是不同的分子、原子和离子的晶格振动,引起不同波长的光谱发射和吸收,从而产生了不同的光谱特征。所谓的高光谱遥感技术是将传统遥感的成像技术和物理中的光谱分析技术有机地结合在一起,在探测物体空间特征的同时,对每个空间像元色散形成几十个或几百个波长带宽为10～20nm连续的光谱波段,在传统的二维遥感的基础上增加了光谱维,形成了一种独特的三维遥感,又称为成像光谱遥感。高光谱遥感技术能够同时获取二维空间数据和一维光谱数据。利用高光谱遥感数据,可以通过目标地物的空间几何形状分析对目标特征进行分析、识别和定位,还可以通过目标的波谱特性来确认或揭示目标地物的本质属性(图4-24)。

常规遥感属于宽波段遥感,波段宽度一般大于100nm,且所采用的遥感波段在可见光至红外光(400～2400nm)光谱范围内并不连续。例如,多波段光谱扫描仪(MSS)和专题成像仪(TM),其波段在光谱上并不连续,且波段宽度一般为100～200nm,远宽于地物的诊断性光谱宽度(20～40nm),因而无法探测某些物质。高光谱遥感可以将视域中观测到的各种地物以完整的光谱曲线记录下来,获取连续的光谱信息,其本身的波段数已达几百至上千个,加上原始光谱的一阶导数、二阶导数、对数变换及其各种高光谱植被指数等,信息量可增加数十倍以至数百倍;其次,高光谱遥感的光谱分辨率一般小于10nm,低于地表物质的诊断性光谱宽度(20～40nm),从而使在宽波段遥感中不可探测的物质,在高光谱遥感中能被探测。

高光谱成像光谱仪由于可以同时获取大量连续窄波段的光谱波段图像,其中每一个像元都可以形成一条反射光谱曲线,经过辐射规正化处理,成像光谱曲线与实验室光谱曲线匹配,可直接识别地区。成像光谱仪强调探测对象辐射特性与波谱特性的结合,即图谱特性,形成三维遥感图像,利用“光谱匹配”技术可以识别多种地物。高光谱成像仪Hyperion等

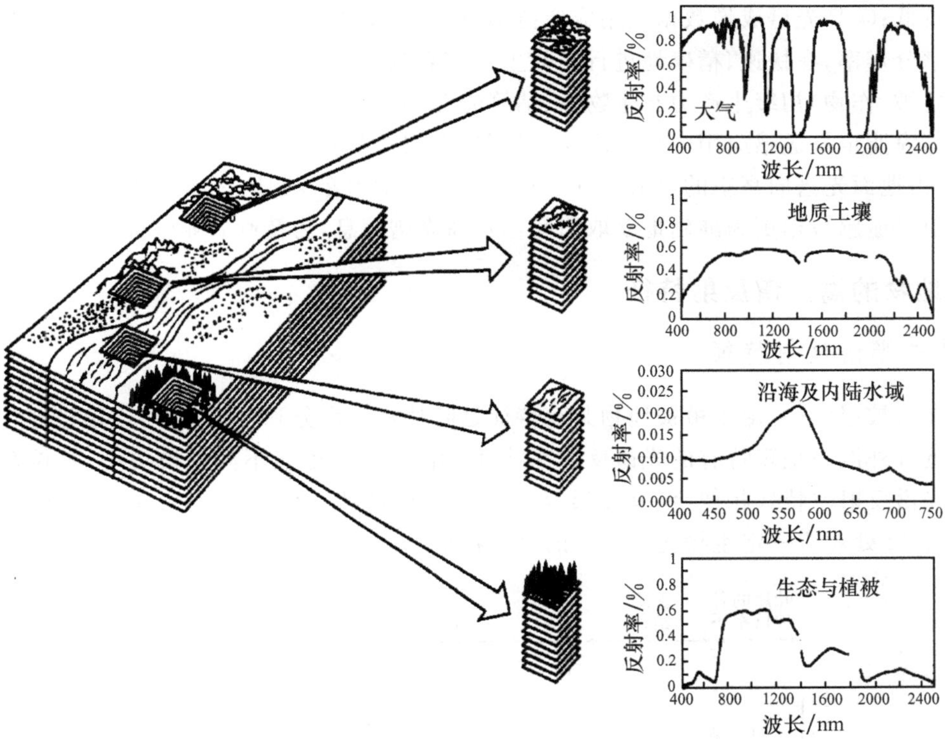


图 4-24　高光谱遥感技术示意图(浦瑞良和宫鹏,2000)

一批高光谱传感器研制成功,其详细成像光谱数据可用于复杂的陆地生态系统成图和精确分类(图 4-24),并已应用于采矿、地质、农业和环境保护等领域的监测。基于高光谱遥感技术的地物光谱仪(图 4-25)是田间低成本间接测定作物养分和生化参数的重要设备,机载推帚式高光谱成像仪(pushroom hyperspectral image,PHI)和模块化成像光谱仪(operative modular imaging spectrometer,OMIS)、星载 EOS-AM 的 MODIS 和 EOS-1 的 Hyperion 高光谱传感器是未来农田信息采集的重要手段。

图 4-25　便携式地物光谱仪 ASD FieldSpec 3(左)与野外光谱信息采集(右)

与传统多光谱遥感相比,高光谱遥感技术的特点是:①能够获得海量遥感成像数据;②可提供空间域信息和光谱域信息,即"图谱合一",且由图像数据反演出的像元光谱曲线可以和实验室所测得的同类地物光谱曲线相类比;③高光谱成像数据窄波段通信信息信噪比较低;④高光谱成像数据应用成像范围更大,应用领域更广。高光谱遥感凭借其极高的光谱分辨率,在快速、精确地进行作物生长信息的提取、作物长势监测、作物胁迫监测、估算植被(作物)初级生产力与生物量、估算光能利用率和蒸散量以及作物品质遥感监测预报等农业定量遥感应用中日益广泛。目前,在农业的地面遥感方面已经取得了较大进展,但由地面光谱向高空的反演仍处于探索阶段。随着星-机-地一体化技术的发展,可以通过卫星遥感数据更为准确地获取田间作物高光谱信息,为精确农业管理提供决策依据。

## 二、地物的高光谱反射特征

### 1. 植被光谱反射特征

在植被遥感中,由于植被地物共有特征是叶片富含水分和叶绿素,所以植被地物在可见—近红外波段呈现特有的光谱反射率特性(图 4-26)。虽然不同植被类型、植株营养状况的光谱反射率特性相似,但其光谱反射率大小有差异。在 400～2400nm 光谱范围内,大约有 42 处对应一定生物化学成分的吸收特征。

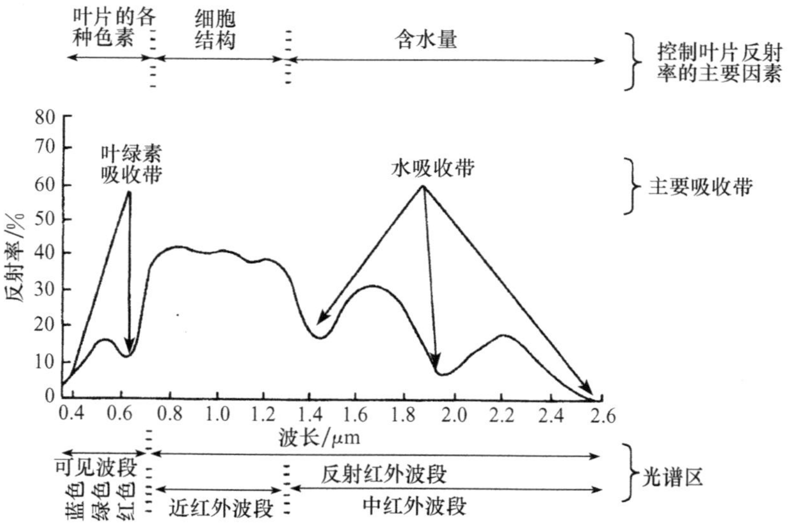


图 4-26 典型绿色叶片的光谱反射率特性

(1) 400～700nm 波段。可见光波段是植物叶片强烈吸收波段,反射和透视率很低,由于叶绿素 a 和叶绿素 b 的强烈吸收作用,在 450nm 蓝光和 660nm 红光附近形成了两个吸收谷,在 550nm 绿光处形成了一个反射峰,表现出"蓝边"、"绿峰"、"黄边"、"红谷"等独特光谱特征,明显区别于土壤、岩石、水体的光谱特征。

(2) 700～780nm 波段。700～780nm 波段是叶绿素在红波段强烈吸收到近红外波段多次散射形成的高反射平台过渡波段,称为植被反射率"红边",是植物营养、长势、水分、叶面积等农学参数的指示特征。红边是植物反射曲线上斜率最大时所对应的波长,位于 680～750nm,即反射率从红光的低值区(叶绿素吸收造成的)到高值区(叶片和冠层散射作用)之间的变化。通过计算光谱反射率为 680～750nm 的一阶微分来计算红边位置。在图 4-27 中,$R_0$ 为叶绿素强吸收波段红光区最小反射率值,也称为红边起点,$R_s$ 为近红外区域肩反射(最大)值,$P$ 为"红边"拐点,$P$ 点所处的波长位置被称为"红边"位置,$\sigma$ 为"红边"宽度,即 $\lambda_P-\lambda_0$。

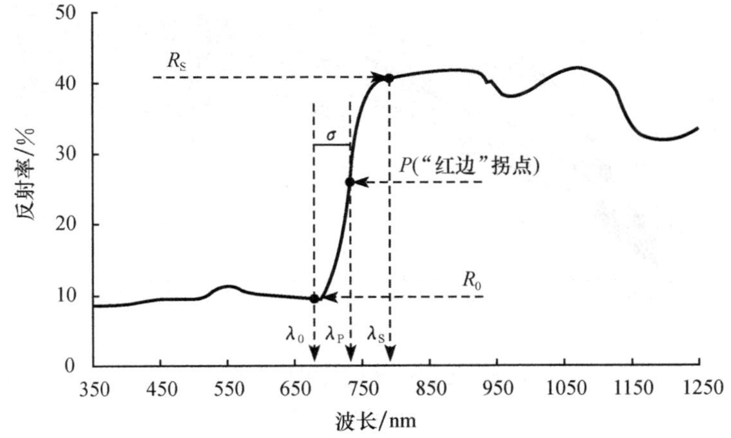


图 4-27　红边的定义及主要特征参数

红边位置随叶绿素含量、生物量、叶片内部结构参数的变化而变化。"红边"的位置与斜率与植物单位面积所含叶绿素(a+b)含量密切相关,叶绿素含量增加时,叶绿素吸收波段变宽,红边振幅、红边峰值面积随之增加,红边向长波方向移动。当植被生物量大、色素含量高、生长旺盛时,红边会向长波方向移动(红移),而当遭受病虫害、污染和叶片衰老时,红边会向短波方向移动(蓝移)。

(3) 780～1350nm 波段。780～1350nm 波段是与叶片内部结构有关的光谱波段,该波段反射率平台(反射率红肩)的光谱反射率强度取决于叶片细胞形状、细胞层数、叶肉与细胞间空隙等内部结构,而叶片色素、纤维素、水分含量对其影响较小。由于光线在叶片内部的多次散射形成,且色素和纤维素在该波段来说是近似透明的,即便是叶片含水量也只在 970nm、1200nm 附近有两个微弱的吸收特征,所以多次散射的结果便是近 50%的光线被反射,近 50%的光线被透射。部分研究表明,该段的光谱反射率或光谱指数与叶片含水量有显著的相关特性。

(4) 1350～2500nm 波段。1350～2500nm 波段是叶片水分吸收主导波段,在 1450nm、1940nm 和 2700nm 处形成 3 个强吸收谷,在 1650nm 和 2200nm 处形成 2 个反射峰。

## 2. 土壤光谱反射特征

土壤光谱反射率曲线总体变化平缓,不同类型土壤光谱反射率曲线形态上很相似,在可见光波段反射率不高,在 1400nm 和 1900nm 附近有明显水分吸收谷,在 2200nm 和 2300nm 附近有较弱水分吸收谷(图 4-28)。但由于土壤机械组成、有机质含量、土壤孔隙度、黏土矿物类型等理化性状不同,各类土壤反射光谱特性也存在差别(图 4-29)。

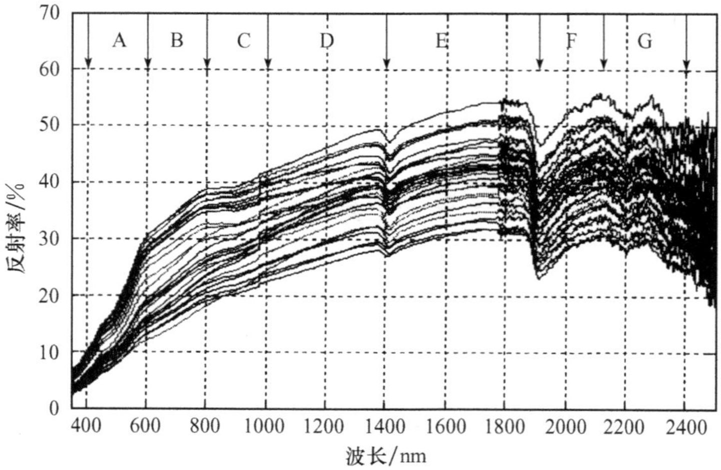


图 4-28 土壤的光谱反射率特征曲线

A～G 指波长区间

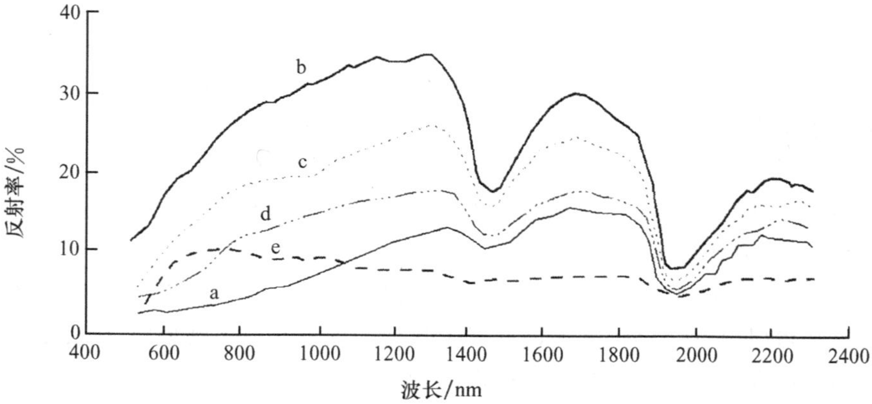


图 4-29 不同类型土壤的光谱反射率特性

a. 有机质控制型;b. 最小改变型;c. 铁影响型;d. 有机质影响型;e. 铁控制型

## 三、高光谱遥感数据处理技术

与传统多光谱遥感数据处理技术有所不同,常用的高光谱遥感数据处理技术如下。

(1) 光谱微分技术。光谱微分技术是对反射光谱进行数学模拟和计算不同阶数的微分,来确定光谱曲线的弯曲点和最大最小反射率的对应波长位置。在地质遥感上可以确定波长位置、深度和波段宽度,以及分解重叠的吸收波段和提取各种参数,从而达到识别矿物的目的。

(2) 光谱匹配技术。光谱匹配技术是对地物光谱和实验室测量的参考光谱进行匹配或地物光谱与参考光谱数据库比较,求得它们之间的相似性或差异性,以达到识别的目的。两种光谱曲线的相似性常用计算的交叉相关系数及绘制交叉相关曲线图来确定。有时也采用编码匹配技术粗略识别岩石矿物的光谱。

(3) 混合光谱分解技术。用以确定在同一像元内不同地物光谱成分所占的比例或非已知成分。因为不同地物光谱成分的混合会改变波段的深度、波段的位置、宽度、面积和吸收的程度等。这种技术采用矩阵方程、神经元网络方法以及光谱吸收指数技术等,求出在给定像元内各成分光谱的比例。

(4) 光谱分类技术。光谱分类技术在高光谱遥感中仍然是有效的识别方法之一。常用的有最大似然分类法、人工神经网络分类法和高光谱角度制图法。

(5) 光谱维特征提取方法。按照一定的准则直接从原始空间中选出一个子空间,或者在原特征空间与新特征空间之间找到某种映射关系,是以主成分分析为基础的改进方法。

(6) 模型方法。模型方法是模拟矿物和岩石反射光谱的各种模型方法。因为高光谱测量数据可以提供连续的光谱抽样信息,这种细微的光谱特征使模型方法一改传统的统计模型方法而建立起确定性模型方法。因而,模型方法可以提供更有效和更可靠的分析结果。

## 四、农业定量遥感基础

高光谱遥感技术拓宽了遥感信息定量获取的新领域,逐渐成为农业遥感应用的重要前沿技术手段之一。定量遥感是指利用传感器获取地表地物的电磁波信息,在计算机系统支持下,通过数学或物理模型将遥感信息与所观测地表目标参量联系起来,定量地反演或推算出某些地学、生物学及大气等目标参量,是当前遥感研究的前沿领域之一。

### 1. 农业定量遥感流程

根据探测能量波长、探测方式和应用目的,定量遥感可分为可见光-反射红外遥感、热红外遥感、微波遥感 3 种类型。其主要环节包括遥感器定标、大气校正、几何校正、定量遥感模型构建 4 部分。

#### 1) 遥感器定标

遥感器定标是指建立遥感器每个探测元件所输出信号的数值与该探测器对应像元内的实际地物辐射亮度值之间的定量关系,将遥感器记录的灰度值(digital number,DN)转换为遥感器入瞳处/大气顶层(top of atmosphere,TOA)的辐射值。常用的遥感器定标技术包括实验室定标、星上定标、场地定标等。①实验室定标是指对比分析与研究空中遥感器接收到的电磁波能量信号与地物光谱仪接收到的电磁波能量信号的定量关系,以及电磁波能量信号与地物的物理特性关系,以便对获取的空中遥感器信号进行校正,主要包括光谱定标和辐射定标,前者是测量遥感器随入射波长变化的响应,后者用以确定遥感器入瞳处的准确辐射数值。②星上定标为绝对辐射定标,在可见光和反射红外区采用电光源(灯定标)和太阳光(太阳定标)作为高温标准辐射源,在热红外区采用卫星上的标准黑体(黑体定标)作为高温标准辐射源,以宇宙空间作为低温标准辐射源。③场地定标是指在遥感器飞越定标场上空时,在定标场选择若干像元,测量遥感器对应的地物光谱反射率和大气光谱参量,并利用大气辐射传输模型给出遥感器入瞳处各光谱带的辐射亮度,最后确定它与遥感器对应输出的数字量化的数量关系,求解定标系数,并进行误差分析。

**2）大气校正与几何校正**

（1）大气校正是消除光谱信号在大气辐射传输过程中由于大气干扰引起的信号退化的一种图像处理及光谱处理方法。在农业定量遥感中，大气校正的目的是消除气溶胶、水汽等因素影响，将星上/机载遥感器测量的入瞳处/大气顶层的辐射值转换为农作物冠层顶部(top of canopy，TOC)的辐射/反射值。

（2）几何校正是指利用一系列控制点，根据计算模型对遥感影像数据与标准图像或地图进行几何整合的过程，消除卫星成像时因倾斜扫描、地形起伏及传感器姿态角变化造成的像点位移和影像变形。其内容包括地面控制点选取、多项式纠正模型和重采样模型确定等。

**3）定量遥感模型**

定量遥感模型是从抽取遥感专题信息需求出发，对遥感信息形成过程进行模拟、统计、抽象或简化，最后用文字、数学公式或者其他符号系统表达出来。通常包括物理模型、统计模型和半经验模型。物理模型根据物理学原理建立的模型，模型参数具有明确的物理意义。统计模型是对一系列冠层数据做经验性的统计描述或者相关分析，建立的遥感参数与地面观测值之间的回归模型。半经验模型综合了物理模型和统计模型的优点，既考虑了模型的物理意义，又引入了经验参数。

定量遥感模型可分为正演模型和反演模型。正演模型是根据已知地表目标地物固有波谱特性参数以及大气各种辐射传输参数，求出目标地物电磁波(反射)辐射强度，也称为前向建模，是从遥感机制出发，用物理模型来描述电磁波传播过程，揭示电磁波与地表物质之间的相互作用规律，所建立的遥感信息模型。前向模拟模型可分为背景、植被和大气3个层次。反演模型则是根据目标地物电磁波(反射)辐射强度，求出不同尺度上辐射源、大气、地表物和遥感器有关的任一参数，又称为后向建模，是利用从遥感器接收到的由地表地物发射(反射)的电磁波信息，基于一定的计算模型，根据遥感数据获取时各个环节参数(如大气状况、成像时间等)，计算出大气或目标地物的相关物理参数，如地表反射率、植被参数以及温度等。定量遥感模型研究需要考虑尺度效应和混合像元等问题(图4-30)。

定量遥感模型主要应用于植被参数反演、反照率反演和陆面温度反演等方面的研究。反照率是在反射体表面半球空间的全部短波(0.3～5μm)反射辐射通量与总入射辐射通量之比。地表反照率能够揭示区域气候形成机制，应用于中长期气候预报和全球气候变化的研究。

## 2. 农业定量遥感波谱要求

目前，高光谱遥感技术在农业遥感应用中的研究取得了较大进展，目前的主要研究包括以下方面：①作物叶片光谱特征研究；②作物分类与识别；③作物生态物理参数反演与提取；④作物养分诊断与监测研究；⑤作物长势监测与产量预测；⑥农业遥感信息模型研究；⑦农业灾害监测。在农业定量遥感中，各种农业信息获取对遥感数据的波谱要求见表4-4。

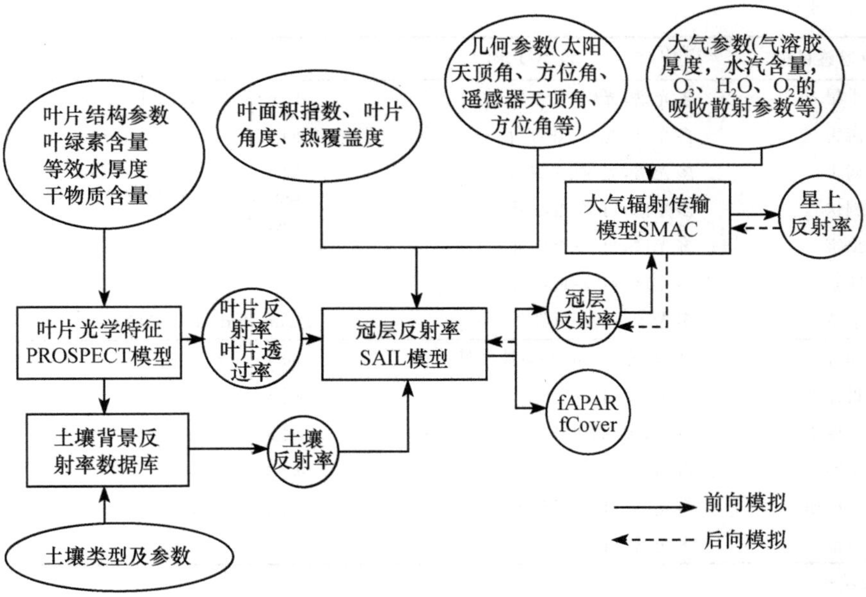


图 4-30　农业定量遥感流程(王纪华等,2008)

fAPAR 为光合有效辐射系数;fCover 为覆盖度

**表 4-4　农业定量遥感波谱要求**(王纪华等,2008)

| 农业遥感目标 | | 波谱要求 | 适宜卫星数据 |
|---|---|---|---|
| 营养组分信息 | 水分 | 多光谱,包括近红外、短波红外、雷达 | 1* Landsat TM; SPOT 2/4/5; ALOS PRISM AVNIR-2; QuikBird; IKONOS; IRC-1C/1D; ASTER; CBERS; 北京一号等 |
| | 叶绿素 | 多光谱,可见-近红外 | |
| | 生物量 | 多光谱,可见-近红外 | |
| | 氮素 | 多/高光谱,可见-短波红外 | |
| | 碳氮比 | 高光谱,可见-短波红外 | 2* Hyperion; CHRIS; PRISM |
| | 木质素 | 高光谱,可见-短波红外 | |
| | 糖分 | 高光谱,可见-短波红外 | |
| 结构分类信息 | 株高 | 多极化/多角度雷达 | 3* ASAR; RADARSAT; ALOS PALSAR 等 |
| | 相对密度 | 多极化雷达 | |
| | 叶面积 | 多光谱,可见-近红外 | 同 1* |
| | 覆盖度 | 多光谱,可见-近红外 | |
| | 株型 | 多光谱、多角度,可见-近红外 | 多时相 同 1* |
| | 品种 | 多光谱、多角度,可见-近红外 | 多角度 ASTER、SPOT、ALOS 等 |
| 成熟收获信息 | 适收期 | 多光谱,可见-近红外 | 同 1* |
| | 产量 | 多光谱,可见-近红外 | |
| | 品质 | 多光谱,光学、热红外 | |
| 生理信息 | 光合作用 | 高光谱,可见-近红外 | 同 2* |
| | 蒸腾 | 多光谱,光学、热红外 | Landsat TM、ASTER 等 |

续表

| 农业遥感目标 | | 波谱要求 | 适宜卫星数据 |
|---|---|---|---|
| 灾害胁迫信息 | 干旱 | 多光谱,光学、热红外 | Landsat TM、ASTER 等 |
| | 涝害 | 多光谱,光学、热红外 | 同 1* |
| | 病害 | 多光谱,光学、热红外 | 同 1* |
| | 倒伏 | 多光谱,可见-近红外 | QuikBird、IKONOS、SPOT5、ALOS PRISM |
| | 虫害 | 多光谱,可见-近红外 | 同 1* |
| | 缺素 | 多光谱,可见-近红外 | |
| | 杂草 | 多光谱,可见-近红外 | QuikBird、IKONOS |
| 土壤信息 | 养分 | 多/高光谱,可见-短波红外 | 同 1* +2* |
| | 粗糙度 | 雷达、多角度 | 同 1* |
| | 土壤水 | 雷达,多/高光谱,可见-近红外 | 同 3* +2* +1* |
| | 压实 | 雷达 | 同 3* |
| | 有机质 | 多光谱,可见-近红外 | 同 1* |
| | 质地 | 多光谱,可见-近红外 | |

* 代表模式。

## 第五节 农业遥感监测的应用

我国农业遥感监测发展 30 多年来,以资源调查为先导、资源监测为焦点、产量预测为重点,在农业生产组织和管理中发挥了重要作用。

### 一、农业资源调查与监测

传统农业资源调查方法费时费力、成本很高、精度较低。卫星遥感可周期性重访地球表面,对耕地面积、种植面积、森林资源、土壤侵蚀、草原退化等进行实时监测。

#### 1. 土地资源遥感调查与监测

由于遥感技术对土地观测具有覆盖面广、宏观性强、快速、多时相、丰富的综合信息等优点,已经较普遍应用于土地调查制图与监测中。用于全球变化研究的土地利用与土地覆盖的遥感,大区域范围研究一般采用低分辨率小比例尺的 AVHRR、MODIS 图像,而局部区域及资源调查一般采用高精度高分辨率的 TM 图像、SPOT 图像等。合成孔径雷达系统(synthetic aperture radar systems,SAR)图像不受大气限制,对于常年为云雾所遮盖的部分地区,利用 SAR 系统可以大面积快速成像以了解土地资源现状。

20 世纪 80 年代初期,我国首次利用美国陆地卫星 MSS 数据进行了全国范围 15 类土地的利用现状调查,并按 1∶50 万比例尺成图,宏观地反映了我国土地资源的基本状况,填补了我国土地资源不清的空白。90 年代中期开展了全国耕地变化遥感监测和县级农业土地资源遥感调查,建成了全国 1∶10 万比例尺的农业土地资源数据库和全国分县农业土地资源信息系统,为各级政府及各专业部门制订规划、计划提供了可靠的数据资料,同时也为我国开展土地利用动态监测提供了完整、可靠的本底资料。

### 2. 森林资源遥感调查与监测

卫星遥感具有覆盖范围广、能迅速跟踪动态变化、不断地提供信息等优点，结合野外抽样技术，能做到精度高、速度快、成本低、自动化连续及时提供森林资源的数据。一般采用多波段、多时相、多种分辨率的数据进行森林资源遥感调查与监测，NOAA 卫星广泛用于监测全球森林宏观变化，TM、SPOT 用于区域、小森林资源动态监测。分辨率更高的高光谱遥感以及 IKONOS 可实现对林斑、小斑乃至单木的监测。对于树种的识别，主要依赖于图像色调和纹理的不同；对森林生物量的估测，可以利用多通道的 SAR 数据来实现。林业遥感的技术路线为：卫星数据校正，不同季节图像数据复合和分层、分区、分类，森林资源信息提取以及形成标准化图件。根据标准化图件，就能对森林的状况有一个比较准确的了解，从而进行动态监测。

### 3. 草原资源遥感调查与监测

草原植被的宏观遥感监测是快速、准确了解草原状况，实现对草原科学管理和保护的重要依据。草原遥感监测主要包括对草地面积、类型、生物量等内容的遥感监测。

(1) 草地生物量估算。精确地估测草地的可食牧草量，可以合理控制牲畜量，维持草畜的动态平衡。准确及时地获取区域牧草产量以及随时间、空间变化特征，是实现合理、高效、持续利用草原资源的前提。通常采用高光谱遥感获取的 NDVI、"红边"(red edge position，REP)来估算草地生物量。当植被覆盖度比较高时，用 NDVI 估算生物量会出现比较大的偏差。利用地面高光谱数据进行草地生物量估测的实例，都取得了比较高的精度，但目前还没有真正实现从卫星高光谱图像上进行生物量的估算。

(2) 草地种类识别。对草地种类识别的目的是监测草地的退化程度。目前草地退化监测主要还是基于植被指数变化的方法，寻找表征草地退化的指示种的特征波段，从而实现在高光谱图像上进行识别。同样，相关草地种类识别和草地退化监测数据是对地面光谱测量数据分析得到的，能否将其在卫星高光谱图像上区分还有待进一步探讨。

(3) 对草地化学成分估测。应用遥感技术测量和分析叶片乃至冠层的生物化学信息随时间和空间的变化，可以了解植物的生产率、凋落物分解速度及营养成分有效性。根据各种化学成分的浓度变化可以评价草地的长势状况，如通过遥感监测草地植被的粗蛋白含量，以便决定草地是否可被继续利用。目前，关于草地植被长势和健康状况的遥感监测研究相对较少，可借鉴农作物长势的遥感监测方法。

## 二、农作物长势遥感监测

作物长势是指作物生长发育过程中的形态相，其强弱一般通过观测植株的叶面积、叶色、叶倾角、株高和茎粗等形态特征进行衡量。作物长势监测是指对作物的苗情、生长状况及其变化的宏观监测。对作物长势进行动态监测可以及时了解农作物的生长状况、苗情、土壤墒情、营养状况及其变化、气象灾害和病虫草害损失情况等，便于生产上实施因苗管理和分类指导，也可以为决策者提供作物生长状态信息，及时反映作物产量的变化情况，为适时农业政策制定和粮食贸易提供有力决策依据，以便在粮食价格、流通、存储等环节取得主动并抢占先机。因而,农作物长势监测是农情遥感监测与估产的重要组成部分。

1. 作物长势遥感监测方法

作物长势遥感监测是建立在同种作物在不同生长条件下的光谱反射率差异性基础上的。作物长势是一个时空变化的过程,即同一时相的作物长势在空间地域上和同一空间地域的作物在时相上存在差异,时空特征的提取是进行大尺度作物长势监测的基础。利用高光谱监测作物长势时,需要构建时空信息辅助下的高光谱遥感信息与作物生理特性及作物长势之间的关系模型。在农田地表覆盖类型分类和作物长势监测分析中,利用高光谱数据计算 NDVI 和 DVI,可建立农田区域性覆盖指数模型,反映出区域性作物覆盖分布状况和随季节变化规律。一般植株越高、群体越大、叶面积系数越大的作物,其 NDVI 值也较大。因此,苗情长势越好的农田,其 NDVI 值也越大。长势与 NDVI 值的关系与时相有关,在某一时相下对 NDVI 值进行空间比较才有意义,而各时相的 NDVI 值则反映了苗情长势的动态变化。

作物长势遥感监测可分为随空间和时间变化的长势监测,包括实时监测和过程监测。实时作物长势监测是指在作物生长期采用 NDVI 对比方法,计算差值图像,进行分级统计,判断作物长势状况(图 4-31)。作物生长趋势分析是指利用多时相 NDVI,从时间序列上对作物生长状况进行趋势分析和历史积累的对比。通过多年遥感资料积累,计算出常年同一时段平均 NDVI,把当年该时段 NDVI 与常年 NDVI 平均值进行比较,可进行分级、统计和区域显示,用来判断当年作物长势优劣;也可以建立作物 NDVI 随时间变化的动态迹线,直观反映作物从播种、出苗、抽穗到成熟生长变化过程,统计生长过程 NDVI 曲线特征参数,反映作物生长趋势差异。

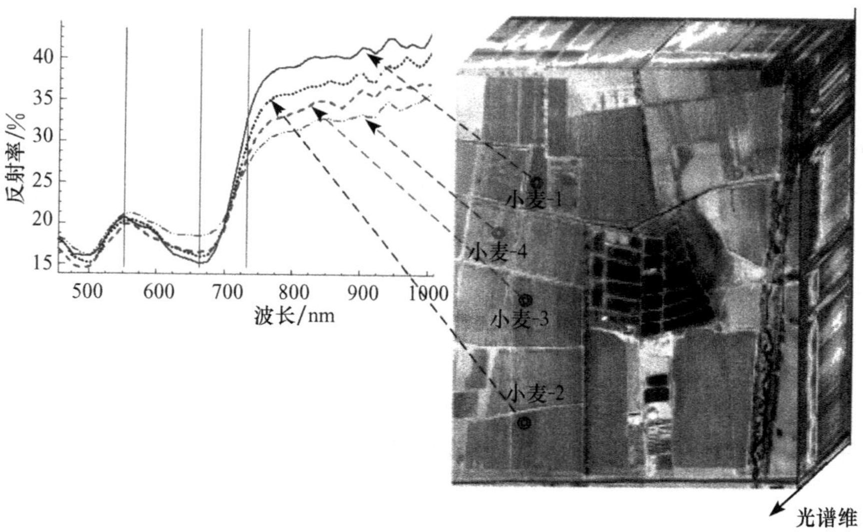


图 4-31　成像光谱数据各像素在光谱维所对应的地物光谱特征举例(王纪华等,2008)

小麦不同长势与营养状况的反射光谱响应:小麦-1:好;小麦-2:较好;小麦-3:一般;小麦-4:较差

作物长势遥感监测模型可分为评估模型和诊断模型，前者又可分为逐年比较模型和等级模型。逐年比较模型是以当地苗情为基准，计算年际作物长势比较特征参数ΔNDVI，判断当年作物长势与上一年同期相比是好、是差还是相当。

$$\Delta NDVI = (NDVI_2 - NDVI_1)/\overline{NDVI}$$

式中，$NDVI_2$、$NDVI_1$、$\overline{NDVI}$分别为当年旬值、上年同期值、多年平均值。

等级模型是利用 NDVI 值与多年均值比较或者与当年极值比较后定级，分别为距平模型和极值模型，分别用 $\Delta\overline{NDVI}=\frac{NDVI-\overline{NDVI}}{\overline{NDVI}}$和 $VCI=\frac{NDVI-NDVI_{min}}{NDVI_{max}-NDVI_{min}}$表示。

诊断模型是指能够反演作物生长物候和阶段差异、肥料盈亏、水分胁迫——干旱评估、病虫草害蔓延状况，满足田间管理需要的遥感模型。传统作物苗情诊断方法主要是采取人工测量和室内化学分析的方法，存在着费工、费时、实时性差、成本高和对样本有破坏性等缺陷。利用多时相高光谱遥感影像信息，能区分不同生育期、LAI、密度、氮素和水分胁迫水平下作物冠层反射光谱特征的差异(图 4-32 至图 4-35)，能够宏观反映出农作物生长发育的规律特征，为农田作物管理提供科学依据。

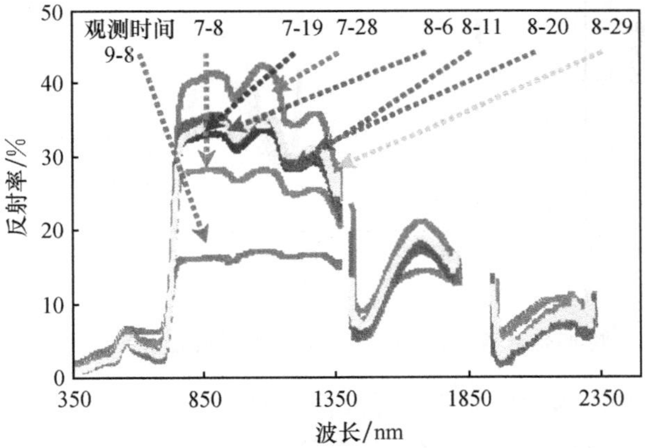


图 4-32　夏玉米不同生育期反射光谱特性变化比较

7-8 为拔节期；7-19 为小喇叭口期；7-28 为大喇叭口期；8-6 为抽雄期；8-11 为吐丝初；8-20 为吐丝中；8-29 为吐丝末；9-8 为乳熟期

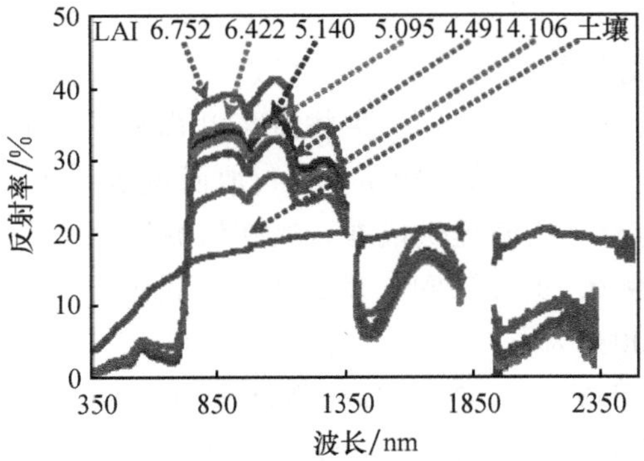


图 4-33　不同 LAI 下夏玉米反射光谱特性比较

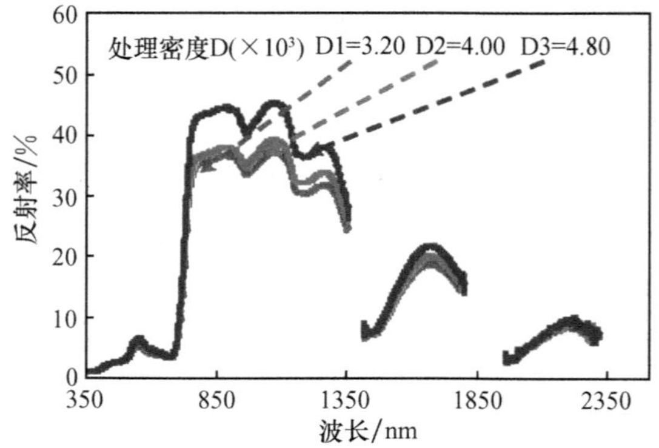


图 4-34　不同植株密度下玉米抽雄期反射光谱特性比较

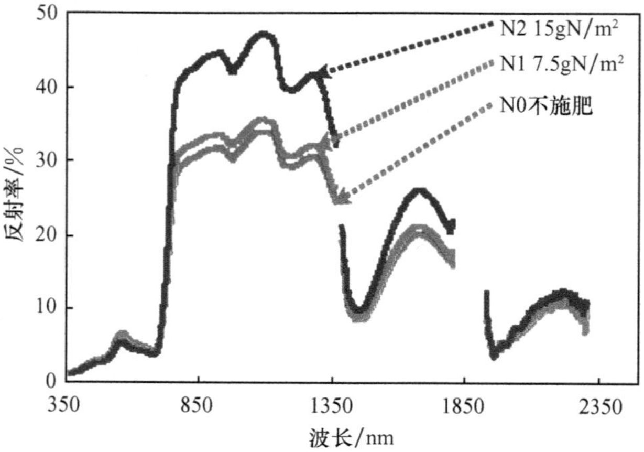


图 4-35　不同氮素胁迫下夏玉米反射光谱特性比较

目前,利用高光谱遥感数据反演与提取作物农学参数的方法有 3 类:①利用多元回归方法建立高光谱数据(原始反射率、光谱微分等)与作物农学信息参数之间的关系;②构建基于光谱特征的光谱指数与作物农学信息之间的经验方程;③建立物理模型来反演与提取作物参数。

## 2. 农作物叶面积指数与生物量监测

叶面积指数是作物冠层结构的一个重要参数,它不仅决定着作物的许多生物物理过程,还提供着作物生长的动态信息。作物生物量与叶面积指数和产量密切相关。利用高光谱遥感数据可以及时估算作物的生物量、LAI、地面覆盖率等参量,可以及时了解作物长势的动态信息,为制定合理措施提供依据。遥感估测的方法主要采用植被指数与 LAI、生物量进行相关分析。例如,黄文江和刘良云等提出的基于 NDVI 的 LAI 反演模型(赵春江,2009;王纪华等,2008)为

$$\mathrm{NDVI} = \mathrm{NDVI}_{\infty} + (\mathrm{NDVI}_{bs} - \mathrm{NDVI}_{\infty})\exp(-K_{\mathrm{NDVI}} \times \mathrm{LAI})$$

式中,$\mathrm{NDVI}_{bs}$为裸土的 NDVI 值;$\mathrm{NDVI}_{\infty}$为 LAI 达到无穷大时的 NDVI 值;$K_{\mathrm{NDVI}}$为消光系数。根据 2002 年小汤山冬小麦试验数据,$\mathrm{NDVI}_{\infty}=0.94$,$\mathrm{NDVI}_{bs}=-0.1$,$K_{\mathrm{NDVI}}=$

1.1961，则得到冬小麦叶面积指数 LAI 的反演模型为

$$LAI = -\frac{1}{1.1961}\ln[0.95 \times (0.94 - NDVI)], \quad R^2 = 0.5559, \quad n = 192$$

据此，得到北京小汤山精准农业基地冬小麦叶面积指数的空间分布及其分级，如图 4-36 所示。

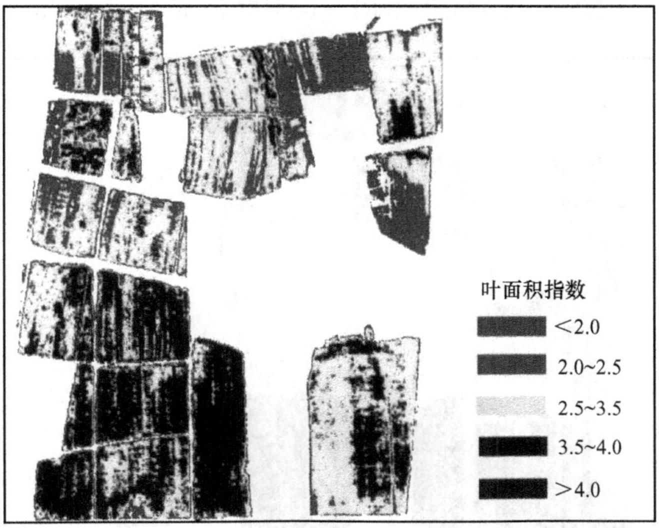


图 4-36　小汤山冬小麦叶面积指数的空间分布及其分级表达（赵春江，2009）

作物株型会对作物长势和叶面积遥感监测产生影响。紧凑型、中间型和披散型小麦品种的株型不同，在近红外（750～1200nm）波段范围内，小麦冠层反射光谱率存在差异，披散型＞中间型＞紧凑型。紧凑型品种叶倾角较大，光谱视场作物覆盖度低，土壤光谱影响强，冠层光谱反射率较低；中间型品种冠层光谱特征受植被和土壤光谱的共同影响，光谱反射率居中；披散型品种冠层覆盖度高，光谱反射率较高。

用于监测作物叶面积指数的方法也适用于生物量的光谱监测。许多研究表明，生物量与两个区域波段的光谱反射率存在良好的相关性，在近红外波段（740～1100nm）表现为正相关，而在红光波段（620～700nm）表现为负相关。

### 3. 作物氮素诊断与叶绿素含量监测

氮素是对作物生长、产量和品质影响最大的营养元素。已有研究表明，植物在可见光波段的反射率主要受叶绿素的影响。而叶绿素含量和植株的氮素含量密切相关，因此可用叶绿素含量间接地指示植物的氮素含量。如果植物体氮素缺乏，叶绿素含量则会降低，进而导致植株对可见光波段光线的吸收减少，反射率增加。作物氮素诊断和遥感监测的方法包括多元统计回归法和波谱特征参数法。作物反射率与氮积累量之间相关性非常显著，可以采用逐步回归方法分析作物氮素的含量。波谱特征参数法基于特定吸收波段内氮素光谱诊断模型，其波谱特征参数包括吸收峰的波长位置（$P$）、深度（$H$）、宽度（$W$）、斜率（$K$）等。

许多学者通过各种统计方法来寻找含氮量与光谱反射率或其演生量的关系，并建立

模型来估算作物的氮素含量。例如,在北京小汤山精确农业研究示范基地,利用推帚式成像光谱仪(PHI)和实用模块化成像光谱仪(OMIS)获取了遥感数据反演小麦冠层氮素含量,并进行了叶绿素、氮素的生化参量的填图(图 4-37)。王纪华等(2008)根据小汤山冬小麦返青至挑旗期氮素密度(CND)和遥感数据分析,发现冠层氮素密度 CND 和氮素比值植被指数 NRI 显著相关,得到基于氮素比值植被指数的冬小麦氮素密度的遥感反演模型为

$$\text{CND} = 0.4235 \times \text{NRI} - 0.0751, \quad R^2 = 0.6635$$

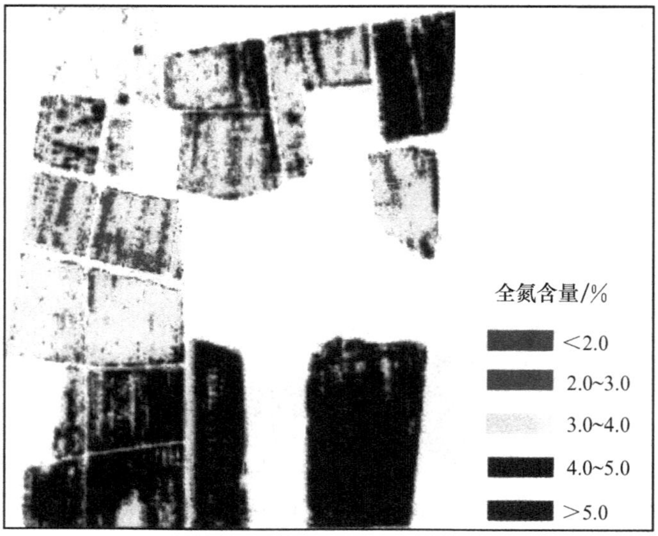


图 4-37　小汤山冬小麦叶片全氮含量的空间分布及其分级表达(赵春江,2009)

式中,氮素密度 CND=氮素含量×比叶重×叶面积指数;氮素比值植被指数 NRI=$\rho_{\text{green}}/\rho_{\text{red}}$,$\rho_{\text{green}}$和 $\rho_{\text{red}}$为冠层光谱绿波段和红波段的光谱反射率。此外,利用冬小麦开花期反演的类胡萝卜素/叶绿素 a 比值($x$)预测冠层叶片含氮量($y$)模型为

$$y = -2.47x + 3.83, \quad R^2 = 0.72$$

"红边"的位置和斜率与植物单位面积所含叶绿素(a+b)含量密切相关。通过计算光谱反射率为 680~750nm 的一阶微分来计算红边位置(图 4-38):①红边:一阶微分值最大时所对应的波长($\lambda_{\text{red}}$);②红边峰值:680~750nm 的光谱一阶微分值;③红边振幅:波长为红边时的一阶微分值($d\lambda_{\text{red}}$);④最小振幅:波长为 680~750nm 的最小一阶微分值($d\lambda_{\min}$);⑤红边振幅与最小振幅的比值($d\lambda_{\text{red}}/d\lambda_{\min}$);⑥红边峰值面积:680~750nm 的光谱一阶微分值包围的面积($\Sigma d\lambda_{680\sim750}$)。王纪华等(2008)根据小汤山冬小麦返青至挑旗期冠层叶绿素密度 CCD 实测数据与红边位置回归分析结果,得到基于红边位置的 CCD 的遥感反演模型为 $y=3.16\times10^{-76}\exp(0.252x)$,$n=192$。

此外,用光谱指数法反演作物叶绿素浓度的方法是叶绿素吸收反射率指数(CARI):

$$\text{CARI} = \frac{|670a + R_{670} + b|\, R_{700}}{R_{670}\sqrt{a^2+1}}$$

式中,$a=(R_{700}-R_{550})/150$;$b=R_{550}-550a$。

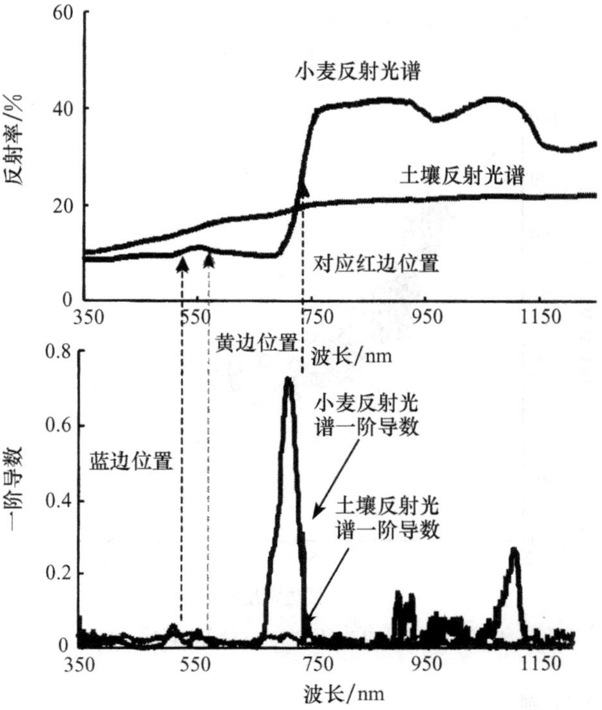


图 4-38　小麦与土壤反射光谱及其一阶导数

## 4. 作物水分含量遥感监测

作物水分胁迫状况能够在光谱反射率数据中体现出来，水分对叶片光谱反射率的影响比其他生化组分大得多。已经发现两个光谱区域能有效地监测作物水分亏缺：一个是近红外区域(near infrared region，NIR)(700～1300nm)，其光谱反射率可反映细胞内部结构，在缺水期间细胞膨胀压消失导致这些结构变化。另一个是中红外区域(middle infrared region，MIR)(1300～3000nm)，是水分主要吸收带，直接影响叶片含水量的变化。目前，作物水分反演方法有以下三种。

(1) 利用遥感反演的生态物理参数(如叶绿素含量)与作物含水量建立关联关系。一般来说，作物叶绿素与含水量存在正比关系。

(2) 建立作物冠层温度变化与作物含水量的关系。作物水分胁迫指数(crop water stress index，CWSI)是以作物叶面温度与空气温度之差($T_c-T_a$)为基础而建立起来的一个能综合反映作物-土壤-大气系统特征的参数。一种求解 CWSI 的方法是通过求出 $T_c$-$T_a$的理论上限与下限，并把它与实测的($T_c-T_a$)值结合起来，即

$$\mathrm{CWSI}=1-\frac{E_r}{E_{rp}}=\frac{(T_c-T_a)_m-(T_c-T_a)_r}{(T_c-T_a)_m-(T_c-T_a)_x}$$

式中，$T_c$和 $T_a$分别为作物冠层温度和空气温度；下标 m、x 和 r 分别代表最小、最大和实测值。

(3) 基于作物光谱吸收特征反演与提取作物水分。在植被光谱波段特征中，1530nm 和 1720nm 波段适合对植被水分的估算。王纪华等(2008)采用基于冠层光谱红边宽度反演植株含水量方法，植株含水量越高，红边宽度越小，红边越陡峭(图 4-39)，冬小麦灌浆

始期植株含水量 $y$ 与红边宽度 $x$ 的统计模型为

$$y = -3.3945x + 175.35, \quad R^2 = 0.46$$

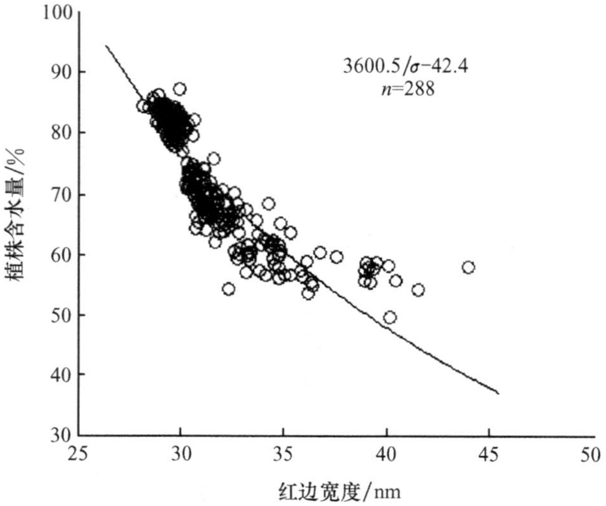


图 4-39 利用红边宽度反演植株含水量

## 三、土壤水分遥感监测

土壤水分遥感监测是农田水分精确管理的基础,通过建立土壤表面光谱变量与土壤含水量的连通关系,就可以监测土壤水分的区域变化。

### 1. 裸地土壤水分遥感方法

(1) 地物光谱法。对于裸露地表或者植被覆盖度很低的土壤表面,利用地表的可见光和近红外光谱反射率数据,可直接探测裸地的土壤含水量。随土壤含水量的增加土壤反射率降低,但当土壤含水量达到一定数值后,土壤反射率随土壤水分的增加而增加。研究表明,在高土壤湿度水平时,土壤光谱反射率随土壤湿度增加而增加;在低土壤湿度时,土壤光谱反射率随土壤湿度增加而减小,且这种增加或减小与土壤类型有关,也与波长有关。

(2) 地温日较差法。地温日较差是指在地面温度的日变化过程中,地温最高与最低值之差。一般情况下,对裸地土壤而言,随土壤湿度增加,白天温度升高速度比干土慢,日最高温度比干土低;夜晚地面温度降低速度也比干土慢,日最低温度比干土高,因而地温日较差比干土小。利用白天和夜晚获取的地面热红外遥感数据,计算得到地面温度和地温日较差,就可以估算地面裸露土壤湿度及其空间分布。

(3) 热惯量法。由于土壤密度、热传导率和热容量等特性的变化在某种程度上取决于土壤含水量的多少,土壤热惯量的高低受土壤含水量的影响最大。土壤含水量高,土壤热惯量大,土壤温度变化幅度小;土壤干燥缺水,土壤热惯量小,土壤温度变化幅度大。利用热红外遥感探测土壤温度变化,计算地表土壤热惯量,即可估测土壤含水量。

### 2. 植被覆盖下土壤水分遥感方法

在植被覆盖下,土壤水分遥感监测的方法主要有基于监测植物长势状况的植被指数法、基于监测植被冠层温度的冠层气温差法、二者结合的植被指数与温度空间模型法以及蒸散法等(图 4-40)。

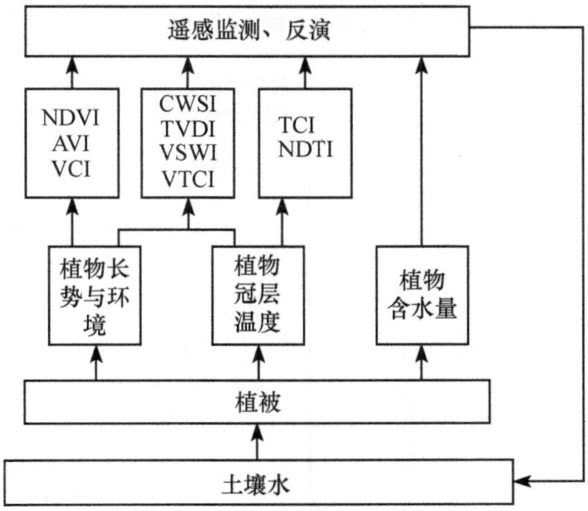


图 4-40　植被覆盖下土壤水分遥感信息链接流程(王纪华等,2008)

(1) 距平植被指数(anomaly vegetation index,AVI)。公式表达为

$$AVI = NDVI_i - \overline{NDVI}$$

式中,$NDVI_i$ 为某一时期(旬、月)的 NDVI;$\overline{NDVI}$为多年该时期 NDVI 平均值。AVI 的正负距平可以反映生境的变化情况,土壤水分是偏湿或是偏干及其程度,确定旱情等级。

(2) 条件植被指数(vegetation condition index,VCI)。公式表达为

$$VCI = \frac{NDVI_i - NDVI_{min}}{NDVI_{max} - NDVI_{min}} \times 100\%$$

式中,$NDVI_i$ 为某特定年第 $i$ 日期的 NDVI,$NDVI_{max}$ 和 $NDVI_{min}$ 分别代表该日所有研究年限的 NDVI 最大值和最小值,反映极端湿润和干旱气候环境情形。VCI 越小,表明该日干旱越严重。

(3) 条件温度指数(temperature condition index,TCI)。公式表达为

$$TCI_i = \frac{T_{max} - T_{si}}{T_{max} - T_{min}} \times 100\%$$

式中,$TCI_i$ 为第 $i$ 日期的温度条件植被指数;$T_{si}$为第 $i$ 日期的地表温度;$T_{max}$和 $T_{min}$分别为该研究数据系列中由遥感影像获取的地表温度最高值和最低值。TCI 与 VCI 含义类似。

(4) 归一化温度指数(normalized difference temperature index,NDTI)。公式表达为

$$NDTI = \frac{T_{\infty} - T_s}{T_{\infty} - T_0}$$

式中,$T_{\infty}$和 $T_0$分别为实际蒸散量 $E_T$为 0 和等于潜在蒸散量 $E_{tp}$时的表面温度模拟值,分别代表特定气象条件和地表阻抗下土地表面温度的物理上限(干条件)和下限(湿条件);$T_s$ 为卫星获取的实际地表表面温度。NDTI 越小,土壤越干旱,反之越湿润。

(5) 植被供水指数(vegetation supply water index,VSWI)。公式表达为

$$VSWI = \frac{NDVI}{T_s}$$

式中,NDVI 为归一化植被指数;$T_s$为卫星遥感监测的作物冠层温度。在植被全覆盖地表时,VSWI 与冠层阻抗相关,干旱时叶片气孔关闭,植被冠层温度升高,作物生长受到影响,导致植被指数降低,VSWI 随之降低。

(6) 水分亏缺指数(water deficit index,WDI)。公式表达为

$$WDI = \frac{\Delta T - \Delta T_{I.13}}{\Delta T_{I.24} - \Delta T_{I.13}}$$

式中,$\Delta T$ 为某一植被覆盖率(NDVI)下的地气温差,$\Delta T_{I.13}$为图 4-41 中在 1～3 湿边上相

同植被覆盖（NDVI）下湿边点上的地气温差，$\Delta T_{I.24}$为图 4-41 中在 2～4 干边上相同植被覆盖（NDVI）下的地气温差。WDI 由 CWSI 演化而来，克服了 LAI 小于 3 时 CWSI 的巨大误差，但需要地面气象数据配合来定义梯形特征空间的边界。

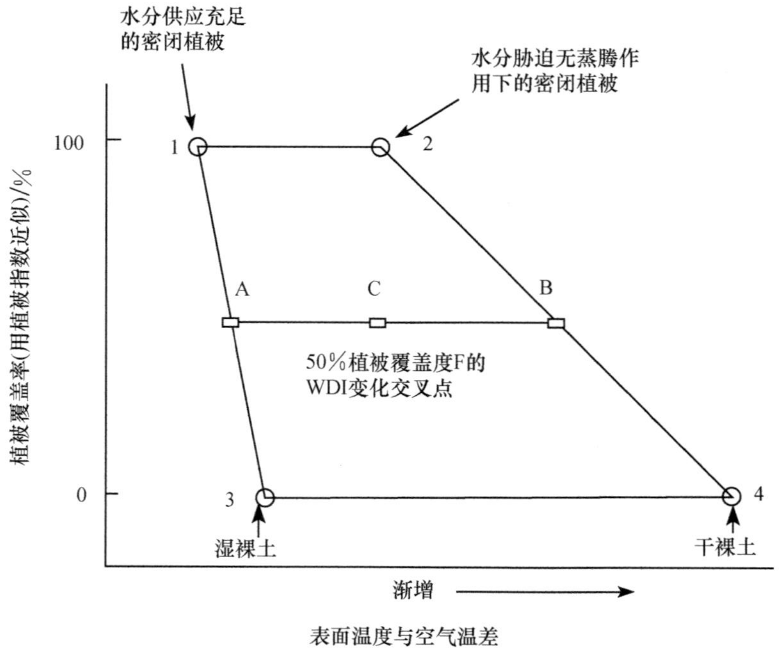


图 4-41　水分亏缺指数的梯形特征空间示意图

（7）条件植被温度指数（vegetation temperature condition index，VTCI）。公式表达为

$$\mathrm{VTCI}=\frac{\mathrm{LST}_{\mathrm{NDVI}_{i\max}}-\mathrm{LST}_{\mathrm{NDVI}_i}}{\mathrm{LST}_{\mathrm{NDVI}_{i\max}}-\mathrm{LST}_{\mathrm{NDVI}_{i\min}}}$$

式中，$\mathrm{LST}_{\mathrm{NDVI}_i}$为某一特定像元归一化植被指数为 $\mathrm{NDVI}_i$ 的地面温度；$\mathrm{LST}_{\mathrm{NDVI}_{i\max}}$和$\mathrm{LST}_{\mathrm{NDVI}_{i\min}}$分别为研究区域归一化植被指数 $\mathrm{NDVI}_i$ 为该特定值时地面温度最大值和最小值，$\mathrm{LST}_{\mathrm{NDVI}_{i\max}}=a+b\times\mathrm{NDVI}_i$，$\mathrm{LST}_{\mathrm{NDVI}_{i\min}}=a'+b'\times\mathrm{NDVI}_i$，$a$、$b$、$a'$、$b'$为待定系数，可通过温度 LST-NDVI 特征空间的干湿边散点图拟合得到。VTCI 值越小，地表相对干旱程度越严重。

（8）短波红外垂直失水指数（shortwave infrared perpendicular water stress index，SPSI）模型。公式表达为

$$\mathrm{SPSI}=\frac{1}{\sqrt{M^2+1}}(R_{\mathrm{SWIR}}+MR_{\mathrm{NIR}})$$

式中，SPSI 为基于 NIR-SWIR 光谱空间的植被水分指数；$R_{\mathrm{SWIR}}$和 $R_{\mathrm{NIR}}$分别为经过大气校正的短波红外和近红外波段反射率；$M$ 为 NIR-SWIR 基线斜率。SPSI 值越大，植被水分胁迫越严重。

### 3. 土壤水分的微波遥感监测方法

利用微波遥感进行土壤水分反演的物理基础是基于土壤的介电特性与土壤含水量的

密切关系。干土和水之间介电常数存在显著的差别，随着土壤水分增加，土壤介电常数将相应增大。这种土壤介电常数差异可以在卫星遥感图像上表现出来。另外微波遥感不受光照条件限制，能够全天候工作，特别是长波段微波能够穿透植被，并对土壤具有一定的穿透能力，使用雷达手段来监测土壤水分状况具有非常好的灵敏度。

目前，微波遥感测量方法有：采用成像雷达的主动微波方法和基于微波辐射计的被动微波方法。主动微波遥感具有数据分辨率高的优点，但数据量大、处理数据复杂，适合小尺度土壤水分反演；被动微波遥感具有重复观测频率高、数据量低、数据处理简单的优点，但分辨率较低，被动微波传感器在大尺度监测土壤水分上具有较大的应用潜力。

## 四、农作物遥感估产

估算播种面积、监测作物长势、预测农作物的产量是农业生产管理的重要内容。遥感估产具有宏观、动态、快速、准确等优点，可以在短时间内连续获取大范围农作物产量信息，是农业遥感监测的重点领域。

### 1. 遥感估产的原理与方法

作物产量遥感预测是通过搭载在卫星上的遥感器，来获取作物各生长时期光谱特征数据，通过作物种植面积遥感预测和单产预测，对区域作物产量进行预测。大面积农作物的遥感估产主要包括三个方面内容：农作物的识别与种植面积估算、作物长势监测和估产模式的建立。农作物遥感估产流程如图 4-42 所示。农作物遥感估产的具体方法如下。

#### 1）作物类型识别与播种面积估算

可以根据作物的色调、图形结构等差异最大的物候期（时相）的遥感影像和特定的地理位置等的特征，将其与其他植被区分开来。大面积的农作物除了具备与一般植被相似的光谱特征外，大都分布在地面较为平坦的平原、盆地、河谷内，少量分布在山坡、丘陵的顶部。由于耕作的需要，田块通常具有规则的几何形状。在农作物估产时，除了使用较低空间分辨率和中等分辨率的卫星遥感影像，做出农作物的空间分布图，还须应用较高分辨率的遥感影像对农作物分布图进行抽样检验，修正农作物分布图，从而求出农作物的播种面积。

农作物精确分类与识别是农作物遥感估产和病虫害监测的首要环节。多时相高光谱数据能区分不同作物间细微的光谱差异，从而能够准确地对作物进行详细分类与信息提取。目前常用的高光谱作物分类方法有光谱角分类、决策树分层分类等。光谱角分类是通过计算测定光谱和参考光谱之间的“夹角”来表征两者之间相似程度，从而实现光谱匹配分类。夹角越小说明两者相似性越好，作物类型的识别和分类也就越可靠。光谱角方法对太阳辐照度、地形和反照率等因素不敏感，可以有效地减弱这些因素的影响。在波段数为 $n$ 的光谱影像中，测试光谱矢量为 $\boldsymbol{t}[t_1,t_2,\cdots,t_n]$，参考光谱矢量为 $\boldsymbol{r}[r_1,r_2,\cdots,r_n]$，那么它们之间的夹角 $\theta$ 为

$$\theta=\sum_{i=1}^{n}\boldsymbol{t}_i\boldsymbol{r}_i\Bigg/\sqrt{\sum_{i=1}^{n}\boldsymbol{t}_i^2}\sqrt{\sum_{i=1}^{n}\boldsymbol{r}_i^2},\quad \theta\in\left[0,\frac{\pi}{2}\right]$$

式中，$\theta$ 值越小，$\boldsymbol{t}$ 和 $\boldsymbol{r}$ 的相似性越大。

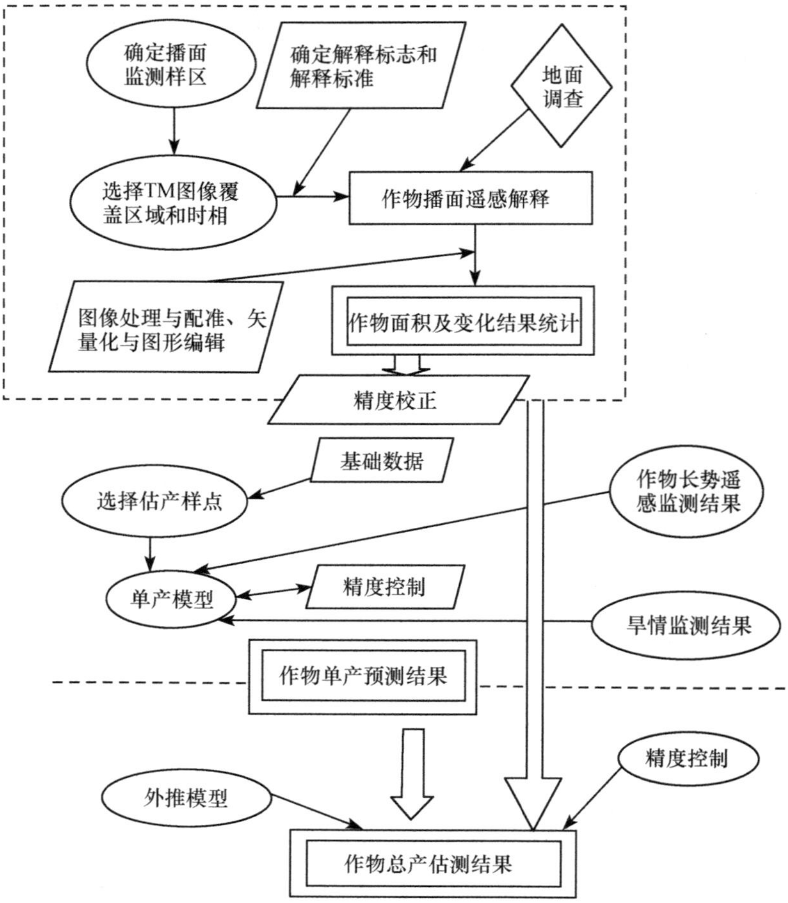


图 4-42 农作物遥感估产流程

**2）农作物长势监测**

利用高时相分辨率的卫星影像对作物生长的全过程进行动态观测。对作物的播种、返青、拔节、封行、抽穗、灌浆等不同阶段的苗情、长势制出分片分级图,并与往年同样苗情的产量进行比较、拟合,对可能的单产做出预估。在这些阶段中,如果发生病虫害或其他灾害,使作物受到损伤,也能及时地从卫星影像上发现,及时地对预估的产量做出修正。

监测作物长势水平的有效方法是利用卫星多光谱通道影像的反射值得到各种植被指数:比值植被指数、归一化植被指数(normalized vegetation index,NVI)、差值植被指数和正交植被指数等。到底选择哪一个植被指数作为监测农作物长势的估产指标,必须经过2～3 年的数据拟合、试估产后加以确定。例如,Kauth 和 Thomas 利用多光谱 MSS 数据提出了著名的绿度植被指数(Green):$Green = -0.2897MSS_4 - 0.5620MSS_6 + 0.4907MSS_7$,对作物生长状况监测较为敏感。

**3）建立农作物估产模式**

用选定的作物灌浆期植被指数与某一作物的单产进行回归分析,得到回归方程。如果作物返黄成熟期没有发生灾害或天气突变等影响作物产量的事件,那么,估产方程作为模型被确定：$y=a+b\mathrm{VI}$，$y$ 为某一农作物的单产（$kg/hm^2$）；$a$ 为系数 1，为回归方式的截距；$b$ 为系数 2，为直线的斜率；VI 为选定的植被指数。最后求得该地区某农作物的总产量（单位：t）：$S=yA$，$A$ 为某作物的播种面积（$hm^2$）。

在对山西省运城市小麦遥感估产中，应用小麦抽穗期归一化植被指数与多年小麦产量数据拟合，得到小麦成熟期单产模型：$Y=232.009+49.3045\mathrm{NVI}-6.6878T$（$r=0.935$），$T$ 为利用 NOAA 卫星热红外通道求得的植冠温度值，其值与小麦产量成反比。小麦单产预测精度达 90.8%～96.9%。

为保证遥感估产的准确，估产时应注意以下问题：①选择作物产量形成的关键时期。例如，水稻的穗分化期到齐穗期，小麦的抽穗期，玉米的拔节期至抽雄期和抽雄期到成熟期，棉花的孕蕾期、蕾期、花铃期，大豆的开花结荚期等是遥感监测产量的关键时期。②要注意土地利用结构和农作物结构。一个地区可能存在多种土地利用类型，需要在不同土地利用结构条件下进行目标作物识别。同时要考虑农作物结构分布，一个地区的农作物结构包括农作物种类、熟制和套复种类型 3 个方面。③遥感估产时应注意天空云量和晴天日数。

### 2. 遥感估产模型

遥感估产模型构建是农作物遥感估产的核心问题。所谓农作物遥感估产模型方法，就是将在农作物遥感估产的最佳时相内获取的遥感信息作为输入变量，直接或者间接表达作物生长发育和产量形成过程的影响因素或参数，单独或者与其他非遥感信息相结合，依据一定的原理和方法构建单产模型，用以估测农作物的产量，并在作物生长后期，采用与农学、气象等模式进行综合分析的技术方法。农学模式具有明显的物理意义和生物意义，气象模式可对造成产量波动的气象因素有明显的预测效果。因而它们可起辅助作用，即对遥感估产的预报结果进行补充订正。目前遥感估产的模型有 3 类：光谱估产模型、卫星遥感估产模型、光谱遥感估产与作物生长模拟估产的复合模型。

#### 1）光谱估产模型

作物光谱特征能够反映作物长势状况，也是作物光合作用和产量形成能力的度量。研究作物光谱特征与作物长势及其产量构成要素之间的数量关系是遥感估产的基础。光谱估产模型就是在地面选择农作物的最佳生育期，运用光谱仪测定农作物的反射率，通过波段组合生成各种不同形式能够表征作物产量影响因素的指标，通过简单的统计学分析方法，建立起光谱变量与农作物产量及其农学参数之间的数学估算方程模型。这种模型简明，计算简单，但缺乏产量机制性，通常不能外推。

光谱估产模型通常包括两种方式，一种是直接以遥感波段作为自变量，使用单波段或者多波段为模型驱动因子与产量建立估算模型；另一种是将遥感影像数据组合成各种不同形式的遥感指数，以这些遥感指数直接或间接作为模型驱动因子构建相关统计模型估算产量。例如，我国在遥感光谱法水稻估产中，使用地面测定的红波段、近红外波段的光谱反射率的比值，建立了水稻单产模型。王纪华等（2008）分析 2002 年小汤山冬小麦 8 个生育时期冠层光谱数据和收获的产量数据时发现，近红外光谱反射率高，作物长势好，在全生育期与产量都存在极显著正相关，由此得到不同生育时期基于 NDVI 的冬小麦产量预报统计模型,抽穗期:$y=1065NDVI-696.17$,$R^2=0.577$;灌浆盛期:$y=455.55NDVI-91.673$,$R^2=0.6595$。

**2) 卫星估产模型**

在卫星遥感数据中,作为农作物生长主要背景的土壤光谱反射率在红光(RED)波段比农作物高,到了近红外(NIR)部分又比农作物低。因此,反映在卫星遥感资料上的光谱反射特征是:农作物长势好,NIR 的反射越强,而 RED 反射越弱;农作物长势越差,NIR 的反射越弱,而 RED 的反射则越强。利用农作物与主要背景土壤之间的这一光谱反射特性,把 NIR 和 RED 反射数据组合成各种植被指数,以扩大不同长势农作物的差异,来实施农作物遥感估产。

**3) 光谱与作物生长模拟复合估产模型**

由于光谱估产模型和卫星遥感估产模型均属于统计回归模型,其回归系数随着作物生长状况、环境条件和农艺技术的不同而变化。因此,根据试验资料建立模型的相关系数有时相当高,但外推应用的稳定性不高。为此,将光谱估产模型和作物生长模型相结合,利用高光谱遥感数据可以及时估算及预测作物的生物量、LAI 等栽培生理参量,从而可以及时预测作物的长势,为利用作物生长模型估算作物产量提供了依据,因而可显著提高作物单产估算精度。

## 五、作物品质遥感监测

### 1. 作物品质遥感监测流程

作物品质包括形态品质、营养品质、碾磨品质和食用加工品质。作物品质遥感监测可以快速获取大面积作物品质数据,成本低廉,但获取的地表相关要素有限,无法采用类似于实验室方法确切分析作物品质中的多种生化组分。其技术途径是利用遥感反演地表或者冠层叶绿素、氮素等作物品质关键组分参数以及 LAI、水分和温度等相关影响因子,结合地面取样和实验室定标,为大面积估测作物品质指标提供辅助支持。具体做法是将实验室点状信息分析测试的"点状"数据与遥感实时获取的"面状"数据相结合,解决田块尺度作物籽粒蛋白质含量、品质均匀度、作物成熟度及收获期等遥感监测指标。利用品质遥感监测结果可以指导优质栽培、适时收获和分类加工(图 4-43)。

### 2. 作物品质遥感监测预报方法

对于茶叶、烟草、牧草和饲用玉米等作物,其叶片和茎秆生化组分(如氮素)是评价品质的重要指标,可以建立某个时相下遥感数据与叶片或茎秆生化组分相关关系。对小麦、水稻、普通或者高油玉米等作物,可建立遥感数据与叶片或茎秆生化组分间的相关关系,通过其间接预测预报籽粒品质。

作物品质预测预报的技术途径包括:一是基于氮素运转的籽粒蛋白质含量遥感监测预报,即基于植株氮素运转规律,利用遥感监测开花期叶片全氮含量,通过模型链接可以预测预报收获期的籽粒蛋白质含量,适合于监测氮素含量为品质关键因子的作物;二是基于土壤、品种、气象多因素综合模型的品质遥感监测预报,将影响作物品质的主导因子排

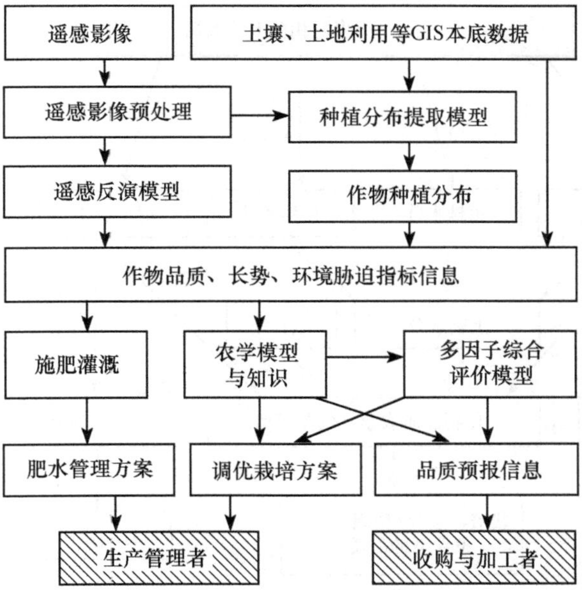


图 4-43　作物品质遥感监测流程图

序和赋予权重，根据“星-地”或“机-地”同步观测结果对遥感参量建模和赋值，对于非遥感参量通常先根据经验知识赋值，适应范围广，但对机制性要求高，尚不成熟；三是通过监测品质形成过程中极端高温或低温、旱涝、病虫害、倒伏等品质障碍因子的发生情况，从而筛除“非优”区域，达到辅助监测品质的目的。

王纪华等(2008)以多时相的可见近红外、热红外遥感为数据源，通过反演作物的长势、水分、叶绿素、温度等生理生态指标，结合作物品质的农学知识进行作物品质的遥感监测预报，充分利用了非遥感参数的支撑，提高了监测精度。其技术路线如图 4-44 所示。他们对冬小麦籽粒品质遥感监测的部分结果为：①利用小麦叶片反射率反演叶片全氮含量，再利用开花期小麦叶片含氮量 $x$(%)与籽粒蛋白质含量 $y$(%)建立了籽粒蛋白质含量预报方程：$y=6.3761x-7.8417(4\leqslant x\leqslant 5, R^2=0.90)$。②利用红边位置和红边最小振幅反演小麦叶片可溶性糖含量和叶片全氮含量，再利用开花期叶片全氮与可溶性糖含量比值($x$)与籽粒蛋白质含量 $y$(%)之间建立了回归方程：$y=8.234x+7.725(0.5\leqslant x\leqslant 1, R^2=0.892)$。

## 六、农业灾害遥感监测

农业灾害监测包括农作物病虫害、旱灾、涝灾、冷冻害、风雹灾、雪灾、火灾等的监测和预报。与传统地面监测相比，现代遥感技术可以发挥大面积实时监测、信息量丰富、连续动态监测等优势，在灾害发生前和发展过程中，不断提供关于自然灾害发生背景和条件的大量信息，圈定某些灾害可能发生的地区、时段及危害程度，监测灾害的进程和态势，及时把信息传输到各级抗灾指挥机关，帮助他们有效地组织抗灾活动。在成灾以后可以在大范围内迅速、准确地对灾害造成的损失进行分级评估，以便及时组织救灾、恢复生产、重建家园。

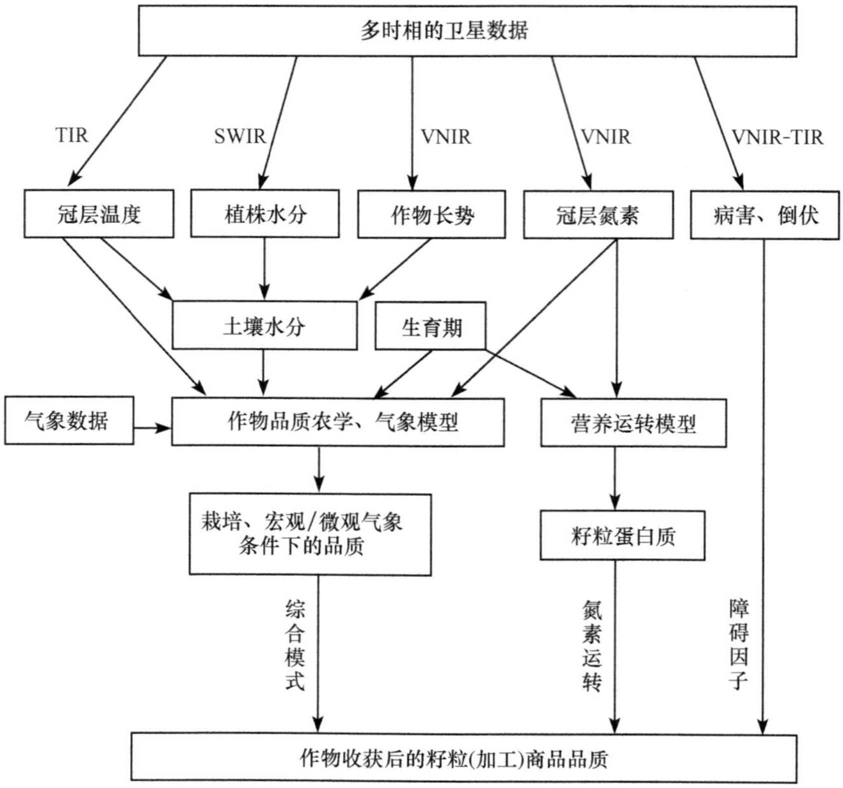


图 4-44 作物品质遥感监测技术路线图
TIR. 热红外;SWIR. 短波红外;VNIR. 可见近红外

### 1. 农作物病虫害遥感监测

应用遥感技术监测植物病虫害,主要通过以下 3 条途径:①应用遥感手段探测病虫害对植物生长造成的影响,跟踪其发生演变状况,分析估算灾情损失;②应用遥感手段监测病虫害发生地,即虫源或寄主基地的分布及环境要素变化来推断病虫害暴发的可能性;③应用遥感技术直接研究害虫及寄主的活动行为。

#### 1) 受害植物症状遥感监测

病虫害对植物生长造成的影响,导致植物外部形态变化和植物内部生理变化,都必然导致植物光谱反射与辐射特性的变化,从而使遥感图像有差异。在农作物遭受病虫害初期,受害作物与正常作物的可见光波段光谱反射率有一定差异,受害作物的近红外波段光谱反射率明显低于正常作物;在作物遭受病虫害的后期,受害作物的可见光短波光谱反射率比正常作物要高,而在近红外波段光谱反射率要比正常作物低。冬小麦受病虫危害后,在可见光波段的吸收谷不明显,近红外波段峰值消失,整个反射光谱曲线的波状特征被拉平(图 4-45),根据受损作物与健康作物光谱曲线特征比较,可以确定作物是否有病虫害及其危害程度。王纪华等(2008)研究发现,随条锈病严重度(病情指数 DI)增加,各波段光谱反射率随之增加(图 4-46)。在全生育期内,发病区冬小麦冠层光谱反射率较正常小麦在近红外波段处低，其最大值没有超过 40%，而正常小麦接近 50%(图 4-47)。随着冬小麦条锈病病情指数增加，在冬小麦冠层光谱曲线中 550～700nm 波段光谱反射率增加，而 700～1160nm 波段的光谱反射率降低(图 4-48)。

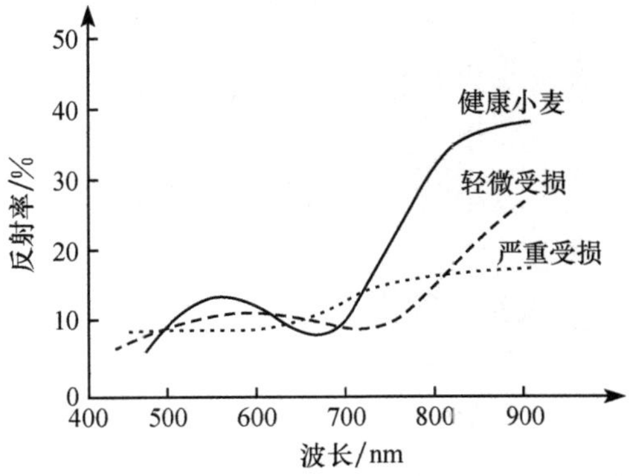


图 4-45 健康与受害小麦反射光谱特征曲线比较

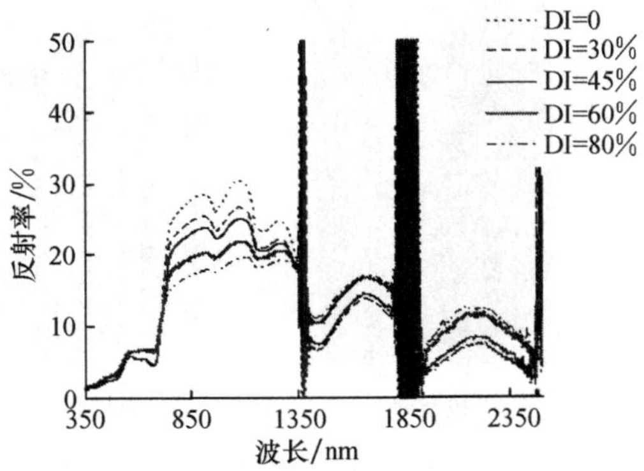


图 4-46 冬小麦不同严重程度条锈病叶片反射光谱曲线

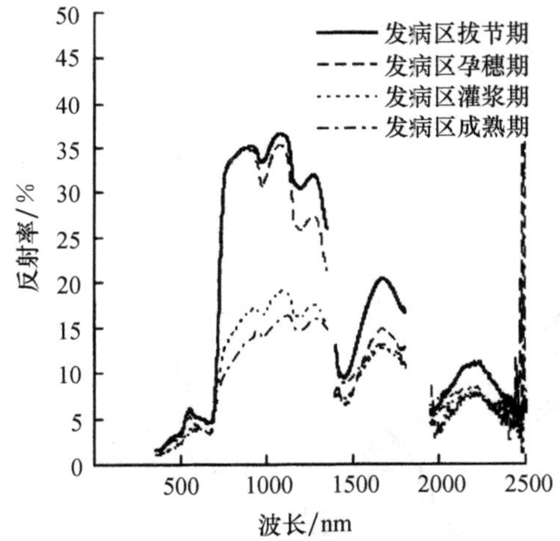


图 4-47 冬小麦全生育期发病区冠层光谱特征曲线比较

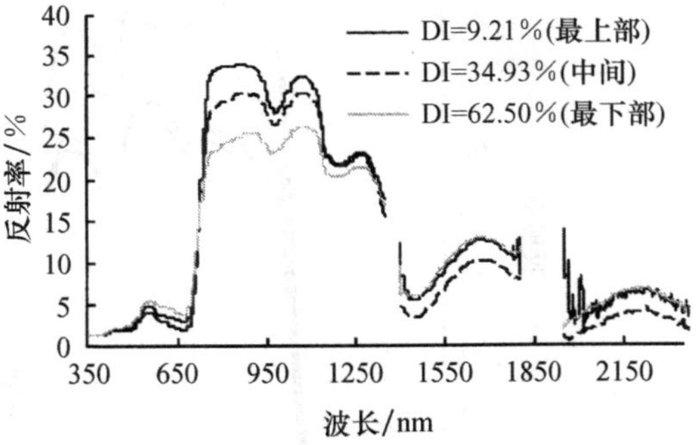


图 4-48 不同条锈病发病程度的冬小麦冠层反射光谱曲线比较

利用染病冬小麦光谱差异特征，定义冬小麦条锈病的病害光谱指数如下：

$$\text{病害光谱指数}=\frac{\mathrm{Red}_{\mathrm{Disease}}-\mathrm{Red}_{\mathrm{Normal}}}{\mathrm{Red}_{\mathrm{Normal}}}\times\frac{\mathrm{NIR}_{\mathrm{Normal}}-\mathrm{NIR}_{\mathrm{Disease}}}{\mathrm{NIR}_{\mathrm{Normal}}}$$

式中，$\mathrm{Red}_{\mathrm{Normal}}$ 和 $\mathrm{Red}_{\mathrm{Disease}}$ 分别为健康小麦和染病小麦在红光波段的平均光谱反射率；$\mathrm{NIR}_{\mathrm{Normal}}$ 和 $\mathrm{NIR}_{\mathrm{Disease}}$ 分别为健康小麦和染病小麦在近红外光波段的平均光谱反射率。利用 PHI 航空高光谱图像监测冬小麦拔节期、灌浆期和乳熟期病情和发生范围如图 4-49 所示。

冬小麦发生虫害后也可通过冠层光谱特征变化做出判断。图 4-50 为冬小麦叶片附着不同大小和稀密程度蚜虫情况的冠层光谱曲线，随着叶片附着蚜虫个体和密度增加，光

图 4-49　3 次 PHI 图像光谱监测的小汤山冬小麦病情指数(赵春江,2009)

谱反射率随之明显降低。在近红外反射平台的 1100nm 处,反射率相对值随蚜虫发生程度密集而下降,降幅达 33%,高光谱遥感可以作为诊断小麦蚜虫发生程度的辅助手段。

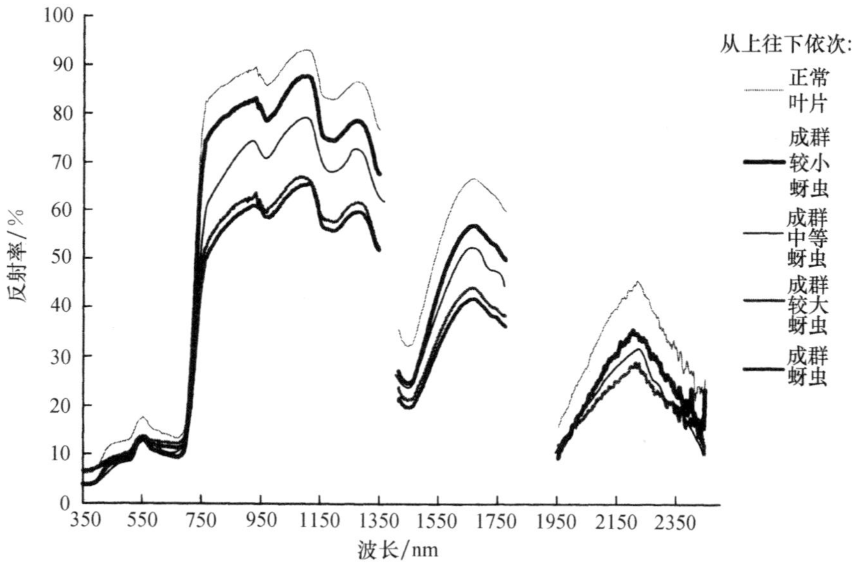


图 4-50　冬小麦蚜虫密集程度及其光谱特征(王纪华等,2008)

利用遥感图像可识别肉眼无法识别出来初期阶段的病虫害,其在彩红外影像上呈现出暗红色调,而正常作物则为红色,当病虫害进一步发展,影像色调则会变得更暗,以至于出现青色调等。根据彩红外影像上受害作物与正常作物色调间的差异,我们很快便可将肉眼尚未觉察到的受害作物判断出来。水稻白叶枯病的病斑常从叶尖或叶缘开始逐渐蔓延,最后导致整片稻田成黄色,眼睛观看与成熟稻田相似,难以区分,但在彩红外航片上,成熟的黄色稻田呈黄绿色,尚未成熟的绿色稻田呈红色,而感染了白叶枯病的黄色稻田则呈暗灰色影像,三者极易区分。应用航空和地面红外遥感技术,可以比肉眼提前发现玉米枯萎病、高粱缺铁褪绿病、棉花青枯病、黄萎病、甜菜叶斑病、黄瓜萎蔫病、苹果根腐病、葡萄霜霉病,还可以及早探测出蚜虫、黏虫、线虫、红蛀虫、红蜘蛛等重要害虫对作物和果树林木的侵袭。所以红外遥感,特别是彩红外航空摄影目前已成为发达国家监测农作物、果园、森林病虫害的主要技术手段。

**2)植物害虫活动行为遥感监测**

植物害虫的个体一般较细小,应用被动式遥感器很难捕捉到它们存在的信息。可运用人工主动向目标物发射微波束,然后根据目标反射回来的微波特征而识别物体的主动遥感器——雷达,则可直接探测体型达到一定程度的害虫,特别是监测密集群体的活动行为效果更好。微波在无线电波中波长最短,被地物反射的性能好,易于聚成较窄的波束,近似直线传播,不受高空电离层的反射,特别是能穿透云雾,可全天候作业。对那些喜在夜间或早晚出来活动的害虫,更是目前唯一有效的探测手段。

目前用于研究昆虫行为的雷达波长为 3.2cm,对于体型较大的昆虫个体进行探测的最大距离为 1.5～2km,密集群体的探测距离则可达数十千米。雷达识别昆虫目标,监测昆虫活动行为通常分两步进行:首先应区分是昆虫回波还是鸟、蝙蝠或降雨的回波,然后对昆虫回波进行深入分析,以确定昆虫的种类。第一步通常比较容易,因为降水的漫射回波与昆虫的离散回波差异很大。昆虫的飞行速度与翅膀振动频率也明显不同于鸟类、蝙蝠等飞行动物。第二步识别不同的昆虫种类则相当困难、复杂,因为不同种类昆虫的翅膀振动频率范围往往有部分重叠,从而造成回波特征的混淆。所以雷达识别昆虫种类在很大程度上还需依赖其他辅助手段,如空中诱捕、起飞地的地面采样等。此外,近年发展的垂直观测雷达可以利用旋转转化装置探测昆虫的不同体形,为昆虫识别提供了另一个重要标准,这种设备对于探测沿飞机航向分布的昆虫特别有利。目前监测昆虫活动行为的雷达有地面雷达与机载雷达之分。地面雷达探测距离有限,而机载雷达则可跟踪昆虫飞行,具有很大的应用潜力。

## 2. 旱灾遥感监测

(1) 旱灾特点。农业旱灾是我国最常见、影响最大的气候灾害,每年因干旱造成的粮食减产和经济损失约占气象灾害造成经济总损失的 50%。通常旱灾发生面积大,因而监测所需遥感几何分辨率不必多高;持续时间长,旱灾期间往往是万里无云,这意味着用可见光-多光谱遥感手段可以解决问题;发生时间有一定规律,在我国一般多在春、夏两季旱灾影响也最大。农业旱灾的发生常伴有作物根部土壤水分的匮乏,造成作物蒸腾作用受到抑制,作物叶片气孔关闭、温度升高,作物叶片的叶绿素含量下降甚至枯萎。因此,地表温度、植被指数可以作为农业干旱的指示因子用来监测作物干旱情况。

(2) 旱灾监测技术。土壤水分的遥感监测主要应用可见光-近红外、热红外及微波波段,因而,红外遥感和微波遥感是当前干旱遥感研究的热点。一般热红外波段所监测的是陆地地表温度(land surface temperature,LST)和植被指数,通过植物蒸散作用所带来的辐射平衡和热惯量来估算表层以下的土壤水分。例如,热惯量法使用热红外波段(8～12μm)白天与晚上两次获取影像数据,比较其亮温。白天温度高,地物对太阳光的光能反射量要低于地物自身辐射能;夜晚亮温低,同一天两个亮温差越大,土壤墒情就越差,建立其经验方程,就可以判断旱情发生、发展的情况。热惯量方法适用于裸土、低植被覆盖区域,而特征空间模型方法适用于高植被区域,特征空间方法是一种基于经验参数化的方法,建立在一些遥感参数(如 LST、NDVI、LAI 等参数)相互关系基础上的。由 LST 和 NDVI 或其他遥感参数建立的特征空间计算出干旱指数,分析干旱程度和土壤水分程度。其中,温度植被干旱指数是应用理论相对成熟、应用比较广泛的一种土壤水分遥感监测方法。微波遥感不受光照条件限制,能够全天候工作,特别是长波段微波能够穿透植被并对土壤具有一定的穿透能力,监测土壤水分状况具有非常好的灵敏度,土壤水分的微波遥感监测是目前旱灾遥感研究的重要内容。对于小尺度土壤水分反演和旱灾监测,一般采用成像雷达的主动微波方法;对大尺度监测土壤水分遥感监测,一般采用基于微波辐射计的被动微波方法。

### 3. 洪涝灾害遥感监测

(1) 洪涝灾害特点。涝灾一般发生在江河两岸,有一定面积分布;发生时间有一定规律,即发生在当地汛期,但具有突发性;灾情延续时间不长,灾情严重之时,天空浓云密布。

(2) 洪涝灾害监测技术。严重的洪涝灾害发生常伴有淹没农田现象,可以利用归一化植被指数实现水灾面积的遥感提取。由于水体在可见光和近红外波段的反射率远远低于土壤和植被,所以水体的 NDVI 一般为负值,植被和土壤的 NDVI 则为正值,通过设定阈值实现水体面积的提取。分离出水体面积后和洪涝发生前一周左右水体分布图像进行严格配准即可获得洪涝分布面积;结合土地利用专题图和 DEM 数据,可以进一步得到洪水淹没的耕地面积以及洪水淹没深度等水灾信息。也可对作物受灾前后 NDVI 遥感图像进行对比分析,得出受洪涝影响的作物分布情况;根据受灾后 NDVI 进行分类,获得同一次洪涝灾害对作物危害程度的信息。在洪涝灾害遥感中较为常用的遥感数据有 NOAA-AVHRR 和 EOS-MODIS 等。微波遥感不受时间和天气的影响,可以全天候地监测洪涝动态信息,是洪水遥感监测中最常用的数据源。利用机载雷达遥感可实时、准时地监测洪水水情。

### 4. 火灾遥感监测

(1) 火灾特点。火灾突发性高,因此需在易发灾情的时间段中不间断地每天监测;发展迅速;时相非常重要,需要重复监测;成灾面积相对不大,但会在一个地区多处同时起火。

(2) 火灾监测技术。气象卫星遥感具有高频次、大范围、多光谱、适用于遥感统计解释等优点,是农业火灾情报信息的重要来源。NOAA 极轨卫星是最为常用的林火监测卫星。NOAA/AVHRR 的第三通道位于中红外波段区域,对温度反应极其敏感,通过图像处理技术,能够有效识别火点。我国的风云(FY)系列极轨气象卫星在监测森林草原火方面有广泛的应用。用 FY-1c 卫星观测的火灾热点及烟雾区直观、清晰,是监测追踪林火的有效工具。MODIS 传感器为探测火灾专门设计了特征参数,可以进行火点探测、明火面积和过火面积分析，还可用于秸秆焚烧的遥感监测中。例如，中国科学院遥感应用研究所于2003年建立森林、草原火灾遥感监测预警系统，开展了全国及周边地区森林、草原火情监测服务，内容包括森林草原火灾危险性预测、火点自动提取和火势监测、火灾损失评价等内容，形成了较规范的监测流程和信息服务体系。

除了上述列举的农业主要灾害外，农业冷冻害、风雹灾害、雪灾、沙尘暴等也是我国农业较为严重的灾害。农业冷冻害的遥感监测一般通过比较冷冻害发生阶段及前后的遥感图像，进行NDVI时间序列分析，根据NDVI的突变进行农作物冷冻害的识别，还可利用反演受灾区地面温度进行识别；风雹灾遥感监测可以采用不同时间分辨率和空间分辨率数据源相结合的方式；雪灾一般采用NOAA卫星资料，比较积雪、裸土和植被反射光谱的差异提取雪灾面积。

## 思　考　题

1. 什么是遥感技术？遥感技术的发展现状和趋势如何？
2. 遥感技术系统包括哪几个部分？
3. 遥感技术可分为哪些类型？
4. 遥感技术与常规手段相比有哪些特点？
5. 按照波长，电磁波谱可分为哪些波段？
6. 什么是大气窗口？在遥感中使用的大气窗口主要有哪些？
7. 什么是地物反射波谱特性？地物反射波谱特性有何变化规律？
8. 影响地物反射波谱特性的三要因素有哪些？
9. 几种主要类型地物的反射波谱曲线有何异同？
10. 如何测量地物反射光谱？
11. 主要遥感平台有哪些？各有何特点？
12. 具有代表性的气象卫星、陆地资源卫星和海洋卫星有哪些类型？
13. 什么是遥感器？遥感器有哪些类型？
14. 以陆地资源卫星为例，简述遥感卫星的工艺流程。
15. 什么是遥感图像的空间分辨率、光谱分辨率和时间分辨率？
16. 遥感影像目视判读的主要原理和方法是什么？
17. 计算机遥感影像处理的内容和方法是什么？什么是监督分类？
18. 什么是植被指数？主要类型植被指数包括哪些？
19. 具有代表性的遥感图像处理系统软件有哪些？
20. 什么是高光谱遥感？与常规遥感有何不同？
21. 植被高光谱遥感反射特性曲线的主要特征是什么？
22. 什么是红边位置？红边参数及其意义是什么？
23. 土壤的高光谱遥感反射曲线有何特点？
24. 高光谱遥感数据处理技术有哪些？
25. 什么是定量遥感？定量遥感的主要环节包括哪些？
26. 农业定量遥感研究主要包括哪些内容？
27. 农业遥感领域主要包括哪些？如何进行农业资源遥感调查和监测？
28. 什么是作物长势？作物长势遥感监测的方法是什么？

29. 农作物叶面积遥感监测的主要原理是什么?
30. 作物氮素诊断遥感监测的主要原理是什么?
31. 作物水分遥感监测的主要原理和方法是什么?
32. 土壤水分遥感监测的主要原理和方法有哪些?
33. 农作物遥感估产的主要原理和方法是什么? 遥感估产模型有哪些?
34. 农作物品质遥感监测的主要原理和方法是什么?
35. 农作物病虫害遥感监测的主要原理和方法是什么?
36. 旱灾、涝灾和火灾遥感监测的主要原理和方法是什么?
37. 举例说明农业遥感监测应用的主要进展。

# 第五章　地理信息系统

农业资源分布的强烈地域性和明显季节性，表现出极其复杂的时空变化组合特征。采用传统的数据表格和文字描述方式，通常难以得出直观和清晰的农业资源与生产状况的地域分布规律。地理信息系统能够储存、管理、集成和处理各种来源的农业系统数据，进行空间数据分析、预测预报、地理作图、辅助决策等，特别适用于组织、分析和图示同一区域内各种类型的空间信息资料，已成为目前农业地理信息管理的重要工具。

## 第一节　地理信息系统概念

地理信息系统是以地理空间数据库为基础，采用地理模型分析方法，适时提供多种空间的和动态的地理信息，为地理研究和地理决策提供服务的计算机技术系统。

### 一、地理信息系统含义及发展历程

地理信息系统(geographical information system，GIS)是20世纪60年代开始迅速发展起来的集地理空间数据处理与计算机技术于一体的一门边缘技术学科，是以地理空间数据库为基础，在计算机软硬件的支持下，运用系统工程和信息科学的理论，实现空间数据的采集、管理、处理、分析、建模和显示等功能，以提供管理、决策等所需信息的技术系统。

从20世纪60年代初GIS概念的提出到现在，GIS经历了5个历史发展阶段。

(1) GIS起步阶段。1960年美国R. F. Tomlinson提出了数字地图的概念，1965年W. L. Garrison第一次提出了“地理信息系统”术语，1971年加拿大土地管理局开发出第一个地理信息系统——加拿大地理信息系统(CGIS)。

(2) GIS发展阶段。20世纪70年代，西方国家政府机构需要解决自然资源开发、环境保护及国土规划等问题，成为GIS的主要用户或潜在用户，而计算机技术的发展为地理信息的管理、分析和处理提供了强有力的硬件支持。

(3) GIS应用阶段。20世纪80年代是GIS迅速发展和应用的年代。计算机硬件技术、软件开发工具和数据库技术等推动了GIS的发展，其数据处理能力、空间分析功能、人机交互对话、地图的输入、编辑和输出技术均有了较大发展，出现了一大批商品化地理信息系统软件，如ArcInfo、MapInfo等。

(4) GIS成熟阶段。进入20世纪90年代，计算机软硬件技术迅速发展，GIS已经成为支持多种硬件平台的高技术产品，并利用Windows开发工具与多媒体技术，为用户提供了多窗口环境和更为良好的用户界面。遥感技术全面发展提供了GIS数据源及应用需求，推动了GIS的理论、方法和技术逐步趋向成熟。

(5) GIS普及阶段。20世纪90年代后期到21世纪初，GIS应用迅速普及，有100多个应用领域，主要包括土地资源利用和规划、自然资源管理、国土整治及生态建设、土地及房地产管理、市政工程及城市管理等,还在社会治安、消防、运输、商业网点、通信、环境保护、石油、气象、水利、地质、农业及林业等领域得到广泛应用。

当前GIS系统功能结构的发展重点已由以往的侧重于数据获取、存储、数据检索与统计分析及空间分析等操作逐步向数据挖掘、模型模拟、预报与预测、智能化决策分析、虚拟现实地理信息系统、WebGIS方向发展。

## 二、GIS的基本特征

我国著名地理学家、地图学家和GIS专家陈述彭院士认为,地图是地理学的第二代语言,而GIS将成为地理学的第三代语言。GIS为区域研究提供了一种综合思维工具,将以影像表示的形体模型(如遥感影像)、以地图表示的地理模型以及以数表展示的人文经济社会统计数据统一于GIS模型中,将GIS使用者的思维过程作用其上,提供了高度综合的思维工具。因此,GIS主要以地理空间数据库为基础,能够适时提供多种空间的和动态的地理信息,用于决策服务。

一般的,GIS应具有如下基本特征:①GIS是一个空间型的信息系统,具有采集、管理、分析和输出多种地理空间信息的能力,具有空间性和动态性。②以地理研究和地理决策为目的,以地理模型方法为手段,具有区域空间分析和动态预测的能力。③GIS的操作对象是地理数据,既有空间数据,又有属性数据,并通过数据库管理系统将二者联系在一起共同管理、分析和应用,从而提供了一种认识地理现象的新方法。④在计算机系统支持下,利用空间分析模型,完成空间地理数据管理、地理分析、地理决策。现代地理信息系统是具有地理图形和空间定位的空间型数据管理系统。⑤能够对空间信息数据进行图形化输出,表达形象直观,便于决策应用。⑥GIS与地球科学、环境科学、管理科学、应用数学、遥感、GPS、空间数据库、图形图像处理及各种应用技术有着不可分割的密切关系。⑦一些GIS软件还提供了和其他系统软件的数据接口,实现和其他软件的数据共享,还提供了二次开发工具,方便用户进行二次开发。

## 三、GIS的类型

地理信息系统大致分为应用型地理信息系统和工具型地理信息系统。具体分类可以根据研究范围,分为全球信息系统、区域信息系统和国家信息系统;根据其研究内容,又可分为专题信息系统和综合信息系统;按照使用的数据模型,分为矢量信息系统、栅格信息系统和矢栅混合系统等。下面简要介绍农业地理信息系统常用到的分类类型。

(1) 专题信息系统(thematic information system)。专题信息系统是具有有限目标和专业特点的地理信息系统,为特定的专门目的服务。例如,森林动态监测信息系统、水资源管理信息系统、农作物估产信息系统等。

(2) 区域信息系统(regional information system)。主要以区域综合研究和全面的信息服务为目标,可以有不同的规模,如国家级的、地区级或省级的、市级和县级的等为各不同级别行政区服务的区域信息系统,也可以是按自然分区或流域为单位的区域信息系统,如我国黄河流域信息系统等。

(3) 工具型地理信息系统(GIS tool)。工具型地理信息系统是一组具有图形图像数字化、存储管理、查询检索、分析运算和多种输出等地理信息系统基本功能的软件包。它们或者是专门设计研制的，或者是在完成了实用地理信息系统后抽取掉具体区域或专题的地理空间数据后得到的，用来作为地理信息系统支撑软件以建立专题或区域性的实用性信息系统，也可用作教学软件。在通用的地理信息系统工具支持下建立实用信息系统，可以节省软件开发的人力、物力、财力，缩短系统建立周期，提高系统技术水平。

### 四、GIS的主要用途

GIS的最大特点就是能进行空间操作，即对空间数据进行存储、管理、分析和更新。现实中，经济、社会、人口、自然资源、环境等方面的大量信息，绝大多数都带有空间位置的属性。因此，GIS可以扩展到非常广泛的应用范围，如气象预测、灾害预报、城市规划、土地利用管理、环境评价与管理、生态研究、人口统计研究等。

地理信息系统的核心问题可归纳为位置(location)、条件(condition)、变化趋势(trend)、模式(pattern)及模型(model)5个方面的内容。GIS的主要用途有以下几个。①信息查询。在特定的位置存在什么，周边环境如何，或者反过来，查找满足一定条件的地方所处的位置，这些都可以通过移动和点击鼠标轻松完成。②绘制图件。在充分考虑制图对象特征的基础上，可以应用色彩学、心理学、美学以及自然俗成原则，指定比例尺、颜色和符号，绘出指定区域指定对象的地图。③预测预报。通过对过去及现在空间格局变化的分析，继而对未来的变化过程进行预测预报。④模拟分析。提供假设数据，由GIS进行模拟，分析可能的结果。⑤管理与决策。GIS是收集和管理空间信息的强大工具，可为高层管理和决策提供有力支持。将GIS应用于决策领域，与专家系统相结合，开发空间决策支持系统(spatial decision support systems，SDDS)，作为实际的管理决策者的顾问。

## 第二节　GIS的构成

完整的GIS主要由4个部分构成，即硬件系统、软件系统、地理空间数据和人员。软硬件系统是其核心部分，空间数据库反映了GIS的地理内容，而管理人员和用户则决定系统的工作方式和信息表示方式。

### 一、硬件系统

#### 1. 硬件系统构成

GIS硬件系统构成一般包括计算机与一些外围设备，主要实现地理空间数据输入、存储、处理和输出等。

(1) 数据输入设备。包括图形手扶跟踪数字化仪、大幅面图形图像扫描仪、各种类型的数字测量设备、键盘、通信端口等。图形手扶跟踪数字化仪简称数字化仪，是由电磁感应板、游标和相应的电子电路组成，当使用者在电磁感应板上移动游标到指定位置，并将十字叉的交点对准数字化的点位时，按动按钮，数字化仪则将此时对应的命令符号和该点的位置坐标值排列成有序的一组信息，然后通过接口传送到主计算机(图5-1)。市场数字化仪的规格有A0、A1、A3幅面等。制图用的数字化仪为A0规格,幅面为1m×1.5m。A1数字化仪的幅面为0.5m×0.5m。制图数字化仪的分辨率多为0.02mm。

大幅面图形图像扫描仪是GIS图形及影像数据输入的重要工具(图5-2),按照辐射分辨率可划分为二值扫描仪、灰度扫描仪和彩色扫描仪,按照扫描仪结构可划分为滚筒扫描仪、平台扫描仪和CCD摄像扫描仪,按照扫描方式可以划分为栅格扫描仪和矢量扫描仪。扫描仪的分辨率用像素大小(10～100mm)或每英寸的网点数(dpi)表示。目前,工程扫描仪能够提供高分辨率、真彩色的近乎完美的图像输入效果,逐渐取代图形手扶跟踪数字化仪而成为地图地形、图像等数据输入的最有效工具之一。其他,如全站测速仪、GPS接收机等测量仪器,能够以数字形式自动记录测量数据,也可用来进行GPS的数据采集。

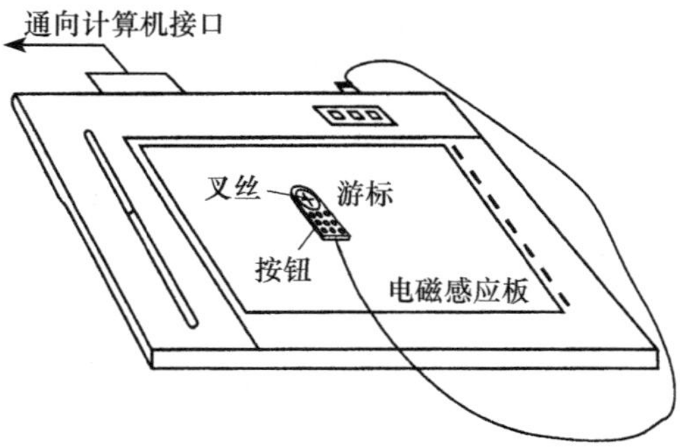


图5-1　图形手扶跟踪数字化仪示意图

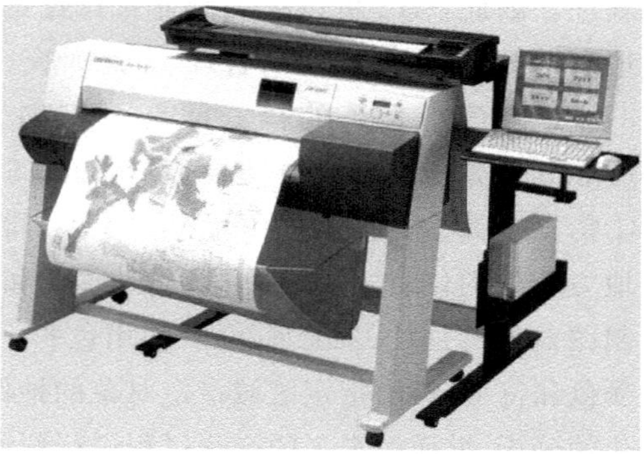

图5-2　大幅面图形图像扫描仪

(2) 数据存储设备。主要包括光盘、硬盘、磁带及相应的驱动设备。直径为4.72in①CD光盘的单面存储容量达650MB以上,DVD光盘达4.7GB以上。微机硬盘容量已达320GB以上,而500GB以上的大容量硬盘亦已开始逐渐普及,一些工作站已超过1000GB。移动硬盘储存量已达1.5TB以上。计算机盒式数据流磁带储存容量达150MB以上,有些已达14GB。

(3) 计算机主机。计算机是GIS的数据管理、加工和分析设备,是GIS运行及数据处理效率的关键。可以组成网络也可以单独使用。目前能够运行GIS的计算机包括大型、中型、小型机(图5-3)、工作站和微型计算机。计算机的主要部件包括CPU和主存储器,其性能主要由时钟频率、字长和存储器容量来描述。

图5-3　小型计算机

(4) 数据输出设备。包括图形/图像显示器、矢量/栅格绘图仪(图5-4)、行式/点阵打印机等。矢量绘图机是主要的图形输出设备,计算机控制绘图笔(或刻针)在图纸或模片上绘制

① 1in=2.54cm。

或刻绘出图来。喷墨绘图机是一种高精度的绘图设备，由栅格式数据的像元值控制喷到纸上的墨滴大小，可绘制图形。

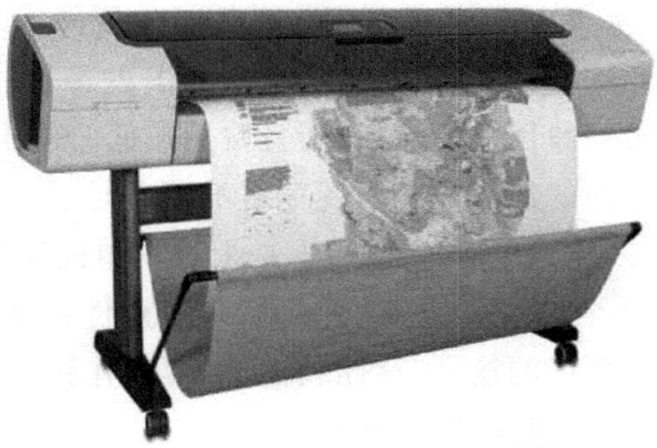

图 5-4　大幅面栅格绘图仪

## 2. 硬件系统配置类型

硬件系统是 GIS 的物质基础和运行平台，包括用于地理信息输入、存储、处理、显示和输出等一系列硬件设备(图 5-5)。依据硬件系统配置规模或水平，可分为 4 种配置类型。

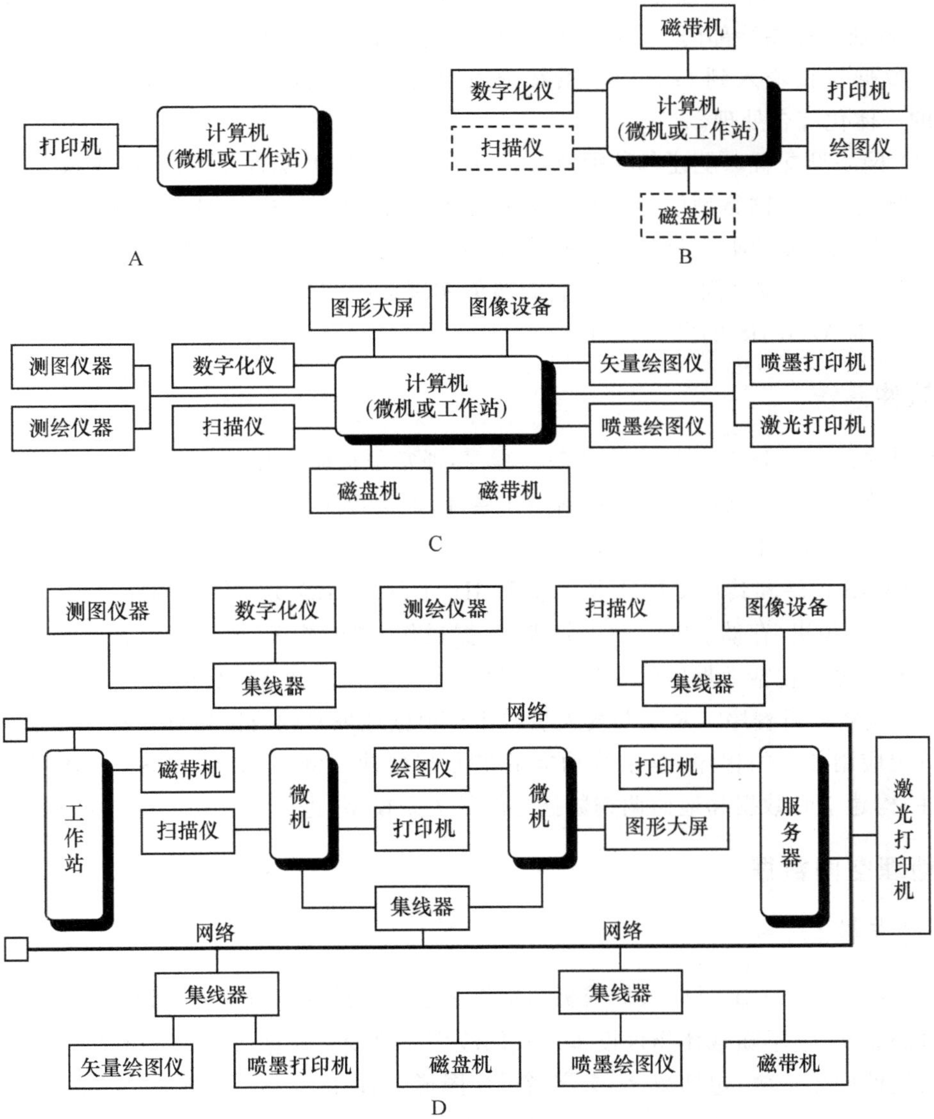


图 5-5　GIS 的硬件系统配置

(1) 简单型配置。最简单的硬件系统配置只需一台微机和一台打印机(图 5-5 A),如此的简单配置,不仅可运行 GIS 的编辑、查询、检索、分析、制表、制图等功能,基本能够满足一般用户的需求,而且费用较低。但由于没有图形、图像信息的输入、存储和输出设备,日常的运行也会出现很多不便。

(2) 基本型配置。在上述简单配置的基础上,配备图形或图像信息的输入设备、存储设备、输出设备,便构成了 GIS 硬件系统的基本型配置(图 5-5 B),解决了大量图形或图像数据的输入、存储和输出问题,有利于地理信息的更新和表达,可独立完成有关 GIS 的研究项目或应用任务。

(3) 专业型配置。一般同时拥有数字化仪、扫描仪、矢量绘图仪、喷墨绘图仪、高分辨率的图形大屏幕等设备,还选择性配置解析或数字测图仪、图形工作站、图像处理器等(图 5-5 C),特别是在测绘部门,还应该配备全站型速测仪、GPS 接收机等测量仪器,以便将野外测量数据直接输入到 GIS 中。虽然费用较高,但其功能比较齐全,能实现 GIS、RS、GPS 的一体化综合处理。

(4) 网络型配置。上述各种配置都是计算机与外围设备直接连接,形成独立的系统,都属于单机 GIS。网络型硬件系统较其他系统只需增加相应的网络设备,如服务器、网卡、集线器、路由器、网桥、网缆等(图 5-5 D)和软件投入,就可以实现多台计算机、多种计算机、多个 GIS 系统之间的连接和通信,既能实现数据和信息的共享,又能实现设备和资源的共享,是 WebGIS 的发展方向。

## 二、软件系统

软件系统指 GIS 运行所必需的各种程序,通常包括以下几部分。

(1) 计算机系统软件。通常包括操作系统、汇编程序、编译程序、诊断程序、库程序以及各种维护使用手册、程序说明等。

(2) GIS 软件和其他支撑软件。包括 GIS 工具或 GIS 实用软件程序,以完成空间数据输入、交互编辑、存储、转换、数据管理、数据操作、查询检索、整体输出及其用户接口等主要功能。也可包括数据库管理软件、计算机图形软件包、CAD 及其他图像处理软件等。

(3) 应用分析程序。系统开发人员或用户根据地理专题或区域分析模型编制的用于某种特定应用任务的程序,是系统功能的扩充与延伸。例如,应用 SPSS、SAS 等统计分析软件,构建空间数据和地面调查数据之间的关系模型,进而生成相应的空间数据。

## 三、地理空间数据

### 1. 信息与数据

信息(information)是向人们或机器提供关于现实世界新事实的知识,是数据、消息中所包含的意义,它不随载体物理设备形式的改变而改变。数据(data)是指某一目标定性、定量描述的原始资料,包括数字、文字、符号、图形、图像以及它们所能转换成的各种形式。数据是用以载荷信息的物理符号,数据通常由三个方面组成:数据名称、数据类型和数据长度。一般常见的数据类型有数值数据、字符数据、图表数据、音频数据及视频数据。

信息与数据是不可分离的。信息由与物理介质有关的数据表达，数据中所包含的意义就是信息。地理信息系统的建立和运行，就是信息（或数据）按一定方式流动的过程。

### 2. 地理信息与地理数据

#### 1）地理信息

地理信息（geographical information）是关于地理圈（大气、生物、土壤、岩石、水）或地理环境中地理实体的性质、特征和运动状态的表征和一切有用的知识，是对地理数据的解释。在地理信息中，地物的位置信息是通过空间数据进行标识的，即具有空间性，这是地理信息区别于其他类型信息的最显著的标志。

地理信息具有区域性、多维结构特性和动态变化的特性：①区域性是通过经纬网等建立的地理坐标来实现空间位置的标识；②多维结构特性即在二维空间的基础上实现多专题的三维结构；③地理信息的时序特征十分明显，可以按时间尺度将地理信息划分为超短期的（如台风、地震、森林火灾）、短期的（如江河洪水、秋季低温）、中期的（如土地利用、作物估产）、长期的（如城市化、水土流失）、超长期的（如地壳变动、气候变化）等。

#### 2）地理数据

地理数据（geographical data）是指表征地理圈或地理环境固有要素或物质的数量、质量、分布特征、联系和规律的数字、文字、图像和图形等的总称，是各种地理特征和现象间关系的符号化表示，包括以下三部分。

（1）空间数据（spatial data）是指单个的或群体的以空间位置为参照的数据，描述地物所在位置，这种位置既可以根据大地参照系定义，如大地经纬度坐标，也可以定义为地物间的相对位置关系，如空间上的距离、邻接、重叠、包含等。

（2）属性数据（attribute data）又称为非空间数据（non-spatial data），是属于一定地物、描述其特征的定性或定量指标，即描述了信息的非空间组成部分，包括语义数据与统计数据等，通常以数字、符号、文本和图像等形式来表示。

（3）时态数据（temporal data）是描述地理数据采集或地理现象发生时刻或时段的数据。由于有些空间数据随时间变化相对较慢，因而有时被忽略；有些时候，时间可以被看成一个属性特征，从而将时态数据包含到属性数据中。时态数据对环境模拟分析非常重要，越来越受到地理信息系统学界的重视。

### 3. 地理空间数据

地理空间数据是指以地球表面空间位置为参照的自然、社会和人文经济景观数据，可以是图形、图像、文字、表格和数字等，由系统的建立者通过数字化仪、扫描仪、键盘、磁带机或其他系统通信输入 GIS，是系统程序作用的对象，是 GIS 所表达的现实世界经过模型抽象的实质性内容。

## 四、系统开发、管理和使用人员

人是 GIS 中的重要构成因素，GIS 不同于一幅地图，而是一个动态的地理模型，仅有系统软硬件和数据还构不成完整的地理信息系统，需要人进行系统组织、管理、维护和数据更新、系统扩充完善、应用程序开发,并灵活采用地理分析模型提取多种信息,为研究和决策服务。

在 GIS 当中,计算机硬件部分是骨架,没有硬件,其他部分就无从依附;GIS 的软件部分是其精髓,没有软件,就不成其为 GIS;地理数据则如血液一样,没有了地理数据,地理信息系统就成了空壳;而对用户来说,当他能熟练地选择和使用各种 GIS 工具进行复杂的分析工作(如空间分析和模拟预测等),并且熟悉与所用的数据有关的知识时,才能视为 GIS 的一部分。

## 第三节 GIS 的基本原理

地理信息系统能够对地理空间数据进行管理,并以数字地图的形式形象地表达出来,便于人们认识研究对象的空间分布规律。

### 一、地理空间数据与地图

空间数据是指单个的或群体的以空间位置为参照的数据,地理空间数据是指人们观测地球得到的地球的某些位置上地物景观的空间数据,可以用来描述地理上可更新与不可更新的自然资源、人类赖以生存的自然环境、人文经济与劳动力资源的有关信息,包括地形、地貌、土壤、岩石矿藏、植被、水、土地利用、行政界限、交通网络、政治分区、邮政区、公共设施位置、土地界限、土地价值、土地所有权、人口普查分区、人口分布、收入分配、经济区划、环境污染、疾病影响范围、自然灾害分布等。地理空间数据可以由位置组合变量的表格形式表示,也可以由相对位置在地图或图像上表示。地理学家最常用的就是用各种地图表示不同的地理空间数据,如表示地表形态和地表地物分布(水系、植被和土质、居民点、交通网、国界和行政区划等)的普通地理图和地形图,以及详细客观地表示某种(或某些)自然要素或社会要素的专题地图。

地图是由数学所确定的,经过概括用形象符号表示的地球表面在平面上的图形,用其表示各种自然现象和社会现象的分布状况和联系,根据每种地图的具体用途对所表示现象进行选择和概括,得到的图形称为地图(map)。地图是一种图解图像,从地图上我们可以获得一个地区或整个地球表面的同一时间的空间表象,它们建立超地物形状、尺寸和相对位置的视觉形象,从而可从地图上得出地表景象的空间尺度,即空间坐标、长度、面积、高度和体积,除表示地物的数量和质量方面的特征外,地图还可表示出地物之间的空间联系和其他联系,即邻近性、包含性、叠置性、相对距离、从属关系、经济和交通方面的联系等。对于能够理解地图符号的使用者来说,地图是自然世界的一种思维模型,是制图人根据对自然世界的认识,用概括和简化的可视形式表示客观实际的某些方面的结构,视图通过对地图符号的理解,建立起地图所表示的客观实际的空间模型。

地图表达的对象可以是具体的(如居民点、植被、土壤等)和抽象的(如人口密度、工农业产值、影响范围)、现实的(如河网、道路、城市土地利用)和预期的(如规划的灌溉网、规划的道路和土地利用规划)。地图还可表示自然现象的发生发展过程,表达其空间上的变化和时间上的发展,如土地利用变化图、土壤侵蚀速率图等。由于地图具有表达空间地理信息精确、简洁、丰富、动态、灵活等特点，地图成为地学工作者普遍使用的第二代地理语言。

## 二、地图的基本原理

地图是最常用的地理信息载体和地理语言，是地理空间数据的一种主要表现形式。而对于GIS，地图不仅是最重要的数据源，也是GIS向用户输出信息的重要形式。

### 1. 地图上的坐标及坐标映射体系

地图是将地球表面的特征以点、线、面的形式映射到一个二维平面上，通过采用平面坐标系(planar coordinate system)确定地图位置与地面位置的对应关系。平面坐标系又称$x$、$y$坐标系或笛卡儿坐标系(cartesian coordinate system)。地球是个椭圆形的球体，经度和纬度常用于表示地球表面上任何一点的位置。但是，经度和纬度不能用作平面坐标系中的$x$、$y$坐标，因为同样的经度差所反映的地面距离是随纬度而变化的。所以，要根据不同的需要，采用适合的坐标映射体系将地球表面映射到平面上。常用的映射体系有若干种，各自都在不同方面产生某些程度的失真(表5-1)。

**表5-1　GIS中常用的平面坐标映射体系**

| 名　称 | 失真情况 |
|---|---|
| 麦开托(Mercator) | 形状：不失真；面积：确定失真；距离：越近两极，失真越大；方向：有些失真 |
| 通用横向麦开托(universal transverse Mercator) | 形状：不失真；面积：越远离中央经线，失真越大；距离：失真情况同面积；方向：有些失真。在映射大面积区域时不适用 |
| 横向麦开托(transverse Mercator) | 形状：不失真；面积：确定失真；距离：有些失真；方向：有些失真 |
| 艾尔伯斯等积锥(Albers equal-area conic) | 形状：有些失真；面积：不失真；距离：有些失真；方向：有些失真 |
| 兰伯特等形锥(Lambert conformal conic) | 形状：不失真；面积：有些失真；距离：有些失真；方向：有些失真 |

### 2. 地理信息在地图上的表示

一幅地图所包含的最基本地理信息有两种，一种是反映地理特征(geographic feature)的位置和形状以及特征之间空间关系的空间信息(spatial information)，另一种是反映这些地理特征的一些非空间属性的描述性信息(descriptive information)。后者亦常称为属性信息(attribute information)。例如，地图上的一个城市，其经纬坐标属于空间信息，而城市名称、级别、人口等都属于描述性信息。

任何地理实体都可以抽象为点、线、面三要素(或三元素)，它们是基本的地理信息单元。原则上，任何一种地理现象都能用点、线、面加上一个标记"这是什么"来表示。

**1) 空间信息在地图上的表示**

在地图上，空间信息通过点、线、面三种基本地图元素来反映。

(1) 点(point)用一个独立的位置来代表，具有一对($x$，$y$)坐标和至少一个属性，逻辑上不能再分，它所反映的地图对象因太小而无法用线特征和面积特征来表示，或者该对象不具备面积特征(如油井、道路交叉点等)是一个数据点，这里所指的点是抽象的点而非几何点,抽象的点要素事实上可以是线或多边形,但在某个比例尺或分辨率以及某个特殊问题中可以抽象为以一对坐标表示的数据点,如在 Landsat 卫星 MSS 影像上的一个像元实际上为实地 79m×79m 的矩形区域,再如在某些地图上村镇、城市等被抽象为一个数据点。

(2) 线(line)是具有相同属性的点的轨迹,由一组有序的坐标点连接而成,线上每个点有不多于两个的邻点。反映的是那些宽度太窄小而无法表示为一个面积区域的对象(如水渠、道路)或本身就没有宽度的对象(如地形等高线、区域边界、地质界线等)。线上各点具有相同的公共属性并至少存在一个属性。

(3) 面(area)是所有具相同属性的点的集合,由一个封闭的图形区来代表,其边界包围着同一性质的一个区域,其内部点可以有多于三个的邻点,面内点具有至少一个相同属性。例如,同一土地类型、同一行政区划等。

**2) 属性信息在地图上的表示**

在地图上,属性信息一般通过符号、文字、颜色等标记来反映。例如,一个油井可以用一个点实体和参考坐标 $x$ 和 $y$ 加上一个标记“油井”表示,或者用符号“#”表示;一段铁路则表示为一个线实体和一系列坐标 $x$、$y$(曲线)或只有起止点坐标 $x$、$y$(直线)加上一个标记“铁路”;一片洪泛平原用一个面实体包括一系列 $x$、$y$ 坐标加上标记“洪泛平原”来表示等。再如,用蓝色代表海洋和湖泊、用绿色代表森林等面实体。传统制图中通常用图例来对标记进行解释。地图的图例是空间实体与非空间属性联系的关键。非空间属性可以用颜色、符号、数字、文字表示,而在图例中则对它们进行注释,使其更明显易读。

## 三、数字地图的存储、显示与输出

所谓数字地图,是指与传统的地图相区别的、在 GIS 中以数据库形式保存的地理信息。我们可以想象 GIS 中存储着地图,但实际上 GIS 并不是传统观念上的存储着一幅地图的计算机图形文件,也不是存储着一个地理区域的特定映像或视图,尽管它也能处理一些格式的图形文件(BMP、PCX、JPG 等)。GIS 是以地理空间数据库为基础的,其核心就是对各种地理空间数据的管理,数据库的概念是 GIS 的中心概念,也是 GIS 与那些绘图系统或仅能产生好的图形输出的地图制作系统的主要区别。流行的 GIS 软件都结合了数据库管理系统。因此,GIS 不包含地图或图片,而是包含数据库,或者说,GIS 中存储着以数据库的形式保存的数字地图。GIS 中的信息也分为空间信息和属性信息两种。

### 1. 空间信息的存储

与平面地图一样,GIS 中采用的坐标系也是平面坐标系,其空间信息也是通过点、线、面三种基本地图元素来反映的。在空间信息数据文件中,一个点被记录为一个独立的 $(x,y)$ 坐标对;一条线段被称为弧(arc),记录为一系列有序的 $(x,y)$ 坐标对;由一条或多条弧围成的一个面称为多边形(polygon),也是记录为一系列有序的 $(x,y)$ 坐标对,其中起点与终点的坐标相同。例如,图 5-6 表示的是某一区域内的部分地理实体映射到二维平面后的数字化结果,其中,坐标对(2,3)代表一个点;坐标对系列(2,6),(3,6),(5,7),(9,10)和(13,12),(15,12)代表一条线;坐标对系列(6,5),(7,4),(8,4),(9,3),(11,3),

(10,2),(8,2),(7,1),(5,3),(5,4)和(6,5)代表一个多边形的面,注意其第一个坐标对与最后一个坐标对相同,表示面由一条闭合线围成。

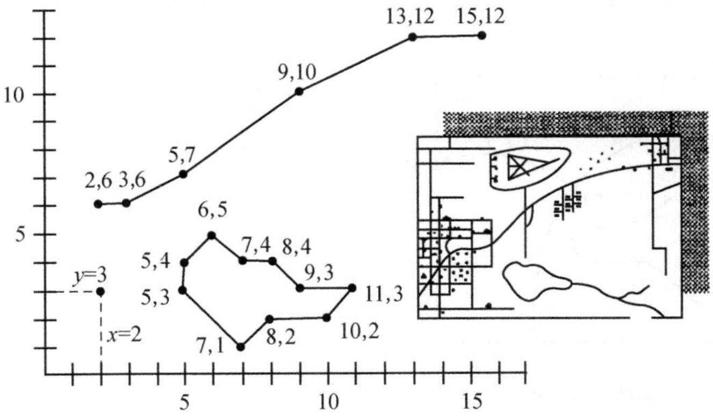


图 5-6　数据平面中点、线、面的表示

由于同一种元素往往不止一个,所以,要对每一个元素赋予一个顺序号或标识符,存储时顺序号与坐标(或坐标系列)保持一一对应的关系,如图 5-7 和表 5-2 至表 5-4 所示。

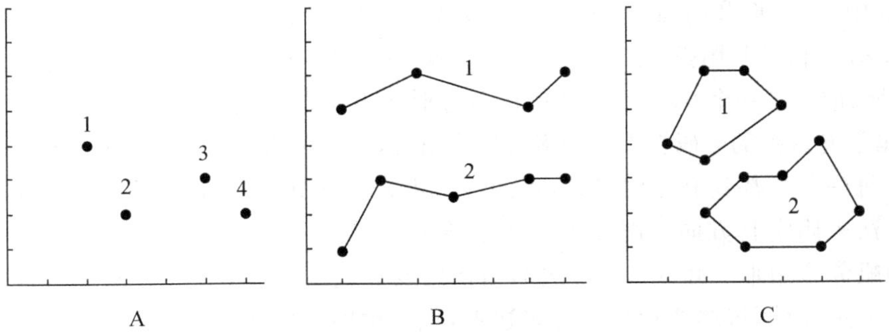


图 5-7　点(A)、弧(B)、多边形(C)及其编号示例

**表 5-2　点的存储示例**

| 点号 | 坐标$(x,y)$ |
|---|---|
| 1 | 2,4 |
| 2 | 3,2 |
| 3 | 5,3 |
| 4 | 6,2 |

**表 5-3　弧的存储示例**

| 弧号 | 坐标对$(x,y)$系列 |
|---|---|
| 1 | 1,5　3,6　6,5　7,6 |
| 2 | 1,1　2,3　4,2.5　6,3　7,3 |

**表 5-4　多边形的存储示例**

| 多边形号 | 坐标对$(x,y)$系列 |
|---|---|
| 1 | 1,4　2,6　3,6　4,5　2,3.5　1,4 |
| 2 | 2,2　3,3　4,3　5,4　6,2　5,1　3,1　2,2 |

实际上,当我们在判读地图时,常常需要找出各对象之间的空间关系。在数字地图中,这种空间关系是通过拓扑学(topology)的方法来表述的。拓扑是用来清楚地确定物体之间的空间位置关系的一种数学方法。在 GIS 中应用拓扑学,可使数据的存储更加高效,便于更快地处理大量的数据。在 Arc/Info 中,主要的拓扑学概念有三个:弧与弧相互连接于节点;多边形由相互连接的弧围成;弧具有方向,并且有左右邻面(图 5-8)。根据定义,

弧上的点($x$,$y$坐标对)称为轨点(vertex),它们确定弧的形状;弧的端点称为节点(node),每条弧具有两个节点:起始节点和终了节点;弧和弧于节点处相连接。例如,图 5-8 中,弧 1、4、6 于节点 1 处相接,弧 7、9、10 于结点 6 处相接。各弧-节点的拓扑结果见表 5-5。

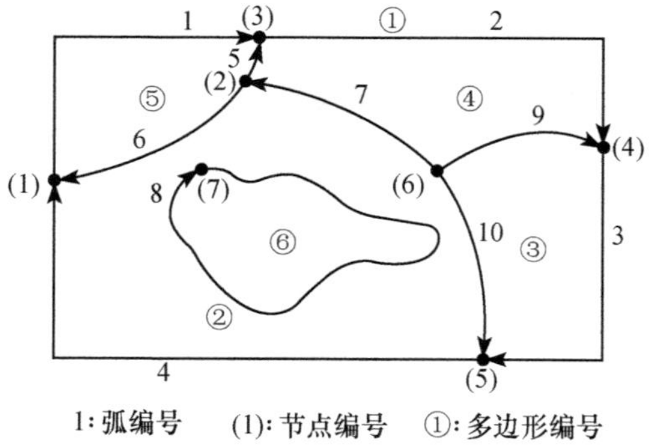


图 5-8　弧、节点、多边形示例

**表 5-5　弧-节点的拓扑**

| 弧号 | 始节点 | 终节点 | $x$,$y$ 坐标对 |
|---|---|---|---|
| 1 | 1 | 3 | 5,3　5,5　8,5 |
| 2 | 3 | 4 | 8,5　20,5　20,4 |
| 3 | 4 | 5 | 20,4　20,1　18,1 |
| 4 | 5 | 1 | 18,1　5,1　5,3 |
| 5 | 2 | 3 | 7,4　8,5 |
| 6 | 2 | 1 | 7,4　6,3　… |
| 7 | 6 | 2 | |
| 8 | 7 | 7 | |
| 9 | 6 | 4 | |
| 10 | 6 | 5 | |

对于多边形面的存储,有些系统是按前述闭合坐标对的格式存储。如果一条弧线被两个多边形共用,大量的坐标对数据将会被重复记录,导致庞大的数据量,既浪费存储空间,又影响数据处理的速度。在 Arc/Info 中,是按弧定义多边形,而不是按坐标对。例如,图 5-8 中,多边形②由弧 4、6、7、10、8 围成,③由弧 3、10、9 围成,⑥由弧 8 围成;②和⑥共用弧 8,②和③共用弧 10。多边形-弧的拓扑见表 5-6。注意在多边形②的弧组成列表中,8 号弧前加了一个 0,表示 8 号弧在多边形②中闭合形成了一个岛形。由表 5-6 中可以看出,虽然有些弧的号码在不同的多边形中出现,但每条弧的坐标对系列只存储了一次。

由于每一条弧都具有方向(始节点到终节点),Arc/Info 采用了记录左边和右边多边形号的方法来确定其方向。图 5-8 中,多边形②在弧 6 的左边,多边形⑤在弧 6 的右边,②和⑤为毗邻多边形。弧-左/右多边形拓扑见表 5-7。注意在图 5-8 中,多边形①的标记在图形区的边界外,该多边形称为外多边形,代表地图上所有多边形以外的区域。

**表 5-6　多边形-弧的拓扑**

| 多边形号 | 弧系列 |
|---|---|
| ② | 4,6,7,10,0,8 |
| ③ | 3,10,9 |
| ④ | 7,5,2,9 |
| ⑤ | 1,5,6 |
| ⑥ | 8 |

**表 5-7　弧-左/右多边形拓扑**

| 弧号 | 左侧多边形 | 右侧多边形 |
|---|---|---|
| 1 | 1 | 5 |
| 2 | 1 | 4 |
| 3 | 1 | 3 |
| 4 | 1 | 2 |
| 5 | 5 | 4 |
| 6 | 2 | 5 |
| 7 | 2 | 4 |
| 8 | 3 | 6 |
| 9 | 4 | 3 |
| 10 | 3 | 2 |

为了让计算机能区分地理特征间的空间关系,空间信息在数据文件中存储时采用了拓扑学的方法。具体的记录结构是这样的:①对于点,每条记录可有(a)点代号和(b)坐标

对共两个字段组成；②对于弧，每条记录可以有(a)弧代号，(b)起始节点，(c)终了节点，(d)左侧多边形代号，(e)右侧多边形代号以及(f)坐标对系列，共 6 个字段构成；③对于多边形，每条记录可以有(a)多边形代号和(b)弧代号系列，共两个字段构成。

## 2. 属性信息的存储

属性信息的存储与空间信息的存储很相似，记录的字段数(即项目数)因其特征具有的信息项数而异。例如，图 5-9 是某一区域的道路图(空间信息的存储结构见表 5-8)，其属性数据可有 6 个字段，记录 6 个项目：(a)路段(弧)代号；(b)类型；(c)路面材料；(d)宽度；(e)车道数目；(f)名称。可以想象，一个地理特征的属性信息数据文件更像一个表格(表 5-9)，每一条记录就相当于一个表行，所以，描述性信息数据文件又称为特征属性表(feature attribute table)。

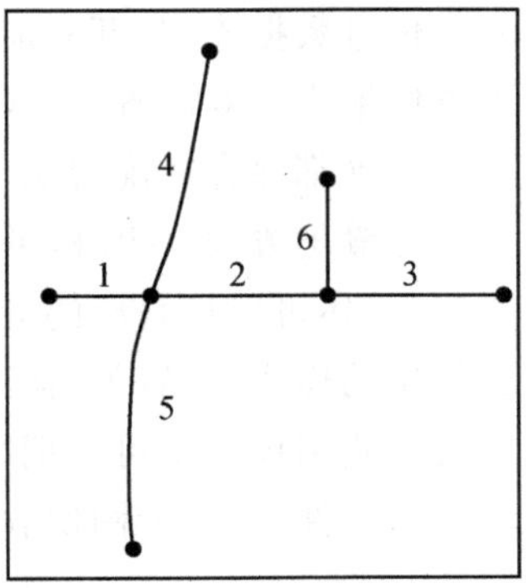


图 5-9　区域道路图

**表 5-8　道路图的空间数据存储结构**

| 弧号 | 坐标对系列 |
|---|---|
| 1 | 3,5　5,5 |
| 2 | 5,5　8,5 |
| 3 | 8,5　11,5 |
| 4 | 6,9　5,8　5,7　5,6　5,5 |
| 5 | 5,5　4,4　4,1 |
| 6 | 8,5　8,7 |

**表 5-9　道路图的属性数据存储结构**

| 弧号 | 类型 | 路面材料 | 宽度 | 车道数目 | 名称 |
|---|---|---|---|---|---|
| 1 | 一级公路 | 沥青 | 48 | 4 | N Main ST |
| 2 | 一级公路 | 沥青 | 48 | 4 | N Main ST |
| 3 | 一级公路 | 沥青 | 48 | 4 | N Main ST |
| 4 | 高速公路 | 混凝土 | 60 | 4 | Highway 42 |
| 5 | 高速公路 | 混凝土 | 60 | 4 | Highway 42 |
| 6 | 居民区街道 | 沥青 | 32 | 2 | Elm ST |

## 3. 数据文件间的连接

在 GIS 中，除了记录空间目标的几何图形数据外，还要考虑与这个目标有关的属性信息以及空间目标之间的相互关系，以满足空间查询和空间分析的需要。不论在空间信息数据文件还是在描述性信息数据文件中，有一个共同的字段，即识别码(identification number，ID)。识别码可以是记录号，也可以是用户指定的识别代号，系统在存储空间信息(如数字化)时一般会自动产生识别码。这个代号必须是唯一的，即同一数据文件中，不同的记录必须有不同的代号，因为 GIS 正是通过这个代号存取和交换信息，在空间信息数据和描述性信息数据之间建立连接。两类数据之间由识别码保持一一对应的关系。通过用识别码作桥梁，可以将空间信息和属性信息合并存储，也可以将同一空间对象的两个或多个特征属性表合并为一个文件存储，这使得为空间对象增加新的描述性信息变得很方便。

## 4. 数字地图的显示与输出

如前所述，GIS 并不以图形或图像文件的形式保存地图，而是存储着地图元件的空间信息数据库和描述性信息数据库。在显示数字地图时，GIS 能实时地访问空间信息数据库并读取其中的空间信息数据进行处理，然后在计算机屏幕上显示出相应的图形。在 ArcView GIS 中，这个过程称为“添加主题”。可以同时添加多个主题，如干旱类型、土壤类型、渠道、道路及村镇等。所有主题都有"开"与"关"(ON/OFF)的可控选择,可以根据需要,随时让某个主题显示(ON)或不显示(OFF)。还可以将某个主题移出(删除)。一般的,在添加主题的同时,GIS除了对空间信息数据库文件进行处理外,还同时访问相应的属性信息数据库,打开对应的特征属性表,并通过识别码在二者之间建立联系。这样用户可方便地进行双向查询。GIS在退出时,将当前添加的主题及其开关状态、颜色、线型、符号等选项都保存在配置文件中,使得当前的所有选择能够在下次启动时快速重现。

在输出方面,GIS提供了多种地图版式(layout)让用户选择。用户在选择了某个版式以后,还可以按自己的爱好对版面重新安排,如标题字体、字号、颜色,图例大小、位置,比例尺的样式、位置等,甚至还可以添加或删除某些成分,直到满意后再将结果输送到打印机或绘图仪。也可以把结果按一定的比例放大或缩小并转换为一个BMP或其他格式的图形文件,供图形图像软件处理。

## 四、GIS的空间数据管理

### 1. GIS的数据来源

GIS可用的数据非常广泛,包括现有的地图、以计算机图形图像文件形式存放的影像资料(卫片及航片等)和表格资料、绘图软件(如Auto CAD)绘制的图形等。对现有的地图,可利用数字化仪(digitizer)对需要的地理图形进行数字化,并输入相应的描述性信息。还可以用扫描仪将地图扫描成图像文件。对表格文件,有的可以直接显示为视图,有的则作为与已有的空间信息相连接的描述性信息而成为特征属性表的内容。GIS可直接利用以数据库(如dBASE等)文件及文本文件(用制表符或逗号分隔字段)形式提供的表格资料。对影像资料和CAD图形资料,GIS可通过一定的方法对其进行数字化处理。随着空间技术的发展,遥感(remote sensing,RS)和全球定位系统(global positioning system,GPS)成为GIS重要的数据来源。

### 2. GIS的空间数据结构

空间数据结构是指适合计算机系统存储、管理和处理的地学图形的逻辑结构,是地理实体的空间排列方式和相互关系的抽象描述。空间数据结构基本上分为矢量数据结构和栅格数据结构两类,也称为矢量模型和栅格模型(图5-10)。矢量数据结构是指用在坐标参考系中的坐标来定义点、线、面等地理要素的空间位置。栅格数据结构是指将地球表面划分为大小均匀紧密相邻的网格阵列,以规则阵列来表示空间地物或者现象分布的数据组织。

矢量数据结构的优点为数据结构紧凑、冗余度低,有利于网络和检索分析,图形显示质量好、精度高;缺点为数据结构复杂,多边形叠加分析比较困难。栅格数据结构的优点为数据结构简单,便于空间分析和地表模拟,显示性较强;缺点为数据量大,投影转换比较复杂。现代的一些地理信息系统结合了两种数据结构,或采用混合数据结构和矢量栅格一体化的数据结构。

空间数据编码是根据地理信息系统的目的和任务所收集的、经过审核的地形图、专题地图和遥感影像等资料按照特定的数据结构转换为适合于计算机存储和处理的数据的过

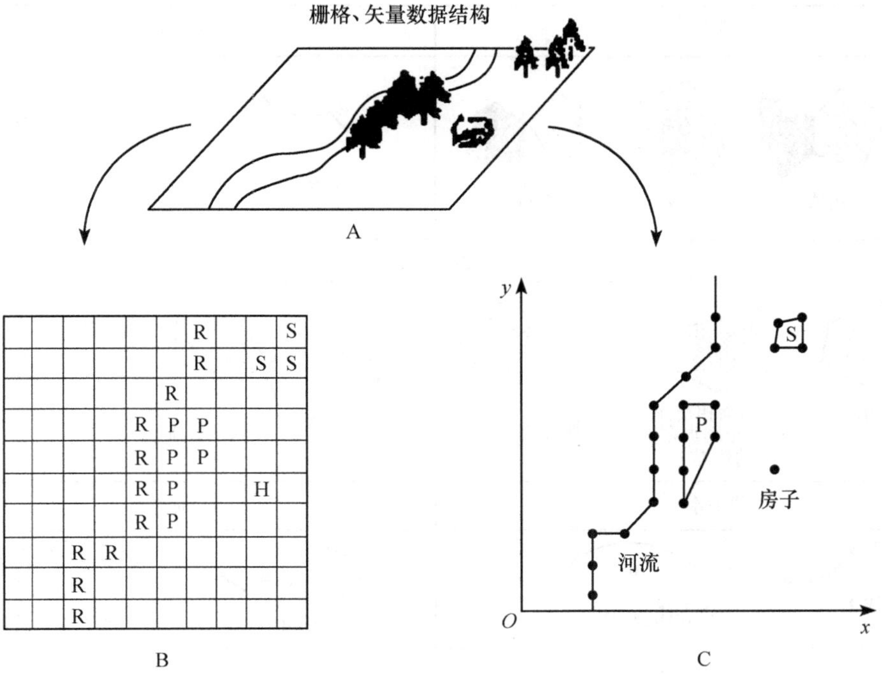


图 5-10　矢量数据结构与栅格数据结构

A. 地理实体空间排列；B. 栅格表示形式；C. 矢量表示形式

程。矢量数据结构编码方式主要有坐标序列编码、树状索引编码和二元拓扑编码等。栅格数据结构编码方式主要有直接栅格编码、链码、行程编码、块码、四叉树码等。

**1）矢量数据结构编码**

在 GIS 中，可以用不同的几何术语来描述空间目标以及它们之间的关系。在几何形态方面，常用解析几何方法来分析，主要涉及几何目标的坐标、角度、方向、距离、周长和面积等。在空间关系方面，采用拓扑几何来描述，涉及的术语有“相连”、“相邻”、“在里面”和“在外面”等。几何结构相差很大的图形，其拓扑结构可能相同。矢量数据结构的一个突出优点是能够完全显示地表达结点、弧段、面块之间所有关联关系。基于矢量结构的算法包括点在多边形内的判别（point-in-polygon）、多边形叠置（polygon-on-polygon）、多边形拓扑关系的自动建立等（图 5-11）。

**2）栅格数据结构编码**

矢量数据结构精度高，容易表达拓扑关系，但是来自遥感、数字摄影测量的数据、扫描的数据和格网数字地面模型都是栅格形式（图 5-12）。矢量数据结构不能直接与栅格数据交互使用。另外，栅格数据结构简单，空间叠加和空间分析易于进行，而且速度快。

（1）栅格矩阵。栅格数据是二维表面上地理数据的离散量化值。每一层的像元值组成像元阵列（即二维数组），其中行、列号表示它的位置。例如，影像在计算机内是一个 4×4阶的矩阵。但是在外部设备上，我们没有矩阵存储器，通常是以左上角开始逐行逐列存储，如上例存储的顺序为 $xyyyyxxxyyyxyyxx$。通常是一个文件存储一层的信息，如果多于一层就采用多个文件，也可以在一个文件中存储多层信息，记录每个像元（pixel）

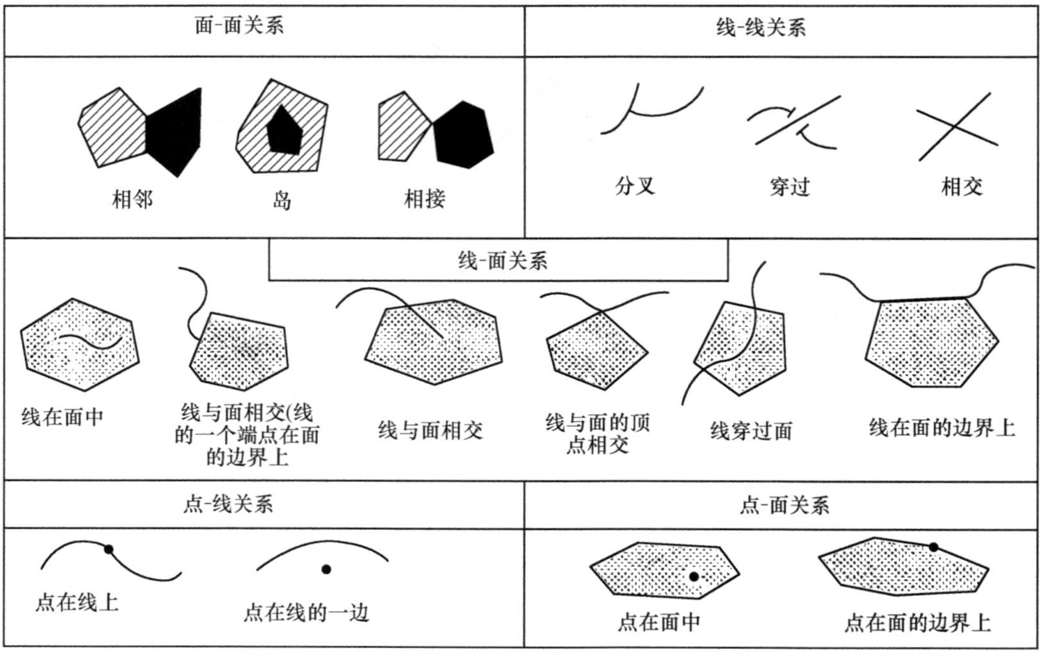


图 5-11　几种常见的拓扑关系

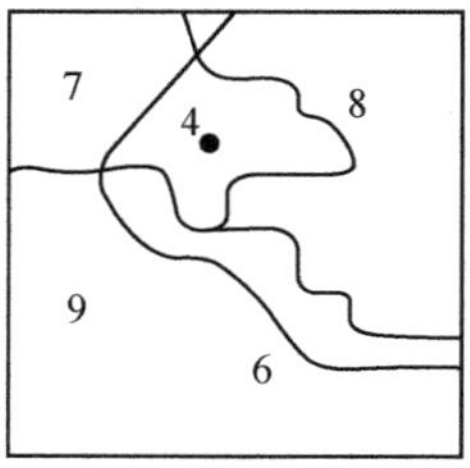


A

| | | | | | | | |
|---|---|---|---|---|---|---|---|
| 0 | 0 | 0 | 0 | 0 | 0 | 0 | 0 |
| 0 | 0 | 0 | 0 | 0 | 0 | 0 | 0 |
| 0 | 0 | 0 | 4 | 0 | 0 | 0 | 0 |
| 0 | 0 | 0 | 0 | 0 | 0 | 0 | 0 |
| 0 | 0 | 0 | 0 | 0 | 0 | 0 | 0 |
| 0 | 0 | 0 | 0 | 0 | 0 | 0 | 0 |
| 0 | 0 | 0 | 0 | 0 | 0 | 0 | 0 |
| 0 | 0 | 0 | 0 | 0 | 0 | 0 | 0 |

B

| | | | | | | | |
|---|---|---|---|---|---|---|---|
| 0 | 0 | 0 | 6 | 0 | 0 | 0 | 0 |
| 0 | 0 | 6 | 0 | 0 | 0 | 0 | 0 |
| 0 | 6 | 0 | 0 | 0 | 0 | 0 | 0 |
| 0 | 6 | 0 | 0 | 0 | 0 | 0 | 0 |
| 0 | 0 | 6 | 6 | 0 | 0 | 0 | 0 |
| 0 | 0 | 0 | 0 | 6 | 0 | 0 | 0 |
| 0 | 0 | 0 | 0 | 0 | 6 | 6 | 6 |
| 0 | 0 | 0 | 0 | 0 | 0 | 0 | 0 |

C

| | | | | | | | |
|---|---|---|---|---|---|---|---|
| 7 | 7 | 7 | 8 | 8 | 8 | 8 | 8 |
| 7 | 7 | 7 | 7 | 7 | 8 | 8 | 8 |
| 7 | 7 | 7 | 7 | 7 | 7 | 8 | 8 |
| 9 | 9 | 9 | 7 | 8 | 8 | 8 | 8 |
| 9 | 9 | 9 | 9 | 9 | 8 | 8 | 8 |
| 9 | 9 | 9 | 9 | 9 | 9 | 8 | 8 |
| 9 | 9 | 9 | 9 | 9 | 9 | 9 | 9 |
| 9 | 9 | 9 | 9 | 9 | 9 | 9 | 9 |

D

图 5-12　用栅格像元表示的点、线、面

A. 点、线和面的矢量图；B、C 和 D. 依次为用栅格像元表示的点、线、面

的行、列号以及与该像元有关的所有信息。像元的内容可能是一个字节的整型——127～127(或 0～255)或字符型，如图像数据每个波段的一个像点用一个字节(byte)存储。也可以是 2 个字节的整型数，或 4 个字节的实型数。

$$\begin{bmatrix} x & y & y & y \\ y & x & x & x \\ y & y & y & x \\ y & y & x & x \end{bmatrix}$$

(2) 行程编码。地理数据一般有较强的相关性，相邻像元的值往往是相同的，可以用某种编码方法来进行压缩。按行扫描，将相邻等值的像元合并，并记录行程长度和它的值，称为行程编码。对于上例有 $1x3y1y3x3y1x2y2x=8$ 对。如果在行与行之间不间断地连续编码，则有 $1x4y3x3y1x2y2x=7$ 对。显然行程编码节省了不少空间，区域越大，数据相关性越强，节省的空间越多。

(3) 四叉树编码。四叉树编码是以栅格数据二维空间分布的特点，将空间区域按照4个象限进行递归分割（$2^n \times 2^n$，且 $n \geqslant 1$），直到子象限数值单调为止，最后得到一棵四分叉的倒向树（图5-13）。其中，线性四叉树不需要记录中间节点和使用指针，仅记录叶节点，并用地址码表示叶节点的位置，广泛用于数据压缩编码。

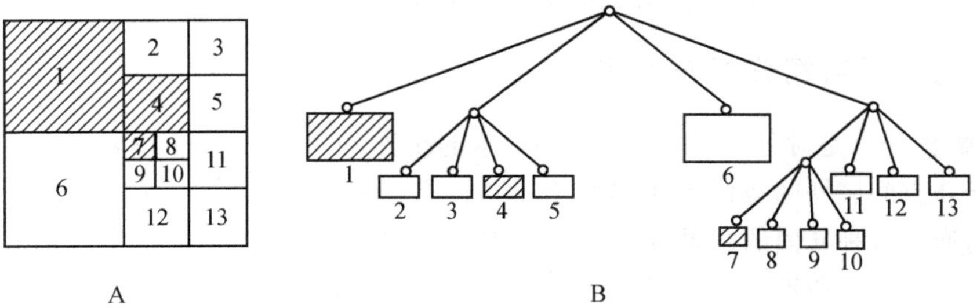


图5-13　四叉树压缩编码原理图

A. 按4个象限分割；B. 四分叉树

基于栅格矩阵的空间集合运算和空间叠置运算非常容易和快速。只要将两个阵列对应的栅格分别求逻辑交、逻辑并、逻辑差或叠置，再进行统计，便可得到运算后的集合。

**3）矢量栅格一体化数据结构**

虽然栅格数据结构有许多优点，但栅格结构精度低，并难以建立网络拓扑结构。这些缺点正好可以用矢量数据结构加以克服，所以许多GIS既含有栅格结构又保持矢量结构，以形成一种混合数据结构并提供空间数据转换功能。

### 3. GIS的数据模型

数据模型是描述数据内容和数据之间联系的工具。目前，常用的数据模型有层次模型、网络模型、关系模型。层次模型所表达的基本联系是一对多的关系，不能表示多对多的联系，难以顾及公共点、线数据共享和实体元素间的拓扑关系，导致数据冗余率增加，而且给拓扑查询带来困难。网络模型的基本特征是在记录之间没有明确的主从关系，任意一个记录可与任意其他多个记录建立联系，与层次模型比较，大大压缩了数据的存储量。关系模型是将数据的逻辑结构归结为满足一定条件的二维表，其特点是由数据本身通过公共值隐含地表达它们之间的联系，并且是用关系代数和关系运算来操作数据，具有结构简单、灵活，数据修改和更新方便，易于维护和理解等优点，是当前数据库最常用的数据模型。

### 4. 矢量与栅格数据的相互转换

GIS数据处理有矢量数据和栅格数据两种途径。矢量数据包含有拓扑信息，而栅格数据则易于表示面状要素，特别是地图数据与图像数据的混合处理，已成为当前GIS发展的主要趋势。系统对矢量、栅格和专业数据的共同管理和处理，已成为空间信息系统设计的基本标准，这种共同管理和处理的主要内容就是矢量数据和栅格数据之间的相互转换、表示和运算。

矢量数据向栅格数据转换的根本任务是通过一个有限的工作存储区，使得矢量和栅格数据之间不可避免的读写操作限制在最短的时间范围内。根据转换处理时，基于弧段数据文件和多边形数据文件的不同,分别采用内部点扩散法、复数积分算法、射线算法和扫描算法、边界代数算法等不同的算法。栅格数据向矢量数据的转换是提取具有相同编号的栅格集合表示的多边形区域的边界和边界的拓扑关系,并表示成矢量格式边界线的过程。步骤包括多边形边界提取、边界线跟踪、拓扑关系的生成和曲线光滑等。转换处理时,基于图像数据文件和再生栅格数据文件的不同,分别采用不同的算法。

## 五、GIS 的空间数据分析与处理

空间数据分析是对分析空间数据有关技术的统称,可以分为基于空间图形数据的分析运算、基于非空间属性的数据运算、空间和非空间数据的联合运算等。它是以地理空间数据库为基础,通过各种几何的逻辑运算、数理统计分析、代数运算等数学手段,提取和传输地理空间信息,解决人们所涉及的地理空间实际问题,特别是隐含信息,满足辅助决策的需要。

GIS 的基本空间操作包括空间插值、缓冲区分析、叠加复合分析和 DEM 分析。空间插值用于解决根据已知点的测量数据得到整个区域内该现象的空间分布特征,可用于土壤湿度、肥力等因素的计算。缓冲区分析则体现了空间影响随距离的衰减规律,可以用于影响范围的计算和规划。叠加复合模型则体现了多个因素之间的相互影响,可以用于精确农业中的多因子评价。DEM 分析主要用于计算研究区内地形的变化,可以探讨地形因子对作物种植的影响。

### 1. 空间插值

空间插值常用于将离散点的测量数据转换为连续的数据曲面。对于收集的采样点数据,要按照一定方法推演出整个区域的参数分布,以便与其他空间现象的分布模式进行比较。通常包括空间内插和空间外推两种算法。空间内插法是一种通过已知点的数据推求同一区域其他未知点数据的计算方法,空间外推法是通过已知区域的数据,推求其他区域数据的方法。

空间插值方法可以分为整体插值和局部插值方法。整体插值用于研究区内所有采样点的数据进行全区特征拟合,局部插值仅用邻近的数据点来估算未知点的值。

整体插值方法包括边界内插法、趋势面分析、变换函数插值等。边界内插法假定任何主要的变化都发生在边界上,而边界内变化是均匀和同质的,经常用于土壤和景观制图。只根据采样点的属性数据与地理坐标关系,进行多元回归分析得到平滑数学平面方程的方法,称为趋势面分析。根据一个或者多个空间参量的经验方程进行整体空间插值的方法,称为变换函数插值。

局部插值方法通常定义一个邻域或者搜索范围,搜索落在此邻域范围的数据点,选择表达有限个点的空间变化的数学函数,为落在规则格网单元上的数据赋值,重复这个步骤直到所有点赋值完毕。局部插值方法包括泰森多边形插值、距离倒数插值、样条函数插值和克里金(Kringing)插值等方法。

### 2. 缓冲区分析

邻近度(proximity)描述了地理空间中两个地物距离相近的程度。沟渠的灌溉范围、播种机的播种范围等均属邻近度问题。缓冲区分析是解决邻近度问题的空间分析工具。缓冲区(buffer)就是地理空间目标的一种影响范围或者服务范围。

缓冲区分析是给定一个空间对象或集合，确定它们的邻域，邻域的大小由邻域的半径确定。也就是根据数据库中点、线、面实体自动建立周围一定范围内的缓冲区多边形，查找这个多边形范围内具有某种特征的点状地物、线状地物或面状地物(图 5-14)。缓冲区计算的基本问题是双线问题，即图形加粗、加宽和中心线扩展等。栅格数据的缓冲区分析称为推移或扩散。在基于矢量结构的 GIS 中，缓冲区分析比较复杂，除了要按某种规则建立缓冲区多边形外，需要用到点在多边形内的判别技术和多边形叠置技术。如果将缓冲区分析转到栅格域进行，则可以使用逻辑交运算，以缓冲区多边形和某种查询的地物分别作为两个子集，然后求得它们的交集，非常容易和快速。

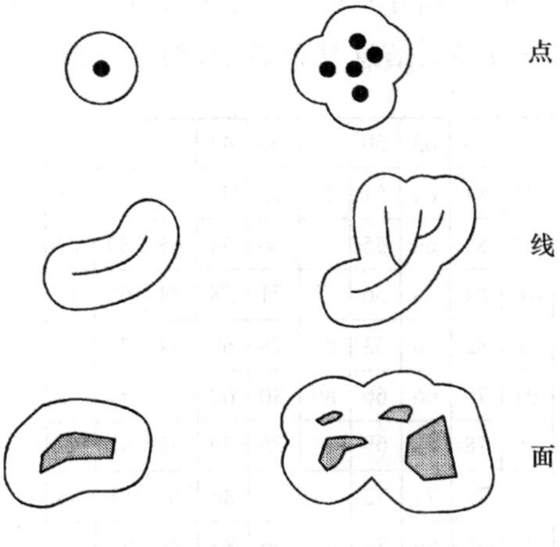


图 5-14　点、线、面的缓冲区示意图

3. 叠加分析

GIS 软件以分层方式组织地理景观，将地理景观按照主题分层提取，每个主题层可以称为一个数据层面。叠加分析源于绘有不同数据源图形的传统透明材料叠加，在透明光桌上勾画感兴趣区域和提取感兴趣信息。GIS 的叠加分析就是将两层或者多层数据层面叠加产生一个新的数据层面的操作，综合了原有数据层所具有的属性(图 5-15)。叠加分析

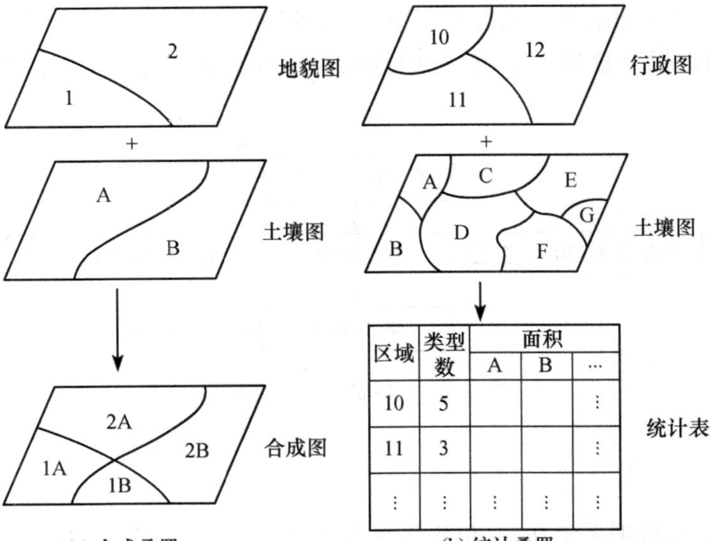


(a) 合成叠置　(b) 统计叠置

图 5-15　多边形叠加分析

类型包括视觉信息叠加、点与多边形叠加、线与多边形叠加、多边形叠加、栅格图层叠加等。视觉信息叠加是将不同侧面的信息内容叠加显示在结果图件或屏幕上，以便研究者判断其相互空间关系，获得更为丰富的空间信息。视觉信息叠加不产生新的数据层面，只是将多层信息复合显示，便于分析。

4. DEM 分析

数字高程模型（digital elevation model，DEM）最常见的表达是相对于海平面的海拔高度或者某个参考面的相对高度，包括高程、坡度、坡向等地形属性信息。DEM 主要采用规则格网模型，将区域空间切分为规则的格网单元，每一个单元对应一个数值，对应一个高程值（图 5-16）。DEM 地形属性数据包括单要素属性和复合属性两种。坡度、坡向等可由高程数据直接计算得到，还可以计算剖面积、体积和表面积等，可以计算工程中的挖方、填方和土壤流失量。

| | | | | | | | | | |
|---|---|---|---|---|---|---|---|---|---|
| 91 | 78 | 63 | 50 | 53 | 63 | 44 | 55 | 43 | 35 |
| 94 | 81 | 64 | 51 | 57 | 62 | 50 | 60 | 50 | 35 |
| 100 | 84 | 66 | 55 | 64 | 66 | 54 | 65 | 57 | 42 |
| 103 | 84 | 66 | 56 | 72 | 71 | 58 | 74 | 65 | 47 |
| 96 | 82 | 66 | 63 | 80 | 78 | 60 | 84 | 72 | 49 |
| 91 | 79 | 66 | 66 | 80 | 80 | 62 | 86 | 77 | 56 |
| 86 | 78 | 68 | 69 | 74 | 75 | 70 | 93 | 82 | 57 |
| 80 | 75 | 73 | 72 | 68 | 75 | 86 | 100 | 81 | 56 |
| 74 | 67 | 69 | 74 | 62 | 66 | 83 | 88 | 73 | 53 |
| 70 | 56 | 62 | 74 | 57 | 58 | 71 | 74 | 63 | 45 |

图 5-16　格网 DEM

# 第四节　GIS 的软件系统

GIS 软件是地理信息系统的核心。世界上众多研究机构和人员开发和研制了大量结构和功能不尽相同的 GIS 软件。

## 一、GIS 软件的结构与功能

GIS 软件由几个具有特定功能的子系统（模块）组成：数据输入子系统，图形及文本编辑子系统，空间数据库管理子系统，空间查询及空间分析子系统，显示、输出子系统（图 5-17）。

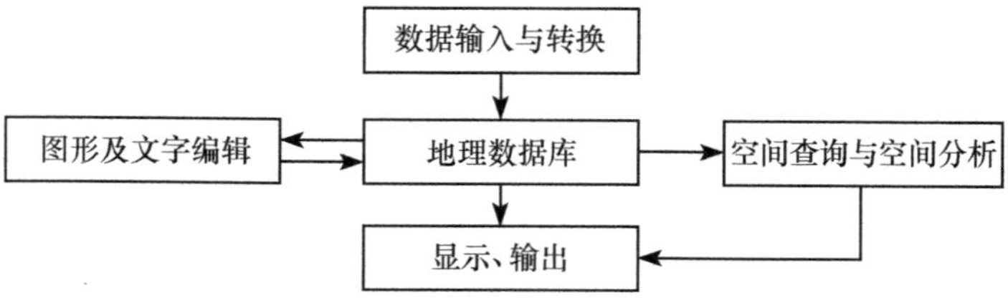


图 5-17　GIS 的主要软件模块

1. 数据输入子系统

该子系统具有数据采集功能，包括将现有地图、外业观测成果、航空像片、遥感数据、文本资料等转换成可供 GIS 利用的数据形式。许多工具都可用于数据输入，如人机交互终端、数字化仪、扫描仪、磁带机和磁盘机等。针对这些不同的仪器设备，系统配备相应的软件模块进行操作，并保证得到的数据转化后进入到地理数据库中(图 5-18)。

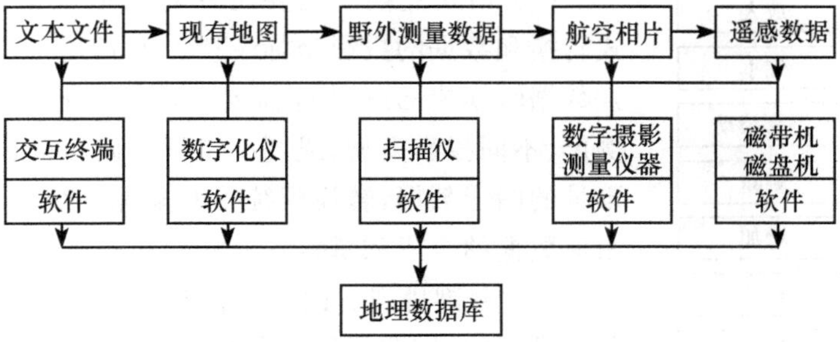


图 5-18　数据输入子系统

按照数据源的类型差异，数据输入包括图形数据输入、图像数据输入和属性数据输入三种类型。

(1) 图形数据输入。主要有两种方式：矢量数字化输入和栅格扫描输入。矢量数字化输入是借助数字化仪完成的，有利于图形要素的分离和取舍，易于进行图形要素编辑和修改，技术比较成熟，但比较耗时，作业强度大。栅格扫描输入是由扫描仪和矢量化软件完成的，输入速度和精度取决于矢量化软件的性能。

(2) 图像数据输入。主要是栅格扫描方式和遥感影像直接导入。若为数字化图像数据，只要将其格式转换成 GIS 可读的类型，如 TIFF、BMP、RAW 等，便可以直接输入 GIS 系统。若为纸质图像数据，可以通过扫描方式进行数字化，再转化为 GIS 可读类型数据。图像数据输入后还须进行几何纠正、灰度变换、彩色合成、滤波处理、坐标变换等一系列运算之后，才能与矢量数据混合使用，真正成为 GIS 可以分析、处理、应用的信息。

(3) 属性数据输入。有两种方式：一是借助数据库管理系统输入(如 dBASE、SQL Server、Access 等)，二是借助 GIS 关系数据表输入。常用的数据库管理系统都有一套完整的数据录入、编辑、查询、管理等功能，能够满足建立属性数据库的需要。应用数据库管理系统建立了属性数据库之后，便可以应用 GIS 的相应功能，将属性数据和对应的空间数据连接，产生空间-属性一体化数据。

## 2. 空间数据编辑子系统

该子系统具有对空间数据及属性数据的编辑功能和基本的信息查询功能。主要用于错误修订(增加、删除、移动、拷贝)、图形接边、符号设计与地图修饰(线形、颜色、符号、注记)、建立拓扑(接点附合、多边形建立、目标组合、拓扑检验)、几何计算(距离、周长、面积)、属性数据输入(连接、实时输入、修改)、基本的双向信息查询(选几何图形查属性数据，或选属性数据找几何目标)。虽然属性数据输入可以在前述数据输入子系统中进行，但在图形编辑子系统设计属性数据的输入功能，可以直接参照图形来输入数据，实现图形数据与属性数据的连接(图 5-19)。

通过交互编辑子系统，可对输入的各类数据进行增删修改、格式变换、分割拼图、图属连接等操作。

(1) 增删修改。在数据输入的过程中，需要进行数据的增删修改，包括对图形几何数

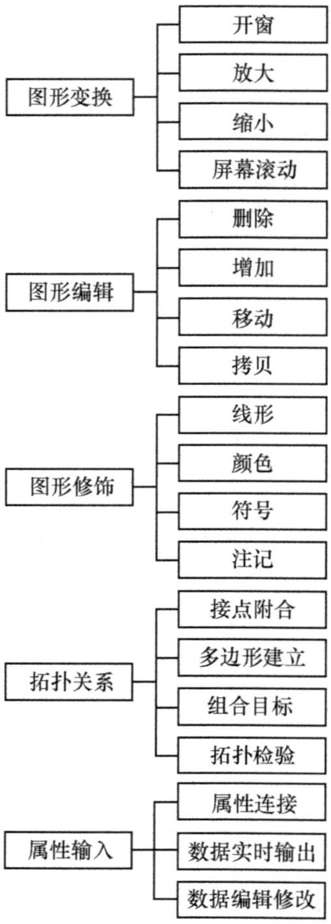


图 5-19 图形及文本编辑子系统

据的增删修改和对图形特征参数的增删修改。

(2) 格式变换。主要是针对图形数据的,包括数据格式转换和数据的投影坐标变换。前者是将所输入的多种格式数据转换成 GIS 软件需要的数据格式,后者是对不同比例尺、不同投影类型,或同一比例尺同一投影类型而不同投影带的图形数据,转换到统一的坐标系统中,以便实现不同图形数据的合成和拼接。

(3) 分割拼图。图形数据和图像数据的输入通常都是分幅进行的,按照研究工作的需要通常要进行要素或图幅的分割与拼接。

(4) 图属连接。图属连接是指空间数据与属性数据的连接,以便形成空间-属性一体化数据,为 GIS 的空间分析服务。大量的属性数据是借助数据库管理系统输入的,属性数据与空间数据是分离的,这就需要首先进行图属连接,借助一定的公用字段来实现,公用字段通常选择要素的特征码,诸如行政编码、类型编码等。

### 3. 空间数据库管理子系统

该子系统具有对地理数据库的管理功能。为了快速查找和有效利用输入 GIS 的大量数据,必须对数据进行科学的管理。GIS 的数据管理功能是由数据库管理系统实现的。许多 GIS 软件仅是属性数据采用关系模型,而图形数据采用拓扑数据模型。面向对象数据模型既可以表达图形数据又可以有效地表达属性数据。

(1) 属性数据管理。通常是直接借助 FoxPro、Oracle、Informix 等商用数据库管理系统进行的,包括数据结构定义、数据编辑修改、数据检索查询、数据安全保护、数据文件管理、数据通信以及系统维护等。

(2) 空间数据管理。根据空间数据类型特征和 GIS 应用类型的差异,空间数据的管理是按不同的数据结构进行的,常见的有矢量数据结构、栅格数据结构、矢量栅格混合数据结构、矢量栅格一体化数据结构。

(3) 图库数据管理。包括图库建立、图幅入库、图幅删除、图幅拼接、跨图幅检索、显示接图表、查询图幅说明、图库的统计分析、图库的安全保护、图库的维护操作等。

### 4. 空间查询及空间分析子系统

该子系统具有空间查询及空间分析功能。主要包括以下几个方面:①拓扑空间查询,包括面-面关系、线-线关系、点-点关系、线-面关系、点-线关系、点-面关系;②缓冲区生成与分析;③叠置分析;④空间集合分析;⑤地学分析等。

**1）查询检索功能**

GIS具有丰富的查询检索功能，既有属性查询功能，也有图形查询功能，还可以实现图形与属性之间的交叉查询；既可以查询各种数值或图形，也可以查询相应的各种关系。

（1）属性查询。GIS允许用户在图形环境下，可以借助光标点定屏幕上的图形要素，来查询检索相关的属性数据；也可以在屏幕上指定一个矩形或多边形范围，检索该区域内所有图形的相关属性。GIS还允许用户在属性环境下，按照一定的逻辑条件查询检索满足条件的属性数据。对查询检索得到的数据，可以仅在屏幕上显示，也可以生成报表输出。

（2）图形查询。在GIS图形环境下，用户既可以根据分层编码检索图形数据，也可以根据属性特征值查询相应的图形数据；或者按照一定区域范围查询图形数据，或者按照一定的逻辑条件查询相应的图形数据。

（3）关系查询。GIS的空间关系查询就是查询检索与指定目标位置相关的空间目标，通常包括面-面关系查询、线-线关系查询、点-点关系查询、线-面关系查询、点-线关系查询、点-面关系查询6种。

（4）逻辑查询。用数据项与运算符组成的逻辑表达式，查询检索相应的图形或属性，其中的数据项可以是数据库中的任意项，运算符可以是所有逻辑运算符和算术运算符。

**2）空间分析等数据操作功能**

空间分析包括地形分析、土地适应性分析、网络分析、叠加分析、缓冲区分析、决策分析等。

（1）空间数据运算。包括空间数据量算和空间集合运算。空间数据量算包括距离计算（两点距离、多边形周长、弧段长度）、面积计算、体积计算、方位计算等；空间集合运算包括逻辑交运算、逻辑并运算、逻辑差运算等。

（2）属性数据运算。可以概括为算术运算、逻辑运算和统计运算3个方面。算术运算是指对属性数据进行的加、减、乘、除及三角函数运算；逻辑运算通常包括与、或、非等运算；统计运算则可分为单变量统计运算、多变量统计运算等。

（3）空间数据分析。包括叠置分析、缓冲区分析、泰森多边形分析、地形分析、网络分析等，为用户提供了解决多种专门问题的有效手段。

### 5. 数据输出模块子系统

该子系统具有显示和制图功能。以地图、表格、图表、文字等多种形式显示数据和向用户报告分析结果，根据需要可以在显示屏上显示、通过绘图仪或打印机生成硬拷贝。土壤类型图、作物分布图、粮食产量分布图等各种形式的专题地图、统计图形以及数据表格是最主要的GIS表达形式或输出产品。根据输出数据类型或输出设备类型可以分为矢量地图和栅格地图两种。用矢量绘图仪输出的矢量地图，具有画线质量好、绘图精度高等优点，但速度较慢。用喷墨绘图仪、静电绘图仪或喷墨打印机输出的栅格地图，其画线质量较矢量地图要差，但速度快。

## 二、国内外常用的GIS工具软件

目前国内外已有相当数量的研究单位和公司致力于在多种档次的计算机系统上开发

地理信息系统工具，推出了数以百计的商品 GIS 软件。

1. ESRI 产品系列

美国 ESRI 公司(Environmental Systems Research Institute Inc.)主要从事 GIS 工具软件的开发和 GIS 数据生产，ESRI 产品影响广、功能强、市场占有率高。Arc/Info 是 ESRI 在 20 世纪推出的主要产品，是由相互联系的两个部分组成，即 ESRI 研制的“Arc”用于定义和管理地理要素的坐标位置和拓扑关系；Henco Software 公司研制的“Info”用于图形属性的关系数据库管理。此外，Arc/Info 还提供了二次开发语言 AML 以及开放开发环境 ODE。ArcGIS 8.1 版是 21 世纪初 ESRI 推出的 GIS 软件家族产品，由 ArcInfo 8.1、ArcEditor 8.1、ArcView 8.1 和 ArcSDE 8.1 等几个相互独立的软件组成。ArcGIS 9.0 版增加了 ArcGIS Engine 和 ArcGIS Server。ArcGIS 9.3.1 提供了快速可伸缩的动态地图服务、ArcGIS Online 共享和搜索、对 Microsoft Virtual Earth 的支持、基于 Safe Software 最新推出的 FME2009 等。

2. Intergraph 产品系列

美国 Intergraph 公司致力于计算机辅助设计、制造以及专业制图领域的硬件、软件以及服务支持。Intergraph 提供的 GIS 产品包括专业 GIS 系统(MGE)、桌面 GIS 系统(GeoMedia)以及互联网 GIS 系统(GeoMedia Web Map)。MGE 提供了从扫描图像矢量化、拓扑空间分析到地图整饰输出的基本 GIS 功能，此外还包括了图像处理分析、网络分析、格网分析、地形模型分析、基于真三维的地下体分析等一系列增强功能。GeoMedia Professional 用于空间数据采集和管理，提供了多种空间分析功能。GeoMedia Web Map 是基于互联网的空间信息发布工具，提供了多源数据的直接访问和发布，并且支持多种浏览器。GeoMedia WebMap Enterprise 除了能够在互联网上发布数据之外，还提供了空间分析服务，用户可以在客户端通过浏览器提出请求，并输入具体参数，服务器进行计算并将结果返回给用户。

3. MapInfo 产品系列

美国 MapInfo 公司致力于提供先进的数据可视化、信息地图化技术，其软件代表是桌面地图信息系统软件——MapInfo。MapInfo Professional 支持多种本地或者远程数据库，能实现数据可视化和生成各种专题地图。MapBasic 是能够扩展 MapInfo 功能，并与其他应用系统集成。MapInfo ProServer 是应用于网络环境下的地图应用服务器，它使得 MapInfo Professional 运行于服务器端，并能够响应用户的操作请求，而客户端可以使用任何标准的 Web 浏览器。

4. Titan GIS 3.0

加拿大阿波罗科技集团开发的泰坦地理信息系统功能软件(Titan GIS)，是面向中国市场推出的一套功能先进、算法新颖、使用灵活和完善的地理信息系统开发软件。提供手扶跟踪数字化、屏幕扫描矢量化、获取 GPS 数据和其他外部数据等多种数据获取方法，支持点、线、面、注记、拓扑关系、栅格数据结构、TIN 及网络分析，内置 dBASE 数据表操作功能,支持30多种专业地图投影,提供地图坐标变换功能,支持ArcView Shape、Arc/Info E00、MapInfo MIF/MID栅格文件的数据格式转换。

5. 国产GIS工具软件

国内许多科研单位积极开展微机地理信息系统工具的研制,相继推出了一批试验性的软件系统,主要有中国地质大学开发的地理信息系统软件MapGIS、武汉测绘科技大学开发的面向大型数据管理的地理信息系统软件GeoStar、北京大学开发研制的地理信息系统软件Citystar(城市之星)、北京超图地理信息技术有限公司研制的新一代大型地理信息系统平台SuperMap GIS等。

## 第五节　"3S"集成与农业应用

遥感技术RS和空间定位GPS技术能够迅速、客观、准确地获取空间信息,可以作为GIS的一个重要的数据源,以实时更新空间数据库,GIS与RS及GPS技术简称"3S"技术。随着"3S"技术不断发展,三者技术集成已成为当前和今后GIS技术发展的重要内容。

### 一、GIS与RS的集成

GIS是用于分析和显示空间数据的系统,而遥感影像是一种空间数据形式,类似于GIS中的栅格数据,容易在数据层次上实现GIS与RS的集成。但实际上,遥感图像处理和GIS中栅格数据分析具有较大的差异,遥感图像处理的目的是为了提取各种专题信息,其中的一些处理功能并不适用于GIS中的栅格空间分析,目前大多数GIS软件也没有提供完善的遥感数据处理功能,而遥感图像处理软件又不能很好地处理GIS数据,这需要实现集成的GIS。在软件实现上,GIS与遥感的集成有三个不同的层次:①分离的数据库,通过文件转换工具在不同系统之间传输文件;②两个软件模块具有一致的用户界面和同步的显示;③集成的最高目的是实现单一的、提供了图像处理功能的GIS软件系统。

在一个RS和GIS的集成系统中,遥感数据是GIS的重要信息来源,而GIS则可以作为遥感图像解译的强有力的辅助工具。

**1) GIS作为遥感图像处理工具**

将GIS作为遥感图像的处理工具,可以增强标准的图像处理功能。

(1) 几何纠正和辐射纠正。在遥感图像的实际应用中,需要首先将其转换到某个地理坐标系下,即进行几何纠正,可以将矢量点叠加在图像上,以判断纠正的效果。一些遥感影像会因为地形的影响而产生几何畸变,需要使用DEM数据消除畸变。此外,由于地形起伏引起光照的变化,也会在遥感图像上表现出来,如阴坡和阳坡的亮度差别,可以利用DEM进行辐射纠正,提高图像分类的精度。

(2) 图像分类。对于遥感图像分类,与GIS集成最明显的好处是训练区的选择,通过矢量/栅格的综合查询,可以计算多边形区域的图像统计特征,评判分类效果,进而改善分类方法。此外,在图像分类中,可以将矢量数据栅格化,并作为"遥感影像"参与分类,可以提高分类精度。例如,考虑到植被的垂直分带特性,在进行山区的植被分类时,可以结合

DEM,将其作为一个分类变量。

(3) 感兴趣区域的选取。在一些遥感图像处理中,常常需要只对某一区域进行运算,以提取某些特征,这需要栅格数据和矢量数据之间的相交运算。

**2) 遥感数据作为 GIS 的信息来源**

遥感为 GIS 提供了廉价的、准确的、实时的数据,从遥感数据中自动获取地理信息主要包括以下几点。

(1) 线以及其他地物要素的提取。在图像处理中,有许多边缘检测滤波算子,可以用于提取区域的边界(如水陆边界)以及线形地物(如道路、断层等),其结果可以用于更新现有的 GIS 数据库,该过程类似于扫描图像的矢量化。

(2) DEM 数据的生成。利用航空立体像对(stereo images)以及雷达影像,可以生成较高精度的 DEM 数据。

(3) 土地利用变化以及地图更新。利用遥感数据更新空间数据库,最直接的方式就是将纠正后遥感图像作为背景底图,并根据其进行矢量数据的编辑修改。而对遥感图像数据进行分类,得到的结果可以添加到 GIS 数据库中。因为图像分类结果是栅格数据,所以通常要进行栅格转矢量运算;如果不进行转换,可以直接利用栅格数据进行进一步的分析,则需要系统提供栅格/矢量相交检索功能。

## 二、GIS 与 GPS 的集成

作为实时提供空间定位数据的技术,GPS 可以与 GIS 进行集成,可以实现如下应用。

(1) 定位。通过将 GPS 接收机连接在安装 GIS 软件和该地区空间数据的便携式计算机上,可以方便地显示 GPS 接收机所在位置并实时显示其运动轨迹,进而可以利用 GIS 提供的空间检索功能,得到定位点周围的信息,从而实现决策支持。

(2) 测量。主要应用于土地管理、城市规划等领域,利用 GPS 和 GIS 的集成,可以测量区域的面积或者路径的长度。该过程类似于利用数字化仪进行数据录入,需要跟踪多边形边界或路径,采集抽样后的顶点坐标,并将坐标数据通过 GIS 记录,然后计算相关的面积或长度数据。

(3) 监控导航。用于车辆、船只的动态监控,在接收到车辆、船只发回的位置数据后,监控中心可以确定车船的运行轨迹,进而利用 GIS 空间分析工具,判断其运行是否正常,如是否偏离预定的路线,速度是否异常(静止)等,在出现异常时,监控中心可以提出相应的处理措施,其中包括向车船发布导航指令。

## 三、RS、GIS、GPS 的集成

"3S"技术为科学研究、政府管理、社会生产提供了新一代的观测手段、描述语言和思维工具。"3S"的结合应用,取长补短,是一个自然的发展趋势,三者之间的相互作用形成了"一个大脑,两只眼睛"的框架,即 RS 和 GPS 向 GIS 提供或更新区域信息以及空间定位,GIS 进行相应的空间分析,以及从 RS 和 GPS 提供的浩如烟海的数据中提取有用信息,并进行综合集成,使之成为决策的科学依据。

GIS、RS 和 GPS 三者集成利用,构成整体的、实时的和动态的对地观测、分析和应用的运行系统，提高了 GIS 的应用效率。在实际的应用中，较为常见的是“3S”两两之间的集成，如 GIS/RS 集成、GIS/GPS 集成或者 RS/GPS 集成等，但是同时集成并使用“3S”技术的应用实例则较少。对于“3S”集成技术而言，最重要的是在应用中综合使用遥感以及全球定位系统，利用其实时、准确地获取数据的能力，降低应用成本或者实现一些新的应用。

## 四、GIS 在农业中的应用与发展

GIS 是一种较为成熟的信息技术，已经在国民经济各个领域得到了广泛应用。农业是 GIS 应用潜力最大的领域，GIS 的应用正在快速发展之中。

### 1. GIS 在农业中的应用层次

随着地理信息系统理论的产生发展以及方法和技术的成熟，它的应用领域越来越广泛，在农业领域的应用也逐步深入。从技术角度看，GIS 在农业上的应用主要分 4 个层次。

（1）作为农业资源调查的工具。主要特点是建立农业资源地理数据库，实现空间数据库的浏览、检索等，利用 GIS 绘制农业资源分布图和产生正规的报表。

（2）作为农业资源分析的工具。GIS 不限于制图和空间数据库的简单查询，而是以图形及数据的重新处理等分析工作为特征，用于各种目标的分析和重新导出新的信息，产生专题地图和进行地图数据的叠加分析等。

（3）作为农业生产管理的工具。主要在于建立各种模型和拟订各种决策方案，直接用于农业生产。

（4）作为农业管理的辅助决策工具。主要利用了 GIS 的模型功能和空间动态分析以及预测能力，并与专家系统、决策支持系统及其他的现代技术（如 RS 和 GPS）有机结合，用于农业生产的管理和辅助决策。

### 2. GIS 在农业中的应用领域

（1）利用 GIS 进行农业区划。传统农业区划工作一直处于手工阶段，农业科技人员通过大量调查，得到关于农业资源的大量数据，然后对数据进行分析处理，然后手工绘制区划图。利用 GIS 进行农业区划，可以将现有的资源、经济数据库与 GIS 结合，很快形成各种农业区划统计图件。也可以将遥感系统（RS）和 GIS 结合起来，利用 RS 的遥感结果，结合 GIS 软件中提供的各种评判方法和区划建模进行不同区划方案的动态模拟与评价，编绘出综合评价图、区划图，直观定量地显示区划结果。这样，保证了区划方法的科学性、针对性和先进性。

（2）利用 GIS 进行土壤适宜性评价。就是根据土壤类型、质地、有机质含量、氮磷钾等其他要素，依据各个要素对某种作物生长的重要性赋予权重，在地理信息系统中分析运算，生成土壤适宜性评价图。也可以依据实际情况建立数学模型，进行农业土地适宜性的单因素评价和多因素综合评价，实现土地适宜性的分等定级。

（3）利用 GIS 开展农业灾害预测与预防研究。利用遥感、GIS 和计算机等技术对重大农业气象灾害进行综合测评，可以根据 GIS 空间信息计算出大致的受灾面积，进而估算该区域的经济损失，对某一区域历史数据的演变分析，可对区域内灾害发生的基本规律、时空分布、概率分布、危险程度等进行综合评价和模拟，并对灾害发展趋势进行预测，为防灾减灾提供对策分析。

(4) 基于GIS的作物种植适宜性评价。对具体作物在具体地域上能否适宜生长做出定性、定量和定位的评价,根据某一作物的生产与气象条件的关系,确定出某一地区某一作物种植的农业气候区划指标,进而采用GIS技术对此地区某作物种植区进行农业气候区划,划分适宜、次适宜和不适宜种植区,为农业结构调整及作物的合理布局提供科学依据。

(5) 农业资源的清查、核算、评估与监测。利用GIS和RS结合,能够快速、准确地查清、核算、监测某一区域的农业资源。利用遥感系统可以快速地获取研究区域内的农业资源的遥感图像,经GIS的判读解析和提取有用信息,建立区域农业空间数据库。利用GIS的统计和覆盖功能可以快速地实现农业资源数据的再现,制作出所需的各种资源要素的图件,还可以利用这些图进行叠加分析而获得综合信息图,也可以结合一些模型对具有时空变化特点的资源进行存量和价值量的估算。利用RS定期地对农业资源的质和量进行动态监测,及时更新GIS空间数据库,从而使人们动态地了解农业资源的变化情况。

(6) 农作物估产和监测。作物估产的主要内容是估算作物种植面积和由单产模型、长势遥感监测来确定估产模式。通过遥感方法获得作物的长相长势的遥感图像,判读解译RS影像信息,在GIS中对各种空间数据信息进行分析,识别作物类型,统计计算出播种面积;进而分析出作物生长过程中自身的态势和环境的变化,利用GIS系统的模型功能,构建出不同条件下作物生长模型和多种估产模式,把上述因素信息引入模型中便能估算出大面积的作物产量和长相长势。

(7) 农作物品质监测预报。利用遥感获取大面积作物种植数据,结合应用模型,在GIS下进行分级处理及预测预报,可有效快捷指导产前调优栽培和产后优储分类。通过遥感影像数据、地面定点观测和实验室化学分析所获取的农学参数数据建立关系模型,然后利用该模型反演,重点解决田块尺度籽粒粗蛋白含量,并对其进行分级,来指导生产、收获、储藏和利用。

(8) 农业生态环境的监测和分析。农业生态环境研究包括环境监测、生态环境质量评价与环境影响评价、环境预测规划与生态管理以及面源污染等。通过遥感方法获得生态环境的遥感图像,在GIS中对各种空间数据信息进行分析、处理,及时发现情况并进行预警;建立环境的空间数据库,对空间数据进行管理和分析,做出某一指标或多个指标的专题地图,直观形象地表达生态环境的变化;利用GIS的模型功能,建立农业生态环境的模型,模拟区域内农业生态环境的动态变化和发展趋势,为决策和管理提供依据。

(9) 农业非点源污染的模拟评价和预测。在区域或全球尺度上评价非点源污染物(如农药、化肥、盐和微量元素)的环境影响是农业可持续发展重要内容。GIS已成为农业非点源污染的模拟评价和预测的一个有效工具。基于GIS的非点源污染模拟系统,集成了地下水脆弱性潜力模型和一些渗流区域溶质输运模型,能够将溶质输运模型、GIS、扩展的关系数据库管理系统、不确定性分析和地理统计学相结合。

(10) 区域农业灌溉管理。GIS在区域农业灌溉中的应用主要体现在水资源分配和灌溉效率的预测上。用GIS工具建立沟渠系统精确位置的数据库,与用于灌溉水分配政策的水文模型连接,计算研究区实际作物布局和面积,进一步计算实际灌溉水需求量,帮助制定正确的灌溉水分配决策,最大限度地使用可利用水资源。

(11) 在精确农业中的应用。精确农业是利用RS、GIS、GPS、计算机技术等对农业生产全过程中农作物、土地、土壤从宏观到微观进行实时监测，通过诊断和决策，制订实施计划，并进行田间自动作业的信息化现代农业。GIS作为精确农业系统的承载运作平台和基础，起着大脑和神经中枢的作用，可以作为农田空间数据库的管理系统，用来绘制作物产量分布图和农业专题地图分析。

(12) 在农业领域其他方面的应用。GIS作为解决空间问题的有效工具，还渗透到农业领域的其他方面，如将GIS用于评价农业化学品投入的效率、农业小流域治理、农业气象服务、农业生态规划等方面。同时GIS整合Internet、专家系统、决策支持系统、应用模型等，服务于农业领域的相关方面。

## 五、GIS农业应用示例

以中国农业大学"基于GIS中国耕作制度区划信息系统"为例说明GIS农业应用。

### 1. 系统的结构及流程

中国耕作制度区划信息系统是基于GIS工具平台，建立面对专业技术人员的专用工具，适用于农业资源监测评价、气候资源管理与分析，省、地、县三级区划产品制作等。系统的工作流程如图5-20所示。系统的功能包括：①利用ArcGIS 10.2为平台，以县域为基本单元，构建了1985～2015年的社会经济、生产水平、自然概况和地理信息数据库。②工作区的行政区划、农业生产、交通运输等基础地理数据管理。③栅格格式、DEM数据以及农业气候区划数据信息管理。④农业资源监测与评价。⑤区划产品制作和耕作制度区划成果演示。

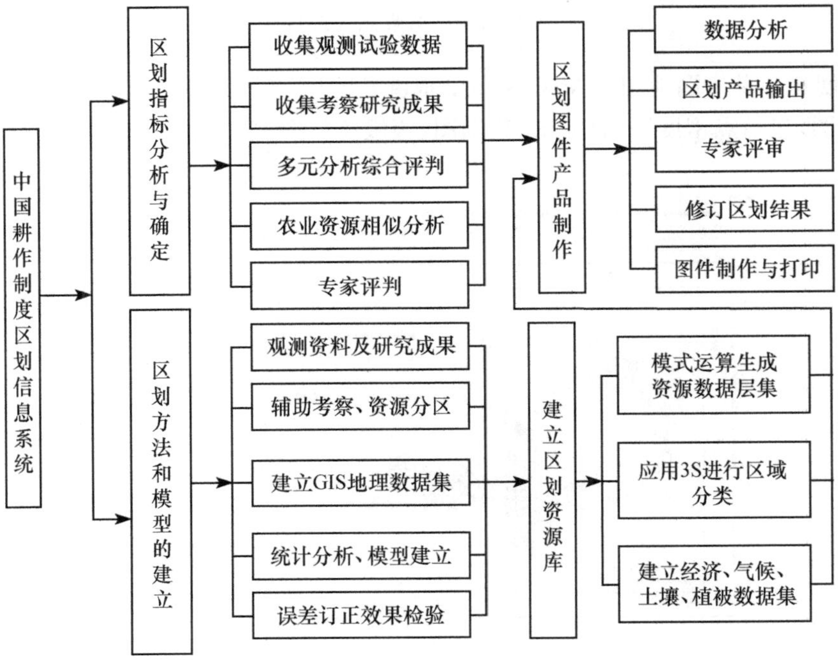


图5-20　中国耕作制度区划信息系统基本工作流程图

## 2. 系统的实现及部分功能展示

(1) 数据库设计。数据来自于基层统计资料和资源调查数据。包括全国 2800 多个县 1985～2015 年从气候资源、经济、生产到社会各个方面的信息。经过数据分析之后,将数据进行规范整理,然后导入 Access。

(2) 地理编码。参照标准年份,为每一年的数据加上唯一标识,将数据库和 ArcGIS 进行数据连接。

(3) 进行数据库的查询和分析。进行地理编码后,就可以进行数据的操作和处理了,数据包括空间数据和属性数据(图 5-21)。

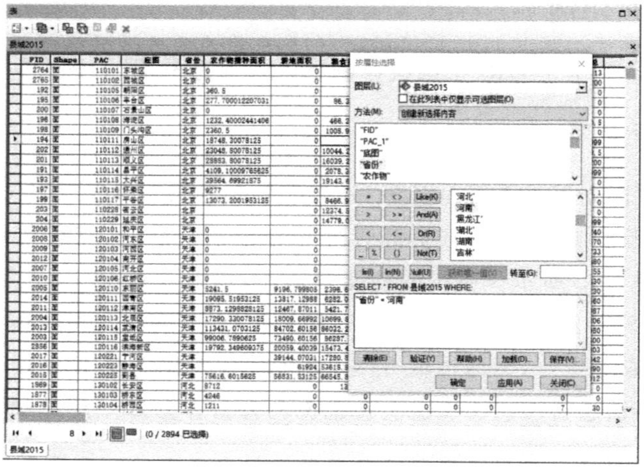


图 5-21 利用数据库管理系统进行数据管理

(4) 创建各种专题地图。ArcGIS 10.2 提供了强大的专题地图功能,可以绘制各种各样的专题地图,包括点密度图、直方图、范围图、等级符号图、独力值图等(图 5-22)。

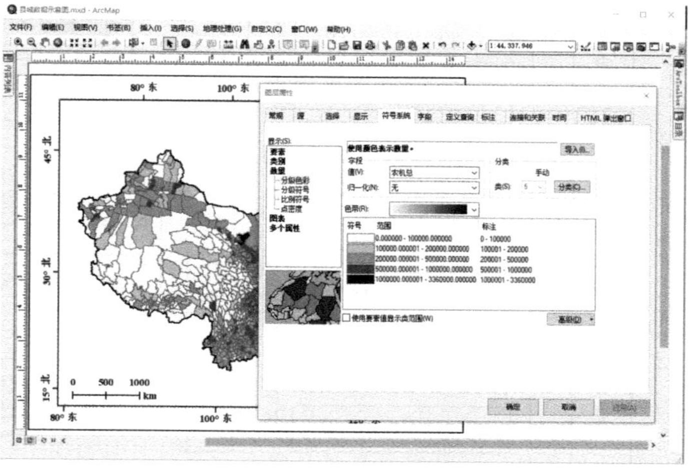


图 5-22 利用 ArcGIS 创建各种专题地图

图 5-23 为 2015 年全国分县农机总动力分布情况，图 5-24 为 2015 年全国分县粮食播种面积分布情况。这两个图只是例子，只要数据库中含有所需的数据，就能够进行各种项目的分析，从而做出各种各样的专题地图。

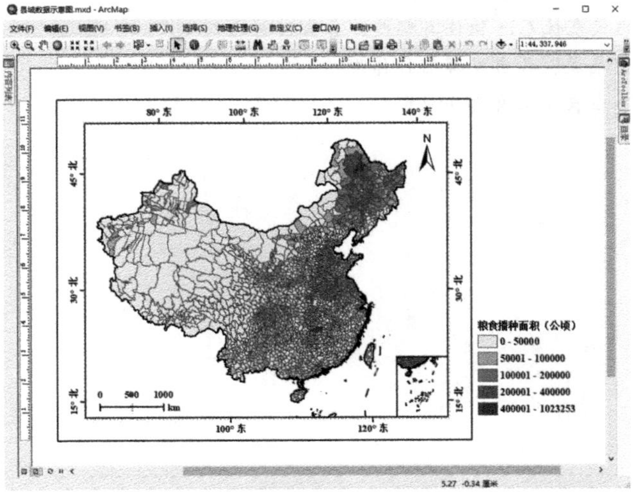


图 5-23　2015 年全国分县农机总动力分布情况

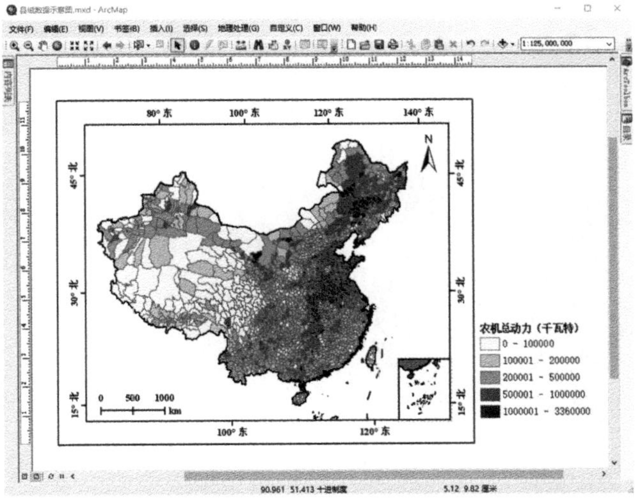


图 5-24　2015 年全国分县粮食播种面积分布情况

## 思　考　题

1. 什么是地理信息系统？它有何基本特征？
2. GIS 可分为哪些类型？
3. GIS 有哪些用途？
4. GIS 通常由哪几部分构成？各有何作用？
5. 什么是地理空间数据和地图？在地图中地理信息是如何表示的？
6. 什么是数字地图？GIS 中的信息可分为哪两种类型？

7. GIS 中地理信息如何存储和显示?
8. GIS 的空间数据结构包括哪两种类型? 各有何特点? 相互如何转换?
9. GIS 中空间数据分析与处理的内容和方法主要有哪些?
10. GIS 软件的结构和功能包括哪些?
11. 国内外常用的代表性 GIS 软件有哪些? 各有何特点?
12. "3S"技术如何集成? 各自发挥何种作用?
13. 举例说明 GIS 在农业上有哪些应用?

# 第六章　作物模拟模型

模型(model)是指采用简化、抽象和类比的表示方法，以文字、图形、图像、符号、实物和数学公式等形式来描述客观世界研究对象的系统状态和运行过程的一种研究方法。按描述方法不同，模型可以分为形象模型和抽象模型，前者如建筑模型、火箭模型等，后者如图形模型、数学模型和概念模型等。模拟模型(simulation model)是指模仿客观复杂系统动态变化过程的抽象模型。

计算机模拟模型是指通过构造一个简单但能反映物理世界中真实对象的数学抽象描述模型，采用计算机模拟被研究对象的发生、发展过程，为解释现象、揭示机制、发现规律、预测未来提供有效的工具。以作物或植物为对象的计算机模拟模型被称为作物模拟模型(crop simulation model)，根据其研究内容和模拟技术的差别，通常可以分为基于作物生理生态过程分析的数值模拟模型和基于植物形态结构再现的虚拟植物模型两类，前者通常简称为作物生长模型，后者简称为虚拟植物模型。作物生长模型能够预测不同环境条件下作物产量、叶面积指数、生物量以及土壤水肥利用状况等，而虚拟植物模型在精确农业、植物生长遥感监测、园林设计、虚拟教学等领域具有广阔的应用前景。

## 第一节　作物生长模型研究及其应用

作物生产是一个由气候、土壤、作物和管理等部分组成的复杂生态经济系统，借助于作物生长模型，可以定量描述作物生长发育与产量形成的过程及其对气候、土壤和管理措施的响应，有助于人们理解和及时准确调控作物生长过程及其生长环境，实现作物高产、稳产和高效的目标。

### 一、作物生长模型的概念与特点

#### 1. 作物生长模型的概念

作物生长模型，其全称为作物生长模拟模型(crop growth simulation model)，简称为作物模型(crop model)，是指能定量地和动态地描述作物生长、发育和产量形成的过程及其对环境反应的计算机模拟程序。它是对气候、土壤、作物和管理复杂系统的简化表达形式，是采用系统分析的方法，综合作物生理、生态、农业气象、土壤和农学等学科的知识和研究成果，对作物生育和产量形成的试验结果加以理论概括与数据量化，建立作物生育动态及其环境间关系的动态数学模型，应用计算机数值计算与模拟技术，实现描述和表达作物生产系统的运行状态和结果。由于它反映的是作物生长和发育的基本生理生态机制和过程，又被称为机制模型(functional model)或过程模型(process model)。它既不同于传统的反映因果关系的统计回归模型，又不同于生产上的作物栽培模型。它可在全球范围内用来帮助理解、预测和调控作物的生长发育及其对环境的反应。作物生长模型的开发和应用过程,称为作物生长模拟(crop growth modeling)或作物模拟(crop modeling)。

### 2. 作物生长模型的特点

长期以来,传统的农业研究方法大多以田间试验设计和生物统计为主,在作物品种改良和栽培方法改进上曾发挥过良好的作用,但此方法仍有一些固有的缺陷难以克服,如经验性强、解释性差、考虑的因素少,需要的样本数较大、试验周期长、费工费时、难以外推等。作物生长模拟模型与反应"处理-产量"的统计回归模型有显著的差别,它是一个模拟作物生产全过程的模拟系统。因此,与传统研究方法相比,作物生长模型有如下优点。①系统性:能对作物的生理过程和生态环境系统进行系统的全面的分析与描述。②动态性:逐时或逐日的描述各种生理生态过程和状态的动态变化。③机制性:能对主要的生理过程进行较为真实的机制性描述。④预测性:能在给定条件下对作物系统的未来发展动态进行定量描述。⑤通用性:适用于任何地点、时间和作物品种,不受地区、时间、作物品种和栽培技术的限制。

### 3. 作物生长模型的作用和功能

作物生长模型研究是对作物生产系统所涉及的气象、土壤、肥料、生理、栽培、水利、生态等不同学科的知识综合和关系量化,能促进作物生长发育基本规律和田间管理知识由传统定性描述向定量分析转变,深化了作物系统过程定量化认识和数字化表达,并能鉴定作物学科已有知识的积累程度和空缺情况,明确学科新的研究方向。

作物生长模型的主要作用是能够帮助人们深刻理解和认识作物生产系统的基本规律和量化关系,并对系统动态行为和最终表现进行预测,从而辅助生产者对作物生产系统进行适时合理调控,实现作物生产的高产、高效、优质、生态、安全的可持续发展。

## 二、作物生长模型的类型与结构

### 1. 作物生长模型的类型

按照模型所描述的作物种类,作物生长模型可分为单作物专用模型(model for single crop specie)和多作物通用模型(model for multiple crop species)(表 6-1)。单作物专用模型是根据某一具体作物的生理生态特性开发研制而成并专门用于该作物生长模拟的模型。多作物通用模型是根据各种作物生理生态过程的共性研制而成模型的主体框架,再结合各种作物的生长参数和田间管理参数分别进行各种作物的生长模拟。

**表 6-1 已发表的大田作物生长模型名录**

| 模型类型 | 作 物 | 模型名称 | 作者或发表者及发表年份 |
|---|---|---|---|
| 单作物专用模型 | 小麦 | CERES-Wheat | Ritchie(1985) |
| | | CERES-Wheat(氮素版) | Godwin 等(1985) |
| | | TAMW | Maas 和 Arkin(1980) |
| | | 未定名 | Aggarwal 等(1989) |
| | | SIMTAG | Stapper(1984) |
| | | WheatSM | 冯利平(1997) |
| | | CROPSIM-Wheat | Hunt 等(1995) |
| | | AFRCWheat | Porter 等(1993) |
| | | WCSODS | 高亮之等(1998) |
| | | WheatGrow | 曹卫星等(1996) |

续表

| 模型类型 | 作　物 | 模型名称 | 作者或发表者及发表年份 |
| --- | --- | --- | --- |
| 单作物专用模型 | 玉米 | CERES-Maize V1 | Jones 和 Kiniry(1986) |
| | | CERES-Maize V2 | Ritchie 等(1986) |
| | | CORNF | Stapper 和 Arkin(1980) |
| | | VT-Maize | Newkirk 等(1989) |
| | | GAPS | Bulttler(1989) |
| | | CUPID | Norman 和 Campbell(1983) |
| | | SIMAIZ | Duncan(1975) |
| | | CORNGRO | Childs 等(1977) |
| | | CORNMOD | Baker 和 Horrocks(1976) |
| | | SIMPAM | 孙睿等(1997) |
| | | 未定名 | 尚宗波等(1999) |
| | | 未定名 | 郑国清等(2000) |
| | 水稻 | CERES-Rice(旱稻) | Ritchie 等(1986) |
| | | CERES-Rice | Godwin 等(1990) |
| | | IRRIMOD | Augus 和 Zardstra(1980) |
| | | RICEMOD | MCMennamy 等(1983) |
| | | 未定名 | Horre(1988) |
| | | RCSODS | 高亮之等(1991) |
| | | RICAM | 戚昌翰等(1991) |
| | | RSM | 骆世明(1992) |
| | | RSSM | 邹应斌等(1993) |
| | 高粱 | CERES-Sorghum | Alagarwamy 等(1990) |
| | | SORGF | Arkin 等(1976) |
| | | SORKAM | Rosenthal 等(1989) |
| | | RESCAP | Montieth 等(1989) |
| | 谷子 | CERES-millet | Ritchie 等(1989) |
| | 大麦 | CERES-Barley | Ritchie 等(1989) |
| | 马铃薯 | POTATO | Ng 和 Loomis(1984) |
| | | POTATO(修订版) | Ewing 等(1990) |
| | | SUBSTOR | Hodges 等(1989) |
| | | (未定名) | Fishman(1985) |
| | 大豆 | SOYGRO | Wilkerson 等(1983) |
| | | SOYGRO V5.0 | Wilkerson 等(1985) |
| | | GLYCIM | Acock 等(1983) |
| | | SOYMOD | Curry 等(1975) |
| | 花生 | PNUTGRO | Boote 等(1989) |
| | 甘蔗 | AUSCANE | Jones 等(1989) |
| | 棉花 | GOSSYM | Baker 等(1983) |
| | | COTCROP | Brown 等(1985) |
| | | COTTAM | Jackson 等(1988) |
| | | COTGRO | Wilson |
| | | COTGROW | 潘学标等(1996) |
| | | OZCOT | Hearn 等(1994) |
| | | CTSODS | 马新明等(1996) |

续表

| 模型类型 | 作　物 | 模型名称 | 作者或发表者及发表年份 |
|---|---|---|---|
| 单作物专用模型 | 苜蓿 | ALSIMI(level 2) | Fick(1981) |
| | | ALFALFA | Denison 和 Loomis(1989) |
| | | SIMED | Holt(1975) |
| 多作物通用模型 | | BACROS | C. T. de Wit (1978) |
| | | EPIC | Williams 等(1984) |
| | | MACROS | Penning de Vries 等(1989) |
| | | CROPMAN | TAES-BRC(2003) |
| | | SUCROS | Van Keulen 等(1982) |
| | | WOFOST | van Keulen 等(1986) |
| | | Cropsyst | Stockle 等(1991) |
| | | ALMANAC | Kiniry 等(1991) |
| | | FLEXCROP | Halvorson 等(1982) |
| | | CROPROD | Woldren(1984) |
| | | NTRM | Shaffer 等(1987) |
| | | YIELD | Hayes 等(1982) |
| | | Century | Parton 等(1992) |
| | | PGROWTH | 陈家麟等(1994) |
| | | PERFECT | Littleboy 等(1989) |
| | | APSIM | APSRU(2001) |
| | | SPWS | 胡克林等(2007) |

按照模拟模型所包含的生态因子,可把作物生长模型分为 4 个层次(Wit and Penning de Vries,1982,1989)。第一层次模型(光温潜力模拟模型):只对温度和辐射有响应,用于模拟某一地区无水分、养分和其他限制因子时的潜在产量(图 6-1)。1980 年以前开发的模型多属此类。第二层次模型(光温水潜力模拟模型):除了光温效应外,还包含了土壤水分平衡和水分有效性对作物生长和产量的效应(图 6-2)。1980～1985 年开发的模型多属此类。第三层次模型(光温水氮潜力模拟模型):除光、温、水效应外,还包含了土壤氮素有效性、氮肥对作物生长和产量的效应以及氮素、水分和气候因素的交互作用(图 6-3)。

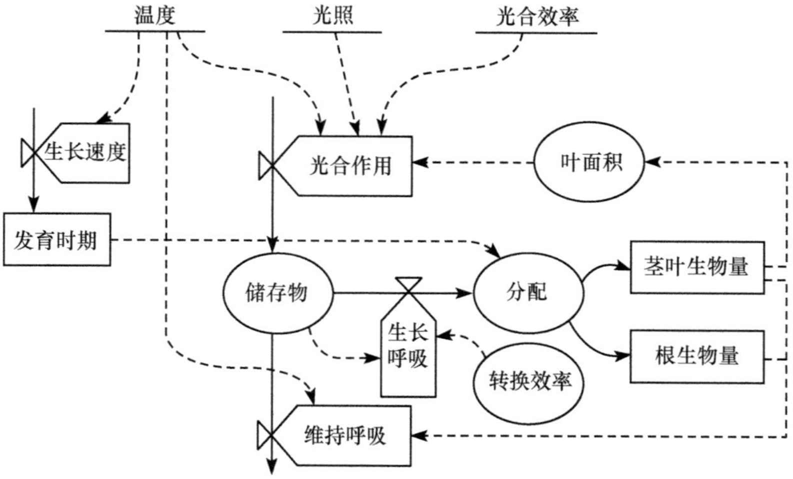


图 6-1　第一层次模型关系图(潘学标,2003)

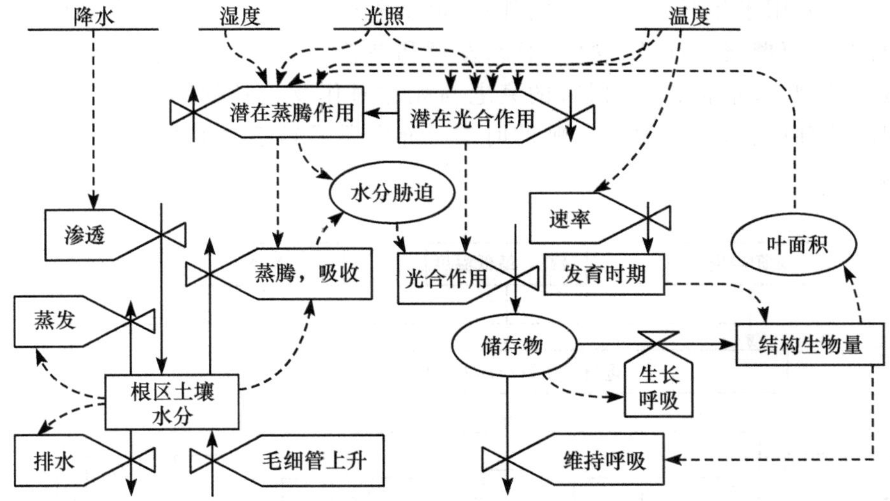


图 6-2　第二层次模型关系图(潘学标,2003)

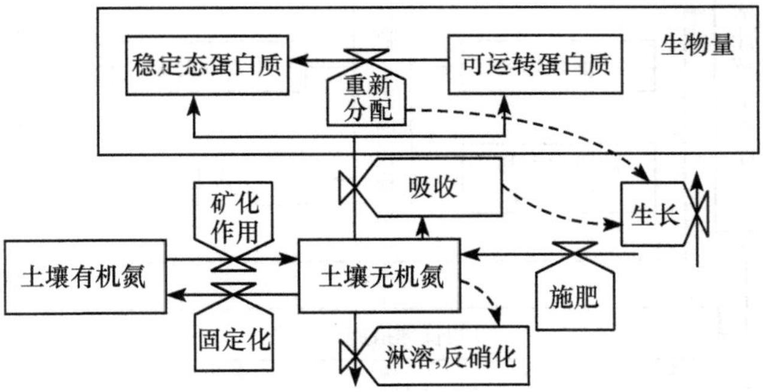


图 6-3　第三层次模型关系图(潘学标,2003)

1985 年以后开发的模型多包含了氮素成分。第四层次的模型(现实产量模拟模型):除上述因子外,还包含所有其他因子,如磷、钾等营养物和病、虫、草害及自然灾害对作物生长和产量的效应。目前,尚无第四层次的模型。

## 2. 作物生长模型的结构

一般的,作物生长模型的结构包括三大部分:第一部分为气候数据、土壤数据、作物数据和栽培管理措施输入模块;第二部分为模拟模块,包含了主要生理生态过程的模拟模型;第三部分为模拟结果的数据或图形输出与分析模块。一般较完善的作物生长模拟模型中的模拟模块包含如下成分:①光截获和光合作用动力学模型,涉及冠层结构、辐射特性和叶片特性;②营养吸收和根系活动动力学模型,涉及根系结构、土壤营养状况等;③干物质分配模型,干物质在源与库间的运输、储藏及器官间的分配;④水分吸收与蒸腾模型,涉及植株和土壤的水分平衡,植株的水分状况与水分胁迫;⑤生长和呼吸模型,干物质用于生长和呼吸的消耗;⑥叶面积增长模型,叶面积的动态变化;⑦发育和器官形成模型,包括阶段发育、形态发育和新器官(茎、叶、花、果、储藏器官)的形成;⑧衰老模型,包括根、叶等器官的衰老与死亡对作物生长的影响;⑨田间管理措施模型,田间管理措施对光、温、水、肥的时空分布与数量改变对作物生长发育和产量的影响(图 6-4)。

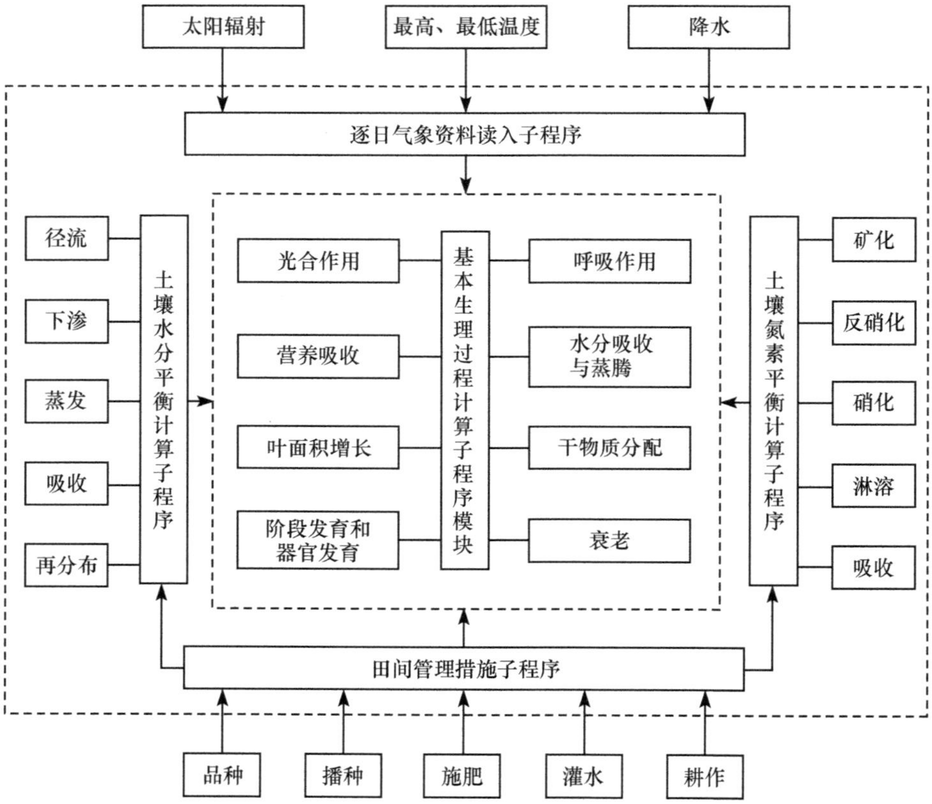


图 6-4 作物生长模型的结构框图

## 三、作物生长模拟原理

### 1. 作物生长模型的建模原理

作物生长模型建模的基本原理是假设作物生产系统的状态在任何时刻都能够定量表达,该状态中的各种物理、化学和生理机制的变化可以用各种数学方程加以描述,还假设作物在较短时间间隔(如 1h)内物理、化学和生理过程不发生较大的变化,则可以对一系列的过程(如光合、呼吸、蒸腾、生长等)进行估算,并逐时累加为日过程,再逐日累加为生长季,最后计算出整个生长期的干物质产量或可收获的作物产量(图 6-5)。同时,还假设同一作物的不同植株在田间都是均匀一致的,具有相同生长发育进程。

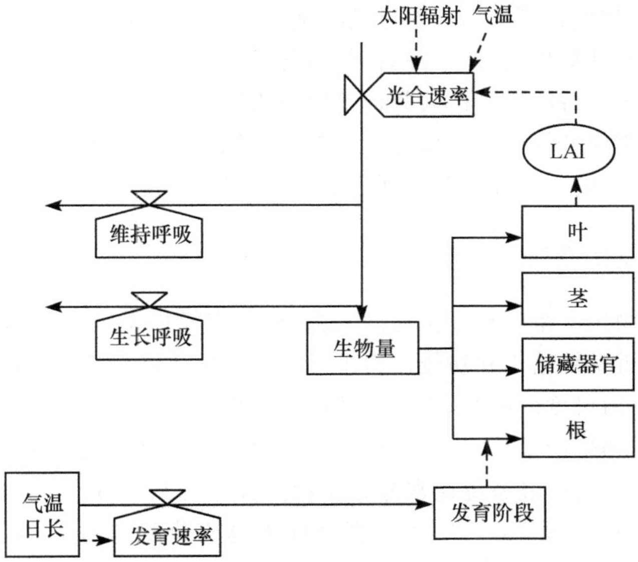


图 6-5　典型作物生长模型流程图(曹卫星,2005)

### 2. 作物生长模型的模拟过程

因为作物生长发育进程受太阳辐射、温度和降水的控制,大多数作物生长模型以逐日气象数据输入驱动模型运行,时间步长为 1 天,以作物的单株作为基本模拟单位,逐日进行作物基本生理生态过程的描述与计算,从播种开始直至作物成熟结束。在对单株进行生长发育模拟时,分别模拟植株在面积、体积上的扩大和质量的增长以及阶段和形态发育 4 个方面。然后,通过单位面积上的植株密度计算单位面积上的作物产量。在计算作物的经济产量时,一些模型采用全生育期生物学产量与一定的经济系数之积来计算经济产量,而另一些模型则描述了穗的分化、生长和籽粒灌浆时的干物质分配等生理过程,以穗粒数和单粒重来计算经济产量。作物生长和产量模拟中的难点是对作物生长持续期、生长速率以及由于水分、营养及极端温度引起的胁迫的模拟。

### 3. 作物生长模型的模拟范围

已开发的绝大多数模型的模拟范围属田间水平(field level),适用于田间范围内生态条件相对一致的情况。对农场或较大范围的区域进行作物产量模拟时,则需要按照光、热、水、土等生态条件相对一致性进行分区模拟,然后加权计算全区域作物产量。后者称为区域水平(regional level)的模拟。若将作物模拟模型与地理信息系统(GIS)结合,可有效地利用 GIS 中的土壤和生态条件数据进行区域性作物产量模拟,得出全县、全省和全国的作物产量。

## 四、作物生长模型的研制步骤

作物生产系统是一个气候、土壤、作物和管理措施组成的、非常复杂的生态系统,对其进行过程模拟的作物生长模型的开发也是一项复杂的系统工程,模型开发者需要具备系统分析、数学模拟及计算机编程方面的技能,还需要全面收集和深刻理解作物生理、生态、气象、土壤和农学等学科的详细试验数据和研究成果,以此作为作物模型开发的基本数据资料。实际上,作物模型的开发工作常常是上述不同学科的科学家和计算机专家共同协作完成的。作物模型的开发和研制包括以下几个步骤。

1. 模拟系统定义与分析

首先,应对作物生产系统进行实地深入调查,确定模拟系统边界和尺度,划分系统成分和系统环境,分析系统结构和功能。为了保证作物生产系统相对一致性,大多数模型的空间尺度一般为农田尺度。同时,为了合理描述系统变量变化动态,大多数模型的时间步长一般为1天。作物生产系统成分一般包括作物和土壤,而气象条件、农产品输出等则作为系统环境。作物及其环境系统通常分为作物阶段发育与物候期、植株形态发生与器官建成、植株光能利用与同化物生产、不同器官间干物质分配与利用、土壤-作物-大气水分平衡、土壤养分动态与作物利用6个亚系统(图6-6)。

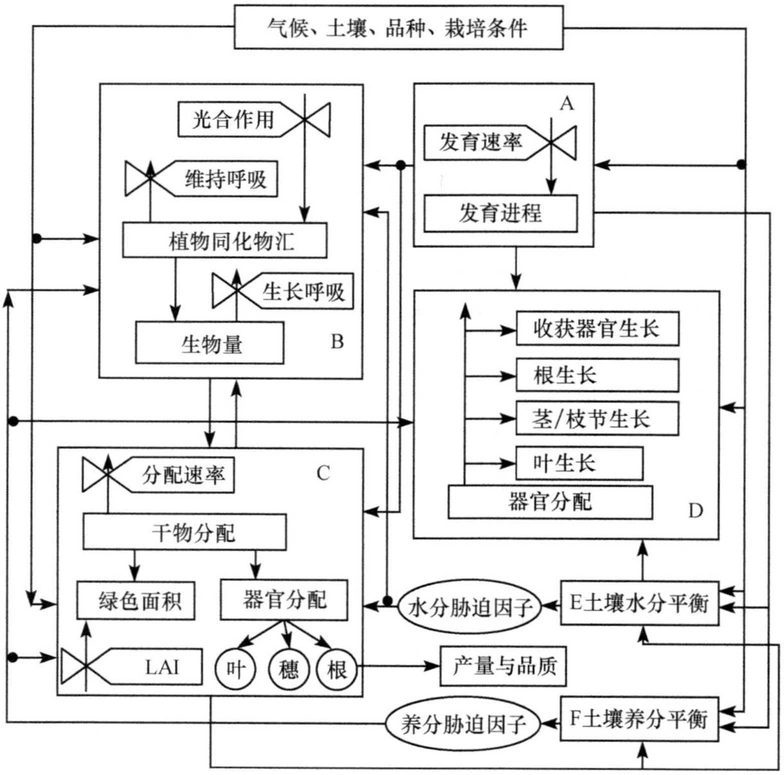


图6-6 作物生长通用概念模型(曹卫星,2008)

A. 生育期子模型;B. 生物量子模型;C. 干物质分配子模型;D. 器官建成子模型

然后,明确模型参数和系统变量,制定模拟系统目标,绘制系统框图和结构动态图。采用分室模型符号,如云朵代表系统输入源,小室代表系统状态变量,开关代表过程速率变量，以实线代表物质流，以虚线代表信息流，建立作物模拟系统概念模型（图 6-1 至图 6-3）。

### 2. 数据获取与量化处理

通过试验测定、文献查阅和合作交流等途径，收集土壤-作物系统的详细试验研究数据，包括作物生理生态、品种遗传性状、逐日气象要素、土壤水分和养分运转等定量数据，并采取"析因法"和"系数化"等量化处理方法，确定系统参数和状态变量的定量表达式或者算法程序。析因法是以系数形式来分别建立温度、光照、水分和养分等环境因子对作物生长的响应模型或者效应因子模型，再采取最小法和乘积法等数学方法定量分析系数因子间的相互作用，简化处理多因子响应模型。系数化是指通常将光、温、水、气、肥等环境效应因子的特征值设定在 0～1 区间。必要时开展作物模拟支持研究，确立不同环境条件下作物生长系统的一般性规律和定量方法。

### 3. 数学模型构造与程序编写

在确定模拟系统概念流程模型后，通过数据分析建立各种数学模型。要深刻理解和分析作物生产系统变量、参数及其生物学和生态学关系，采用适当数学方法构造适宜的数学模型。对于变量和关系较为简单的动态模型，可采用数据拟合曲线的线型选配技术和最小二乘法。对变量和关系较为复杂的动态模型，一般采用前述的作物生产第一层次模型、第二层次模型和第三层次模型等建模思路，首先建立包含生活因子数量较少、关系较为简单、描述潜在生产力的基本作物模型，然后逐渐增加水分、氮素、磷素等生态因子的数量，并定量描述这些生态因子对潜在生产力的胁迫程度，获得温度、水分和养分胁迫条件下的作物生产力，使模型由简单到复杂、由低级到高级不断发展和完善。通常分别构建作物、气候、土壤等作物系统各部分子模型，然后进行子模型装配，构造完整的作物系统模型。其次，在程序模块设计和编程时，要将主程序和子程序设置成合理的模块化结构，突出模块的可读性和解释性，增强可改性和灵活性，采用表现友好的人机界面，便于用户操作，减少模型运行时间。绘制计算机程序流程图，划分各子程序及其主次关系、先后次序、分支关系、汇合关系和反馈关系等，以便农学家、数学家和程序员等模型开发者记录和理解程序中的复杂关系。

作物模型编程语言包括模拟算法编程语言和界面编程语言。模拟算法编程语言通常采用 Visual Fortran 和 Visual C++。Fortran 按照功能设置模块，以作物生理生态过程为主线，如作物发育、生物量同化与分配、生长和产量等；C++则按照植株与器官等实体设置模块，以对象为主线，如作物植株、叶片、茎、根、花、粒等。此外，还需要编写模型数据输入和输出子模型程序，确定适宜的输入输出内容和形式，便于用户操作。

### 4. 模型验证、检验与改进

模型编程完成后，要进行模型验证、检验和改进。模型验证（verification）主要是验证模型的可靠性和严格性，而模型检验（validation）主要检查模型与真实世界的接近程度，即模型应用上的有效性。

模型验证内容主要是判断模型在逻辑上的一致性,通过检查输入输出数据、模型结构图和流程图的正确性,防止和纠正程序的逻辑错误。模型检验包括对模型机制性、适用性、拟合度、简便性等方面做出评价,一般采用模拟值和观测值的回归分析、绘制 1∶1 对比图和计算平均误差等方法来评价模型模拟精度。

敏感性分析是对模型灵敏度和动态性的测验,通常人为给模型主要参数赋予一定的增量和减量,观察模型输出结果响应的灵敏度,测验模型结构、过程、成分和参数的有效性和合理性。

实际上,作物生长模型的开发工作是一个不断补充、修改和扩充的完善过程,需要逐步的进行升级和换代,直至日趋完善和成熟。像 DSSAT 和 EPIC 这样较为成功模型的开发,须花费大量的人力、物力和时间,需要许多科学家在不同的条件下对模型进行试验验证。直至目前,这种较为成熟的模型版本已经历了十几年甚至 30 余年的开发、改进和完善历程。

## 五、作物生长模型研究进展

作物生长模型研究是作物学科和计算机学科新兴的交叉研究领域,以美国和荷兰开始时间最早,研究力量较强,研究水平也较高。1965 年荷兰的 de Wit、1967 年美国的 Duncan 率先相继发表了对作物群体光合作用的模拟模型。此后,荷兰相继研发了作物初步模拟模型 ELCROS(elemental crop simulation)、作物生长基础模拟模型 BACROS、水分决定牧草产量模型 ARIDCROP、简单通用作物模拟模型 SUCROS(simple and universal crop growth simulator)、一年生作物生长模拟模型 MACROS、世界粮食研究模型 WOFOST 等。荷兰的模型研究强调生物机制性和作物共性,对作物的形态发育和阶段发育上的差异性描述相对薄弱。

与此同时,美国先后研发了 30 多个单作物专用模型,如第一代棉花模型 SIMCOT 和第一代玉米模型 SIMAIZ、作物与环境资源综合系统 CERES(crop-environment resource synthesis system)系列模型(包括小麦、玉米、水稻、大麦、谷子、高粱等作物)、棉花生长模型与棉花生产管理系统 GOSSYM/COMAX 等,也研制了数十种多作物通用模型,如土壤侵蚀和土地生产力评价模型 EPIC(erosion/productivity impact calculator),包含氮素、耕作与残茬管理的作物模型 NTRM,作物系统模型 Cropsyst,两种植物竞争生长模型 ALMANAC 等。另外,还开发了包含多种单作物专用模型的农业技术转让决策支持系统 DSSAT(decision support system for agro-technology aransfer)、基于 EPIC 的作物生产与管理模型 CROPMAN(crop production and management model)等。美国的作物模型研究强调"气候-土壤-作物-管理"系统的综合性与解决问题的实用性。

此外,澳大利亚、加拿大、英国等国也已开发出了若干较有影响的作物生长模型。例如,澳大利亚的棉花模型 OZCOT、作物生产力、径流与保护性耕作技术评价模型 PERFECT、农业生产系统模拟器 APSIM(agricultural production simulator),加拿大的春小麦生长和产量模拟模型 CROPSIM-WHEAT,英国的小麦生长模型 AFRCWHEAT 等。

我国的作物生长模拟模型研究开始于 20 世纪 80 年代中期,相继研制出水稻、小麦、棉花、玉米等多种单作物模型,如以水稻模型为核心的水稻生长模型 RICEMOD、小麦生长发育模拟模型 WHEATSM、棉花栽培计算机模拟决策系统 COTSYS、基于前述模型的作物栽培模拟优化决策系统 CCSODS(crop cultivation simulation optimization decision-making system)系列 RCSODS、WCSODS、MCSODS 和 CTSODS(水稻、小麦、玉米、棉花)、水稻生长日历模型 RICAM、水稻模拟模型 RSM、水稻苗情动态模拟模型 RSSM、棉花生长发育模拟模型 COTGROW、基于 CERES 模型的小麦-玉米连作智能决策系统等。南京农业大学经过对小麦、油菜、棉花、水稻等作物生长发育和产量形成机制的细致研究和总结集成，建立了小麦、油菜、棉花和水稻生长模拟模型。中国作物模型研究注重作物生长模型、栽培优化模型或知识模型与专家知识相结合，研制粮棉油等各种栽培模拟优化决策系统(曹宏鑫等，2006)。

据不完全统计，经过 40 年的研究开发，全世界已开发出了包括大田作物、园艺作物、森林树木和草原牧草在内的各种作物模型逾百个。从总的历史进程看，20 世纪 70 年代中期以前开发的模型主要是对作物生长和环境因素中的某个过程的模拟，是“制造零件”。70 年代后期则相继开发出了作物生育和产量形成全过程的模拟模型，开始“组装机器”。80 年代中后期以后，模型的开发逐步深化，层次不断提高，加强了对水分、氮磷平衡子模型的研究，提高了模型对作物真实系统模拟的精度。90 年代中期以来，国际上作物生长模拟研究重点从模型开发研究逐渐转向模型应用研究，侧重于作物模型修订升级和整合集成以及与专家系统和“3S”技术结合，研制基于 Windows 操作系统的用户界面友好的作物生产管理综合系统，如美国的 DSSAT 和 CROPMAN、澳大利亚的 APSIM 等，由于增加了气候、土壤和作物参数库、气象预测模拟、病虫草害模拟和成本收益分析等模块，使得模型实用性和综合性不断增强。

国外发达国家作物生长模拟技术已历经了 40 多年的理论研究和实践探索，初步形成了较为有效的研究理论和方法体系。我国经过 20 多年对作物模拟模型技术的学习和引进、研究和应用，初步建立了一支作物模拟研究的人才队伍，在作物模型研究和应用的理论和技术方面也积累了一定的经验，取得了一定的成绩，但和发达国家相比，仍然有较大差距。我国作物模拟研究队伍面临着人员数量少、力量分散、合作研究少、研究项目少、研究经费不足等问题。和世界著名作物模型相比，我国研究的作物模型在科学性、实用性、通用性上仍有明显差距，有待于进一步提高。

## 六、著名作物生长模型简介

### 1. DSSAT 模型

DSSAT(decision support system for agro-technology transfer)模型是在 1983～1993 年美国 IBSNAT(国际农业技术转化基准站网络)计划资助下、在 1994 年至今的 ICASA(国际农业系统应用协会)组织下，相继由夏威夷州立大学、佛罗里达大学和乔治亚州立大学等多家研究机构长期协作，将已开发的 CERES、CROPGRO、SUBSTOR、CROPSIM、CANEGRO 等系列 26 种单作物专用模型与 CENTURY 模型中土壤碳素和氮素模拟模型集成，组装成具有共同用户界面的通用作物系统模型 CSM(cropping system model)。2000 年以前发布的 DSSAT 2.1、DSSAT 3.0 和 DSSAT 3.5 版本是 DOS 版，2000 年以后发布的 DSSAT 4.0 和 DSSAT 4.5 版本是 Windows 版。

DSSAT 4.0 模型由数据模块、模型模块、分析模块和工具模块等几部分组成(图 6-7)。数据模块由背景资料、试验资料、遗传参数资料、气象资料、土壤资料、害虫管理资料及经济收益 7 种数据库组成。模型模块包括 CERES 系列模型(玉米、高粱、谷子、水稻、小麦、大麦)、CROPGRO 系列模型(大豆、花生、菜豆、鹰嘴豆、蚕豆、豇豆、番茄、甜椒、甘蓝、菠萝、巴拉草、棉花)、SUBSTOR-马铃薯、CROPSIM-木薯模型、CANEGRO-甘蔗等 26 种单作物专用模型。分析模块主要包括季节分析(seasonal analysis)、轮作分析(sequence analysis)和空间分析(spatial analysis)。季节分析可对一个生长季节内的田间管理决策进行评估,主要包括农作物和品种的选择、植株密度和间距、种植日期、灌溉时间和灌溉量、施肥时间、施肥量和施肥方式,及其他相关管理措施等。连作或轮作分析可对一种或多种作物多年接茬轮作进行模拟分析,分析不同农作物轮作策略对土壤水分平衡、氮素平衡、碳素平衡等所产生的长期效应。空间分析是将作物模型与地理信息系统相结合,应用天气、土壤以及农田管理信息对某一区域进行空间模拟分析。工具模块则提供进入试验数据模块、绘图数据模块、土壤数据模块、实验数据模块、气象数据模块、季节分析模块和轮作分析模块以及其他模块的快捷方式。

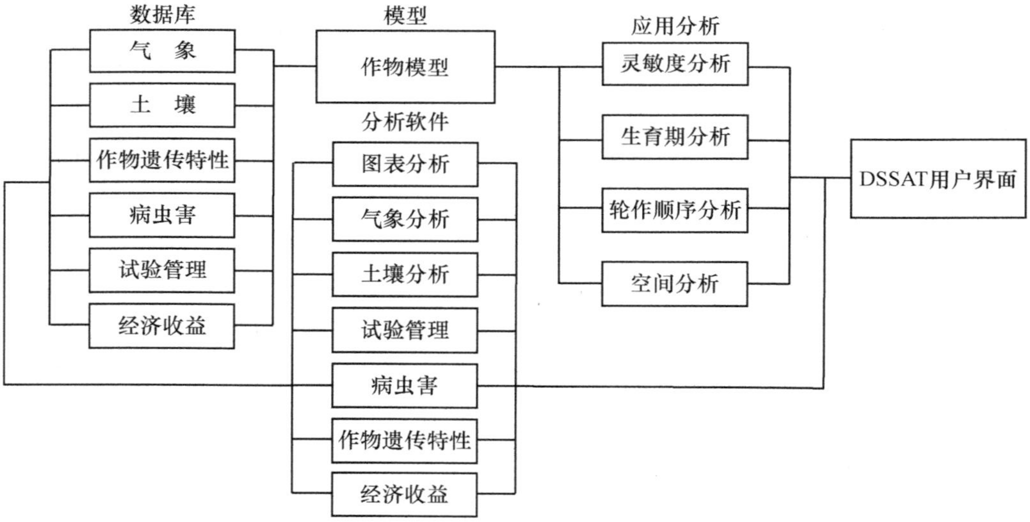


图 6-7　DSSAT 4.0 模型结构

## 2. EPIC 模型

侵蚀和生产力影响计算模型 EPIC(erosion-productivity impact calculator),现在改称为环境政策综合气候模型(environmental policy integrated climate),是一种综合性多作物通用型土壤-作物系统过程模拟模型,是美国农业部农业研究局草地土壤和水分研究所、得克萨斯州农工大学 J. R. Williams 等研制的定量评价“气候-土壤-作物-管理”综合系统的动力学模型。EPIC 模型自 1984 年首次发布以来，经过连续多年地不断修订和广泛验证，能够逐日定量模拟气候变化、径流与蒸散、水蚀与风蚀、养分循环、农药迁移、植物生长、土壤管理、经济效益分析等过程与环节，能够输出逐日作物生长和产量、逐日分层土壤水分和养分模拟结果，特别适合于土壤-作物系统过程综合模拟和分析，分析和预测水土资源利用和作物生产力长周期动态变化过程，评价农业生态系统管理策略和水土资源环境效应(图 6-8)。EPIC 模型包括基于 MS-DOS 的 EPIC 模型和基于 Windows 的 WinEPIC 模型等不同版本。

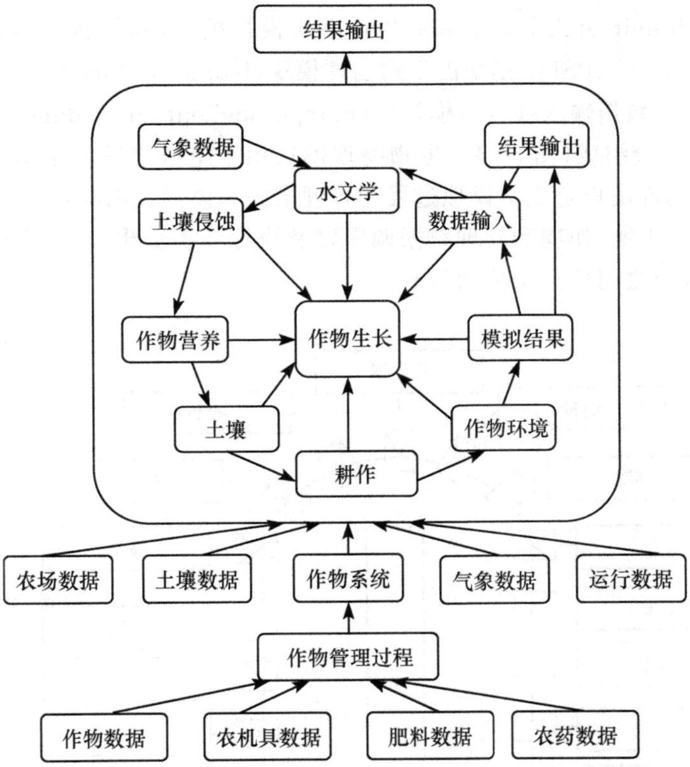


图 6-8　EPIC 模型结构及其运行过程

EPIC 模型中作物生长模型是一个多作物通用模型，是根据各种作物生理生态过程共性研制而成模型统一框架，再结合不同作物生长参数分别进行各种作物生长模拟。作物种类包括大田作物(大豆、玉米、高粱、小麦、大麦、燕麦、棉花、花生、水稻、马铃薯)、牧草(苜蓿、草原、夏季草场、冬季草场)及树木(松树、苹果)等 120 多种类型。作物与土壤管理模块能够对种植密度、播期、施肥、灌溉、土壤耕作等措施进行模拟与优化，能够模拟作物混作和轮作，可进行几十年至上百年的土壤侵蚀与作物生产力的模拟，评价土地利用方式和种植方式对土壤侵蚀与作物生产力的影响。经济效益分析模块能够估算作物生产过程中的各项投入成本和产出利润，为农业生产经济效益评价和管理方案制订提供决策支持。

EPIC模型已在美国和许多国家得到了广泛的应用,并且还以EPIC为核心,开发出了土壤与水分评价工具SWAT、流域土壤与水分资源管理模型SWRRB、作物生产与管理模型CROPMAN等,广泛地运用于水土资源利用规划与管理评价、作物生产管理优化决策研究中,社会与生态效益十分显著。

## 3. APSIM模型

APSIM(agricultural production systems simulator)是由澳大利亚联邦科工组织CSIRO、昆士兰州政府、昆士兰大学等机构联合组建的APSRU(agricultural production systems research unit)开发研制的农业生产系统模拟模型,其最新版本为2009年11月发布的APSIM 7.1。APSIM模型由生物物理模块(biophysical module)、管理模块(management module)、数据输入和输出模块(data input and output module)、模拟引擎(simulation engine)4部分组成(图6-9)。生物物理模块用来定量描述农作系统中生物和物理过程,管理模块允许用户自定义模拟过程的管理措施和模拟控制参数,数据输入和输出模块用来控制气象、土壤、作物和管理数据调用以及模拟结果输出,模拟引擎是驱动模拟过程和控制不同模块之间信息交流的核心。

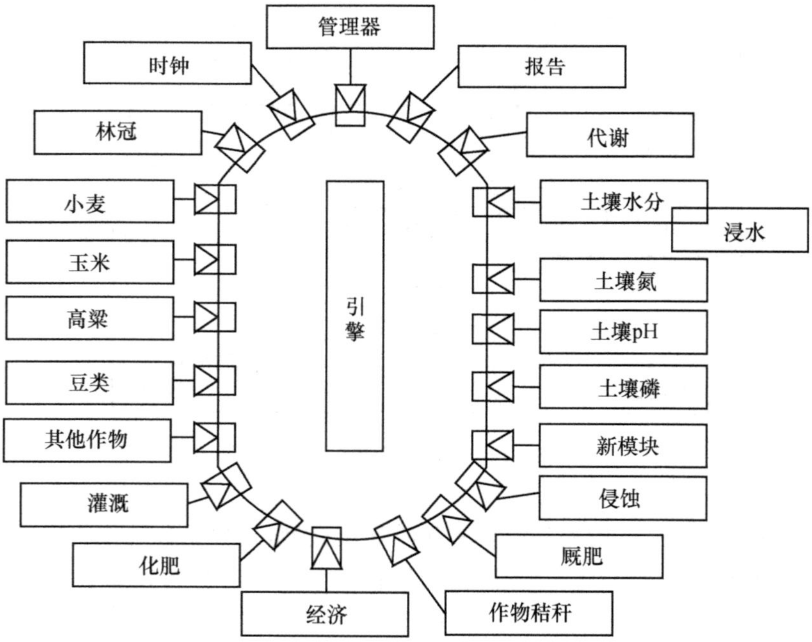


图6-9 APSIM模型结构

APSIM模型采用"插-拔"式模块化结构设计,包括多种作物、草原和树木、土壤水分平衡、氮磷运转、土壤pH、土壤侵蚀和管理控制等多种模块,构建了高度独立的作物生长、土壤水分和土壤氮素模块,方便进行轮作、间作等种植方式和各种管理措施的模拟,能够模拟作物生长、地表残茬、土壤水分、土壤养分、土壤侵蚀等不同土壤-作物系统组合状态，用来评价气候、基因型、土壤、管理等因素对作物生产的长期影响，适用于农场管理决策、农作系统生产决策和资源管理、季节性气候预报评价、农业关键问题分析、废弃物管理方针制定、政策风险评价、科研和教育活动等。

## 4. WOFOST 模型

WOFOST(world food studies)模型是由世界粮食研究中心和荷兰瓦根宁根大学理论生产生态学系与农业生物研究中心共同合作研制的一年生作物生产潜力模型，是瓦格宁根大学 C. T. de Wit 学院开发的作物生长模型家族成员之一[SUCROS、旱区作物(arid crop)、春小麦(spring wheat)、MACROS 和 ORYZA1 等]。这些模型包含作物生长、气候和土壤子模型，能模拟作物生长过程中的光截获、$CO_2$ 同化、作物生理发育等控制过程，也详细描述了土壤水分平衡和作物营养吸收，能模拟潜在和限制条件下的不同层次作物生产潜力差异(图 6-10)。WOFOST 6.0 以前的版本为 DOS 版，WOFOST 7.1 则改为 Windows 版。

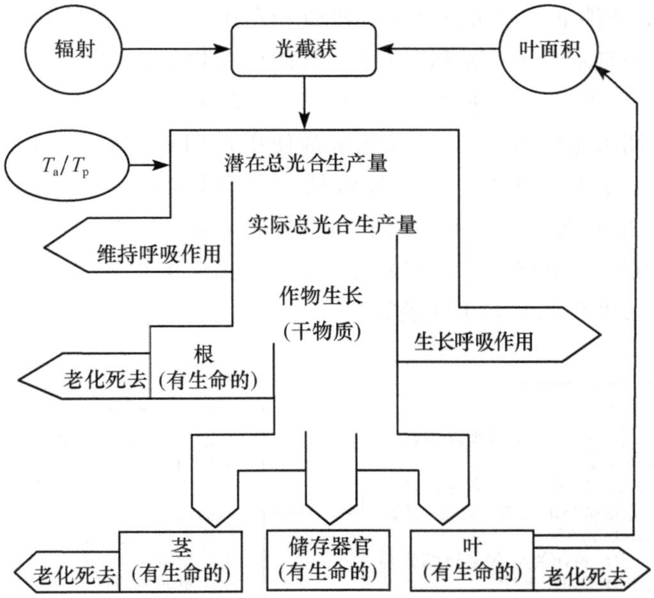


图 6-10 WOFOST 模型模拟的作物生长过程

$T_a$ 和 $T_p$ 是实际和潜在呼吸速率

WOFOST 模型早期用于评价热带地区一年生作物的潜在产量，能对水稻、玉米、小麦、大麦、马铃薯、甜菜、大豆、蚕豆、油菜、向日葵等多种作物进行光温生产潜力、气候生产潜力和光温水肥生产潜力 3 种层次产量评估。近 10 年来，WOFOST 则主要用于分析作物产量风险和产量年际变化、不同土壤类型、水文条件、品种类型、作物生活要素、播种策略、气候变化、农业机械使用关键期等不同条件下作物产量变异性，定量评价区域最大作物产量潜力水平，估算灌溉和施肥最大收益，模拟和监测季节中不利生长状况，预测区域作物产量,模拟森林生长和草地管理等。例如,WOFOST 6.0 是欧洲 MARS(monitoring agriculture with remote sensing)项目研究内容之一,通过 WOFOST 模型可定量预测欧洲各区域和国家作物产量,生成作物生长指示因子,评价全欧洲当前作物生长季节与历史同期之间的差异。WOFOST 模型已经在欧洲、非洲以及亚洲国家得到了验证和应用。

### 5. GOSSYM/COMAX

GOSSYM/COMAX(cotton-gossypium simulation model/cotton management expert)棉花生长模型和棉花栽培管理专家系统是美国农业部农业研究局 Baker 等于 1985 年开发研制成功的棉花生产管理决策支持系统,由 GOSSYM、COMAX、工具箱和图形用户界面 GUI(graphical user interface)组成(图 6-11)。GOSSYM 模型是一个以土壤物理学性质、土壤养分和水分等为初始条件,以逐日太阳辐射、逐日最高和最低温度为驱动变量,以关键农艺措施,如施氮、灌水、喷脱叶剂等为控制变量的系统动力学模型,包括了水分平衡、氮素平衡、碳平衡、光合产物合成与分配、植株形态建成等子模型,能逐日动态模拟特定气候和土壤条件下土壤水分和氮素吸收和利用动态、干物质平衡、棉花生长和棉花产量等(图 6-12),也能够与 GCM 和 WGEN 气候模型链接,评价气候变化对棉花生产的影响。COMAX 是一个基于规则的专家系统,它可以调用 GOSSYM 模型,能对灌溉日期和灌溉量、施氮日期和施氮量、化学生长调节剂使用日期和用量、棉花收获期预测与调控等不同农艺措施进行优化决策。工具箱包括情景分析(scenario analysis)和风险分析(risk analysis),能把天气和化学生长调节剂组合起来进行分析,根据未来可能的天气条件推荐最佳施氮方案。GOSSYM/COMAX 已推广至全美棉花带 14 个植棉州的 300 多个农场,平均每公顷可获纯利润 169 美元。

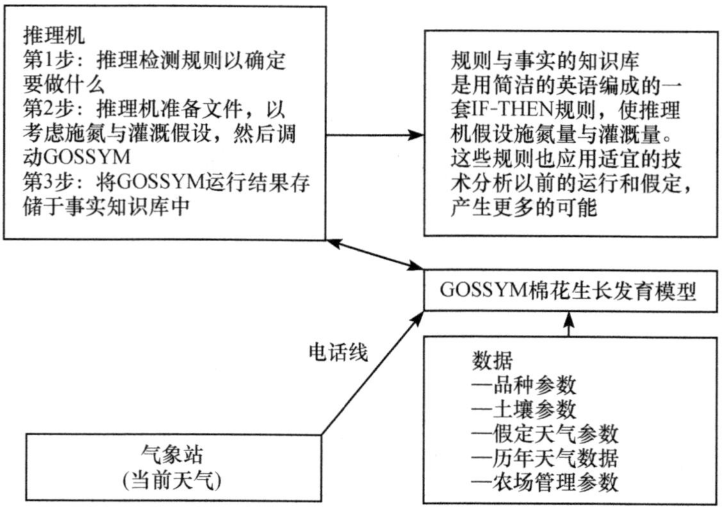


图 6-11 GOSSYM/COMAX 的总体结构框图(潘学标,2003)

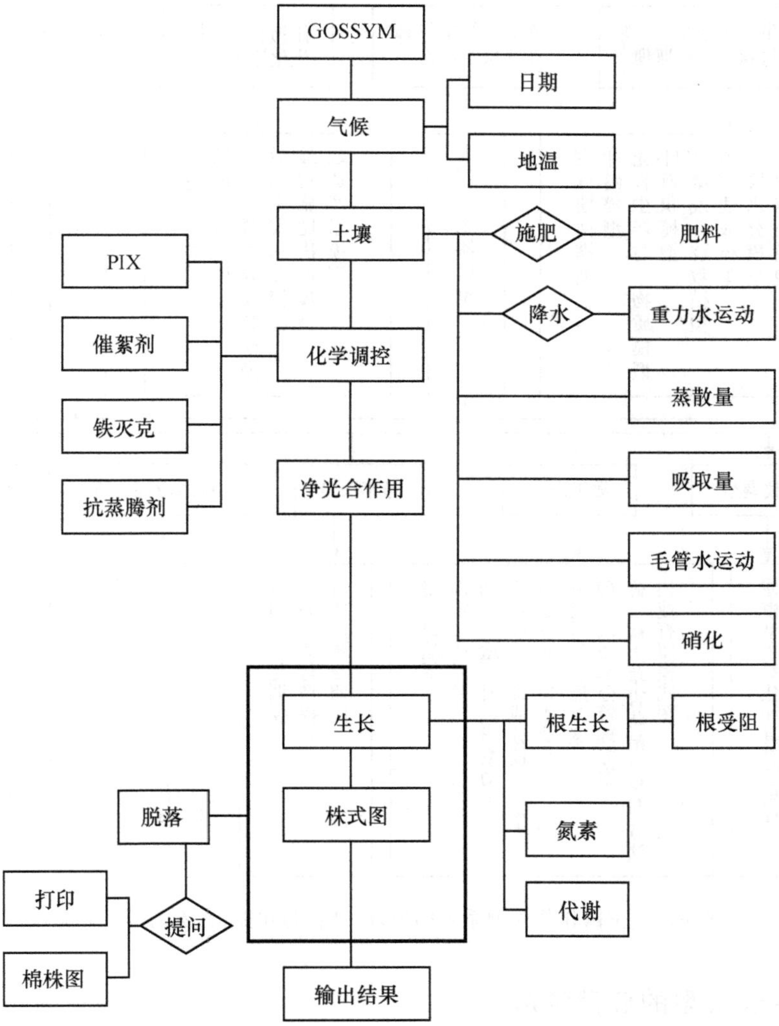


图 6-12　GOSSYM 结构框图(潘学标,2003)

## 6. 中国作物模型

以江苏省农业科学院和南京农业大学等为代表开展的中国作物模型研究工作,注重将作物生长模型、栽培优化模型或知识模型与专家知识相结合,所开发的水稻(RCSODS)、小麦(WCSODS)、玉米(MCSODS)、棉花(CCSODS)、油菜(OCSODS)、大豆(SCSODS)栽培模拟优化决策系统等,具备将作物生长模拟与栽培方案优化决策相结合的功能,还能以模型参数调整反映不同品种、地点和气象条件差异,以常年决策提供播种、灌溉、施肥、群体动态等作物栽培优化方案为基础,以当年决策为预测、监测及调控手段,以数字化、目标化、动态化及优化管理为其突出特征(图 6-13)。但在土壤水分,病、虫、草害模拟及其预测与决策方面,中国作物模型仍以知识型为主;在土壤养分利用方面,只采用了作物平衡施肥决策模型;在模型软件系统容错性、用户界面美观性、操作自动帮助等方面,仍须进一步完善和提高(曹宏鑫等,2006)。

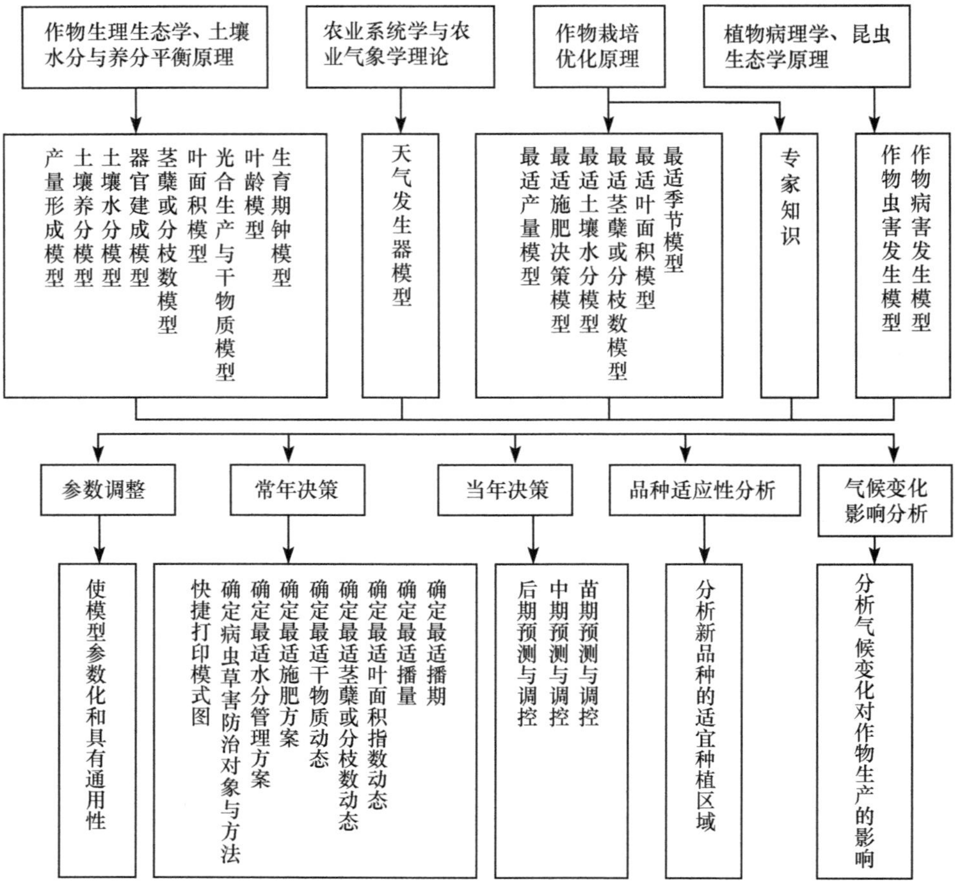


图 6-13　中国作物模型系列的原理、结构与功能(曹宏鑫等,2006)

## 七、作物生长模型的应用领域

在作物生长模型研制取得成功的同时,作物生长模型在教学、科研、管理、推广等方面的应用研究不断扩展和深入,主要用于如下各个领域。

(1) 教学与技术培训。作物生长模型作为教学工具,可以让学生在短时间内了解作物一生的生长和形态变化过程,通过对作物生长模型的解剖,有助于学生了解作物生长发育的各个主要过程及其与环境和管理措施之间的关系。当然,作物生长模型也可作为发展中国家和基层农业技术人员的培训工具。

(2) 作物生产潜力研究。作物生长模型是对实际作物生产系统的简化表达形式,可用来评价各种资源状况对作物生产力的影响,模拟计算森林树木、草原牧草、大田作物、园艺作物等不同类型作物的光、温、水、肥生产潜力,揭示潜力开发中的障碍因素。

(3) 作物栽培方案优化研究。许多模型中都包含有田间管理措施对作物生长与产量形成影响的模拟成分。根据各种栽培措施下的模拟结果,可以筛选出品种、播期、施肥、灌水、密度等方面的优化组合方案,减少作物栽培方案优化中的田间试验年限和次数以及处理的数量。在作物品种区域试验中,可根据各个品种的遗传特性参数分别在各种气候年型下进行模拟，从而真实地评价品种的生产潜力，提高试验结果的可靠性。

(4) 农业专家系统开发研究。由于作物生长模拟模型的机制性、系统性以及结果的数据化，使得基于模型的专家系统(model-based expert system)在应用范围、精确性等方面优于基于知识(knowlegde-based)和基于规则(rule-based)的专家系统。将作物生长模型与专家系统相结合已成为农业专家系统开发的主要途径，如美国的棉花模型 GOSSYM 与专家系统 COMAX 结合形成棉花栽培管理决策支持系统，这是作物生长模型与专家系统结合的典例；又如南京农业大学的基于小麦生长模型与小麦栽培知识模型的小麦生产智能决策支持系统 IDSSWM。

(5) 气候变化对农业生产长远影响研究。利用作物生长模型与大气环流模型 GCM 结合，可以模拟温度增加、降水减少、$CO_2$ 浓度升高等气候情景对未来作物生产的可能影响，分析全球气候变化条件下的未来作物及品种布局变化、产量变化和对人类食物供应状况的影响。例如，金之庆等分别利用 CERES-小麦和 CERES-玉米模型预测了未来温度、降水、$CO_2$ 浓度变化对我国小麦和玉米生产的影响，评价了未来气候的干湿状况、耕作制度和作物品种布局。

(6) 农场经营管理决策制定。美国、英国、澳大利亚等发达国家已有相当数量的农场主或农业咨询公司在个人计算机上操作作物生长模型，制定作物的生产管理决策，包括施肥、灌水、收获期等年内作物的田间管理决策和产量的预报，还在进行长期的作物风险决策，如气候、市场变化对收入的影响，以调整作物的布局和制订经营策略。

(7) 农业资源规划管理研究。发达国家政府有关部门将作物生长模型和地理信息系统结合，利用作物生长模型预报大范围内的作物产量，评价作物生产中水土资源的流失和环境污染情况，既可作为制定相关农业政策和土地利用总体规划的依据，又是今后政府部门加强农业土地与环境资源高效管理的主要途径。

(8) 深化作物科学研究。作物生长模型是对整个作物生产系统生理生态过程已有知识的系统集成，通过综合并量化作物系统生理生态过程及其相互关系，不仅有利于作物生产管理由定性描述向定量分析转变，深化人们对作物生产系统的定量认识，还有利于鉴别作物生产系统的知识空缺，明确作物科学今后的研究方向。

## 八、作物生长模型研究发展趋势

40 多年来，作物生长模型研究和应用均已取得了重大进展，但总体上作物模拟研究仍处于发展初中期，作物模型仍处于不断修订和完善之中，还远未达到较为完善和成熟阶段。由于至今对“气候-土壤-作物”系统机制研究尚不够深入和完整，对其基本生理生态过程量化描述也不够细致和均衡，还采用了一些不甚合理的假设来描述一些未知过程的机制，一些模型参数取值缺乏科学依据和和适当方法，导致模型模拟精度尚不能令人满意。此外，模型运行所需各种逐日气象要素、土壤剖面理化性状和作物品种遗传特性数据等不易获得，这些均限制了作物生长模型在实际生产中的广泛应用。目前，作物生长模型的主要用户仍然是科学研究人员，在实际生产领域的应用尚不够普及。今后作物生长模型研究发展趋势如下。

(1) 深化对作物系统机制过程研究与描述。大力开展作物模拟支持研究,以不断深化对作物生理生态过程机制的系统了解和量化描述,重点研究冠层结构与作物光能截获计算方法、作物水分和养分对生长过程的胁迫机制与定量方法、作物-土壤水-地下水耦合作用机制以及作物模型区域尺度扩展方法等,建立翔实的作物生理生态数据库,以增进模型描述精度和提高模型模拟的准确性,真正增强模型的应用功能。在模型中增加磷、钾等营养元素平衡的模拟,并将病、虫、草及自然灾害模拟模型与作物生长模拟模型结合,以提高模型的实际应用价值。

(2) 作物生长模型与虚拟植物模型相结合。作物生长模拟模型偏重于对作物生长过程的机制性描述,简化处理了作物几何结构空间分布特征。而虚拟植物模型着重于作物形态结构的空间分布描述,忽略和简化了作物生长机制及其动态变化过程。将作物生理生态过程模型与植物几何结构模型相结合,建立作物可视化生长系统和虚拟环境平台,既可以反应作物生长与产量动态过程,又可以逼真地再现植物三维空间分布形态,增强作物生长模型的表达效果,为作物生长模型的检验提供更直观的方法,必将促进作物模型的推广应用。

(3) 作物生长模型与农业专家系统结合。作物生长模型的机制性和预测性较强,但对模拟结果的解释性较弱,普通用户很难从大量模拟数据中得出规律性认识,也不容易获得明确和清晰的作物管理方案,使得模型生产应用难度较大。基于知识的农业专家系统,决策结果的解释性强,生产管理方案实用性好,但其推理过程的机制性弱,定量计算和预测能力低,受作物生产时空条件限制,结果外推性差。将作物生长模型和作物栽培专家系统相结合,能够优势互补、相得益彰,实现作物栽培方案优化设计和作物生产动态调控,增强对作物生产管理指导能力。

(4) 作物生长模型与"3S"技术结合。在大范围作物遥感估产中,作物生长模型以较高精度的产量预测性,正在成为估算不同区域和农田作物单产的重要技术,从而能有效提高遥感估产的精度。在区域作物生产力评价中,将作物生长模型与地理信息系统 GIS 相结合,利用 GIS 管理模型运行的气候、土壤和作物特性空间数据库,并通过 GIS 分析和表达作物模拟结果的空间分布规律,能扩大作物模型应用范围,增强对区域农业资源管理能力。在精确农业中,将作物生长模型和全球卫星定位系统 GPS 相结合,能够利用 GPS 精确采集农田小区气候要素、土壤水肥和作物生长信息,利用基于作物生长模型和作物栽培管理专家系统相结合的作物生产管理决策支持系统,模拟分析和制定不同小区的施肥、灌溉、喷药等变量处方。作物生长模型与"3S"技术结合是精确农业技术的核心内容之一。

(5) 作物生长模型与大气环流模型 GCM 相结合。面对全球气候变化加剧趋势,把作物模型和大气环流模型 GCM 相结合,通过 GCM 模拟获得气候变化情景,可作为作物生长模型气象输入数据,模拟气候变化对作物生产的可能影响及其采取不同管理措施后作物的响应,从而获得气候变化对农业生产的影响及适宜对策。

(6) 作物生长模型与因特网结合。目前,所开发的作物生长模型多为单机版,其模型软件升级和模型数据库完善工作均较为困难。借助于 Internet 平台支持,开发界面友好、易于用户操作的网络版作物模型,增加软件的透明性和扩充性,易于与多媒体、数据库软件集成，远程用户通过输入或者选择当地作物生产数据，就可以模拟作物生长过程，从而利于扩大用户和方便使用。

## 第二节　虚拟植物模型研究及其应用

虚拟植物(virtual plant)也称为计算机植物可视化模型(computer visualization model of plant)，就是利用计算机模拟植物在三维空间的生长发育状况。其主要特征是以植物个体为中心，以植物的形态结构为研究重点，所建立的模型是三维的，以可视化的方式反应植物的形态结构规律。

### 一、虚拟现实与虚拟农业

所谓虚拟植物就是利用虚拟现实技术模拟植物在三维空间中的生长发育过程。虚拟现实技术是一种由计算机生成的高级人机交互系统，可构成一个可感知的计算机环境，实现观测、触摸、操作、检测等模拟试验，达到身临其境之感。

#### 1. 虚拟现实技术

虚拟现实(virtual reality，VR)是利用三维图形生成技术、多传感交互技术以及高分辨显示技术，以仿真的方式生成三维逼真的虚拟环境，使用者戴上特殊的头盔、数据手套等传感设备，或利用键盘、鼠标等输入设备，便可进入虚拟空间，成为虚拟环境的一员，进行实时交互，感知和操作虚拟世界中的各种对象，从而获得身临其境的感受和体会。

虚拟现实技术有3个特征：沉浸感(immersion)、交互性(interaction)和想像力(imagination)，即“3I”。沉浸感是指人能够“投入”到计算机系统所创建的环境中，是虚拟现实系统的核心；交互性是指人能够用多种传感器与多维化信息的环境发生交互作用；想像力是指人可能从综合集成的环境中得到感性和理性的认识，从而深化概念和萌发新意。虚拟现实是以人为核心，使人有身临其境的感觉，其关键部分是传感器、交互式控制系统和虚拟环境(图6-14)。

虚拟现实技术汇集了计算机图形学、多媒体技术、图像处理与模式识别、智能接口技术、传感器技术、高度并行的实时计算技术、人工智能、人工机器学、语音处理与音响技术、网络技术、人的行为研究及心理学等多项关键技术。其主要技术包括动态环境建模技术、实时三维图形生成技术、立体显示和传感器技术、应用系统开发工具、多种系统集成技术等。

虚拟现实技术在医学、建筑、艺术、交易、教育、工程、娱乐、军事、农业等领域都已有研究，并具有广泛的应用前景。例如，虚拟诊断、虚拟解剖、虚拟住宅、虚拟城市、虚拟艺术作品展、虚拟证券交易、虚拟教室、虚拟图书馆、虚拟大学等。虚拟现实技术在远程教学中能够发挥重要作用，可以弥补远程教学条件的不足，避免真实实验或操作所带来的各种危险，彻底打破空间、时间的限制，可以虚拟人物形象，达到知识学习、探索学习、虚拟实验和技能训练的目的。

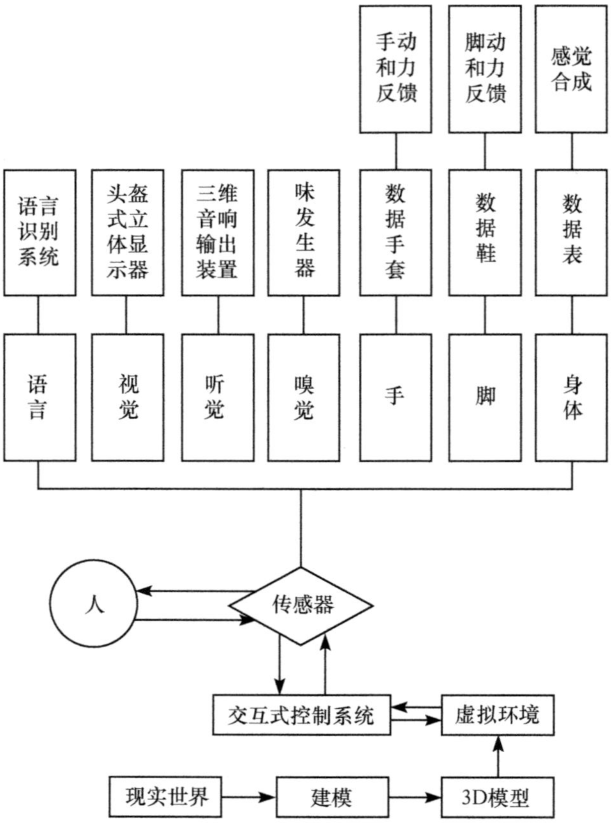


图 6-14　虚拟现实结构图(陈沈斌和孙九林,2000)

## 2. 虚拟农业概述

虚拟现实技术在农业科研、教学、生产、管理、规划、农业资源配置、商品流通等农业各个领域应用的前景也极为广阔。虚拟现实技术可以应用到整个农业各个领域中,从而形成了虚拟现实的一个重要分支——“虚拟农业”。

(1) 虚拟农业的概念。陈沈斌和孙九林(2000)认为,虚拟农业(virtual agriculture,VA)是以农业领域研究对象(农作物、畜、禽、鱼、农产品市场、资源高效利用等)为核心,采用先进信息技术手段,实现以计算机为平台的研究对象与环境因子交互作用,以品种改良、环境改造、环境适应、增产等为目的的技术系统,其成果应接受实践的检验。杨国才(2005)认为,虚拟农业是应用虚拟现实技术和可视化技术,在计算机和 Internet 的支持下,对农业生产、科研、教学(包括农业技术推广)、加工、销售等各个环节在计算机上的模拟和再现,以实现农业生产的高效益和可持续发展为目的的技术系统。

(2) 虚拟农业的类型。从广义来说,虚拟农业主要包括虚拟植物、虚拟动物、虚拟细胞、虚拟仪器、虚拟农田、虚拟农场等。

虚拟动物是指用计算机可视化地模拟动物在各种营养胁迫条件下的生长过程,用户操作计算机不但可以了解动物生长全过程中鲜物质、干物质累积的形状,而且还可以从不同视觉了解动物的逼真形态。虚拟动物可在几分钟内模拟完成一种试验动物的整个生育期，可代替传统畜牧兽医长周期观察实验，可以大大加速实验进度，减少实验投入，而且可以完成在自然条件下难以得到的实验结果。

虚拟细胞是指应用虚拟现实的原理和技术，通过数学计算和分析，对细胞的结构和功能进行分析、整合，可以将整个细胞系统在分子水平上建立模型，并通过计算机模拟细胞的生长代谢过程，以系统性、模拟性、直观性研究细胞和生命现象。例如，日本于 1997 年建立了原核细胞模型 E-cell。虚拟细胞可应用于科学研究、疾病诊断和防治、社会公共卫生等领域。

虚拟仪器(virtual instrumental，VI)是计算机技术在仪器仪表领域的应用所形成的一种新型的仪器种类，是具有虚拟仪器面板的个人计算机仪器，由通用个人计算机、模块化功能硬件和控制软件所组成，操作人员通过友好的图形界面以及图形化编程语言来控制仪器的运行，以完成对被测试量的采集、分析、判断、显示、存储和数据生成。虚拟仪器可以用于农机产品的计算机检测、农产品等级分选、农场的自动化监控与数据采集、种子、秧苗或细胞生物特性的研究等方面。例如，美国研制的虚拟仪器开发工具 Lab View。

虚拟农场是利用虚拟植物、虚拟农田等模型建立的，可以在计算机上种植虚拟作物并进行虚拟农场管理。人们可以从任意角度甚至在作物冠层内漫游，观察作物生长状况的动态变化过程，还可以通过改变环境条件和栽培措施，直观的观察作物生长过程及其结果。利用虚拟仪器，如自动化秧苗分析系统、自动化施肥系统或自动化灌溉系统等，对农场实行全天候地自动化监测和管理。

“虚拟果树修剪系统”是果树修剪知识和信息技术的集成，是一个虚拟果树修剪仿真培训系统。该系统主要由软件系统、数据库系统和硬件系统组成。数据库系统包含果树修剪知识数据库、三维果树树形数据库、三维环境数据库和修剪工具数据库。该系统是各种常见修剪手法、果树专家修剪经验的汇集，能够逼真地模拟真实果树的生长规律，再现果树对各种不同修剪方法所产生的不同结果。

## 二、虚拟植物模型研究简介

### 1. 虚拟植物模型研究的意义

植物的形态结构，即植物地上和地下部分在三维空间的占据方式，在很大程度上决定植物的竞争能力和资源获取强度，如冠层对光辐射的截获能力、相邻植株根系之间对土壤水分和养分的竞争能力等。某一时刻植株的形态结构可以决定其资源获取能力，同时影响植株的光合与蒸腾等功能过程，从而决定了光合产物积累与分配以及各部分的生长速率，进一步影响下一时段植株的形态。因此，虚拟植物研究对明确植物生长发育规律有重要意义。

植物的形态结构特征也决定了植物个体与群体的许多属性，如对果树剪枝可以提高果品产量与品质，通过虚拟剪枝选择优化树型；对农作物株型设计可以应用于超高产作物品种育种，优选理想株型，大幅度提高作物产量；研究喷洒的农药在植株上的分布及与病害、虫害的位置关系,有利于选择施药方法和提高施药效果;研究遥感影像与植物形态结构关系,有利于提高对森林、农田作物生长状况的遥感判读精度。

虚拟植物(农作物)生长技术在虚拟农田环境系统中进行虚拟实验,可部分替代在现实世界中难以进行或费时、费力、昂贵的试验,缩短某些研究课题的试验周期或节省大量的试验费用,如虚拟育种、虚拟施肥、虚拟剪枝等。利用模型建立虚拟农场,使学生和农民在计算机上学习作物生长过程和农田管理知识,这样可取得传统方式无法达到的效果。特别是对推广农业科技成果而言,将使农民更易理解和掌握先进的农田管理技术;虚拟作物研究可获得作物生长过程中的各参数的动态数据,一改传统农业中难于定量化研究的局面,为精确农业提供依据。

除了上述基于真实植物的虚拟植物模型外,还有仅仅基于算法生成的、从视觉上像植物的图形模型,可用于游戏娱乐、商业广告、园林规划等领域。

## 2. 虚拟植物研究方法

### 1) 虚拟植物建模方法

虚拟植物模型是基于对现实世界植物的研究而建立的,首先要对自然界生长的真实植物的形态结构进行精确定量化研究,并总结出植物的生长规则,然后再用适当方法对植物形态结构和生长规则进行表达。虚拟作物的一般结构如图 6-15 所示。虚拟植物建模方法为:①对不同生长条件、不同生育阶段的植物进行定性观察,判别其生长模式,确定描述其形态结构的总体框架;②定量化测定植物的拓扑结构、几何特征、机械性质等;③测定数据输入数据库,通过数理统计、模式识别等方法,提取植物形态结构规则;④模型依据植物生长规则模拟植物生长,应用可视化技术在计算机上实现虚拟植物。

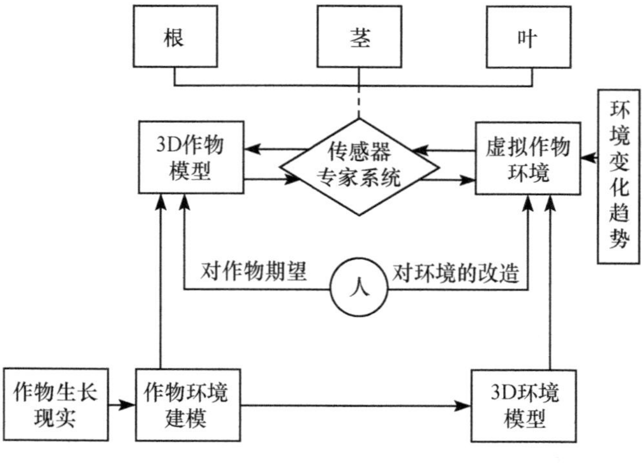


图 6-15　虚拟作物模型的一般结构(陈沈斌和孙九林,2000)

### 2) 虚拟植物的关键技术

虚拟植物的关键技术主要包括三维数字化技术和植物可视化技术两类。

(1) 三维数字化技术。植物形态结构研究中数据采集时,需要在植物上选取一些能够描述其形态结构的特征点,获取其在三维坐标系中的坐标位置,就可计算分枝的倾角与方位角以及叶片的几何形状。应用基于声学、光学、磁学、激光、微型雷达等原理和技术开发的三维数字化仪，可以实现对植物生长过程中形态结构的连续、精确地监测，确定其生长规律(图 6-16)。例如，美国 GTCO 公司的 Freepoint 三维数字化仪，在 2.4m×2.4m×2.4m 测量范围内，其精度可达±1mm。

图 6-16　威力手三维数字化仪

(2) 植物可视化技术。可视化技术主要运用计算机图形图像处理技术，将复杂的科学现象和自然景观实现图形化显示，便于理解现象、发现规律和传播知识。植物可视化技术是指植物形态结构特征在计算机上的显示与虚拟表达，可以用二维或三维图形形象地显示植物的生长过程。植物的可视化研究包括几何、光照、纹理、渲染等内容，也包括枝条的弯曲、植物的向光性、由季节更替和光照强弱等引起的植物各组织器官的尺寸、形状以及颜色等的变化。

开发植物可视化系统，通常需要 OpenGL 三维图形库支持。OpenGL 是三维图形应用程序设计界面，包含 100 多个图形函数，可绘制三维景物模型和实现三维实时交互。其主要功能是三维模型绘制、三维模型观察、颜色模式指定、光照应用管理、图像效果增强、表面纹理映射、实时动画生成、人机交互接口等。

3. 虚拟植物模型的类型

依据建模方法和研究目的可将虚拟植物模型分为静态模型和动态模型两类。

(1) 静态模型。应用三维数字化方法等测定植物的形态结构数据后，直接应用这些数据可建立虚拟植物静态模型。此类模型能够精确地再现植物的形态结构，可用来分析植物形态结构的定性和定量特征，研究与植物结构有关的生理生态、生物物理过程，如进行植物冠层光分布的分析、农田作物蒸腾的研究、作物形态结构对遥感监测精度的影响等。其缺点在于直接调用大量的测定数据，而且不适合反映植物形态结构的动态规律。

图 6-17　虚拟的玉米群体

Smith 等(1992)依据测量数据，实现了猕猴桃果实与藤架形态结构的三维重建，还应用可视化技术将果实的糖分含量用不同颜色来表征，分析了植株空间结构规律与果实物理、化学性质及产后品质的相关关系。郭焱等(1999)利用三维数字化仪对不同生育期玉米冠层形态结构进行精确测定后，建立了虚拟玉米静态模型(图 6-17)，分析了玉米冠层的三维结构特征，进行了玉米群体光传输的虚拟实验。

(2) 动态模型。虚拟植物的动态模型是基于对植物生长过程中拓扑结构演变和几何形态变化规律的研究，提取植物的生长规则而建立的模型，用以反映植物生长过程的规律，是虚拟植物模型的主要发展方向(图 6-18)。较著名的虚拟植物通用模型有 L 系统和 AMAP 系统。

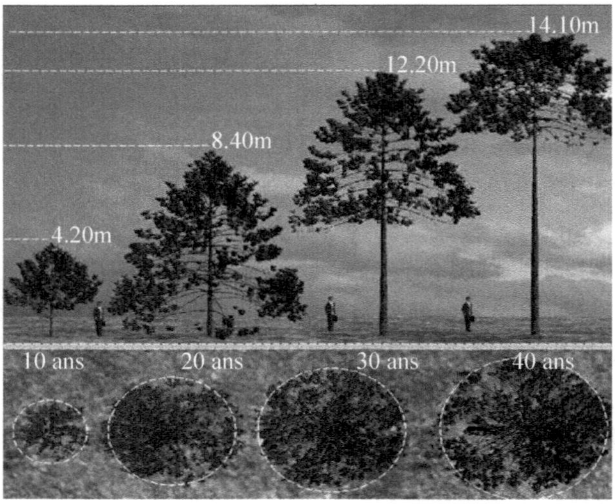


图 6-18　虚拟的树木生长过程(Hu and Jaeger,2003)
图中 ans 表示树龄或生长年数

## 三、虚拟植物研究方法与模型软件

### 1. 虚拟植物研究方法简介

虚拟植物的研究需要适当的定量模拟方法和相应的模型软件。目前比较常用的方法主要有以下几种。

(1) L 系统。1968 年美国生物学家 Lindenmayer 提出了以其姓氏首字母命名的 L 系统(L-system),作为植物形态建模的一般框架。L 系统的本质是一种字符重写(rewriting)系统或形式化语言方法,通过对植物对象生长过程的经验式概括和抽象,构造公理(axiom,可以理解为初始状态)与产生式集(set of productions,可以理解为描述规则),生成字符发展序列(developmental sequences of words),作为描述植物几何特征的形式化语言,应用计算机图形学技术,以可视化方式表现植物拓扑结构(图 6-19)。运用 L 系统虚拟植物是一个信息膨胀的过程(字符串的不断繁殖)(图 6-20)。

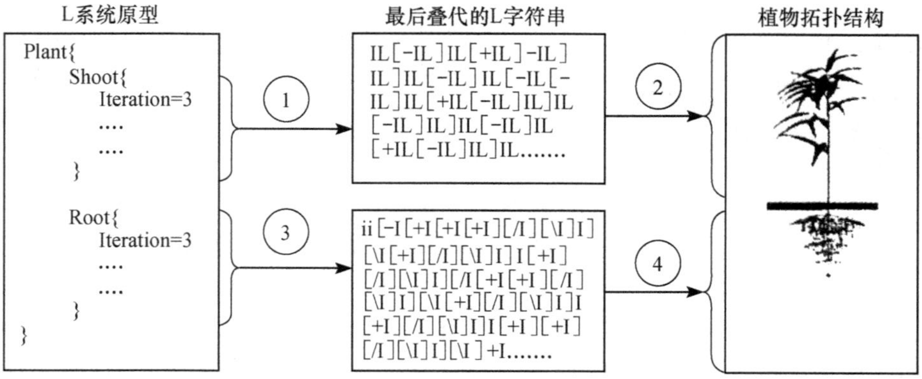


图 6-19　L 系统字符与图形转换(Bao-Gang Hu,2003)

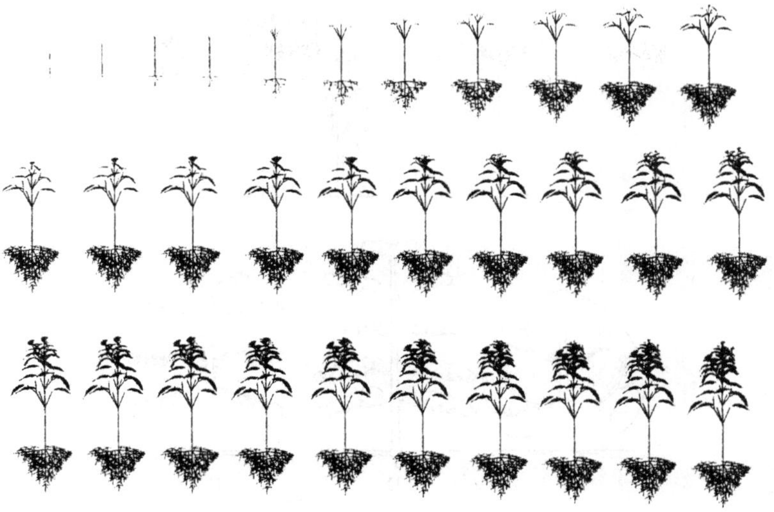

图 6-20 L 系统模拟的植物生长过程(Hu and Jaeger,2003)

为建立完整有效的植物模型,L 系统得到不断的发展和完善,使其功能不断得到扩展。已从初始只能模拟理想条件下植物生长的 D0L 系统、随机 L 系统、参数化 L 系统、D1L 系统,发展到能模拟处在复杂环境条件影响下植物生长的 OPENL 系统、时变 L 系统、微分 L 系统(dL-system),采用动画技术还可以实现植物生长的动画模拟。

(2) 分形(fractal)方法。根据植物形态结构特征,利用了描述具有自相似性(self-similarity)的数学功能来表现植物的拓扑及形态结构。实现分形几何建模的方法主要包括迭代函数系统(iterated function system,IFS)、分枝矩阵(ramification matrix)、粒子系统(partial system)、正规文法方法、A 系统(A-system)以及 Oppenheimer 提出的特定的分形方法等。

(3) 参考轴技术(reference axis technique)。由法国国际农业研究发展中心(CIRAD)的 de Reffye 等提出的基于有限自动机(finite automation)的模拟植物形态发生的典型随机过程方法。它通过马尔可夫链理论及状态转换图(state transition graph)方式描述植物发育、生长、休眠、死亡等过程。Godin 等在此基础上提出了多尺度意义上的植物拓扑结构模型(Multi-Scale Tree Graphs,MTG),这种模型能够以不同时间尺度描述植物的拓扑结构。这种建模方法物理意义明确、数据输入简单、过程分析直观。赵星等基于马尔可夫链进一步发展了双尺度自动机模型(dual-scale automation),该方法从植物学的角度出发,提出了微状态和宏状态的双尺度概念,考虑了植物的生长机制,根据植物的生理年龄来组合植物的生长参数,参数物理意义明确,结构简洁有条理,形象直观,易于理解和编程实现。

法国植物学家 Halle 等依据植物分枝特征,提出了 23 种植物结构基本模型,可以描述几乎所有类型的植物结构,分别用著名植物学家名字命名,如 Corner 模型(单轴主干,无分枝)、Leeuwenberg 模型(合轴分枝,伞形花序)、Rauh 模型(单轴节律分枝,直生分层)、Aubreville 模型(有直生和斜生分枝)、Massart 模型(单轴节律分枝,主茎直生,分枝斜生)、Roux 模型(连续分枝)和 Troll 模型(图 6-21 中 A～G)。

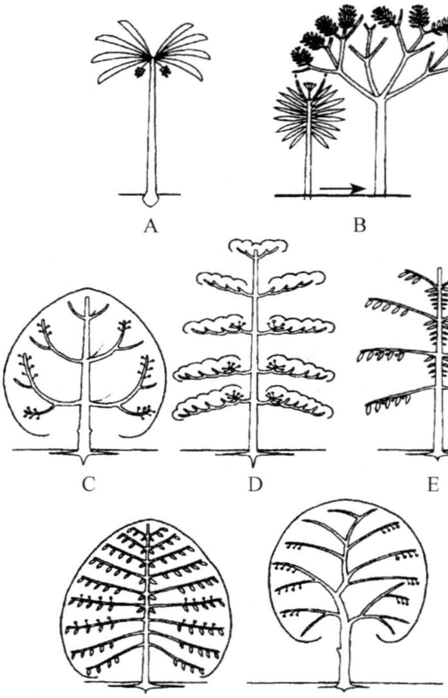


图 6-21　部分植物结构基本模型

A～G 表示不同的模型

(4) 植物三维重建法。利用仪器采集植物的空间数据,在计算机上编写程序调用获得的空间数据,从而实现植物的三维模拟(图 6-17)。这是一种对现实植物的模拟方法,它的模拟效果与测量植物空间数据仪器的精度有密切的关系。随着仪器的精度不断提高,模拟出来的植物的真实性也会越来越高。

## 2. 虚拟植物模型软件

据胡包钢等统计,当前国际上已经开发的主要虚拟植物模型软件及其研究方法和主要内容见表 6-2。

**表 6-2　国际上有关虚拟植物模型软件**

| 国　家 | 研究机构或公司 | 软件名称 | 研究方法 | 主要内容 | 网站域名 |
|---|---|---|---|---|---|
| 美国 | USDA Forest Service | SVS | 基于图形学方法应用少量植物学知识 | 植物群丛模拟 | http://forsys.cfr.washington.edu/svs.html |
| | Onyx Computing Inc. | Tree Cyberstore<br>Tree Professional<br>Tree Painter<br>Tree Classic | 基于图形学方法应用少量植物学知识 | 制作植物图形库用于快速生成植物图形 | http://www.onyxtree.com/ |
| | Animatek International Inc. | World Builder | 基于图形学方法 | 制作各种自然景观用于景观设计 | http://www.animatek.com |

续表

| 国 家 | 研究机构或公司 | 软件名称 | 研究方法 | 主要内容 | 网站域名 |
|---|---|---|---|---|---|
| 澳大利亚 | Centre for Plant Architecture Informatics, the University of Queensland | Virtual Plants | 基于L系统建模方法 | 模拟棉花、大豆、玉米等农作物以及植物根系的生长病虫害对植物生长的影响 | http://www.cpai.uq.edu.au/ |
| 法国 | CIRAD | AMAP系列软件 | 自动机模型<br>基于植物学建模方法 | 植物生长过程测量、建模<br>3D植物图形库<br>景观设计、园林规划 | http://amap.cirad.fr/ |
| | Universities of Clermont-Ferrand | ECOSIM | 图像分割、遗传算法、Multi-agent | 生长环境的模拟<br>森林生长模拟 | http://www.isima.fr/ecosim/Welcome.html |
| 加拿大 | Univesity of Calgary | CPFG L-studio | 基于L系统建模方法应用少量植物学知识 | L系统与植物形态关系<br>计算机辅助景观设计植物学教学<br>再现灭绝的树种 | http://algorithmicbotany.org/ |
| | Daylon Graphics Ltd. | Leveller | 基于图形学方法 | 基于GIS数据的植被地貌恢复 | |
| 日本 | 岩手大学 | Vitual Gargening<br>Virtual BONSAI<br>Digital Landscapes | 建立对环境敏感的植物生长模型<br>根与土壤相互作用模型 | 植物生长特性，如自我修剪、光照对植物的影响、植物根系生长等景观模拟 | |
| 德国 | Kurtz Fernhout Ltd. | Garden with Insight Plant Studio | 基于图形学方法应用少量植物学知识 | 花园模拟<br>生成植物图片 | http://www.kurtz-fernhout.com |
| | University of Karsrube | Xfrog | 基于图形学方法 | 用交互作用方法快速建造各种植物图像 | http://www.green works.de |
| 中国 | 中国科学院自动化研究所中法联合实验室 | Greenlab | 在植物结构-功能模型间建立迭代关系，并行模拟植物结构-功能过程 | 在定量模拟生物量生产与器官分配基础上，采用双尺度自动机模拟植物结构 | |

## 四、虚拟植物模型的研究应用现状

根据研究的侧重点不同，虚拟植物模型可分为地上部模型和根系模型两类。

### 1. 地上部模型

在虚拟植物模型的研究和应用方面，加拿大 Calgary 大学的 Prusinkiewicz 等和法国农业开发国际研究中心(CIRAD)的 de Reffye 等做出了重要贡献，建立了虚拟植物的通用模型。

加拿大 Calgary 大学的 Prusinkiewicz 等以 L 系统为植物形态结构的描述框架，在 SGI 工作站上开发了基于 Unix 系统的虚拟植物实验室 Virtual Laboratory(Vlab)和植物与分形发生器 CPFG(plant and fractal generator with continuous parameters)，以及基于 Windows 的 L-Studio 系统(图 6-22)。该系统能够实现不同类型植物的模拟，形式语言方法具有坚实的数学理论基础。其缺陷是在模拟一些较高大的植物时不够理想,原因是结构较复杂的植物其 L 系统规则难以提取。

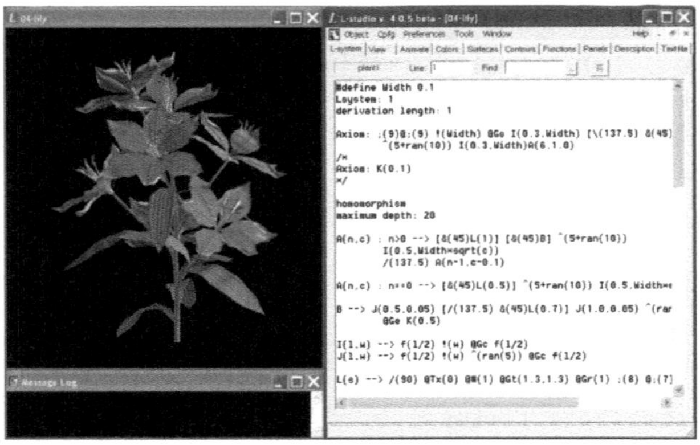


图 6-22　L-Studio 系统界面

法国农业开发国际研究中心的 de Reffye 等利用参考轴技术研制了 AMAP(advanced modeling of architecture of plant)模型。他们通过对植物的结构进行观测、研究,获得对其形态与结构的定性理解和认识,再测定植物形态的定量数据,植物的生长具有一定的随机性,应用概率分布和随机过程理论可描述其规律,该系统依靠功能强大的田间数据采集与分析模块,将测定的植物各类数据输入数据库,应用马尔可夫过程分析植物拓扑结构演化规律,通过模式识别方法提取生长规则,由此构造植物的几何模型,模型应用蒙特卡洛方法模拟植物的生长,应用几何方法表达其形成规律,并制作基于此模型的参数表,最后在计算机上生成植物的图形。AMAP 模型适用于模拟高大植物,已成功地在计算机上构造了从热带到温带不同气候带生长的多个种类的植物(图 6-23)。

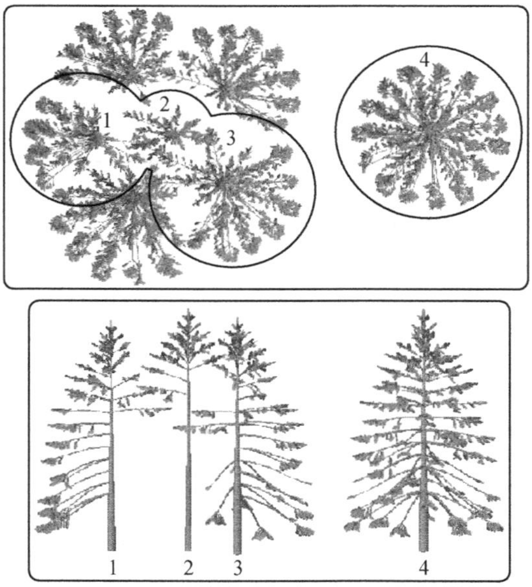


图 6-23　利用 AMAP 模型虚拟的树木

数字 1～4 表示 4 棵树木编号

国红等(2009)利用 Greenlab 模型模拟了 1 年生、3 年生和 5 年生油松幼树形态(图 6-24)。伍艳莲等(2009)基于 OpenGL 图形平台,绘制了小麦器官的三维形态,实现了小麦器官-个体-群体三个层次的形态可视化(图 6-25)。

图 6-24 GreenLab 模型模拟油松幼树形态

图 6-25 小麦个体和群体可视化效果图

## 2. 根系模型

到目前为止,虚拟植物的研究主要集中在地上部分,根系模型研究比较薄弱。由于根系环境的不可见性和复杂性,以及测量技术和理论方法的局限性,根系模型无论是在模拟效果上还是在功能上都远远滞后于地上部分模型。

20 世纪 80 年代后期,Diggle 建立了第一个模拟根系结构的三维模型,可模拟根系的年龄、位置、根段取向以及根系伸长速率和分枝强度,但未考虑根系半径的变化。Pages 等开发了基于根系结构动态特征的玉米根系结构模型。美国的 Clausnitzer 和 Hopmans 等采用 X 射线断层摄影技术获取豆类根系的三维图像及数字信息,利用有限元的方法将三维根系生长模型与非稳定土壤水流模型结合,使根系的空间展开和土壤水分、养分资源的获取联系起来,显示了三维模型在分析根系结构的功能领域的用途。为使模型能更准确地模拟根系的结构和功能,Lynch 等建立了 SimRoot 根系模型。该模型能模拟根系直径变化(图 6-26),研究者

图 6-26 虚拟的大豆根系

应用该模型模拟了大豆根系结构与根系周围土壤磷吸收的关系,评估了不同根系形态结构的资源利用效率。但该模型还不能反映土壤局部状况的影响、相邻根系的相互作用与竞争等。钟南等(2008)利用微分 L 系统模拟了大豆根系生长动态(图 6-27)。张吴平和李保国(2007)通过盆栽试验测定,采用从单根到根系进行描述、整合的方式,实现了根系三维空间伸展与分布的重建与模拟以及三维动态分布的可视化表达(图 6-28)。

A　　B　　C

图 6-27　微分 L 系统模拟的大豆根系渲染图

A. 第 20 天;B. 第 40 天;C. 第 60 天

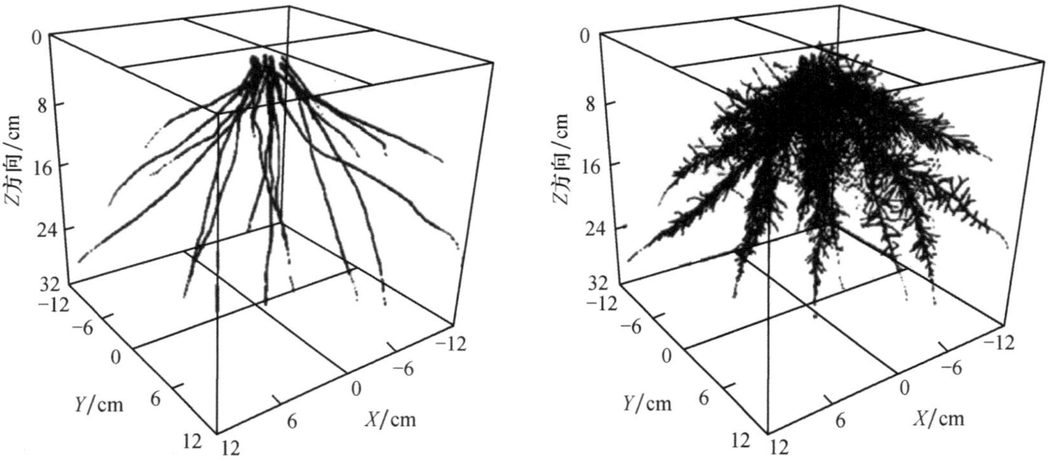


A　　B

图 6-28　玉米根系三维空间分布重建与模拟

A. 轴根的三维空间结构重建结果;B. 最终根系结构的三维空间结构重建结果

## 五、虚拟植物研究发展趋势

虽然虚拟植物研究已经有 40 多年,也取得了一定成就,但总体上尚处于发展初期,研究手段较为落后,手工数据采集工作量大,模型生理和生态机制性不强,对结构复杂植物表现能力弱,虚拟植物外观真实性不强,尚不能表达植物完整形态,模型适用性和可用性有待于提高。今后,虚拟植物研究需要进一步发展和完善。

(1) 虚拟植物研究方法的发展与完善。在虚拟植物的各种方法和模型中,除了 L 系统和参考轴技术外,其他模型都侧重于计算机图形学,主要研究自然景物的模拟,即用尽量少的植物学知识,方便快捷地生成美丽的植物图形,这些模型不适合模拟真实植物的整个生长过程。而L系统和参考轴技术虽然能描述植物的生长过程，但都存在不易理解和使用的缺点。今后，建模方法的简易性、可理解性、普适性、定量化等将是虚拟植物模型完善与发展的主要方向。为了能客观有效地模拟真实植物的生长过程，需要开发各种专用型虚拟植物模型。

(2) 虚拟植物模型结构与功能的完善。多数模型在植物体结构与功能的联系、植物与环境的相互关系、地上部与根系的整体联系，以及生理生态与形态结构的耦合等方面尚欠完善，需要从植株整体水平上构建虚拟植物模型。由于根系是植物与环境进行物质与能量交换的重要界面，要增强虚拟植物模型模拟水、肥等环境因子对植物生长影响的机制，根系势必将成为虚拟植物未来的研究重点。此外，除了对植物生长过程进行大量的观察和测量外，还必须将研究虚拟植物模型与具体植物的生态生理模型有机结合，将生理生态过程与形态结构并行考虑，开发真正意义上的完整作物生长模型。

## 思 考 题

1. 什么是模型、模拟模型和作物模拟模型？作物模拟模型可分为哪几类？
2. 什么是作物生长模型和作物生长模拟？作物生长模型有何特点？
3. 作物生长模型可分为哪些类型？各有何特点？
4. 作物生长模型结构可分为哪几部分？作物生长模拟模块包括哪些内容？
5. 作物生长模拟模型的基本原理是什么？
6. 作物生长模型研制的步骤包括哪些？
7. 国内外作物生长模型研究进展状况如何？
8. 举例说明世界著名作物生长模型有哪些。其主要结构和功能如何？
9. 举例说明作物生长模型应用领域有哪些。
10. 作物生长模型研究的发展趋势是什么？
11. 什么是虚拟现实技术？其结构和特征？其应用前景如何？
12. 什么是虚拟农业？虚拟农业包含哪些类型？
13. 什么是虚拟植物模型？与作物生长模型相比有何异同点？其研究的意义是什么？
14. 虚拟植物模型建模方法和技术是什么？
15. 虚拟植物模型的类型有哪些？
16. 简述虚拟植物研究方法和模型软件有哪些。
17. 虚拟植物模型研究现状如何？其发展趋势是什么？
18. 举例说明作物生长模型应用所需条件和在作物生产管理中应用的前景。

# 第七章　农业专家系统

农业生产经营受自然资源和社会经济等多种因素的影响，生产管理与经营决策需要多学科知识的综合集成，通常管理决策的难度很大。借助于农业专家系统，可以实现农业生产管理的智能化和科学化，提高广大农民和基层农业技术人员的科学技术水平，实现我国农业“持续高产、高效发展”的目标。

## 第一节　专家系统技术概述

### 一、人工智能与专家系统

#### 1. 人工智能的概念

人工智能(artificial intelligence，AI)是指研究人类智能活动的规律，利用计算机构造一个人工系统来模拟人类思考问题，使计算机具有人类智能行为，以实现人类脑力劳动自动化的技术。智能机器(intelligent machine)是能够在各类环境中自主地或交互地执行各种拟人任务的机器，具有判断、推理、证明、识别、感知、理解、设计、思考、规划、学习和问题求解等思维活动。

人工智能不同于通常的数据处理、算法设计和数学建模，是用计算机模拟人的智能，通常是通过知识处理把人的各种思维和智能转化为符号的表示、推理、搜索、学习等方式。启发性、模糊性知识，搜索推理和不确定性推理，以及机器学习是人工智能研究的重要内容。知识表示、问题求解、自然语言理解、专家系统、机器学习、认知科学等成为它的重要研究分支。

目前，人工智能研究进展较大的三个应用分支是机器人、专家系统和自然语言理解。机器人能再现人的感觉、操作和行动，从事复杂作业，可在一些有害、危险和繁重、疲劳性劳动场合来代替人去完成作业。专家系统是一个智能计算机程序系统，具有专业知识并能通过推理和判断来解决问题，可代替人类专家进行疾病诊断、数学公式推导、化学结构分析等方面的复杂工作。自然语言理解方面主要是研制各类自然语言处理系统，利用计算机来分析人的自然语言表达，帮助进行翻译和实现人机自然语言对话。虽然，目前实现计算机模拟人的高级思维，如理解、灵感、顿悟等方面还十分困难，甚至不可能，但人工智能仍然是世界各国高新技术发展的重点领域之一。

#### 2. 专家系统的概念

斯坦福大学的 Edward Feigenbaum 教授对专家系统的定义为：①它是一个智能程序；②它具有相关领域内大量的专家知识；③它能应用人工智能技术模拟人类专家求解问题的思维过程进行推理，解决相关领域内的困难问题，并且达到领域专家水平。把以上几点概括起来，所谓专家系统(expert system，ES)就是一种在相关领域中具有与人类专家同等解决问题能力的智能程序系统，能够利用人类专家的知识和解决问题的方法来解决该领域的复杂问题。也就是说，专家系统是指在特定的领域内，根据某一专家或专家群体提供的知识、经验及方法进行推理和判断，模拟人类专家做决定的过程，来解决那些需要人类专家决定的复杂问题，提出专家水平的解决方法或决策方案的计算机程序系统。专家系统可以解决的问题一般包括解释、预测、诊断、设计、规划、监视、修理、指导和控制等。

专家系统来自于专家，但又高于专家，是专家技能和知识的集成和综合。人类专家的数量稀少、专家知识保留的非永久性、专家的判断分析能力易受情绪和环境的影响、获得专家知识的时间较长、成本较高等问题，使得人类专家知识的广泛利用受到限制。而专家系统中的人工专门知识的保留具有永久性、易于复制和转换、解决问题的能力不受环境影响和价格相对便宜，可以在很大程度上代替领域专家的作用，在医疗诊断、机械制造、企业管理、经济分析、环境控制、水文及地质调查、军事指挥、农业生产等多个领域已有广泛应用，发挥着解释、预测、诊断、设计、计划、监控、调试、修理、教学和控制等方面的作用。

### 3. 专家系统的类型

按照应用领域的性质和解决的问题类型不同，专家系统可分为以下几种。

(1) 诊断专家系统(expert system for diagnosis)。根据症状的观察与分析，推断故障(症结)所在，并给出排除故障的方案的系统，它占据现存专家系统的很大比例。它包括了医学、电子、机械、社会、农业和经济等方面的各种诊断系统和排错系统，如MYCIN。

(2) 预测专家系统(expert system for prediction)。根据观察到的现状，预测未来的系统，如天气、水文、人口、地质、经济、军事乃至政治等方面的预测系统。预测是根据知识进行外推的过程，强烈地依赖于历史资料的统计以及工作经验的积累，如TYT系统。

(3)解释专家系统(expert system for interpretation)。根据表面或外观观察情况进行分析，解释深一层的结构或内部可能情况等的系统，如地质结构、化学结构、图像、信号等解释和各种语言的理解等系统(如Dendral)。

(4) 设计专家系统(expert system for design)。能根据设计要求，求出满足问题求解方式的目标配置，包括各种智能CAD系统程序自动生成，如电路设计、土木建筑工程设计、计算机结构设计、机械产品设计、生产工艺设计等。

(5) 规划专家系统(expert system for planning)。能寻找某个能达到给定目标的动作序列或步骤的辅助系统。例如，机器人规划、交通运输调度、工程项目论证、通信及军事计划的制订、运输或财政方案的制订和配置选择等。

(6) 监视专家系统(expert system for monitoring)。能对系统、对象或过程的行为进行不断观察，并把观察到的行为与其应当具有的行为进行比较以发现异常，发出警报，如核电站的安全监视、防空监视、农作物病虫害监视与预报等。

(7) 控制专家系统(expert system for control)。能自适应地管理一个受控对象或客体的全面行为,使之满足预期要求,如空中交通管制、商业管理、自主机器人控制、生产过程控制等。

(8) 咨询专家系统(expert system for consultation)。又称为决策支持系统,能给各种决策人员或部门提供数据(或信息)、方法和方案选优等不同层次的决策支持和咨询服务。它包括各种领域的智能决策支持系统、各种咨询系统、辅助调度系统等,如 Management Advisor、Expertax、Capital Expert Systems 等。

(9) 教学专家系统(expert system for instruction)。根据学生的特点、弱点和基础知识,以最适当的教案和教学方法对学生进行教学和辅导,不但能对领域知识进行传授,而且能对学生提问,指出学生回答中的错误,并进行解释,分析错误的原因,以及指导纠正错误等。此外,它还能根据学生们回答的水平来评分。

(10) 调试与修理专家系统(expert system for debugging and repair)。能对失灵的对象(系统或过程)给出处理意见和方法,同时对发生故障的对象进行处理,使其恢复正常。

## 二、专家系统基本特征

### 1. 专家系统与知识工程

专家系统的技术基础是人工智能的知识表示技术和问题求解技术,由知识和推理两大要素构成。专家系统的核心是知识,又被称为基于知识的系统(knowledge-based system)。在专家系统中,把通常的数据、公式、方法、经验以及信息等均看作知识。专家系统的研究对象是某个领域具有技术特长的专家在解决问题时的本领。通常把所选择的专家称为领域专家,而把建造专家系统的计算机技术人员称为知识工程师。专家系统的建造过程通常称为知识工程。专家系统的关键技术是知识获取、知识表示与知识运用技术。所谓知识获取是研究如何从领域专家的口述或文字、书本资料或数据实例中抽取出该专家系统所需要的知识。所谓知识表示是研究如何将领域知识和专家经验等有效地表示成计算机能够工作和运行的形式。专家系统中,知识按照特定的知识表示形式存放在知识库中。所谓知识运用是研究如何对存放在知识库中的知识进行控制和操作,即问题求解,通常采用的方法是搜索和推理。

### 2. 专家系统基本特征

专家系统一般具有如下一些基本特征。

(1) 具有专家水平的专门知识。专家系统具有高质量的、专家级的专门知识,能像人类专家那样解决具体问题,针对性强。

(2) 能进行有效的推理。专家系统对问题的求解过程是一个思维和推理过程,能根据用户提供的已知事实,通过运用掌握的知识,进行有效的推理,以实现对问题的求解。

(3) 具有获取知识的能力。学习获得知识的基本手段。机器学习是指机器能够自动获取新的事实及新的推理算法,也是计算机具有智能行为的根本途径和主要标志。

(4) 具有灵活性。专家系统都采用了知识库与推理机相分离的构造原则,彼此既有联系,又相互独立,便于不同类型问题求解、知识库修改完善和开发专家系统工具。

(5) 具有透明性。专家系统通过解释机构向用户解释自身行为动机及得出某些答案的推理过程,便于用户理解系统处理问题的过程及使用的知识和方法,加深用户对系统的可信程度。

(6) 具有交互性。专家系统需要与领域专家或知识工程师进行对话以获取知识,也需要通过与用户对话以索取求解问题时所需的已知事实以及回答用户的询问。

(7) 具有实用性。专家系统是根据领域问题的实际需求开发的,具有实用性。专家系统已经被用于多种领域中,取得了巨大的经济效益及社会效益。

(8) 具有一定的复杂性及难度。专家系统真实模拟人类求解问题的思维过程,其复杂性和难度较大,如不确定性知识的表示、不确定性的传递算法、匹配算法等。

### 3. 专家系统与计算机程序的区别

虽然专家系统也是一个程序系统,但它与常规计算机程序又有不同,其主要区别有以下几个。

(1) 常规计算机程序是对数据结构以及作用于数据结构的确定型算法的表述,即常规程序＝数据结构＋算法,而专家系统是通过运用知识进行推理,力求在问题领域内推导出满意的解答,即专家系统＝知识＋推理。

(2) 常规程序把关于问题求解的知识隐含于程序中,而专家系统则把应用领域中关于问题求解的知识单独地组成一个知识库。常规程序将其知识组织为数据级和程序级,而专家系统则将其知识组织为数据级、知识库级和控制级。

(3) 常规程序是通过查找或计算来求取问题的答案,是面向数值计算和数据处理的,而且先做什么及后做什么都是由程序规定的;而专家系统则通过推理来求取问题的答案或证明某个假设,本质上是面向符号处理的,其推理过程随着情况的变化而变化,具有不确定性及灵活性。

(4) 常规程序处理的数据多是精确的,对数据的检索是基于模式的布尔匹配;而专家系统处理的数据及知识大多是不精确的、模糊的,知识的模式匹配也多是不精确的,需要为其设定阈值。

(5) 常规程序一般不具有解释功能,而专家系统一般具有解释机构,可对自己的行为做出解释。

(6) 常规程序与专家系统具有不同的体系结构。

## 三、专家系统基本结构

不同的专家系统,其功能与结构都不尽相同,但一般包括人机接口、推理机、知识库及其管理系统、数据库及其管理系统、知识获取机构、解释机构这 6 个部分(图 7-1)。

(1) 人机接口(interface)。人机接口是专家系统与领域专家或知识工程师及一般用户间的界面,由一组程序及相应的硬件组成,用于完成输入输出工作。领域专家或知识工程师通过它输入知识,更新、完善知识库;一般用户通过它输入欲求解的问题、已知事实以及向系统提出的询问;系统通过它输出运行结果、回答用户的询问或者向用户索取进一步的事实。在输入或输出过程中,人机接口需要进行内部表示形式与外部表示形式的转换。

(2) 知识获取机构。这是专家系统中获取知识的机构,由一组程序组成,其作用是把知识输入到知识库中,并负责维持知识的一致性及完整性,建立起性能良好的知识库。

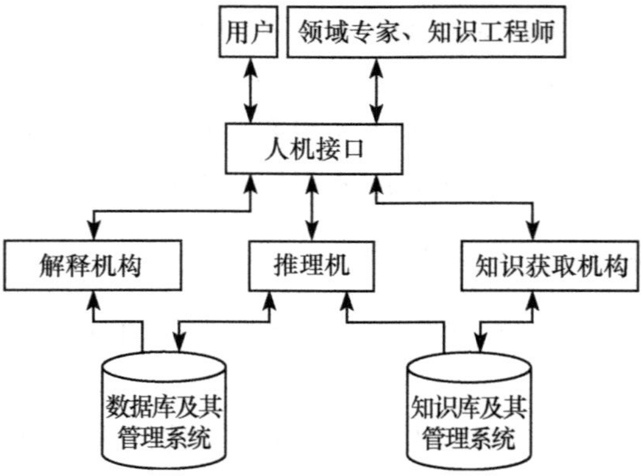


图 7-1 专家系统的一般结构

(3) 知识库及其管理系统。知识库(knowledge base)是知识的存储机构,用于存储领域内的原理性知识、专家的经验性知识以及有关的事实等。知识库管理系统负责对知识库中的知识进行组织、检索、维护等。

(4) 推理机(reasoning machine)。推理机是专家系统的"思维"机构,模拟领域专家的思维过程,控制并执行对问题的求解。推理机的性能与构造一般与知识的表示方式及组织方式有关,但与知识的内容无关。目前,专家系统采取了用元知识来表示启发性知识的方法。

(5) 数据库及其管理系统。数据库又称为"黑板"、"综合数据库"(global database)等,用于存放用户提供的初始事实、问题描述以及系统运行过程中得到的中间结果、最终结果、运行信息等的工作存储器。数据库是由数据库管理系统进行管理的。

(6) 解释机构。解释机构又称为解释器(explanator),由一组程序组成,能够对自己的行为做出解释,回答用户提出的"为什么?"、"结论是如何得出的?"等问题,是专家系统区别于一般程序的重要特征之一。

从专家系统的结构角度来说,所谓专家系统就是知识工程师通过知识获取手段,将领域专家解决特定问题的知识采用某种知识表示技术编辑生成或自动生成某种特定表示形式,存放在知识库中,然后用户通过人机交互接口输入信息、数据和命令,并借助于数据库等,运用推理机构控制知识库和整个系统工作,得到问题的求解结果。

## 四、知识表示技术

知识是专家系统的核心,将人的知识转换为知识库能够表达和操作运用的知识表示技术则是专家系统的核心技术。人类之间互相交往都是用自然语言形式描述和表达。要让计算机来理解和推理，就必须将自然语言知识形式化，变成计算机能使用的形式。所谓知识表示即如何形式化的表示知识。知识表示是研究利用计算机表示知识的可行性、有效性的一般方法，是一种数据结构与控制结构的统一体，既考虑知识的存储又考虑知识的使用。知识表示可看成是一组描述事物的约定，以便把人类知识表示成计算机能够处理的数据结构。

从知识库观点看，知识是某论域中所涉及的各有关方面、状态的一种符号表示。知识可从范围、目的、有效性三方面加以三维描述。专家系统的知识一般包括事实知识、规则知识、控制知识和元知识等类型。事实是以"……是……"形式描述有关事物属性的静态知识；规则是以"如果……那么……"形式描述事物因果关系的动态知识；控制是有关问题求解步骤的技巧知识；元知识是有关知识的知识，包括怎样使用规则、解释规则、校验规则、解释程序结构等知识。

一个专家系统通常是由基于某种类型的知识表示方法设计的，同时一个专家系统表达知识的方式影响着系统的开发、效率、速度和维护。每一种知识表示方法都有其适用性。当前已提出的知识表示方法有上百种，包括产生式规则、语义网络、框架、脚本以及知识表示语言等。

1. 产生式规则法

如果用"天下雨"、"打伞"这些信息表示某种基本事实，则把它们用"如果……则"因果关系连接起来就是"如果天下雨，则需打伞"，就是一个代表常识性意义的知识，称为具有因果关系的规则型知识或启发性知识。早期的专家系统将特定领域的知识整理成一条条规则，存放在知识库中，然后通过推理去寻求答案，这种知识表示方法称为产生式规则法(production rule)。其表示格式为：如果条件集合成立，则结论成立。以字符形式可表示为：IF{A}，THEN B。{A}表示若干条件因素的集合，B表示结论因素。条件因素集合中，常用"∧"表示因素之间"与"的关系，用"∨"表示"或"的关系。例如：

IF A1∧A2∧A3∧A4，THEN B　表示当A1至A4均为真时，则B为真；

IF A1∨A2∨A3∨A4，THEN B　表示A1至A4中只需有一为真，则B为真；

IF(A1∧A2)∨(A3∧A4)，THEN B　表示当A1、A2均为真或A3、A4均为真时，B为真。

2."框架"表示法

有些知识属于叙述性、描述性知识，不具有因果关系，则不能用"如果……则"规则型方法表示，需要运用"框架"型表示技术，其基本思想是：将一个实物、一个事件或一个概念用一个框架的格式来表示，每个框架(frame)有一个框架名，有一组描述这个实物、事件或概念的各方面内容的"槽"(slot)，每个槽有若干"侧面"组成，每个侧面又可拥有若干个值，使知识形成了一种结构或组织，新的资料可以用从过去的经验中得到的概念来分析和解释。因此，框架表示法是一种适应性强、概括性高、结构化良好、推理方式灵活、又能把陈述性知识与过程性知识相结合的结构化知识表示方法。

### 3. 语义网络法

语义网络法是基于网络结构的知识表示技术。语义主要是指语言结构(如词、短语、句子、段落等)及其意义上的联系。语义网络能够同时表达事实性知识及其事实之间的联系,其基本思想是用图解的形式来组织知识,网络由节点和具有语义的弧链组成,节点用来表示物体、概念和事件等,有向弧链表示它们之间的关系,采用网络匹配、继承推理和网络演绎等推理方式。语义网络表示方法可以把事物的结构、属性及因果关系通过节点与弧链形式明显而简要地表达出来,自然直观,易于理解,也符合人在处理这类问题的思维习惯。但其局限性体现在知识表示的非严格性和复杂性,不便于知识系统管理维护和有效推理。

### 4. 面向对象表示法

人们在认识和分析问题时,可以把问题分解为一些对象(object)以及对象之间的组合和联系。对象是由一组数据和与该组数据相关的操作构成的实体。一个对象具有的知识组成了该对象的静态属性,一个对象所具有的知识处理方法和各种操作描述了该对象的智能行为。一个完整的对象由该对象的标识符(identifier)、数据结构(data structure)、方法集合(method set)和消息接口(message interface)组成,分别用来标识一个特定对象、描述对象当前的内部状态或者静态属性、说明对象具有的内部处理方法或者操作、给出接受外部消息和驱动内部有关操作的消息模式集。面向对象就是"对象+属性+方法"封装,把一切局部与对象的信息及操作都局限在对象之内,除了对象之间的信息传递外,从外界无从得知,体现了对象的封装性。

一个对象的完整概念是由它所属的类(class)和该类的一个实例(instance)组成。类是对一组相似对象的抽象,即从具有共同性质的实体中抽象出的事物本质特征概念,描述了该类对象共有的属性和方法,实例则体现了该对象个性的内部状态。类可以派生出子类,即可以由上层的超类(superclass)和下层的子类(subclass)形成层次结构,一个子类可以继承其超类的属性与方法,且这种继承性在超类、类、子类和对象组成的层次结构中具有传递性。

面向对象知识表示法也是一种结构化知识表示方法,以信息隐蔽和抽象数据类型概念为基础,通过演绎和归纳实现了"对象+属性+方法"封装、对象间的消息传递和子类继承关系连接,使程序设计具有良好的模块性,适合用于大型知识系统的开发,是基于知识的人工智能软件开发的主要方法之一。Smalltalk 语言是一种纯面向对象的编程语言,支持对象、类、实例、消息和方法等核心概念。

### 5. 面向智能体表示法

智能体(agent)也称为智能代理、智能主体,是由对象演化而来的,被认为是一种可以包含主观信念且可以主动响应外界事件的对象,但是至今还没有一个统一的定义,一般认为在没有人的干预下能够自主地完成给定任务的对象都可以称为智能体。在人工智能和计算机领域,所谓的智能体可以看作是能够通过传感器感知其环境,并借助于执行器作用于该环境的任何事物，如人智能体、软件智能体。从结构上讲，智能体＝体系结构＋程序。智能体具有一定的知识、目标和能力，即具有必要的领域知识、通信知识和控制知识；具有必要的推理、决策等能力，能独立或几乎不需要指导地完成指定的任务。智能体具有自主性、学习性、社会性、反应性、友好性等特性，特别适合于对复杂分布和难于预测的问题的知识处理和编程，但面向智能体知识表示技术仍处于理论探索阶段，目前尚不成熟。

多智能体(multi-agent system，MAS)是指由一组在逻辑上或者物理位置上分布的多个智能体组成的、较为松散的联邦，各智能体能按预先规定的协议，根据系统的目标状态及自身的目的、资源和知识，利用通信网络，相互间通过协商来确定各自的任务，协调行为，协作完成共同的任务以达到整体目标。在表达实际系统时，多智能体技术通过各智能体间的通信、合作、互解、协调、调度、管理及控制来表达系统的结构、功能及行为特性，为各种实际系统的研究提供了一种统一的框架，在多机器人协调、过程智能控制、网络通信与管理、交通控制、多虚拟电子商务环境中的应用前景十分广阔。

### 6.“规则架＋规则体”规则组法

对于表达如诊断、分类以及包含大量运算性知识的领域，可采用具有层次结构描述的规则组形式加以表达，一个规则组是求解一个子问题的所有知识的集合，本身具有独立性和封闭性，由规则架和规则体组成。规则架是参加系统推理的骨架，是一个多前提、多结论且结论之间也可存在因果关系的规则形式，只反映结论与前提之间因素的逻辑确定关系。规则体反映因素之间求解或定值方法的具体知识，包含运算公式和一组规则。规则体中的规则被称为体规则。规则架的推理采用反向推理，规则体内则采用正向推理。这种知识表示形式层次清晰、表达力强、知识库大为压缩、不同规则组可采用不同的推理机制，为人工神经网络计算和基于模型的知识提供了较好的表达形式。

### 7. 综合知识体法

由于像作物栽培、畜禽养殖等领域的知识多为建议性、描述性的知识，且多与逻辑性、过程性和运算性知识交织在一起运用，则宜采用综合知识体的知识表示方法。综合知识体由描述框架、“规则架＋规则体”规则组和黑板结构三部分组成，统一调度，有机配合，不同的知识在不同部分加以处理。一个知识体是一个独立的基本知识单元，它本身具有相当强的功能，可将逻辑型、过程型、运算型、描述型知识以及声音、图像、图形集成于一体，表示方法层次清楚，符合人的思维方式，简明易懂，便于用户学习，便于增加其他知识表示形式。

### 8. 加权模糊逻辑产生式规则法

在农业领域，农业知识类型包括文本、多媒体和数学模型知识，具有较强的不确定性和模糊性特点，需要将经验性决策和定量决策相结合。赵春江(2009a)提出了一种模糊产生式规则的扩充模型，采用“产生式规则＋模型＋多媒体”知识表示形式，通过加权模糊逻辑表示前提条件的相对重要性以实现知识模糊匹配，从而允许使用某条产生式规则：

$$\omega_1 \times P_1, \omega_2 \times P_2, \cdots, \omega_n \times P_n \rightarrow Q, \text{CF}, \tau$$

式中,$P_j(j=1,2,\cdots,n)$为前提条件;$\omega_j$ 为权重系数;$Q$ 为结论;CF 为规则可信度($0<\text{CF}\leqslant 1$);$\tau$ 为条件阈值。前提 $P$ 和结论 $Q$ 都可以是模糊的,其真度为[0,1]间的实数,0 和 1 分别表示条件不成立和完全成立。为此,提出了一种基于 JESS(Java based expert system)知识模型混合算法,产生式规则的语法结构由命令关键词、规则名、优先级、条件部分、动作部分和注解部分组成,能够支持模糊逻辑知识推理,灵活表达精确与模糊事实。

9. 人工智能语言

人工智能语言是一类适应于人工智能和知识工程领域的、具有符号处理和逻辑推理能力的计算机程序设计语言,如 LISP、Prolog、Smalltalk、C 等,能够用来编写程序求解非数值计算、知识处理、推理、规划、决策等具有智能特点的各种复杂问题。Prolog 语言是当代最有影响的人工智能语言之一。它是一种陈述性语言,基本语句仅有三种,即事实、规则和目标,且都用谓词表示。一旦提交必要的事实和规则后,通过内部演绎推理机制自动求解程序给定的目标,不需要在程序中列出具体求解步骤,因而程序逻辑性强,文法简洁,清楚易懂。这种利用知识的逻辑关系和逻辑谓词实现知识表示的方法被称为逻辑表示法,但通常较为麻烦,效率较低。

## 五、推理策略

推理机是整个专家系统的控制中心,也称为控制程序,其控制方式称为推理策略或者推理机制。知识库不是程序,推理机才是真正的计算机程序,专家系统通过推理机调用知识库、人机接口、数据库及其他部分进行工作,解决用户提出的问题。

在一个产生式规则知识库系统中,知识单元用规则表示。这些规则不是有序分布的,虽然彼此独立,但又是紧密联系的。各知识单元相互联系,组成了一个推理分析网络,这就是人思考问题的思路与分析问题的路径。每个专家系统实际上有一个完备的推理网络图。

推理网络图由若干节点和这些节点之间相连接的弧线组成。弧线两端相连接的节点之间呈因果关系。在产生式规则专家系统中即规则的结论与条件之间的关系。一个节点可以由若干条弧线相连,这些弧线之间可以有"或"和"与"的关系。在一个推理网络图中,节点分为目标节点、叶节点和中间节点。目标节点是该系统的最终的求解目标;叶节点是向用户提问的因素;中间节点是在叶节点向目标节点推理路上反映有关关系的节点。这种推理网络图可以把所有的规则之间的关系勾划的很清楚。

在分析这种推理网络的思路中,可以有两种分析方式:一种是由下向上,即从用户提问因素向目标节点一步一步推导;一种是从上而下,反过来从目标节点到叶节点一步一步推导。这两种方向均可解决问题。常将前者称为正向推理,后者称为反向推理。正向推理是从事实向目标的推理,又称为事实驱动;反向推理是从目标向事实的推理,也称为目标驱动。在复杂的推理网络中,还有一种正反向推理或称为双向混合推理。至今多数规则型系统中采用反向推理方式。

1. 反向推理

反向推理是一种称为“假设-测试”的策略。先假定是某一个目标，然后去测试，寻找以此目标为结论的规则集，然后逐个检查规则集中的各个规则，它们的各个条件项是否为真。这些条件项中，某一条件如果是另外某一规则集的结论，则又需要该规则集检查各个规则，逐一查找相应条件，如此向前(即由上向下)递归查找。若某个条件不是任何规则的结论，而是推理图中的某个叶节点，则需向用户提问，或从数据库提取已有信息。若用户或数据库无此信息，即某个或某些条件不为真，则该规则推理终止，去该规则集中的另一规则。这样形成若干条路径。若该目标推理的路径上有一条获得成功，即该目标为真，则此次推理结果就是这个目标，不再去检索其他路径。如果此目标经推理达不到真值，即说明此假设测试失败，则选下一目标进行“假设-测试”，直至选择到某一目标为真为止。如果所有目标全部搜索后，无一目标为真，则此次推理没有结果，或称为无解。

2. 正向推理

与反向推理相反，正向推理是以事实或数据驱动。从推理网络图的叶节点，即询问因素，由用户提供的事实、数据开始，自下向上进行推理。推理进行时，逐一将用户提供的信息与各规则的条件进行匹配，直至某条路径到达某个目标节点，求得当前问题的解答。

3. 混合推理

即正向推理与反向推理配合进行。它综合了这两种推理各自的优点。反向推理中目标的选择是顺序进行，浪费很多时间。实际推理中，可以先通过某些已知数据或事实的驱动去选择合适的目标，然后再反向推理，这样既减少了反向推理选择目标的盲目性，又克服了单纯应用正向推理漫无目标的盲目性。

4. 不确定性推理

上面介绍的规则中条件和结论本身所表示的知识均是确定性的知识，即不是“是”，就是“否”，条件与结论之间的关系也是肯定的。而实际生活中，许多事实、概念并非绝对肯定能够精确描述。例如，子叶、幼茎受害程度的轻重，病斑边缘颜色的明显度等。另外，作为规则本身，在条件不是很肯定或有程度轻重的情况下，即使确定是某种病也有肯定程度的不同。作为精确性推理，经推理后得到的最后结果应是肯定的结论。但当考虑了这种不确定性，经过若干次推理，最后可能会得到某个结论的可能性极小甚至不可能。为了表达这种不确定性，常采用概率论、证据理论、模糊理论等数学方法进行不精确计算。概率推理(probability reasoning)是指根据不确定的信息做出决定时进行的推理，一般采用Bayes公式从先验概率推导出后验概率，利用后验概率进行决策分析。模糊推理(fuzzy reasoning)是指基于模糊集理论和模糊逻辑，通过模糊命题或模糊命题的模糊真值演算，得到一种可能性结论的近似推理。

此外,专家系统推理方法还有非单调推理、定性推理、常识推理、基于案例推理等。

## 六、知识获取技术

由于领域专家一般都不熟悉知识处理,而专家系统设计及建造者却不掌握专家知识。因此,知识获取是一个与领域专家、专家系统建造者以及专家系统自身都密切相关的复杂问题,至今仍然是专家系统建造中的一个"瓶颈"问题。虽然已有许多人工智能学者在开展知识的自动获取研究工作,即由计算机自动完成对知识的获取,但离知识的完全自动获取这一目标还相距甚远。目前,知识获取通常是由知识工程师与专家系统中的知识获取机构共同完成的。知识工程师负责从领域专家那里抽取知识,并用适当的模式把知识表示出来,而专家系统中的知识获取机构负责把知识转换为计算机可存储的内部形式,然后把它们存入知识库。在存储的过程中,要对知识进行一致性、完整性的检测。

### 1. 知识获取的任务

知识获取的基本任务是为专家系统获取知识,建立起健全、完善、有效的知识库,以满足求解领域问题的需要。

(1) 抽取知识。抽取知识是指把蕴含于知识源(领域专家、书本、相关论文及系统的运行实践等)中的知识经识别、理解、筛选、归纳等抽取出来,以便用于建立知识库。为了从领域专家那里得到有用的知识,需要反复多次地与领域专家交谈,归纳出可供建立知识库的知识,并从系统自身的运行实践中学习、总结出新的知识。

(2) 知识的转换。知识的转换是指把知识由一种表示形式变换为另一种表示形式。人类专家或科技文献中的知识通常是用自然语言、图形、表格等形式表示的,而知识库中的知识是用计算机能够识别、运用的符号和形式表示的,需要进行知识表示形式的转换工作。

(3) 知识的输入。知识的输入是指用适当模式表示的知识经编辑、编译送入知识库的过程,可利用计算机系统提供的编辑软件或者专门编制的知识编辑器完成。知识编辑器是一种用于知识输入的软件,采用命令语言和菜单等交互工作方式。

(4) 知识的检测。在知识抽取、转换、输入等环节上的失误都会造成知识的错误,并直接影响到专家系统的性能。因此必须对知识进行检测,以便尽早发现并纠正可能出现的错误。

### 2. 知识获取方式

按知识获取的自动化程度划分,可分为非自动知识获取和自动知识获取两种方式。

(1) 非自动知识获取。非自动知识获取是目前专家系统建造中较普遍的一种知识获取方式。首先,由知识工程师从领域专家或有关的科技文献那里获取知识;然后,再由知识工程师用某种知识编辑软件输入到知识库中。其工作方式见图 7-2。

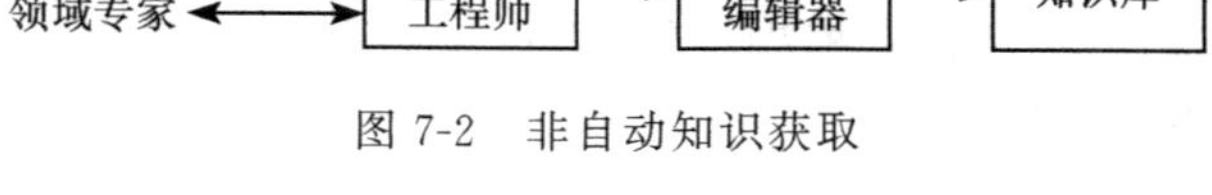


图 7-2　非自动知识获取

知识工程师与领域专家进行交谈和阅读有关文献，获取专家系统所需要的原始知识，对其进行分析、归纳、整理，形成用自然语言表述的知识条款，用知识表示语言表示出来，交给知识编辑器进行编辑输入。知识编辑器能把用某种模式或语言表示的知识转换成计算机可表示的内部形式，并输入到知识库中。同时，知识编辑器能检测输入知识中的语法错误和知识一致性，并报告错误性质与部位，以便进行修正。

（2）自动知识获取。自动知识获取是指系统自身具有获取知识的能力，不仅可以直接与领域专家对话，从专家提供的原始信息中“学习”到专家系统所需要知识，而且还能从系统自身的运行实践中总结、归纳出新的知识，发现知识中可能存在的错误，不断自我完善，建立起性能优良、知识完善的知识库。自动知识获取系统应具有识别语音、文字、图像的能力，理解、分析、归纳的能力和从运行实践中学习的能力，即原来需要知识工程师做的工作都由系统取代了。其获取知识的过程见图 7-3。

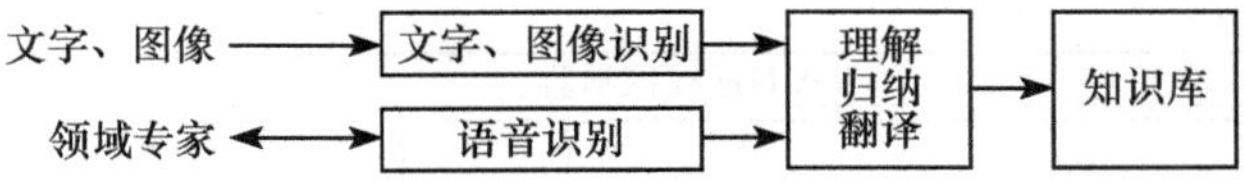


图 7-3　自动知识获取

自动知识获取是一种理想的知识获取方式，但它却涉及人工智能的多个研究领域，如模式识别、自然语言理解、机器学习(machine learning)等，对硬件亦有较高的要求。自动知识获取目前尚处于研究探索阶段，尚不足于真正实现自动知识获取。在近些年建造的专家系统中，多在非自动知识获取的基础上增加了部分学习功能，使系统能从大量事例中归纳出某些知识。由于这样的系统不同于纯粹的非自动知识获取，但又没有达到完全自动知识获取的程度，因而可称之为半自动知识获取。

## 七、专家系统开发工具

建造专家系统是一个既花费时间(如获取知识)又花费精力(指的是编写推理程序等)的过程。专家系统开发工具就是一种具有通用性的专家系统“外壳”，包含了知识库调试、语法检查和一致性检验等所需的管理机构，用来简化构造专家系统工作的程序系统。它既可以避免在编程上花费过多精力，又能使效率提高几倍乃至几十倍。专家系统工具能帮助研究人员获取知识、表示知识、运用知识，帮助系统设计人员进行专家系统结构设计，还能提供一个内部软件环境，提高系统内部的通信能力，加快专家系统开发效率。专家系统开发工具可分为以下几种主要类型。

（1）语言型开发工具。可分为两类：一类由语言本身提供一个推理机去执行该语言编写的程序，称为专家系统语言，如 Prolog、CLIPS 等。另一类是普通的编程语言，自身不提供推理机，如 LISP、C 语言和 C++语言。

（2）骨架型开发工具。借用已有专家系统，将描述领域知识的规则从原系统中“挖掉”，只保留其独立于问题领域知识的推理机部分，这样形成的工具称为骨架型工具。

（3）构造辅助工具。构造辅助工具是由一些程序模块组成，知识获取辅助工具能帮助获得和表达领域专家的知识,设计辅助工具能帮助设计正在构造的专家系统的结构。

(4) 支撑环境。支撑环境是指帮助进行程序设计的工具,包括调试辅助工具、输入输出设备、解释设备和知识库编辑器等典型组件。

国内外业已研制出了多种专家系统开发工具,可作为专家系统开发平台,如国外著名的专家系统开发工具有 CALLEX、SELECT、PALMS、MICCS、INSIGHT2+、LEVEL5、VP-Expert、AQ15、AE15 等,但均未能得到广泛运用,而基于 Windows 平台和网络环境运行开发平台 EXSYS,是运用最广泛的专家系统开发工具,售价达 7000 美元。北京农业信息技术研究中心研发的可定制、可组装的构件化通用农业专家系统开发平台 PAID (图 7-4),包括单机版、网络版、英文版、多媒体版、跨平台版和嵌入式版 6 种版本,有效地支持了 100 多种应用框架和 300 多个专家系统开发,在全国 28 个省(自治区、直辖市)和东南亚部分国家得到推广应用,并于 2006 年获国家科技进步奖二等奖。

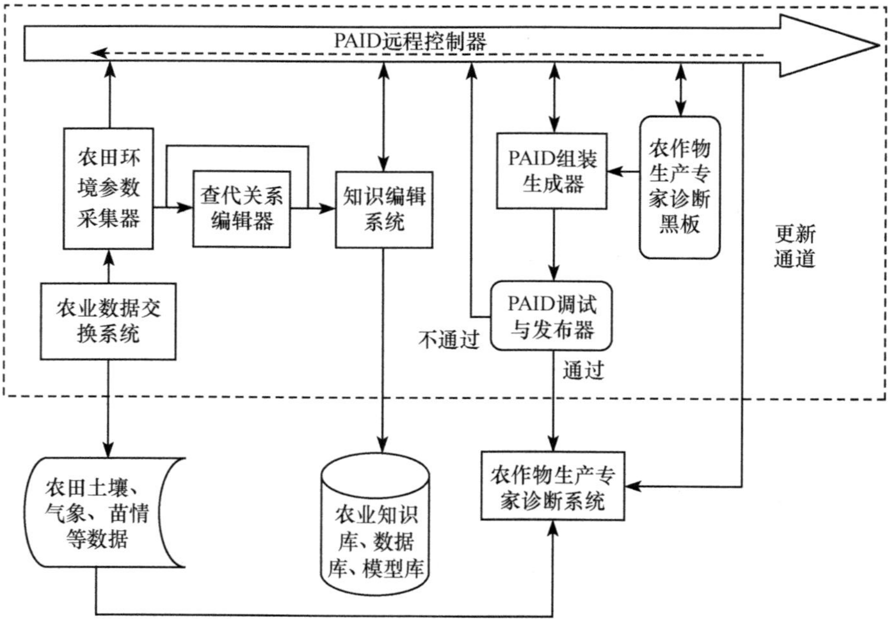


图 7-4 PAID 系统构造基本框架

## 第二节 农业专家系统概述

农业专家系统也称为农业智能系统(agricultural intelligent-system),俗称电脑农业专家。它是基于农业专家知识和模仿农业专家进行推理决策的计算机程序系统,是专家系统在农业领域中的具体应用。这类系统不仅可以作为农业现代化的载体传播各类实用的农业知识和高新技术成果,而且可以将高层次、多方面的农业专家的技术知识计算机化,通过模仿人类农业专家的推理过程,以形象、直观的方式向农业生产者提供各种农业问题的咨询服务与决策方案,使计算机在农业活动中起到类似人类农业专家的作用。该系统不仅能保存、传播各类农业信息和农业知识，而且能综合各种单项农业技术，实现高层次的农业技术集成。

## 一、农业专家系统发展概况

在20世纪60年代中后期国际上首例专家系统诞生，70年代末期将专家系统技术应用于农业领域，美国的研究开始最早，如伊利诺伊大学开发的大豆病虫害诊断专家系统PLANT/ds(1978年)和玉米螟虫虫害预测专家系统PLANT/cd(1982年)，日本千叶大学的番茄病虫害诊断专家系统MICCS(1983年)。20世纪80年代中期以来，农业专家系统研究在数量和水平上均有了较大发展，尤其以美国、日本、中国和欧洲最为突出。

1986年美国开发研制成功著名的棉花生产管理专家系统GOSSYM/COMAX，这已成为农业专家系统开发的典例。加利福尼亚大学戴维斯分校研制开发的CALEX/COTTON、CALEX/PEACHES、CALEX/RICE等CALEX系统，已广泛地应用于棉花、桃树和水稻生产管理。CALEX已演化成为专用于农业生产管理的专家系统开发工具软件。同时，美国农业专家系统开发多利用LEVELES、VP-EXPERT、INSIGHT等商用开发工具。

1986年日本政府出版了《人工智能与农业：精农技术与尖端技术的融合》的农业专家系统发展规划，并研发了一批农业专家系统，如东京大学的番茄栽培管理专家咨询系统和培养液管理专家系统；千叶大学研发的作物病害诊断专家系统、花卉栽培管理支持系统和庭院景观评价系统；农业研究中心研发的耕作方式计划支持系统、大豆栽培作业规划管理系统、拖拉机选用决策支持系统、联合收割机故障诊断系统等。近年来又将专家系统应用于蔬菜温室、牛奶生产等设施农业的生产管理中，取得了良好效果。

1985年中国科学院合肥智能机械研究所研制的“砂姜黑土小麦施肥专家系统”，是我国首例农业专家系统。此后，我国又研制了一批农业专家系统，如中国科学院合肥智能所研制的施肥推荐和作物栽培管理专家系统、北京市农林科学院作物所的小麦综合管理专家系统和玉米综合管理专家系统、江苏农业科学院的水稻栽培计算机模拟优化决策系统RCSODS、中国农业科学院棉花所研制的黄淮海地区棉花生产管理系统COTMAS等。此外，北京农业信息技术研究中心、中国科学院合肥智能机械研究所、吉林大学、哈尔滨工业大学先后开发了5个面向农业领域的农业专家系统开发平台，并成功地在全国20多个示范区推广应用，相继开发了300多个农业专家系统。

从20世纪70年代至今，按照历史发展进程，农业专家系统发展可归纳为单功能农业专家系统阶段、多功能农业专家系统阶段、基于模型的农业专家系统阶段和智能化农业专家系统阶段。目前，国内外研制开发的农业专家系统已有数百个，广泛应用于作物生产管理、灌溉、施肥、品种选择、病虫害控制、温室管理、牛奶生产管理、牲畜环境控制、土壤保持、食品加工、粮食储存、环境污染控制、森林火灾控制、经济分析、财务分析、市场分析、农业机械选择、农业机械故障检修等众多方面。许多系统已得到实际应用，受到农民、农业技术人员、农业顾问以及农业管理机构等各类用户的欢迎。表7-1中为世界上部分较有代表性的农业专家系统。

表 7-1 世界上有代表性的农业专家系统及工具

| 系统名称 | 研究的主要内容 | 开发者 | 发表时间 |
|---|---|---|---|
| PLANT/ds | 大豆病害诊断 | 美国 Illinois 大学 | 1978 |
| | 灌水管理 | 美国 California 大学 | 1981 |
| PLANT/cd | 玉米螟危害预测 | 美国 Illinois 大学 | 1982 |
| | 棉花水分管理 | 美国 California 大学 | 1982 |
| | 人工智能用于木材采伐 | 美国 Purdue 大学 | 1983 |
| | 病害管理辅助决策 | 美国 Rykid 等 | 1984 |
| | 棉花病害综合防治 | 美国 California 大学 | 1984 |
| | 农业化学分析 | 美国 Jones 等 | 1984 |
| COMAX | 棉花综合管理 | 美国 USDA-ARS | 1985 |
| POMMB | 苹果虫害与果园管理 | Roach 等 | 1985 |
| MICCS | 番茄病害诊断 | 日本千叶大学 | 1985 |
| | 油桃病害诊断及对策 | 美国 Plant 等 | 1986 |
| PBST | 病害诊断 | 澳大利亚农业部 | 1987 |
| | 奶牛繁殖及诊断 | 美国 Margland 大学 | 1987 |
| CALBX | 农业管理 | 美国 California 大学 | 1988 |
| FARMSYS | 作物多熟种植 | 美国 Florida 大学 | 1988 |
| | 农作制度管理决策 | 美国 Iowa 大学 | 1988 |
| SOYBUG | 大豆病害管理 | Beek 等 | 1989 |
| SBLBCT | 农业管理与决策选择 | 英国 Bdinburgh 农学院 | 1989 |
| SMARTOSY | 大豆生长模拟与管理 | 美国 Geogia 大学 | 1989 |
| DHLBS | 奶牛营养诊断 | 美国 Texas A&M 大学 | 1989 |
| CIRMAN | 农作物生长风险决策 | 美国 Texas A&M 大学 | 1989 |
| CHESS | 母猪群的行为分析 | 荷兰 Wageningen 大学 | 1990 |
| RAIN | 农林计算机辅助决策 | 美国 Georgia 大学 | 1990 |
| | 砂姜黑土施肥专家系统 | 中国合肥智能所 | 1991 |
| AWFRS | 黏虫测报 | 中国农业科学院 | 1992 |
| HAISON | 环境工程控制 | 加拿大 David 等 | 1992 |
| ESWCM | 小麦综合管理专家系统 | 北京市农林科学院 | 1993 |
| IWCMSB | 小麦综合管理 | 美国 Ahmed Kamel 等 | 1994 |
| BXCIS | 专家土地评价 | 希腊 Yialouris | 1995 |
| HYDRA | 灌溉管理 | 意大利 Jacucci 等 | 1995 |

## 二、农业专家系统的类型

### 1. 按功能和结构特征划分

农业专家系统按其功能和结构的主要特征,可归纳为以下几种。

(1) 启发式专家系统(heuristic expert system)。以某些领域专家的经验知识为基础,按照传统方式建立专家系统,适用于那些目标明确、内容较窄的应用价值较高的领域,但系统知识获取的工作量很大,如美国的大豆病虫害管理系统 SOYBUG。

(2) 实时控制专家系统(real—time control expert system)。利用来自传感器监测装置的数据,运用专家处理问题的经验,依据状态条件的变化去自动调整或控制某些参数或装置。此类系统多用于温室的自动调节与控制，如美国的 MISTING 系统。

(3) 基于模型的专家系统(model-based expert system)。把作物模型与知识库相结合，把定性和定量分析、符号处理和数据处理有效地结合，利用专家系统为模型提供参数和对模型结果进行解释，以便用户更好地使用模型，是农业专家系统发展的重要方向，如 GOSSYM/COMAX。

(4) 专家数据库系统(expert database)。将专家系统和数据库相结合，可改善大型数据库的可检索性和对数据库信息的解释能力，从而使决策者方便地从大型数据库中获取有用的信息，如美国的良种选择专家系统 CUE。

(5) 专家系统开发工具(problem-specific shell)。它是一种辅助专家系统开发的软件工具，主要用来帮助研究人员建立知识库和进行结构设计，如 SELECT、CALEX、LEVELS 等。

### 2. 按涉及学科领域划分

按照所涉及的农业学科领域，农业专家系统大体上可分为以下几种。

(1) 作物栽培专家系统。此类系统根据特定地区气候、土壤特点和作物栽培经验，为当地用户提供有关大田作物、园艺作物的品种选择、土壤耕作、灌水施肥、病虫草害防治、产量估算等田间栽培管理综合措施的技术指导。

(2) 农田施肥专家系统，也称为肥料推荐专家系统，主要针对特定地区土壤理化性质，评估肥力水平，根据作物、气候、土壤、栽培管理及肥料特点，推荐肥料运筹与施肥方法，计算施肥效益等。

(3) 植物保护专家系统。根据特定地区农作物病、虫、草害发生规律，为用户提供有关作物的病、虫、草害诊断、预测预报和防治方法。

(4) 设施农业专家系统。主要针对果蔬的温室栽培和冷库储藏开发的实时控制专家系统，以达到对设施农业环境的自动监测与控制。

(5) 新品种选育专家系统。包括动、植物的亲本选配、后代选择和品种评价，提高农业生物育种的效率。

(6) 畜禽水产养殖专家系统。提供各种家畜、家禽、水产品的科学养殖技术，包括场所建设、品种选择、饲料配合、科学饲养、病虫防治等方面。

(7) 水利灌溉专家系统。提供灌溉水源预报、灌溉需水量预报、作物灌溉制度拟定、灌区用水计划管理、灌溉设施的自动化控制等。

(8) 其他学科领域的专家系统，包括农业生产管理、农机具优化设计与选择、农业经济分析、农产品评价、水土保持等方面。

### 3. 按照系统运行环境划分

按照系统运行环境来划分，专家系统可以分为以下 5 种类型。

(1) 桌面版农业专家系统。最初的专家系统都是桌面版类型，如棉花综合管理专家系统 GOSSYM/COMAX 等，独立运行于 PC 机上，采用事件驱动编程方法来编译系统程序，其执行过程将不断地对事件做评价和响应，并具有多种图形接口来输出事件结果，其数据库包括文件系统和关系数据库系统,可以存储和检索历史数据,如设施控制和加工监测等。

(2) 网络版农业专家系统。国内较早的网络化农业专家系统是北京农业信息技术研究中心研发的“网络化构件化农业专家系统开发平台 PAID”,采用模块化设计,利用“客户层/服务层/数据层”三层结构模型,遵循 COM/DCOM 技术规范,以后台数据库管理为核心,在 Web 服务器挂接服务构件,通过前台浏览器管理和运行,平台具有网络化、构件化、智能化、层次化、可视化等特点。通过该平台开发的农业专家系统,可以直接在 Internet/Intranet 网络环境下运行,支持分布式计算、协同作业和远程多用户、多目标任务的并行处理。在 Object Web 计算模型、OLE/Active X、Internet/Intranet 技术开发以及基于构件化的知识获取、知识表示、知识求精、模糊推理、人机界面、数据访问等专家系统关键构造技术上具有特色。PAID 主要是以线上作业平台作为调度中心,为开发农业专家系统提供快速定制方法,能根据农业生成诊断类型方便组装、调试与发布农作物生成专家诊断系统,可以通过远程控制器更新通道,对分布式部署的农业专家系统进行远程维护和更新(图 7-4)。

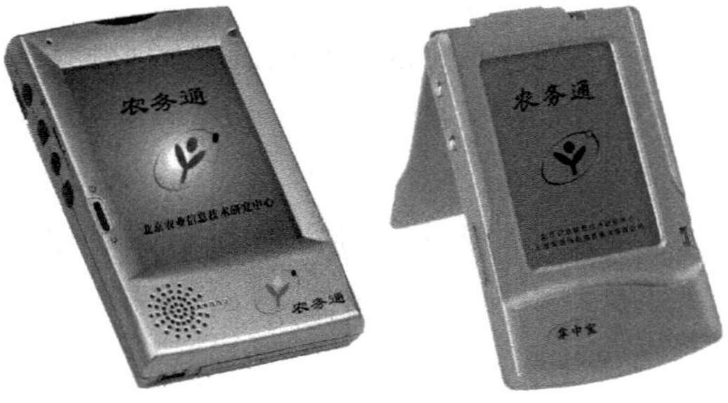

图 7-5　农业专家系统“农务通”
掌上电脑(HPC)和掌中宝(PDA)(个人数字助理)

(3) 嵌入式版农业专家系统。个人数字助理(personal digital assistant,PDA)和掌上电脑(handheld personal computer,HPC)等嵌入式设备日渐普及,具有价格低廉、携带方便、操作简单等特点。北京农业信息技术研究中心研发的基于 Windows CE 的嵌入式版农业专家系统“农务通”,农业专家可以方便地输入各种农业知识规则,形成各种各样的、具体的农业专家系统,一般用户也能通过嵌入式设备来进行推理决策,便于带到田间地头指导生产(图 7-5)。嵌入式版农业专家系统结构包括知识工程师模块、数据库间串行转换模块和专家系统应用模块。为了便于数据输入,一般先在 PC 机上完成原始数据输入,再利用同步转换程序实现 PC 机与嵌入式设备之间的数据库系统同步转换,用户采用求解式或者提问式方式进行专家决策咨询。河南农业大学研发的基于 Palm OS 的 PDA 作物施肥通专家系统,内含小麦、玉米、水稻、棉花、油菜和烟草 6 种大田作物专家系统和一个可扩展的专家系统,能选择不同的作物、不同的地区,根据土壤中养分的氮、磷、钾或微量元素的含量,建立施肥指导方案,有效地解决了作物种植中科学施肥的问题,使肥料利用率大大提高。

(4) 多媒体版农业专家系统。针对农业领域生产管理中科技人员和农民的实际需求,采用简便、快捷、直观的多媒体知识表达方法,集成专家知识、文字、图像、声音等资料和信息,将图形、音频、视频、多媒体课件和小型推理机处理程序相结合,建成简单和实用的多媒体化农业专家系统,实现了动植物生产管理的可视化智能决策。多媒体版专家系统包括知识管理、知识库管理、农情数据库管理、外壳、系统管理等子系统,一般采用硬件配置较低的单机运行环境,安装方便,支持丰富的多媒体知识对象,以文本、图片、图像、音频、视频图像等多种媒体和用户交互,采用提问式专家推理,操作简便明晰。

## 三、农业专家系统发展趋势

### 1. 农业专家研究和应用中存在的问题

尽管我国农业专家系统研究和应用已经经历了20多年的发展历程，取得了较大进展，但与国外发达国家比，在农业专家系统开发和应用方面仍有较大差距，主要表现在如下方面。

(1) 农业专家系统研究水平偏低，专家系统性能较差。我国农业专家系统开发的历史较短，研究力量相对单薄，计算机技术人员与农业领域专家结合较差，缺乏既掌握农业知识又精通信息技术的复合型、高素质专业技术人才。虽然已开发的农业专家系统数量众多，但和世界先进水平相比，在技术水平和应用效果上都有很大差距。现已开发的众多农业专家系统，在结构和功能上也存在较大差距，有些系统有较好的结构和较强的功能，而一些系统甚至没有独立的知识库和推理机构，不能算作真正的专家系统。

目前，在我国农业专家系统开发中，由于农业领域知识源的缺乏，数据收集和知识获取困难，使农业专家系统开发受到制约。知识库的知识数量较少且质量较差，多以常识、基本原理和科普性知识类型的文本描述为主，缺乏数学模型、图形、图像、图表、视频、音频、文字等多种知识综合表达；与农业数据库、地理信息系统、优化模型、决策支持系统、多媒体技术、通信网络技术等结合不够，不能提供声音、图像、文字并茂的专家知识。推理机制简单，解释性能较差，用户界面不友好，先进性和实用性不够，尚未达到真正领域专家的水平，起不到“专家”的作用，限制了农业专家系统的推广应用。

(2) 农业专家系统软件技术较差，系统开发、维护和应用困难。虽然众多研究者从各自的实践中摸索总结出了知识表示和推理策略等专家系统开发技术方法，但农业专家系统软件设计缺乏统一技术标准和方法，软件的兼容性、支持分布计算、可插拔、可扩展、可移植、可替换等性能较差，低水平和重复性研究居多。例如，未采用客户/服务器或浏览器/服务器的分布计算结构；软件开发局限在传统软件开发模式中，软件重用、升级与扩展方面不足；对新技术集成能力不足，开发周期长、升级维护难；软件系统分散、独立，不能准确裁剪和定制，难以集成为功能丰富、适应面广、应用水平高的规模化大型专家系统应用系统。

另外，我国已经开发和发布了5种“863”品牌的农业专家系统开发平台，在将软件开发人员与用户之间进行分离、提高农业专家系统开发效率、减少重复开发方面有一定成效。但是这些农业专家系统开发平台无法充分满足不同层次用户的需求，使用过程对用户要求过高，只适合软件开发人员使用，很难在农业基层推广普及，产品化实现程度较低，至今推广应用情况不佳。同时，由于我国农户经营规模小，经济收入少，购买电脑和农业专家系统软件投入高，农业专家系统推广应用难度较大。

### 2. 农业专家系统发展趋势

针对当前农业专家系统研究和应用中存在的问题，赵春江(2009b)提出了农业专家系统设计分层方案，由计算机专业人员基于各种信息技术开发通用农业专家系统平台，提交给系统管理员和知识工程师进行二次开发,只要装入不同领域的知识规则,就可非常方便快捷地开发出不同地区、不同领域的专家系统开发框架,然后经过一般用户的不断使用和连续反馈,经修改、完善形成特定领域的专家系统。为此,农业专家系统研究具有以下发展趋势:①面向不同用户层(程序员、知识工程师、农业专家)开发农业专家系统生成和辅助工具,提高农业专家系统的开发效率;②农业信息资源的开发和利用,包括信息资源的数字化、网络化处理,信息挖掘、知识发现等;③充分利用计算机网络技术,建立分布式与协同式农业专家系统,扩大系统适应范围,满足用户跨时空服务需要;④克服专家系统的一些缺点,如知识处理的浅层性、狭窄性,集成模型技术、面向对象技术等;⑤与通信技术、电子技术交叉,向嵌入式设备、数字终端等技术产品化发展。

# 第三节　作物管理知识模型

传统的作物管理决策支持系统缺乏系统的解释性和应用的广适性,决策性也不强,将系统分析方法和动态建模技术应用于作物生产管理知识体系的定量表达,建立具有动态决策功能的作物管理知识模型已成为农业专家系统研究的新途径。

## 一、作物管理知识模型的概念、特征与作用

### 1. 作物管理知识模型产生的背景

作物生长模拟是将作物及影响作物生长发育的环境和技术因子作为一个整体,应用系统分析的原理和方法,综合大量的作物学、气象学、土壤学、系统学、计算机科学、数理统计等学科的理论体系与研究成果,对作物的阶段发育、光合生产、器官建成、同化物积累与分配以及产量与品质形成等生理过程及其环境和技术因素的动态关系进行量化表达和数学建模,然后在计算机上对作物生长系统进行数字化的动态预测和模拟分析。作物生长模型具有较强的系统综合和动态预测功能,克服了传统作物栽培研究中的时空局限性,但难以表达作物栽培理论和技术方面的量化关系,不能直接进行生产系统的智能化管理决策,需要农业专家系统弥补作物模拟模型在推理决策方面的不足。

专家系统求解的是不良结构问题,没有可供使用的数学模型和现成算法,唯有凭借经验的、尚未完全形成科学体系的知识,使用弱方法进行搜索求解。农业专家系统动态性弱、适应性窄、知识库大,其知识表达方法亟须改进和创新,应用系统工程原理和动态建模技术来研究作物栽培管理中的知识表达体系,可兼得模拟模型、专家系统和栽培模式的优点,实现作物生产管理模式的动态化和数字化。据此,曹卫星(2008)创立了新型作物管理知识模型概念和构建思路(图 7-6)。

作物管理知识模型是在广泛收集及充分理解和分析作物生产管理专家知识和经验基础上,利用作物生产理论与技术方面的已有资料,并结合必要的试验支持研究,借助系统分析原理和数学建模技术,对作物生育及栽培管理指标与品种类型、生态环境和生产水平之间的关系进行解析、提炼和综合而建立起来的定量化和系统化的动态模型。

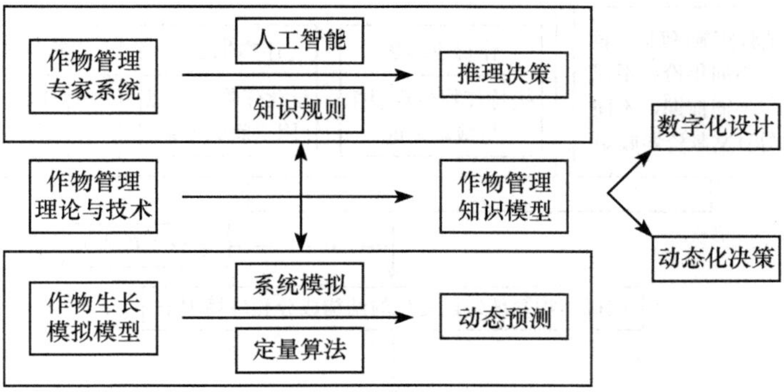


图 7-6　作物管理知识模型的构建思路

## 2. 作物管理知识模型的定义与特征

作物管理知识模型,是基于作物管理的理论与技术及知识和经验,通过试验支持研究和文献资料分析,对作物生育及栽培管理指标与品种类型、生态环境及生产水平之间的关系进行系统化的提炼和综合而建立起来的定量化和动态化设计模型。

作物管理知识模型具有较高的数字化程度和较广的适用范围,可用于不同条件下不同作物生产的精确管理方案或者定量栽培模式,如产量和品质的确定、品种选择、播栽期确定、基本苗与播种量设计,氮肥、磷肥、钾肥运筹,水分管理及生育调控动态指标等。其中,作物栽培学理论与技术是建立概念化知识模型甚至量化模型的关键。作物管理知识模型的研制需要综合作物模拟模型和农业专家系统的特色与优势,运用系统建模的方法来研究专家系统中的知识表达体系,创立具有动态决策功能的作物管理知识模型新体系(图 7-7)。通过综合分析作物生育指标、环境因子技术措施之间的定量化动态关系,突出模型的结构化途径、时空化规律、数字化算法和组件化设计,建立具有时空规律的作物管理动态知识模型,可用于生成不同条件下的作物生产管理方案,实现作物生产管理的动态化和数字化决策。

与传统作物栽培管理专家系统和作物栽培模式相比,作物栽培管理知识模型用数学算法和量化模型代替了专家系统中的一条条知识规则,应用系统建模方法描述了气象、土壤等环境条件与作物发育状况的关系,理论上能够应用于不同环境。用户只要提供当地气候和土壤等环境条件数据,不必替换和添加知识体系中的专家知识就可运行知识模型,因而具有普适性强、高度精练性、实用性好、独立性好等特点。

## 3. 作物管理知识模型的作用和意义

作物管理知识模型的创建,不仅有助于揭示生态环境和农艺栽培措施与作物生长发育和产量品质形成的内在关系和机制,使得区域化和经验性作物栽培管理模式上升到系统化整合和科学化表达的层次,从而形成普适性和规范化的现代作物栽培技术体系;同时实现了作物模拟模型的动态预测功能与专家系统管理决策功能的有效耦合与集成,形成了模型化的专家系统和决策性的系统模型,提升了作物信息技术的发展水平,开拓了数字化和精确化作物管理决策的新领域。

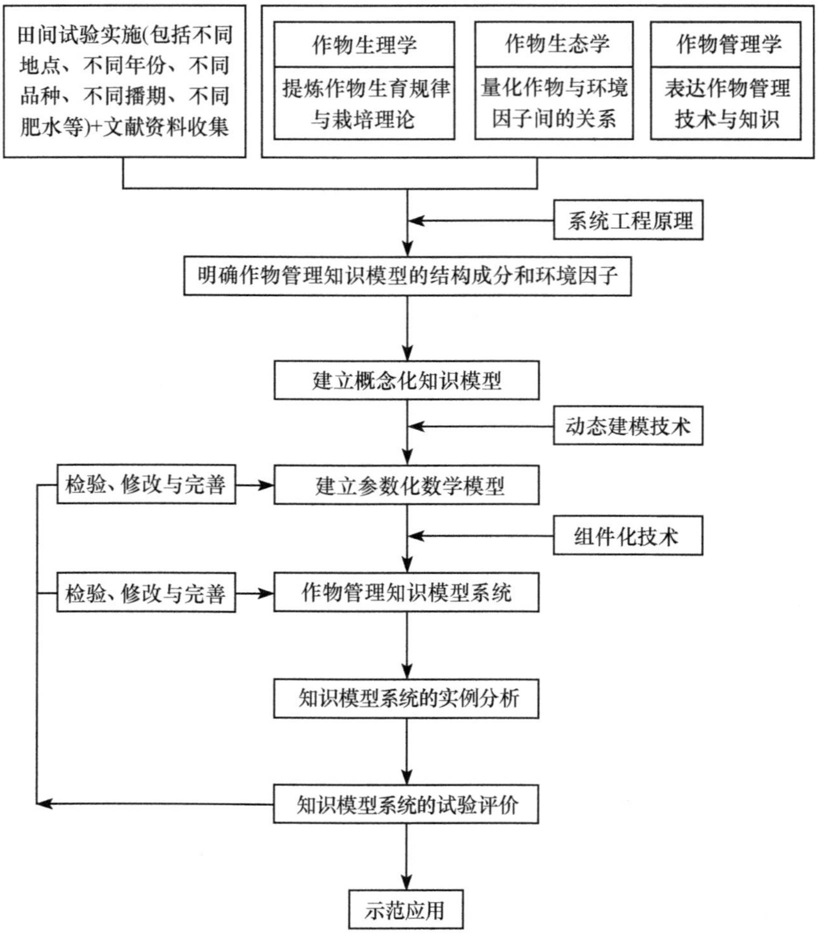


图 7-7 作物管理知识模型研制的总体技术思路

## 二、作物管理知识模型的构建

### 1. 作物管理知识模型的框架结构

通过总结和提炼作物栽培管理方面的大量试验资料与知识积累,系统分析不同作物管理知识体系的共性内涵,构建了作物管理知识模型的功能框架,一般包括播期管理方案设计和动态调控指标设计两大部分(图 7-8)。系统中每一个功能均构成构件,具有输入和输出接口框架:CF＜函数名＞Name(作物生长季气象资料、土壤资料、遗传参数、作物栽培管理措施和水平、用户输出目标和要求、输出参数等变体数组)。此外,还包括 10 个通用子功能构件:5 日滑动平均计算、儒历天数与日期转换、相对权重估算、日长计算、辐射量估算、光温潜力计算、生理发育时间计算、适宜最大叶面积指数计算、土壤水势转换成土壤含水量、5 类通用输入参数变体数组的打包和解包,可以作为即插即用工具。

基于作物管理知识模型的功能框架及构件内涵,综合提取了支持不同作物管理方案的基本算法流程及关系式框架,为构建具体作物的知识模型提供了参考。总体上算法框

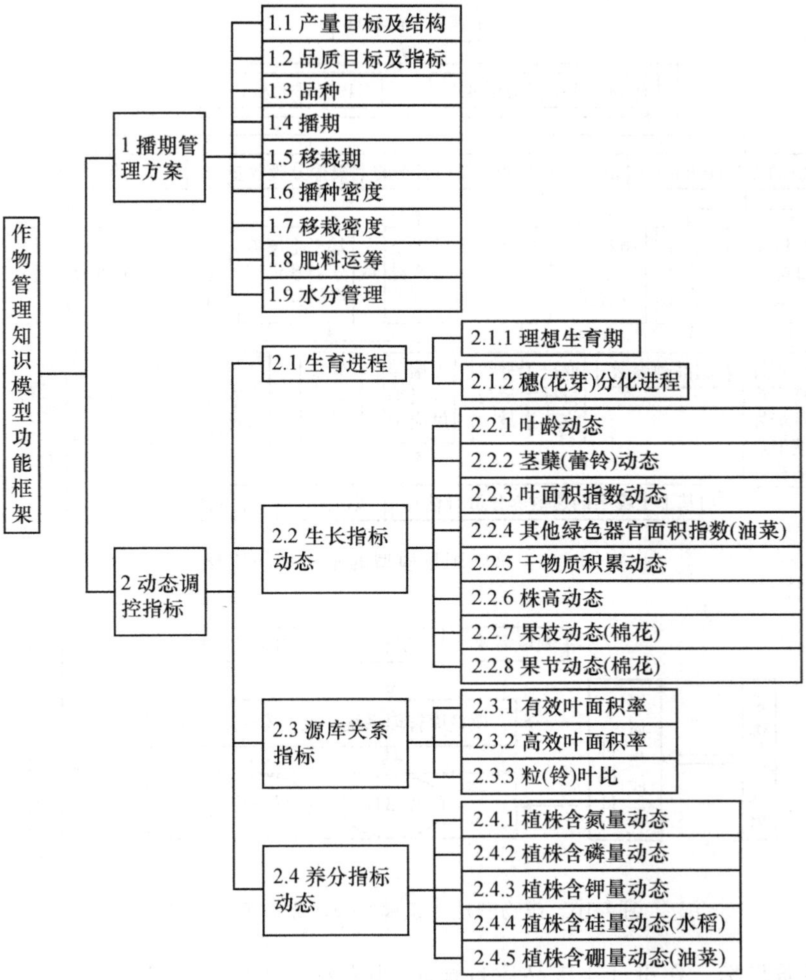


图 7-8　作物管理知识模型功能框架

架包括两组算法：一组是支持通用子功能构件的工具型算法，另一组是支持知识模型构建的设计型算法框架等，包括产量目标、品种置信度、播种量、总施肥量、叶面积动态、长势调控因子等的计算。图 7-9 展示了总施肥量模型的基本算法流程。针对农业软件设计和开发特点，构建了作物管理知识模型系统的设计与开发框架，包括系统总体结构框架、系统开发平台框架、系统开发框架等(图 7-10)。

## 2. 作物栽培方案设计模型

小麦、水稻、棉花和油菜四大作物栽培管理知识模型的定量算法包括栽培方案设计和生长指标动态设计两大部分。其中，作物栽培方案设计模型包括适宜的产量目标、品质目标、栽培品种、播期和移栽期、基本苗和播种量、肥料运筹和水分管理等。以小麦为例简要说明其基本算法思路，具体算法略去。

(1) 产量目标。现有的目标产量设计方法主要包括以地定产、以前三年平均产量定产、对光温生产潜力值修订定产等。

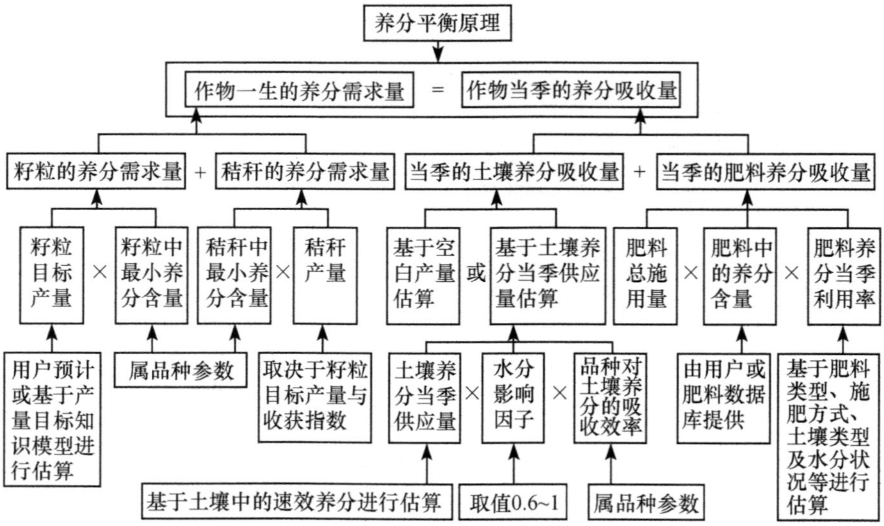


图 7-9　总施肥量模型的基本算法流程

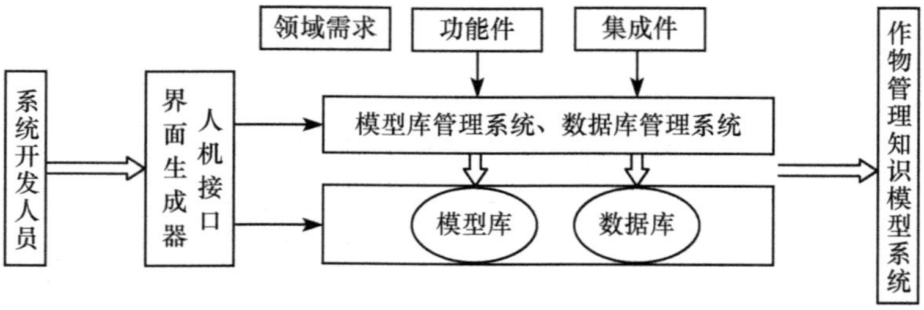


图 7-10　作物管理知识模型应用系统开发框架

(2) 品质目标。在设计小麦品质目标时,小麦籽粒蛋白质含量通过潜在蛋白质含量、开花至成熟期日均温、总降水量、平均日较差、总日照时数等因子估算。

(3) 品种选择。品种选择模型主要通过 1 月和 7 月的平均温度、≥0℃积温来确定能否种小麦,然后通过生理春化时间、寒冷程度、日照长短、最长生育期、土壤肥力、土壤含盐量、用户对品种需求、可选品种特性等指标,计算品种各特性置信度,为用户推荐适宜品种。

(4) 播栽期。适宜播栽期模型通过气象资料、品种特性、适宜茬口等计算适宜播期或者移栽期,保证作物生育进程与最佳光温资源同步。

(5) 基本苗和播种量。在确定基本苗与播种量时,是通过单位面积群体成穗数与单株有效穗数来确定适宜基本苗,然后通过千粒重、发芽率、出苗率来计算大田播种量。

(6) 肥料运筹。肥料运筹内容包括氮、磷、钾总施用量的确定、有机氮与无机氮比例、氮、磷、钾基肥与追肥的比例等。氮、磷、钾总施用量采用养分平衡法来计算,即目标产量和品质养分需求量、作物养分基础吸收量、肥料养分当季利用率来计算预定目标所需氮磷钾总施用量。有机氮与无机氮比例大概为(5∶5)~(2∶8),通过内插法计算目标产量和品质所需有机氮与无机氮比例。氮磷钾基肥与追肥的比例:氮肥基追比一般为(7∶3)~

(5∶5),磷肥基追比一般在(10∶0)～(6∶4),钾肥基追比一般为(10∶0)～(5∶5),通过内插法计算目标产量和品质所需基追比。

(7) 水分管理。在水分管理设计中,当土壤实际含水量低于该生育阶段土壤含水量的最低要求时需要灌溉,灌水量通过田间持水量、某生育阶段土壤含水量需求最低值、土壤容重、灌溉深度等因素计算。

### 3. 作物生长指标设计模型

作物生长指标设计模型包括适宜叶龄、叶面积指数、干物质积累量和群体茎蘖数等主要生育指标动态、植株养分指标动态和源库关系指标等。

#### 1) 生育指标

在综合考虑温度、光周期和品种遗传特性与阶段发育关系基础上,通过作物生理发育时间(physiological development time,PDT)构建了广适性的作物生育期机制模型。

以小麦为例,采用基于小麦生理发育时间 PDT 的动态生长度日(growth degree day,GDD)为统一生育尺度,计算小麦主茎叶龄、叶面积指数、群体茎蘖数、干物质积累量等生长指标适宜动态。

(1) 群体茎蘖动态模型。根据"以产定穗,以穗定蘖"原理,利用分蘖消长和分蘖成穗的动态变化规律,以 PDT 为生育期预测器,计算各物候期所需生长度日,建立基于产量目标的冬小麦适宜群体茎蘖动态变化曲线。

(2) 叶龄动态模型。根据播期、播种深度、基本苗、土壤肥水等因素对小麦分蘖与主茎叶片数同伸关系的影响,计算基于产量目标的冬小麦越冬始期适宜主茎叶龄。

(3) 叶面积指数动态模型。以基于小麦 PDT 的动态 GDD 为主线,根据各主要物候期叶面积指数与孕穗期最大叶面积指数的比值,利用线性内插法计算出高产条件下适宜叶面积指数动态。

(4) 干物质积累动态模型。根据籽粒目标产量和收获指数确定的最大干物质积累量、GDD、干物质瞬时增长速率、播种量等因素,按照 Logistic 曲线来计算小麦干物质积累动态,并计算花后干物质积累对籽粒产量的贡献率。

#### 2) 源库关系指标

源库关系指标模型是在适宜 LAI 基础上通过提高有效叶面积率和高效叶面积率来提高粒叶比,实现源库协调发展。

(1) 粒叶比。根据总结实粒数与孕穗期最大叶面积之比或成熟期籽粒重与孕穗期最大叶面积之比、目标产量等指标来确定适宜粒叶比。

(2) 有效叶面积率。有效茎蘖上的叶片称为有效叶面积。根据孕穗期有效叶面积占总叶面积的比例、特定品种在特定地区最高产量等指标确定适宜有效叶面积率。

(3) 高效叶面积率。小麦植株顶部三叶为光合作用高效叶。根据顶部三叶高效叶面积占总有面积比例、目标产量和穗面积来确定适宜高效叶面积率。

#### 3) 植株养分指标

植株养分指标模型包括地上部养分积累动态和浓度动态两部分,通过计算作物目标产量下氮磷钾养分总吸收量、主要生长阶段养分积累比例来确定各生育阶段植株地上部养分积累量,再根据生理发育时间 PDT 采用线性内插法计算植株地上部养分积累量动态;根据植株地上部养分积累量和地上部干物质积累量就可计算出各生育期植株地上部养分浓度动态。

## 三、基于知识模型的作物管理方案设计

南京农业大学江苏省农业信息高技术研究重点实验室建立了基于生长模型和栽培管理知识的作物生产智能决策支持系统。图 7-11 至图 7-14 分别为应用该系统进行小麦生产管理方案设计的结果。

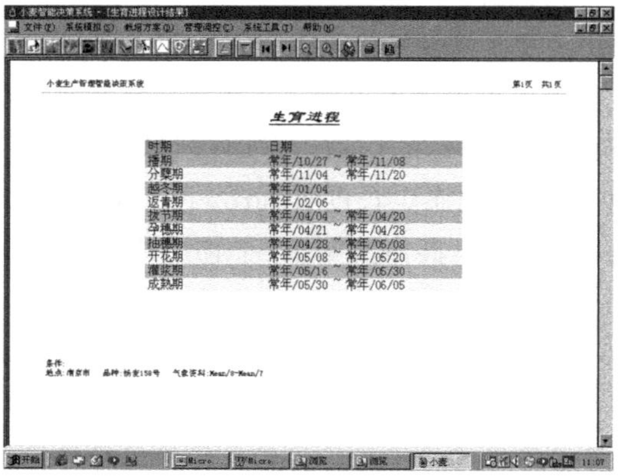


图 7-11　小麦生育进程设计结果

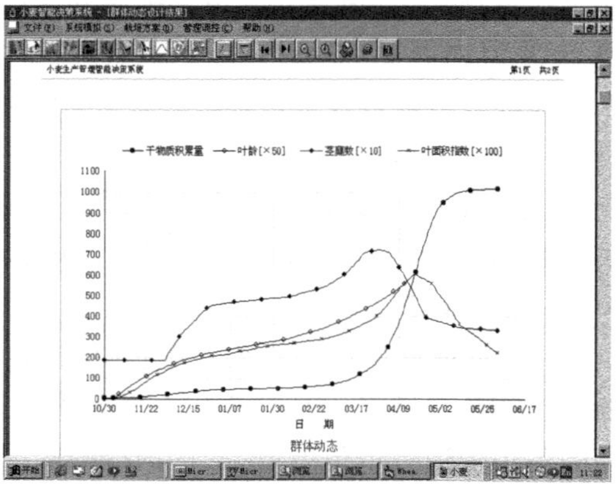


图 7-12　小麦群体动态设计结果

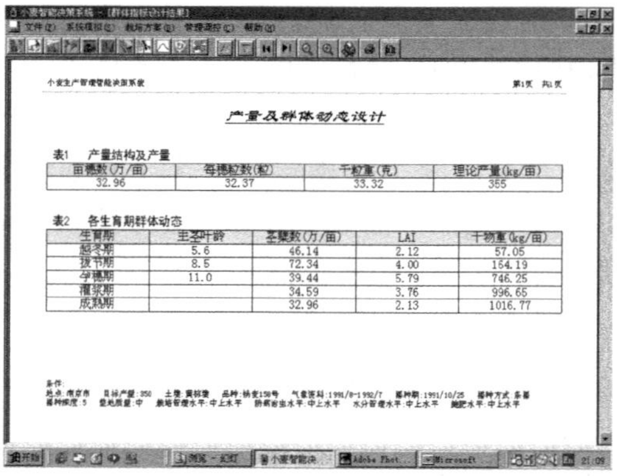


图 7-13　小麦群体指标设计结果

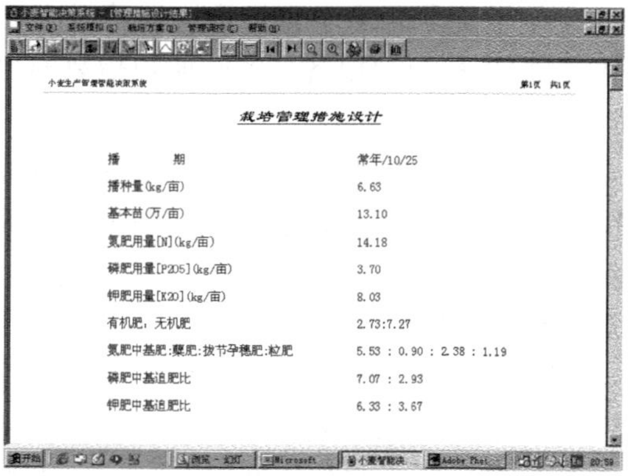


图 7-14　小麦栽培管理措施设计结果

# 第四节　农业决策支持系统

计算机辅助决策支持系统是专家系统的重要类型,是高效快速解决复杂领域问题的重要工具。在精确农业中,作物生产管理决策支持系统是处方农作方案生成的关键技术之一。

## 一、决策支持系统概述

### 1. 决策支持系统的概念

决策支持系统(decision support system,DSS)是利用知识和数学模型,通过计算机分析或模拟,协助解决多样化和不确定性问题,如对计划、管理、调度、作战指挥和方案寻优等应用问题进行辅助决策的计算机程序系统。它不是决策自动化,而是人机对话式的决策辅助和支持系统,又称为计算机辅助决策系统。它通过与决策者的一系列对话,为决策者提供各种可行方案,检验决策者的要求和理想,从而达到支持决策的目的。

决策支持系统的任务在于对各种具体决策问题的辅助决策。决策是对未来的行动方向、目标、方案、原则和方法所做的决定,它是论证、分析、抉择的全过程,即针对需要决策的问题,经过调查研究,根据实际与可能,制订多个可行方案,然后根据决策标准,选择最佳或满意方案的全过程。对复杂问题需要利用计算机进行定量分析,促进决策由定性决策分析向定性与定量决策分析结合方向发展,实现决策科学化。

### 2. 决策过程

一般决策过程(或决策问题的求解过程)由 5 个阶段组成。

(1) 问题识别。识别决策问题的含义,使其概念化,从而形成一个非常明确的问题,包括明确问题的含义、限制条件和判定满意的解时所用的评判标准 $C$ 等。

(2) 建立模型。包括建立形成候选解 $s$ 的模型和评价候选解优劣的模型,即建立评价函数 $E_1(s),E_2(s),\cdots,E_n(s)$,可以采用单指标评价(简单问题)或多指标评价(复杂问题)。

(3) 执行模型。用各种候选解代入评价模型执行以获得评判指标,即计算评价函数 $E_1(s),E_2(s),\cdots,E_n(s)$。

(4) 评判决策。根据上阶段获得的评判指标进行综合评判与分析,审查所得的解是否已经满足要求。若已满足,就输出它作为问题的解(决策方案、计划、规划或想定等);若尚不满足要求,则转下一步去修改模型。上述评判过程,可认为是从评判指标 $E_1(s),E_2(s),\cdots,E_n(s)$求"评判函数"$J(E_1,E_2,\cdots,E_n)$"值",检查所得的"值"是否满足评判标准 $C$。

(5) 修改模型。对于形成答案的模型和评价答案的模型,若对它们不满意都可进行修改。关键在于如何根据评判的结果,提出该修改什么以及如何修改。一般是需要决策者人工参与的,或完全由决策者自己来完成。一旦修改完成之后就再转到第 3 步去执行经修改后的模型,以开始下一轮的评判与选择。

### 3. 决策机制

决策支持系统是决策过程中辅助决策者进行决策的软件系统,和人类作决策的机制相似。仔细分析人脑的决策过程可以发现,在做决策时人们经常要使用很多已经装在脑中的各种数据、解题方法、计算方法、建模方法以及过去已经建立的种种模型等,还要用到各种经验与知识,用以识别问题,形成候选方案,并根据问题要求建立评判模型,乃至不断指导评判、分析与修正直至找到满意的解答为止。人脑的决策机制见图 7-15。图中实线箭头表示控制转移方向,即表示控制流,虚线箭头表示数据(方法、模型或知识)的流向。

该图表明了人脑在决策处理的各个步骤中随时可能要与“四库”打交道,从中去存取数据(方法、模型或知识等)。

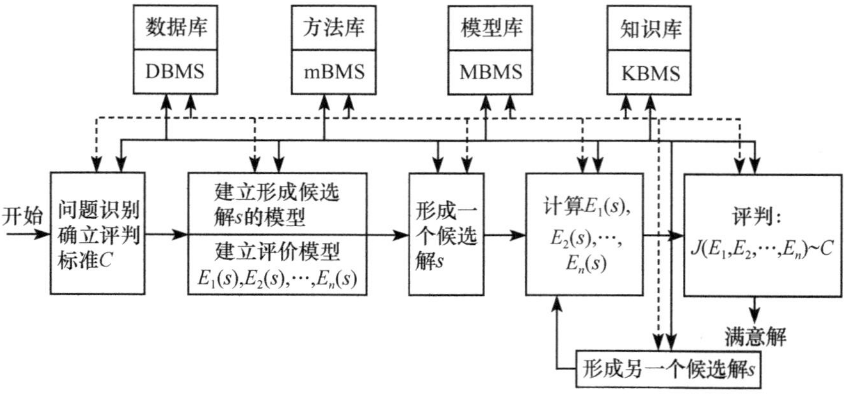


图 7-15　人脑的决策机制

DSS只是支持用户决策,而不是代替决策,系统给出的是系列满意解,让用户自行决断。系统所支持的对策主要是半结构问题的决策。DSS采用人机对话的有效形式解决问题,充分利用人的丰富经验、计算机的高速处理能力和大存储量的特点,互相配合求解问题。

## 4. DSS的结构及求解问题的过程

DSS的典型结构一般包括交互语言系统、问题求解系统以及数据库、模型库、方法库、知识库管理系统组成(故称四库系统)(图 7-16)。在某些具体的DSS中,也可以没有单独的知识库及其管理系统,但模型库和方法库通常是必需的。

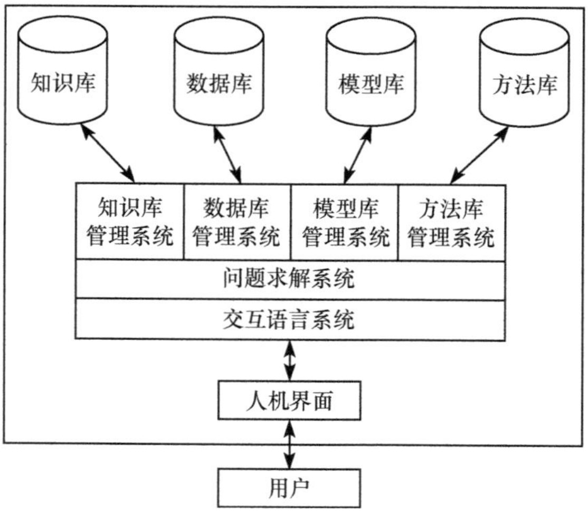


图 7-16　DSS的典型结构

DSS求解问题的过程是:用户通过交互系统把问题的描述和要求输入DSS,交互语言系统对此进行识别和解释。问题处理系统通过知识库系统和数据库系统收集与该问题有关的数据、信息和知识,并据此对问题进行识别、判定问题的性质与求解过程。通过模型库系统集成构造解题所需的规则模型或数学模型,对该模型进行分析鉴定,在方法库中识别进行模型求解所需的算法并进行模型求解，对所得结果进行分析评价。最后通过语言对求解结果进行解释，输出具有实际含义、用户可以理解的结果。用户拟根据需求与DSS交互对话，进行多次求解，直到得到用户满意的结果。

## 二、农业决策支持系统示例

比较成功的农业决策支持系统类型包括基于生长模型的决策支持系统、基于知识规则的决策支持系统（专家系统）、基于知识模型的决策支持系统、基于生长模型和知识模型的决策支持系统、基于模型和WebGIS的空间信息管理系统等。例如，由美国夏威夷大学IBSNAT研发的、基于作物模拟模型的DSSAT是农业决策支持系统的典型代表，由美国Florida大学Lal等开发的、基于专家系统的FARMSYS是智能化农业决策支持系统的成功范例，由美国Florida大学Calixe等开发的、基于DSSAT 3和GIS(ArcView)集成的农业环境地理信息系统AEGIS是农业空间决策支持系统的重要标志（图7-17）。

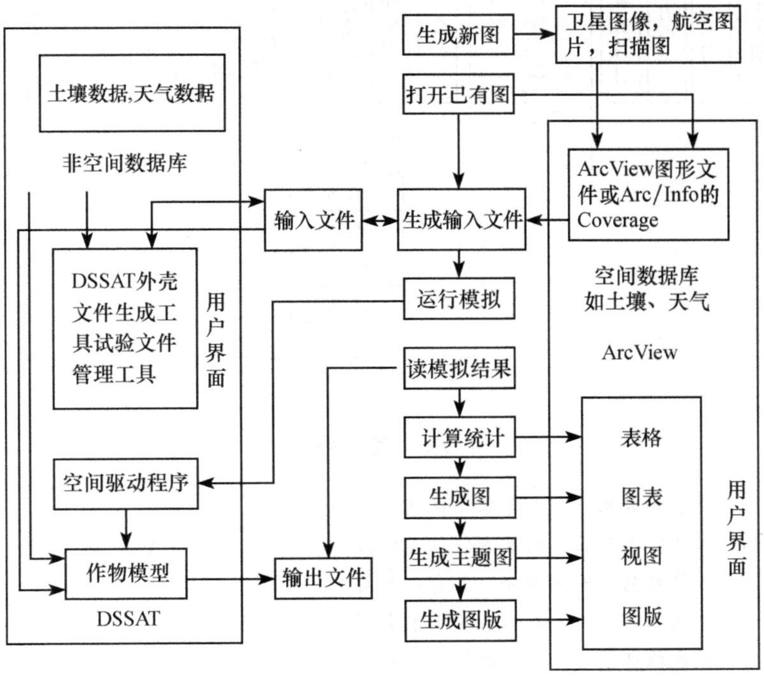


图7-17　农业与环境地理信息系统(AEGIS/WIN)的主要组成（潘学标，2003）

由南京农业大学曹卫星等研发的数字农作支持系统是数字农作的技术载体和应用平台。在构建农业数据库基础上，利用作物模拟模型、专家系统、智能算法、“3S”技术、网络技术、组件化设计等关键技术，将模拟模型的预测功能、专家系统的推理决策功能、智能算法的数据挖掘与知识表达功能、“3S”技术的实时监测与分析功能以及组件化设计的即插即用功能相融合，形成了具有综合性、智能性、通用性、网络化、标准化特点的决策支持系统，能对不同环境条件下的作物生长状况做出实时预测并提供优化管理决策，实现作物生产的高产、优质、高效、安全和可持续发展。数字农作支持系统主要功能包括系统管理、生态区划、栽培方案、模拟预测、策略分析、动态调控、生长监测、精确农作、生产力分析、病虫害管理、智能学习和系统帮助等(图 7-18)。重点是在作物生产中综合运用系统的预测和决策功能,帮助用户进行栽培管理方案设计、因苗实时生长调控、作物生育过程预测,实现作物生产的全过程预测、管理、调控的数字化。

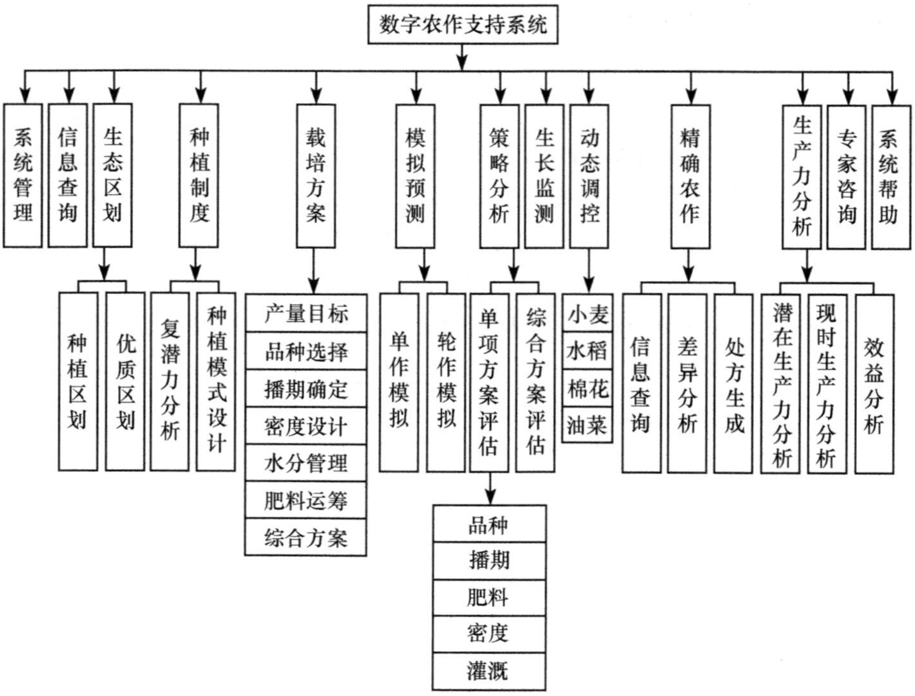


图 7-18　数字农作支持系统功能框架图

## 思 考 题

1. 什么是人工智能和专家系统? 专家系统包括哪些类型?
2. 什么是知识工程? 专家系统的基本特征是什么?
3. 专家系统基本结构包括哪些部分? 各有何作用?
4. 什么是专家系统知识表示? 知识表示技术有哪些类型? 各有何特点?
5. 什么是专家系统推理策略? 有哪些推理方式? 各有何特点?
6. 什么是专家系统知识获取? 知识获取有哪些方式? 其特点是什么?
7. 什么是专家系统开发工具? 其作用是什么? 有哪些类型?
8. 农业专家系统发展现状如何? 农业专家系统研究的意义和特点是什么?
9. 农业专家系统有哪些类型? 各有何特点?
10. 农业专家系统发展中存在的问题和今后发展趋势是什么?
11. 以小麦生产管理决策系统为例,谈谈对农业专家系统结构和功能的认识。
12. 什么是作物管理知识模型? 有何特点和作用?
13. 作物管理知识模型结构和功能有哪些?
14. 什么是决策支持系统? 其基本原理和特点是什么?
15. 举例说明农业决策支持系统的作用和意义。

# 第八章　精确农业技术

精确农业是综合应用地球空间信息技术、计算机辅助决策技术、农业工程技术等现代高新科学技术，以获得农田“高产、优质、低耗”为目标的现代化农业生产模式和技术体系。精确农业技术研究促使人们对农业资源生产潜力认识和作物生产管理观念发生了深刻变革，促进了传统粗放农业向现代精细高效农业发展。

## 第一节　精确农业技术概述

面对农业资源与环境对人类生存的巨大压力，科学家和农民不断努力寻求既能继续维持并提高农业产量，又能有效利用有限资源、保护农业生态环境可持续发展的生产方式和途径。20 世纪 90 年代以来，随着全球定位系统、地理信息系统、农业应用电子技术和作物模拟模型以及生产管理决策支持系统技术的研究发展，“精确农业”已经成为合理利用农业资源、提高农作物产量、降低生产成本、改善生态环境的一种重要的现代化农业生产方式。

### 一、精确农业的概念

精确农业(precision agriculture，PA)首先由美国农业科学工作者在 20 世纪 90 年代初倡导并实施。在国外，与 PA 意义相近的词有精细农作(precision farming，PF)、定位农作管理(site specific crop management，SSCM)、处方农作(prescription farming)等。国内对其译文也不尽相同，如精确农业、精准农业、精细农业、精致农业、定位农业、农作物定位管理和处方农作等，其内涵都是一致的，是指精细、准确的农业。精确农业有广义和狭义之分。

广义的精确农业又称为精准农业、精细农业，包含种植业、养殖业、农产品加工业，即所谓的大农业。广义的精确农业包含精细农作、精确养殖(precision feeding)和精确加工(precision processing)等方面，是指为了挖掘并谋求种植业和畜牧业利润的最大化，所采取的精确投入的农业生产管理手段。

狭义的精确农业是指单纯的种植业，即面向大田作物生产的“精确农作”技术，是基于农业信息技术与机械装备技术集成的现代农田“精耕细作”技术。所谓精确农业或精确农作是一种基于农田小区作物生长环境差异性而实施变量投入的生产管理技术，能按照田间每一操作单元的具体条件精细准确地调整各项土壤和作物管理措施，最大限度地优化各项农业投入，以获取最高产量和最大效益，同时保护农业生态环境和农业资源。精确农业的基本特征可以概括为：生产手段精细、资源投入精省、运作尺度精确、收获高产优质、经济高效安全。

实际上，国内外精确农业研究基本上仍集中于大田作物生产的“精确农作”，即狭义的精确农业。目前，精确农业还没有一个统一完整的定义。众多学者对“精确农业”的概念表述有所不同，但都包含三个共同点：①基于作物及资源环境的时空差异特征；②以最小资源投入、最大农业收益和最小环境危害为目标;③以“3S”技术、信息技术、智能化技术等为技术支撑体系。在这个基础上,可以把精确农业理解为:利用全球卫星定位系统、地理信息系统、遥感、决策支持系统和变量控制技术(variable rate technology,VRT)等现代高新技术,与农学、土壤、植保等学科相结合,获取农田小区作物产量和影响作物生长的环境因素(如土壤结构、地形、植物营养、含水量、病虫草害等)实际存在的空间和时间差异性信息,分析影响小区产量差异的原因,采取技术上可行、经济上有效的调控措施,区别对待不同农田小区,按需实施定位调控的“处方农作”。

## 二、精确农业的产生与发展

### 1. 精确农业思想的形成及其意义

在20世纪后半叶,随着发达国家农业生产中水分、肥料、农药等使用量持续增加,在作物产量大幅提高的同时,农田盲目投入和浪费所带来的资源短缺问题、过量施用化肥和农药造成的环境污染问题、化石能源大量投入所导致的农业生产成本上升与经济效益低下问题等日益突出。20世纪80年代各个发达国家对农业经营中农业生产力、资源、环境问题的广泛关注,导致了持续农业的产生与发展。同时,对有效利用农业投入、节约成本、提高农业利润、提高农产品市场竞争力和减少环境后果的迫切需求,客观上要求改变现有作物生产管理方式,寻求一种既能减少农田物质和能量投入,又能够增加或维持农田作物产量、增加经济效益、保护农业环境的作物生产管理技术。

千百年来的作物生产都是在区域或田块的尺度上,把耕地看作是具有作物均匀生长条件的对象进行管理,传统的农业技术推广模式,也是在区域尺度上进行品种选择、土肥监测,把通过地区试验积累的适于当地的栽培管理措施向农户推荐使用。实际上,在同一农田内,地表上、地表下亦明显存在着影响作物生长条件和产量的时空分布差异,如农田内作物病、虫、草害总是先以斑块形式在小区发生,再逐步按时空变化蔓延的(图8-1)。那么,根据作物产量和土壤特性在田间分布的差异性,实施“农田小区定位管理”和“处方农作”就成为持续农业发展的必然技术选择方向,这也为精确农业技术的思想形成奠定了基础。

图8-1 农田作物苗情空间差异性示意图

20 世纪 70 年代中期，微电子技术迅速实用化，推动了农业机械装备的机电一体化、智能化监控技术、农田信息智能化采集与处理技术的研究发展。发达国家为了大幅度提高生产效率，发展高速、大马力等各种复式作业机械，一批机、电、液一体化技术产品迅速开发出来并装备到农业机械上，实现了农业机械作业的高效率、高质量、低成本，提高了农田作业的舒适性与安全性。进入 20 世纪 90 年代，全球卫星定位系统技术的民用化为农田空间信息采集和作物定位管理奠定了基础，基于信息技术支持的农艺、土壤、植保、资源与环境等学科优化决策支持技术也得到发展。现代农学技术与电子信息技术的发展使定量获取影响农田作物生长因素及最终产量的空间差异性信息，实施基于知识和现代科技的分布式调控，达到田区内资源潜力的均衡利用和尽可能高的获取经济产量，它们也成为精确农业技术思想实施的必要条件和技术手段。

在上述各种因素的综合作用下，精确农业技术体系得以在 20 世纪 90 年代初期产生和发展（图 8-2）。精确农业是基于“3S”技术、决策支持技术和智能装备技术对农业生产进行定量决策、变量投入并定位精确实施的现代农业生产管理技术系统，是一种基于信息和知识的现代农业生产精确管理思想。它充分体现了因地制宜、科学管理的思想理念，充分利用信息获取手段，分析作物营养状况、土壤供肥能力和病虫害的空间和时间变化量来进行耕作和田间管理决策，能够因地制宜地进行水肥等农业资源投入。它一反传统农业大面积、大群体平均投入的资源浪费型做法，既保证了作物生产潜力的充分发挥，又避免了过量施用化肥、农药造成的生产成本增加、农田水土环境污染和农产品品质下降的严重后果，可在减少投入的情况下增加（或维持）产量、提高品质、降低成本、节约资源、减少污染、保护生态，以求农业生产的最佳效果和最低代价。因此，精确农业也是一种基于可持续发展战略思想的农业生产管理技术，能够取得显著的经济和生态效应，这些对于最大限度挖掘耕地生产潜力、实现农业生产要素高效利用和保护农田生态环境具有重大意义。

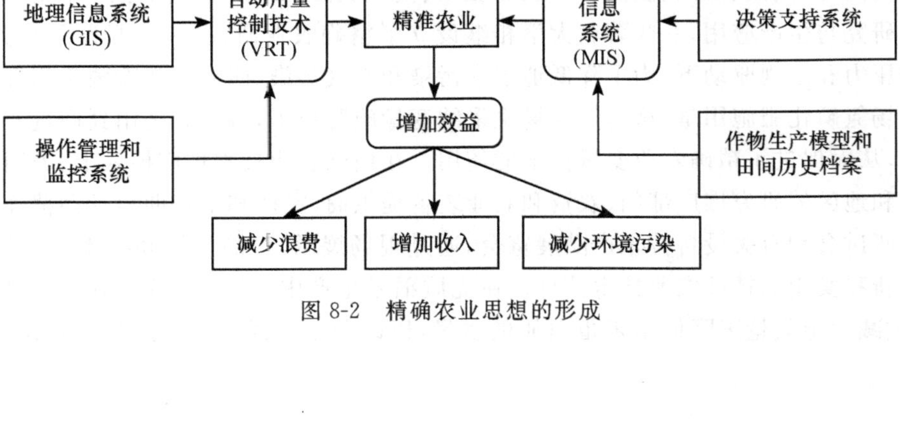


图 8-2　精确农业思想的形成

## 2. 国外精确农业发展概况

精确农业技术体系的早期研究与实践,在发达国家始于20世纪80年代初期。从事作物栽培、土壤肥力、作物病虫草害防治的农学家在进行作物生长模拟模型、栽培管理、测土配方施肥与植保专家系统应用研究与实践中,揭示了农田内小区作物产量和生长环境条件呈现明显的时空差异性,进而提出对作物栽培管理实施定位、按需变量投入,或称"处方农作"的精确农业技术思想,受到广泛的重视。

1992年美国明尼苏达大学开始使用"precision agriculture"一词,并为有关学校、公司和政府机构普遍接受。1993年美国开始试行精确农业。美国明尼苏达大学在明尼苏达汉斯卡农场实验证明,精确农业施肥量平均减少82kg/hm$^2$。1995年美国明尼苏达州、华盛顿州开发了商品性变量投入技术(variable rate technology,VRT)应用设备。随后,可按不同位置喷洒不同剂量农药的变量植保设备,利用GIS和SSCM构成电子地图的种植业生产管理系统,利用传感器、GPS、GIS采集和处理空间数据并形成决策支持系统的成套设备等商品相继问世。1995年有关厂商先后向市场提供了装有空间定位和产量传感器的现代谷物联合收获机,它可以在收获过程中自动生成以12～15m$^2$为单元组成的农田小区产量分布图。1998年在拖拉机、播种机和施肥机上配备了电脑和GPS以实现变量播种和施肥。通过在约2万台谷物联合收割机安装产量传感器来对甜菜、马铃薯、甘蔗、棉花等作物产量进行研究。2002年美国有50%的农场服务商提供使用GPS网格取样,有43%的农场服务商提供基于控制器的变量施肥技术。美国约有30%的马铃薯和甜菜、25%的玉米、18%的大豆和15%的小麦面积实施了变量施肥技术,还在东部玉米带广泛采用了石灰变量施用技术。

2007年美国Purdue大学的调查结果表明,被调查者中有76%使用了某种精确农业技术,其中64%使用了GPS导航系统,20%使用了GIS和RS数据,不足10%使用了GPS自动驾驶系统和土壤电导率测定系统(图8-3和图8-4)(赵春江,2009)。在采用精确农业技术的农民中,约有60%实现赢利、10%亏本、30%保本。农场规模是决定是否采用精确农业技术的主要因素。一台联合收割机上的产量监视信息系统的安装成本为10万～15万美元。因此,年销售额高于10万美元的农场才是精确农业技术应用的主力军。由于目前精确农业技术体系的增产、节本和增效作用不够明显,美国农民对精确农业技术采纳率仍然不高,表明精确农业技术应用推广面临着新的挑战。

除美国外,英国、德国、法国、荷兰、西班牙、澳大利亚、加拿大等国也已开展了精确农业技术研究与生产应用,一些著名大学相继设立了精确农业研究中心,开设了有关课程。在环境压力和法规驱动下,为了降低地下水污染和空气污染,西欧和北欧国家相继限制了单位农场氮磷化肥施用量,这迫使农场主采纳变量施肥技术,将化肥施用到产量效应最高的地块,从而促进了精确农业变量技术的使用。在精确农业技术推广模式上,美国和欧洲等国家和地区的研究推广部门、农资和农业装备提供商,定期和不定期地举办精确农业技术学术研讨会和有关设备技术产品展览会,通过现场展示、产品产销和技术讲座等形式,展示最新和实用的精准农业技术信息。在优质稻米生产中,日本采用了精准施肥管理技术,通过减少施氮量来降低稻米蛋白质的含量,以改善稻米品质,并通过QuickBird卫星

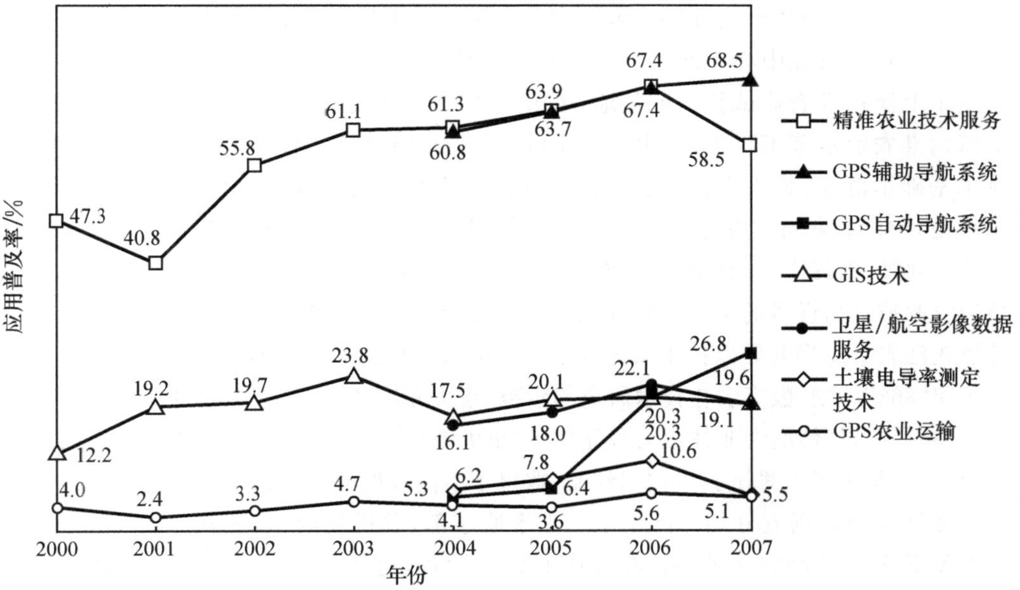


图 8-3　2000～2007 年美国精准农业技术与服务普及变化情况

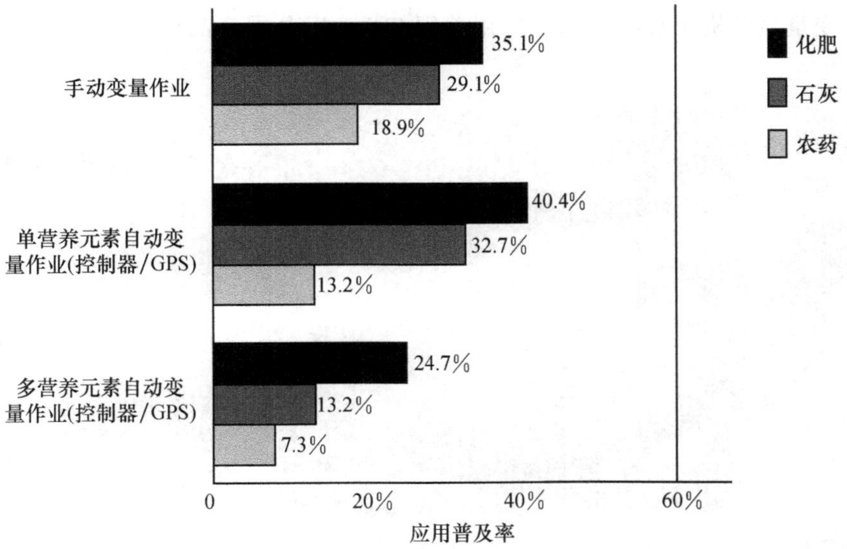


图 8-4　2007 年美国精准农业变量施肥技术应用情况

遥感监测小麦籽粒含水量，确定小麦适宜收获期，使小麦干燥费用降低 30% 以上。印度在各地建立了 17 个精确农业发展中心，开展精准农业技术应用示范工作，精确施肥技术使水稻施氮量减少 $40kg/hm^2$。以美国为代表的有关国家，其精确农业发展集中于农田化精确农业研究与应用，而以以色列、荷兰、日本等为代表的国家则以设施条件下的工厂化精确农业研究与应用为主。

### 3. 我国精确农业发展概况

我国精确农业研究起步较晚，于 20 世纪 90 年代中期开始精确农业技术引进、试验和示范工作。“九五”和“十五”以来,中国农业大学成立了精细农业研究中心,北京国家农业信息化工程技术研究中心在北京小汤山建立了精准农业示范区,中国科学院在上海奉贤县建立了上海精准农业试验示范基地,上海气象局等也成立了精准农业技术公司并实施了上海精准农业示范工程项目,中国科学院石家庄农业现代化研究所建立了栾城精准农业技术基础示范区,黑龙江农垦总局在友谊农场开展了较大规模的精确农业技术研究和应用示范,中国农业科学院也在新疆生产建设兵团石河子市建立了精确农业示范研究和示范基地。此外,浙江大学、西北农林科技大学、华南农业大学等机构也开始 DGPS、GIS、RS 等精确农业技术与设备的引进与研究工作。1999 年国家发改委支持北京市、2001 年农业部支持黑龙江农垦总局开展以技术引进为主的精确农业应用示范工程,2003 年科学技术部启动了国家“863”计划“数字农业技术研究与示范”重大专项,“十一五”期间科学技术部又设置了国家“863”计划“精准农业技术与智能装备”重大专项。经过引进、开发和集成应用的试验示范,我国也积累了大量试验数据和经验,取得了不同程度的节水、省肥和省药效果。

黑龙江友谊农场五分场二队位于三江平原东部,总耕地面积 1600$hm^2$。2002 年引进美国 CASE 公司精确农业种、管、收等作业成套设备,包括 Case IH 2366 收割机 2 台、橡胶履带式 STX375Q 型拖拉机 2 台、DMI730B 复式深松机 2 台及配套 2340 型空气输送种肥车 1 台套、ASM1211 型气吸式玉米精量播种机 1 台、幅宽 27m 的 SPX3200 型宽幅自走式爱国者变量喷药机 1 台(图 8-5),采用美国 Trimble 公司产品(AgGPS214 型卫星定位

图 8-5　友谊农场五分场二队精确农业技术装备

接收机、GPS天线、400MHz 35W电台等)建立了地面GPS差分纠偏站,数传电台最大有效作用半径为30km。在农机具上加装了农机作业GPS导航自动驾驶系统,除地头拐弯需要人工辅助转向外,正常直线行走作业不需要人工驾驶,减轻了驾驶员长时间、高强度驾驶作业所引起的疲劳,保证了起垄、播种、喷药、收获等作业时衔接行距的精度和农艺作业质量。2003~2005年120.8$hm^2$大豆精确变量施肥技术应用试验平均产量2375kg/$hm^2$,对照大豆田产量2000kg/$hm^2$,增产率为18.75%,较传统农田增产7.5%,增收1212元/$hm^2$。2002~2006年友谊农场精确农业技术作业面积累计17 294$hm^2$,节约燃油20%~30%,节约机械作业成本240元/$hm^2$,大面积增产5%,增收节支15%以上。

在上海市科委重大科技攻关和中国科学院知识创新工程项目支持下,2000~2006年在五四农场上海农工商现代农业园区实施了水稻精确种植技术应用示范,占地133$hm^2$。2004年精确农业稻田施氮量270kg/$hm^2$,水稻产量8100kg/$hm^2$,对照稻田施氮量360kg/$hm^2$,水稻产量7500kg/$hm^2$,节肥90kg/$hm^2$,增产600kg/$hm^2$,增产收入840元/$hm^2$,节肥收入352元/$hm^2$,共计增加净收入1192元/$hm^2$。2005~2006年67$hm^2$稻田增产、节肥和省药增加净收入1194元/$hm^2$,比CK增收17.94%。

从十多年有关精确农业技术研究和推广的水平看,我国精确农业研究与应用尚处于初步尝试研究和应用示范阶段,与发达国家仍有较大差距。同时,根据我国国情和农情,当前精确农业研究与应用也面临诸多困难,如农民经济收入少、农业工程技术水平低、农业基础数据贫乏,这些都已成为制约我国精确农业研究和推广的主要障碍。

## 三、精确农业技术体系

### 1. 精确农业技术实施流程

精确农业是一种基于作物及资源环境的时空差异特征而实施变量投入的农业战略思想和农业生产方式。它的全部概念建筑在"空间差异"和"时间差异"的数据采集和处理上,其核心意图是实时测知作物个体或小群体或小区地块生长的实际需要,及时确定针对性水肥投入的数量、质量和时机,一反传统农业大群体大面积平均投入的作法,以求最小资源投入、最大农业收益和最小环境危害。

图8-6是精确农业技术实施流程示意图。其实施流程可以描述为:带定位系统和产量传感器的测产联合收获机每秒自动采集田间定位及对应小区平均产量数据 → 通过计算机处理,生成作物产量分布图 → 根据田间地形、地貌、土壤肥力、墒情等参数的空间数据分布图,作物生长发育模拟模型,投入、产出模拟模型,作物管理专家知识库等建立作物管理辅助决策支持系统,并在决策者的参与下生成作物管理处方图 → 根据处方图采用不同方法与手段或相应的处方,农业机械按小区实施目标投入和精确农作管理。

### 2. 精确农业技术体系

从实施环节上看,精确农业包括农田环境及作物长势监测、针对性投入决策生成和决策实施3个环节,而每个环节又由若干关键支撑技术组成,构成了复杂的精确农业技术体系。表8-1描述了大田精确农业和设施精确农业技术体系的内容。在精确农业技术体系中,工程支撑技术的开发研究,对实现精确农业技术思想起着关键的作用。例如,农田信

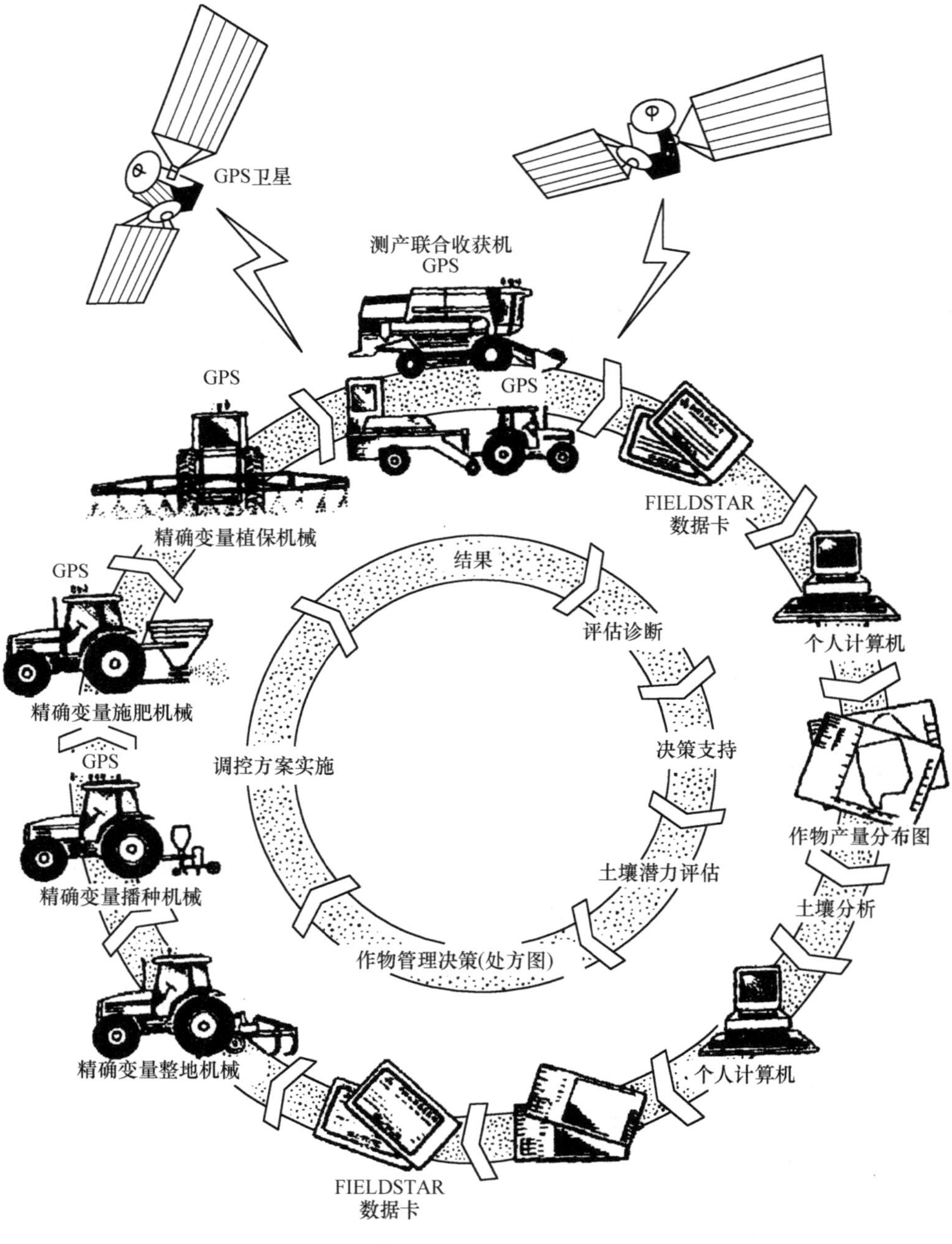


图 8-6 精确农业技术实施流程示意图

息采集与处方农作的空间定位,需依靠卫星定位系统;地理空间信息管理和数据处理,需要应用地理信息系统;未来大量地理空间数据的更新,需要遥感技术的支持;作物产量计量与小区产量图的生成需要能按秒记录收获机累计产量和对应地理坐标位置的智能型收获机械,以及计算机数据处理和产量图自动生成技术;田区空间变量信息的快速实时采集,需要研究基于新原理的传感技术与信号处理技术;按小区实施自动处方农作、调控目标投入需要变量处方农业机械;制定科学的农作处方需要计算机作物管理辅助决策支持系统的支持;作为一个能协调运作的智能化系统需要有高效的信息集成以及有关信息传输、标准化技术的研究等。

**表 8-1　精确农业技术体系**

| 农田环境及作物长势监测（分布状态图生成） | | | 针对性投入决策生成（对策图生成） | 决策的实施（精确作业及 ICS 装备） |
|---|---|---|---|---|
| 大田 | 气象 | 气象仪器,RS | 决策支持系统（DSS 包含专家系统和数值模拟） | 灾害天气预报与减灾 |
| | 墒情 | 水分传感器,GIS、GPS | | 精确灌溉、变量供水系统 |
| | 肥料 | 土肥速测仪,GIS、GPS | | 精确施肥、变量施肥机 |
| | 农药 | 疫情测报,GIS、GPS | | 精确植保、变量施药机 |
| | 估产 | 产量传感器,GIS、GPS | | 精确收获、精确播种 |
| 设施 | 小气候 | 光照、温度、湿度、风速、$CO_2$ 传感及采集记录 | | |
| | 墒情 | 墒情传感系统 | | 设施专用 ICS 设备 |
| | 肥料 | 作物营养监测系统 | | 农业机器人 |
| | 农药 | 疫情监测系统 | | |

注:ICS——intelligence control system,智能控制系统。

图 8-7 是邝朴生(1999)提出的大田精确农作技术体系各环节的关系,前"3S"集成的作用是田间信息采集与田间状态图的生成,后"3S"集成的作用是优化决策与农田对策图/指令 IC 卡生成,前"3S"与后"3S"以及 ICS 构成了大田精确农作的完整体系。设施农业中对 GPS、RSS 的要求较低。

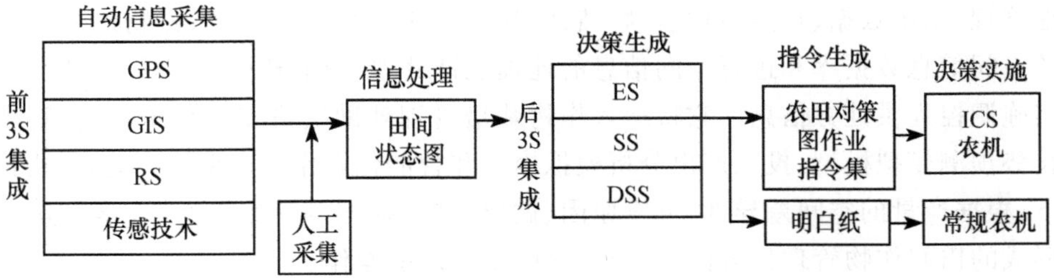


图 8-7　大田精确农作技术体系

## 四、精确农业关键技术

迄今,国内外精确农业的研究,基本上是利用 GPS、GIS、RS、农田空间信息采集传感器技术、作物生产管理辅助决策支持系统和智能化变量作业农业机械,进行作物生产的精细农作管理。精确农业的关键技术包括以下几个方面。

### 1. 全球定位系统

精确农业中的定位信息采集与处方农作实施,需要采用全球卫星定位系统,其作用是确定作业者、作业机械和作业对象的瞬时空间位置,并将此信息转变成计算机可接受的格式。GPS 是美国研制的新一代卫星导航和定位系统。关于 GPS 的详细技术原理可参看本章第二节。

近年来,GPS产业技术发展迅速,出现了用于农田测量、定位信息采集和与智能化农业机械配套的DGPS(差分GPS)产品。这类产品通常均具有12个可选择的卫星信号接收通道、动态条件下每秒能自动提供一个三维定位数据,动态定位精度一般可达分米级和米级,并具有与计算机和农机智能监控装置的通用标准接口。例如,美国Trimble公司12通道GPS接收机(Ag132),可接收信号台发布的地区性差分校正信号免费服务或获得由近地卫星转发的广域差分收费校正信号服务,提供可靠的分米级定位和0.16km/h的速度测量精度。系统可用于农田面积和周边测量、引导田间变量信息定位采集、作物产量小区定位计量、变量作业农业机械实施定位处方施肥、播种、喷药、灌溉和提供农业机械田间导航信息等。

利用GPS定位功能能够测量农田各个点的坐标,能够计算农田的面积。一种基于GPS模块的便携式农田面积测量仪,可以对任意形状田块的面积进行快速GPS定位测量。GPS接收机沿被测地块边界绕行一周,可测量到一组由多个点组成的定位数据,按时间次序依次记为$(X_0,Y_0)$、$(X_1,Y_1)$、$(X_2,Y_2)$、…、$(X_{n-1},Y_{n-1})$,其中$X$、$Y$分别为经度和维度,将这些点依次连线,则构成有$n$个顶点的空间多边形,通过计量各点构成的三角形面积,即可计算出该地块总面积。

### 2. 地理信息系统

地理信息系统作为用于存储、分析、处理和表达地理空间信息的计算机软件平台,技术上已经成熟。其详细技术原理可见第六章。它在精确农业技术体系中主要用于建立农田土地管理,土壤数据、自然条件、作物苗情、病虫草害发生发展趋势、作物产量的空间分布等的空间信息数据库和进行空间信息的地理统计处理、图形转换与表达等,为分析差异性和实施调控提供处方信息。它将纳入作物栽培管理辅助决策支持系统,与作物生产管理与长势预测模拟模型、投入产出分析模拟模型和智能化农作专家系统一起,在决策者的参与下,根据产量的空间差异性,分析原因、做出诊断、提出科学作业处方,落实到GIS支持下形成的田间作物管理处方图,指导科学的田间调控操作。

由于农业活动具有广阔的地理空间和各种管理信息都有明显的空间随机分布特征,所以GIS在农业中具有广泛的应用价值。在形成农业空间信息地理图形时,采样密度、采样成本与信息处理的方法如何能更准确反映参数的空间分布,仍然是精确农业中尚待深入研究的课题。同时,由于商用GIS系统的功能一般都照顾到各种类型用户的需要,系统结构和功能往往比较复杂,用户不易操作和使用。针对农业资源信息管理和精细农业实践的需要和农村用户的特点,开发基于GIS设计规范的简单实用、易于向基层农村用户推广、界面友好的田间地理信息系统(field GIS,FGIS)已成为精确农业研究中GIS的发展方向。

### 3. 遥感

遥感技术是精确农作技术体系中支持大面积快速获得田间数据的重要工具。通过航空航天遥感技术,可以提供大量的田间时空变化信息,编制精确农业所需的专题图。其详细技术原理请参看第四章农业遥感监测。近30多年来，RS技术在大面积作物产量预测，农情宏观预报等方面做出了重要贡献。过去，由于卫星遥感数据尚达不到必要的空间分辨率和提供满足农作需要的实时性，目前还未用于作物生产的精细管理。然而，遥感技术领域积累起来的农田和作物多光谱图像信息处理及成像技术、传感技术和作物生产管理需求密切相关。RS获得的时间序列图像，可显示出由于农田土壤和作物特性的空间反射光谱变异性，提供农田作物生长的时空变异性的信息，在一季节中不同时间采集的图像，可用于确定作物长势和条件的变化。近年来，遥感技术发展迅速，卫星遥感的分辨率已达10m×10m，最高达1m×1m，获得信息的周期为3天。航空遥感信息的分辨率可达0.05m×0.05m。不久的将来，大部分这类卫星采集的全色图像，空间分辨率将达1～3m。由于采用卫星遥感比航空摄影的成本低一半以上，卫星遥感技术可望在近年内成为精确农业技术体系中的重要角色。

遥感获取土壤和作物参数数据属于面数据，可覆盖整个农田，突破了常规采样样点限制。基于高光谱遥感技术的地物光谱仪(如美国的ASD FieldSpec)是田间低成本间接测定作物养分和生化参数的重要设备，机载推帚式高光谱成像仪和模块化成像光谱仪、星载EOS-AM的MODIS和EOS-1的Hyperion高光谱传感器是未来农田信息采集的重要手段。常用的可见近红外遥感卫星有空间分辨率为0.6m的QuikBird、1m的IKONOS-2、2.5m的SPOT、4m的北京一号、23m的IRSP6、30m的Landsat TM等，可用于LAI、氮素、叶绿素、植株生物量、产量以及纤维素和淀粉含量等作物生化和生长指标反演和作物水分胁迫指数CWSI获取。

4. 收获机械产量计量与产量分布图生成技术

作物产量是许多因素综合影响形成的结果和评价种植管理水平的基础。精确农业技术思想也正是从获得田间小区产量的差异性信息出发，分析原因，指导管理决策。产量分布图记录了作物收获时产量的相对空间分布，收集了基于地理位置的作物产量数据及湿度含量等特性值，是确定空间处理方案的基础，也是实施精确农业管理的起点。

农作物收获过程中的产量自动计量传感器是精确农业田间产量信息采集的关键技术。目前，虽然也有关于甜菜、土豆、甘蔗、牧草、棉花、水果等收获机械产量计量及产量分布图自动生成的试验研究成果，但迄今已商品化的产品仍集中于小麦、玉米、水稻、大豆等谷类作物收获机械方面。美国CASE IH公司的先进农作系统(advanced farming system，AFS)系统、英国AGCO公司的Fieldstar系统、美国John Deree公司的Greenstar系统、美国AgLeader公司的PF及英国RDS公司的产量监测系统等，具有较强的GIS综合功能，能自动完成产量监测并生成产量分布图。

目前美国约有20个制造商供应谷物联合收获机产量计量系统，已有2万台测产联合收割机用于生产管理。在机载GPS定位系统支持下，产量传感器记录的谷物流量、谷物湿度、收获面积等农田小区产量数据以及DGPS定位数据通常都是存储在软盘或IC智能卡中，能一次存储至少一个作业班内的全部数据，然后再传入PC机，利用专门的软件进行处理和生成产量分布图。产量传感器主要是基于冲击式力传感技术(如美国John Deree和Case IH)、容积式光电计量技术(如英国RDS产品)和$\gamma$射线流量传感技术(如

Massey Ferguson 产品)等。在谷物流量自动传感过程中,还可同时测量净粮含水量,在小区产量分布图基础上结合定位处方投入的成本分析直接显示小区经济效益分布图(gross margin variability map)。

产量图自动生成技术仍需要解决流量传感器的计量精度、稳定性、通用性、标定简便性,不同收获机械田间产量空间分布信息的误差校正,采集的定位数据和产量数据编码格式与快速存储传输方式等问题。研究适于不同国家的农机装备、种植特点,但是适于不同作物和更为精确的智能化作物产量自动计量和产量图自动生成技术,仍然是精确农业发展中面临的重大挑战。

### 5. 田间变量信息采集与处理技术

快速、有效采集和描述影响作物生长环境的空间变量信息,是实践精确农业的重要基础。需要优先考虑的主要是土壤含水量、肥力、土壤有机质(soil organic matter,SOM)、土壤压实、耕作层深度和作物病、虫、草害及作物苗情分布信息采集等。目前田间信息快速采集技术的研究仍大大落后于支持精确农作的其他技术发展,已成为国际上众多机构攻关研究的重要课题。现有的土壤信息采集方法基于定点采样与实验室分析相结合,实时自动采集少,耗资费时,时效性差;对单一要素采集多,对多源信息、多种要素的多功能设备少,综合性不强;空间尺度大,缺少地理坐标定位和空间数据分析,难于较精细地描述这些信息的空间变异性,不能满足精确农业管理的需要。

今后田间变量信息采集与处理技术创新的方向是研究开发可快速操作,有利于提高采样密度,测量精度能满足实际生产要求的新传感技术和进一步改善空间分布信息的定量描述与近似处理方法。部分参数将可用扫描方式通过安装于作业机械上的传感器连续采集和进一步自动生成空间信息分布图。已经取得实用化或具有良好开发前景的成果,如土壤含水量测量,将在 TDR 成熟技术基础上,在开发经济实用的基于驻波比、频域法原理、近红外技术的快速测量仪方面拓宽研究领域。土壤主要肥力因素(N、P、K)测量仪器开发方面,基于传统化学分析技术基础上的快速肥力分析仪,其稳定性、操作性和测量精度虽然尚待改进,但仍对农田主要肥力因素的快速近似测量具有实用价值。一种基于近红外技术通过间接叶面反射光谱特性进行农田氮肥肥力水平快速评估的仪器已在试验使用。土壤耕作层深度对评价土壤持水能力和指导定位处方耕作,确定播种深度、施肥用量密切相关,在美国、加拿大、澳大利亚等国已经开发出不接触式、基于电磁场测量土壤电导率用于评价土层深度分布图的仪器,可对指导定位处方深耕取得良好的经济效益。通过近红外原理研制的可用于田间在线测量的多光谱土壤有机质测量仪已有商品化产品。在作物生长有关变量信息的采集方面,田间杂草识别是“精细农业”支持技术中引起广泛关注的领域。例如,日本产的 SPAD-502 广泛用来测定叶绿素含量,利用冠层分析仪测定叶面积指数,利用 Greenseeker 测定 NDVI,利用多光谱遥感和机器视觉技术获取和识别病虫草害。

### 6. 作物生产管理决策支持系统

基于作物模拟模型和农业专家系统的作物生产管理决策支持系统,能够根据作物生长、作物栽培、经济分析、空间分析、时间序列分析、统计分析、趋势分析以及预测分析等模型,综合土壤、气候、资源、农资及作物生长有关数据进行决策,结合农业专家知识,针对不同农田管理目标制定相应的田间管理方案,用以指导田间变量作业,是变量处方生产的基础(图8-8)。例如,美国佛罗里达大学的AE-GIS、美国USDA的GPFARM等是基于作物模拟模型和"3S"技术的农业决策支持系统。但是,迄今进行的有关作物模拟模型、农业专家系统、决策支持系统的开发研究,主要还是基于农田或区域尺度上的作物生产管理决策支持技术,与精确农业思想的实践要求尚有较大差距。致力于根据农田小区作物产量和诸相关因素在农田内的空间分布,实施分布式处方农作的基于GPS、GIS的作物生产智能化辅助决策支持系统是今后精确农业技术发展的重要领域。

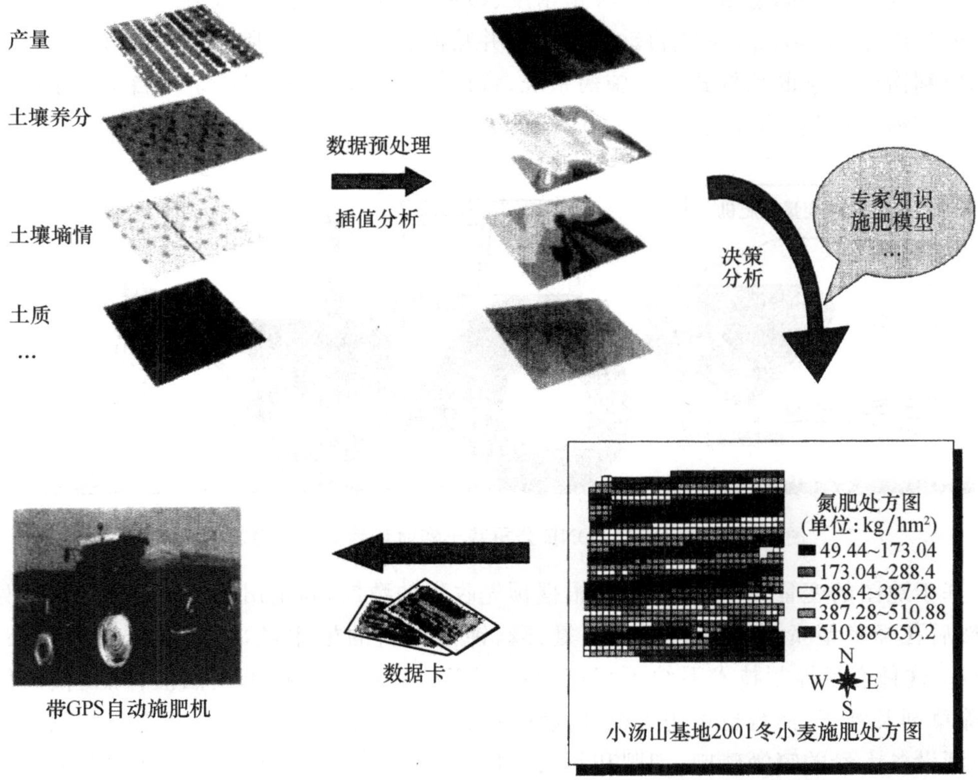


图8-8　精确农业生产管理决策流程示意图

## 7. 变量控制技术

变量控制技术是指安装有计算机、DGPS等先进设备的农机具可以根据它所处的耕地位置自动调节货箱里某种农业物料投入速率的一种技术。变量控制设备随着空间位置的变化而改变种子、肥料、农药的投入量。变量控制技术系统包括控制特定物质流速变化的仪器,或同步控制多种物质流速变化的仪器,使得处于行驶中的机械自动改变物质投入量,以实现变量投入的预期效果。

根据实施技术的实现原理,可分为基于处方图的变量实施技术(map-based VRT)和基于传感器的实时变量实施技术(sensor-based VRT),前者按照处方图定义的空间位置和投入量精确作业,后者通过土壤和作物传感器在田间不同位置的实时传感信息,控制并调整种子、肥料及药液的投入量。根据实施的物料类型可分为变量播种技术、变量施肥技术、变量施药技术和变量灌溉技术等。将作业自动导航技术和变量施肥和施药作业相配合,能够有效减少相邻作业垄间的重叠和遗漏,提高作业质量和效率。

基于传感器的实时传感变量控制技术,采用了能够实时反映土壤有机质、阳离子交换量、表土层深度、土壤湿度、土壤硝酸盐含量、作物光谱反射系数等的传感器,根据实时测定的田间信息实施变量投入,减少了一次预先田间信息采样调查,同时能够实时反映作业时田间实际空间差异信息,因而优于基于地图的变量控制技术(图 8-9)。它常用于按照土壤类型变量施用固态氨肥、调整种植密度、按照田间杂草组成变量施用除草剂等,如加拿大的喷洒器 Detectspray 能自动识别杂草并喷洒农药,可减少除草剂用量 19%～60%;美国伊利诺伊大学的喷杆式变量施药系统,将田间图像采集和处理、杂草自动识别技术集成来控制喷药,使农药施用量减少 50%～70%。

图 8-9　德国 AMAZONE 公司基于实时传感器的变量施肥机

基于地图的变量控制技术,能够根据预先收集的数据,确定田间不同位置的作业处方图,然后在经济型喷洒器上同步变化氮、磷、钾等肥料的施用量,达到最佳施肥效果(图 8-10)。这种变量控制技术系统不仅广泛的用于在农用拖拉机上喷洒液体肥料、固体氨肥、除草剂及种子,而且也可用于枢轴式灌溉系统中控制水和肥料,也常用于商用高悬浮式喷洒设备大量的喷洒磷肥、钾肥和石灰。目前,变量施肥和播种技术设备已经开始规模化应用。例如,美国 Ag-Chem 公司生产的 SOILDECTION 变量施肥系统,能进行干粉和液态肥料变量施肥,磷肥、钾肥和石灰的混合配置和变量施肥;美国 ACCUPLANT 可编程播种机控制系统,由液压传动系统、微处理器和雷达测量地速传感器组成,能够附加在各类播种机上实现实时变量播种。大型精确喷灌机已经产品化,如美国林赛公司和维蒙特公司的大型喷灌机,能够通过中央控制室的计算机系统无线遥控和管理大型喷灌机群,澳大利亚 Computronics Corporation 公司研制了大型圆形喷灌机变量控制系统。

### 8. 智能化变量农作机械

智能化变量农作机械是实践精确农业的标志。迄今国外商品化的能够实施按处方图进行农田投入调控的若干种智能化变量农业机械已经应用于生产,其中比较成功和效益较好的有施肥、喷药、播种和灌溉等农业机械。安装有 DGPS 定位系统及处方图读入装

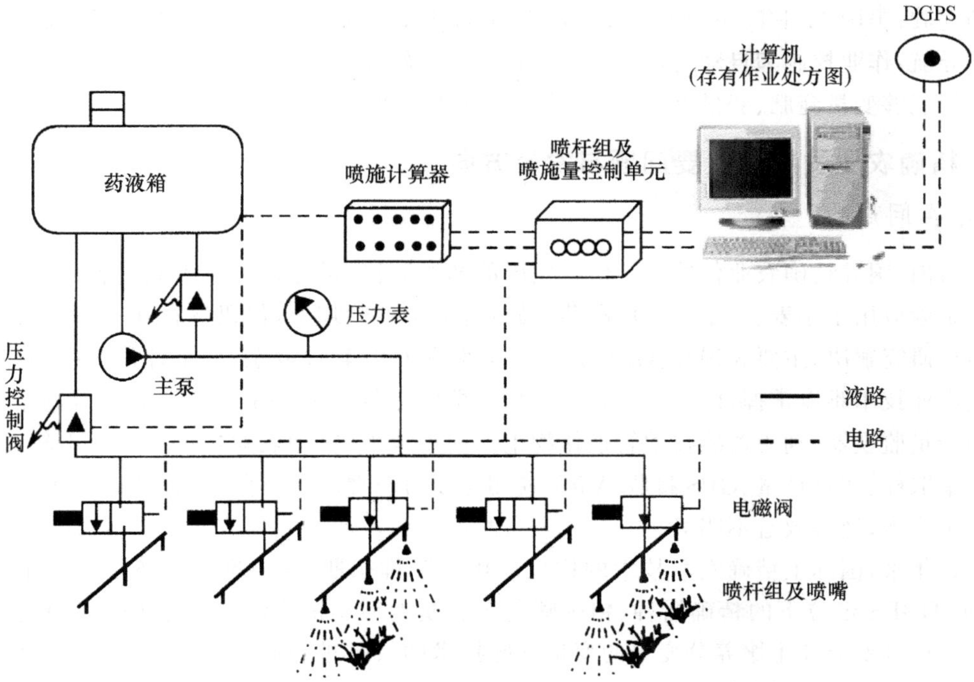


图 8-10　基于处方图的除草剂变量喷施机械控制系统

置的,可自动选择作物品种(二选一)、可按处方图调节播量和播深的谷物精密播种机;可自动选择调控两种化肥配比的自动定位施肥机和自控喷药机;可利用调整机械的行驶速度、喷口大小和喷水压力等进行喷水量控制的定位喷灌机均已有商品化产品。拖拉机驾驶室已安装智能化显示器,在一个 LED 显示屏上,可随意调用各种图形化可视界面,监控机器各部分的情况和显示处方作业和导航信息。基于控制器局域网络 CAN 总线技术的作业控制终端设备已上市。例如,德国 FENDT 拖拉机和 CLAAS 谷物联合收割机上应用的控制局域网络总线系统、美国 Ag Leader 公司生产的 Insight 系列作业监控终端设备、美国 Mid-Tech 公司的 Legacy 系列作业控制终端设备等。

精确农业中大功率、高速度、大幅宽作业机械的人工驾驶难度很大,需要借助自动控制技术,保证作业机械按照设计路线高速行驶和机组作业性能良好,以便提高田间作业质量和效率以及作业精度,减轻驾驶员的劳动强度。农田作业机械导航可分为辅助导航和自动导航类型,按照工作原理又可分为机器视觉导航、GPS 姿态传感器导航和多传感器融合导航等。机器视觉导航是通过实时识别田间局部导向特征或者田间作物状态图像,如作物行列、田埂、行间隙等,利用这些特征信息引导作业机械进行田间作业,但因农田作业环境景物复杂,机载计算机对图像数据处理运算速度较慢,制约了机器视觉导航技术发展。GPS 姿态传感器导航技术主要依靠 GNSS 定位系统、作业机械运动姿态传感器等,在作业过程中实时检测作业机械位置和姿态信息,通过信号融合技术实现 GPS 绝对定位和相对位置推算,提高定位和导航精度,满足农田作业需要。

目前,各种作业智能导航和自动驾驶技术也成为精确农业技术热点研究领域。例如,美国 Trimble 公司的 EZ-Guide 和 AutoSteer 系统,能够实现农田作业过程的智能导航和自动驾驶;美国 Mid-Tech 公司的 CenterLine Guidance Lightbar 系统能够以直线和曲线方式导航,作业控制和自动驾驶系统 FieldPilot 以及 Beeline Technologies 公司的 Beeline 系统等能够变量施肥、变量喷药、智能导航和自动驾驶。

## 五、精确农业发展的主要问题与发展方向

### 1. 存在问题

目前,国外精确农业仍然处于研究发展的初级阶段,虽然部分技术和设备已经成熟,并已试验应用于小麦、玉米、大豆、甜菜、马铃薯的生产管理上,但仍然存在一系列技术问题尚待研究解决,主要表现在:GPS 定位准确度差,GIS 软件复杂,产量计量不准,农户对精确农业技术难以掌握;已开发的多为谷物产量传感器,缺少棉花、果树、蔬菜等高附加值作物产量监视器,利用遥感技术管理作物生产尚不成熟;精确农业技术应用成本较高,网格土壤取样、产量计量、GPS 接收、VRT 使用等项目花费较大,可能超过精确施肥所节约的化肥成本,经济效益不明显。

近年来,国际上精确农业技术的推广应用处于徘徊期,普遍推广的还是一些单项技术,如 DGPS 定位下的精确播种、精确喷药等。澳大利亚精确农业研究中心的研究人员对基于产量变异和土壤养分变异的变量施肥技术的效果进行研究后认为,变量施肥并没有导致增产,只是降低了施肥量。从不同作物看,甜菜、烟草、甘蔗等品质要求较高,对施肥量较敏感的作物,变量施肥效果较好。而其他大田作物的效果不确定性很大,即使显示纯效益的,其效益也有限。

精确农业技术体系未能达到预期的增产节本效果的原因,一是所能考虑的农田变异的空间尺度太大,通常在 $1hm^2$ 以上,基于这种采样间距的精确农业技术体系不仅在中国没有推广应用前景,而且在美国、加拿大、澳大利亚等西方国家也难以推广;二是支持精确农业实施的决策支持系统还没有完善。以变量施肥决策为例,主要基于土壤养分测定数据和产量分布图,对于作物本身性状,如吸肥特性、叶面积指数和干物质积累的空间变化等没有考虑,这主要归因于精确农业的研究中多为土壤肥料学专家,缺少农艺学家的参与。作物栽培学家积极参与研究,将有利于精确农业技术的增产增质和节本增效。

### 2. 主攻重点

目前精确农业技术体系所遭遇的困境,是精确农业基础研究不足,推广工作有些超前造成的。精确农业研究和应用的难点不是变量实施技术,而是农田信息获取和决策支持系统。所以,今后要加强精确农业技术研究中的土壤、农业工程、农学等多学科交叉与合作,从突破作物形态、营养、水分和土壤氮、磷、钾等营养元素无损快速测试传感器、病虫草害信息定量识别技术的瓶颈入手,加强农作物不同生长阶段与土壤、气象和管理措施的定量关系研究,为变量处方生成提供理论依据;着力推进基于这些农田信息的、具有可实施性的精确管理措施的决策支持系统;解决适合小规模田块和复杂地形的光机电一体化精准农业智能机械,不断改进精确农业田间变量实施技术,以提高精确农业技术的增产增收效果。

**1) 农田信息采集、分析与处方图生成技术研究**

(1) 农田信息快速高效采集技术研究。需要开发基于 GPS 的农田信息快速采集系

统和机载自动土壤取样平台，研究土壤和作物参数多平台遥感技术，研制机载土壤电导率测定系统和作物产量制图系统等。

（2）基于 GIS 的农田信息管理技术研究。由于农田信息获取方式的多样性、数据存储格式多样性和多尺度性、数据组织的复杂性，需要借助 GIS 或者小型廉价和适用的农场信息系统，(farm information system，FIS)。

（3）基于地统计学的农田采样信息空间插值方法研究。需要采用地统计学插值方法将样点采集的点状信息转换为面信息，满足精确农业要求。

（4）农学参数空间反演方法和遥感填图技术研究。需要建立关键农学参数空间反演方法和遥感填图技术，如地表水分、冠层温度、植被指数等。

（5）基于模型的变量决策分析技术研究。利用基于作物生长模型和作物专家系统的精确农业决策模型和决策支持系统，为全过程变量处方生产提供模块化、参数化、动态化、系统化的决策工具。

（6）变量作业处方生成技术研究。利用基于农田信息分析处理技术和变量决策分析技术的变量作业处方软件系统，数字化生成基于像元、农机作业单元、作业区和地块的变量施肥、灌溉和喷药等投入决策处方。

**2）精确农业田间变量实施技术研究**

（1）变量施肥技术研究。提高处方图变量施肥作业精度，能够按照处方图精确一致地按图作业；研发实时性、稳定性和准确性高的作物或土壤传感器，建立可靠的土壤或作物探测量与需肥量关系模型。

（2）变量施药技术研究。研发施药处方图的获取技术、施药对象的高精度和快速识别技术，提高变量施药技术水平。

（3）作业导航技术研究。研发高效农田作业机械导航技术，提高田间作业质量和效率以及作业精度，减轻驾驶员的劳动强度。

### 3. 发展模式

由于我国人口、耕地和资源矛盾突出，加之过量施用化肥和农药导致的严重环境污染，所以我国发展精确农业的内在需求强烈。根据我国资源环境和农业生态环境安全需求，首先需要开展节水、节肥精确农业技术和病虫草害精确防治技术的研究，开发先进的适用肥、水、药精确施用技术体系。国外精确农业技术和产品主要面向大规模农场作业需求，而我国需要降低精确农业技术应用的门槛，坚持 KISS(keeping it simple and stupid)原则，开发适合中国国情的低成本、简约化的实用和易用精准农业技术产品。

按照我国农业生产条件区域差异，不同类型地区拟采用不同的精确农业发展模式。

（1）在大规模、高度机械化生产的地区，如黑龙江、新疆垦区，宜建立信息采集、信息处理和变量作业于一体的精确农业集成应用模式，实现化肥和农药的变量投入。

（2）在中等规模经营、具备一定农业机械化基础的地区，如河南、河北和山东等粮食主产区，采用精确农业单项技术的组合配套作业，形成适合当地条件的“套餐式”精确农业技术应用模式。

（3）在农户分散经营、农业机械化程度较低的地区，可采用土壤信息快速采集技术产品和作物长势快速诊断仪器,利用遥感营养诊断和计算机网络技术,发布农田养分状况和水肥管理决策信息,实现分散经营条件下的信息采集、决策和传递数字化,建立面向农户、地块、村镇和县域等不同层次的精确农业技术推广应用模式。

此外,我国需要积极开展精确设施农业、精确畜牧业、精确林果业生产技术研究和应用,构建我国五大作物、设施农业、主要果树、畜禽水产养殖等重点领域的精确作业系统,如应用无线射频识别(radio frequency identification,RFID)技术、传感器技术、无线网络传输技术及 PDA 等技术,实时测量饲养对象的体型、体重、饲养环境等生产指标,调整饲料质量和数量,实现畜牧业养殖自动化。

# 第二节　全球卫星定位系统 GPS

GPS 是缩写词 NAVSTAR/GPS 的简称,其含义是导航卫星测时和测距/全球定位系统(navigation satellite timing and ranging/global positioning system),是美国军方于 20 世纪 70 年代初开始研制并于 90 年代初完成投入运行的新一代卫星定位和导航系统,于 1995 年达到全部运行能力。GPS 以全球覆盖、全天候、高精度、多功能、自动化、高效率、高效益等显著特点,实现三维连续导航定位、测速和授时,成为迄今最好的导航定位系统。

## 一、GPS 系统组成

GPS 系统由导航卫星、地面站组和用户设备三部分组成。

### 1. 导航卫星

美国 GPS 系统定位卫星包括 24 颗地球卫星和 3 颗备用卫星,卫星分布如图 8-11 所

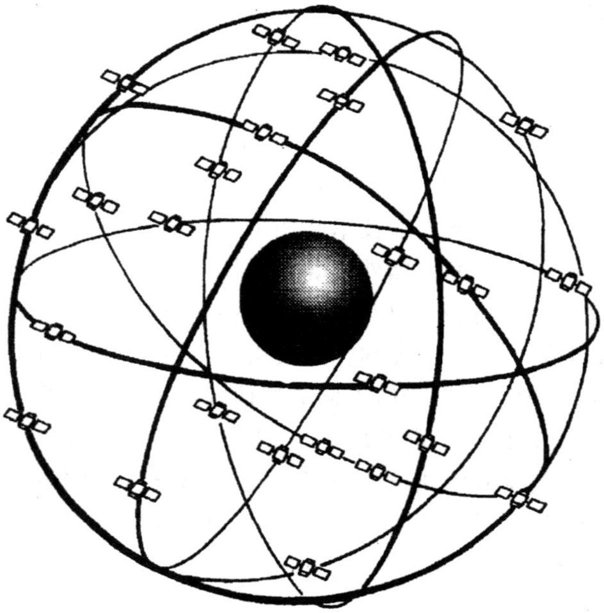

图 8-11　GPS 卫星分布

示。工作卫星均匀分布在6个相对于赤道的倾角为55°的近似圆形轨道面上，每个轨道面上都有4颗卫星，轨道面之间的夹角为60°，轨道平均高度约为20 200km，属于高轨卫星系统。卫星运行周期约12h。这样的定位卫星分布，使得在地球上任一位置的近地旷野的GPS接收机在昼夜任何时间、任何气象条件下最少能接收到4颗以上卫星的信号，通过测量每一卫星发出的信号到达接收机的传输时间推算距离，即可计算出接收机所在的地理空间位置。卫星轨道参数和时钟，由设于世界各大洲的5个地面监测站和设于其本土的1个地面主控站进行监测和控制。

GPS卫星每颗重774kg，呈主体柱形，直径约1.5m，星体两侧装有2块双叶对日定向太阳电池帆板，由太阳能电池向卫星提供能源(图8-12)。卫星的电子系统包含导航电文存储器、高稳定度原子钟和L波段双频发射机等。卫星上工作频率为2200～2300MHz的遥测发射机，将卫星的各种遥测数据发送至地面站组。卫星的接收机接收地面注入站向卫星发送1750～1850MHz的导航信息，包括时钟校正参量、大气校正参量、卫星星历及全部24颗工作卫星的历书。卫星将上述信息按照时间节拍连续发播，为用户提供轨道参量。GPS系统采用无线电信号测量所测距离上的传播延迟来推算距离。各卫星上的原子钟互相同步，并与地面站组的原子钟同步，该精密时系称为GPS时。卫星向地面发送的星历就是以GPS钟基准顺序发射的。

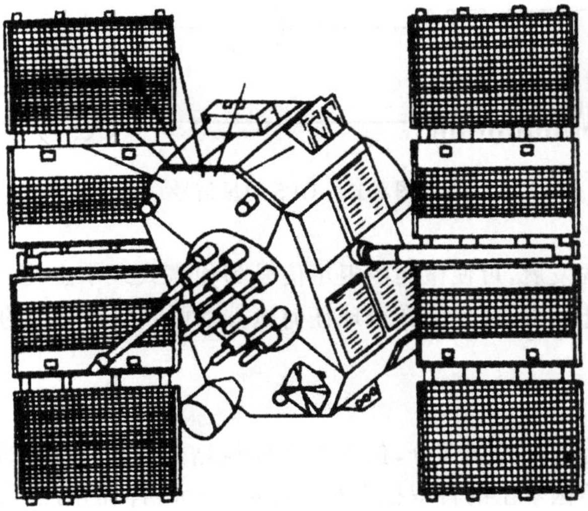

图8-12 GPS卫星构造示意图

GPS系统的卫星在发送导航电文时，为了提高抗干扰性能，校正电离层产生的附加延时，采用了伪码扩频调制方式。它先把数据变成编码脉冲，形成导航数据码，数据码和伪随机码的模二相加(波形相乘)后再对载频进行相位调制，最后由天线发射出去。载频有$L_1$和$L_2$两个，分别为1575.42MHz和1227.60MHz(图8-13)。卫星发播的信号包括P码、C/A码和导航电文，其中$L_1$调制有P码、C/A码和导航电文，$L_2$载波上只有P码和导航电文。C/A码测距误差为3m，称为粗捕获码，定位精度低，水平二维精度 100m,供一般用户使用,属于标准定位服务(standard positioning service,SPS )。P 码测距误差为 0.3m,为高精度码,经过抗窃密技术处理后,P 码就变成加密的 Y 码,是只供美国军方及特许用户使用的保密码,属于精密定位服务(precision positioning service,PPS)。导航电文内容包括遥测码(telemetry word,TLW)、转换码(hand over word,HOW)、第一至第三数据模块等,其功能分别是捕获导航电文前导、从捕获 C/A 码转换到 P 码捕获、标识码、数据龄期和卫星时钟改正系数、GPS 卫星星历、GPS 卫星历书数据等。

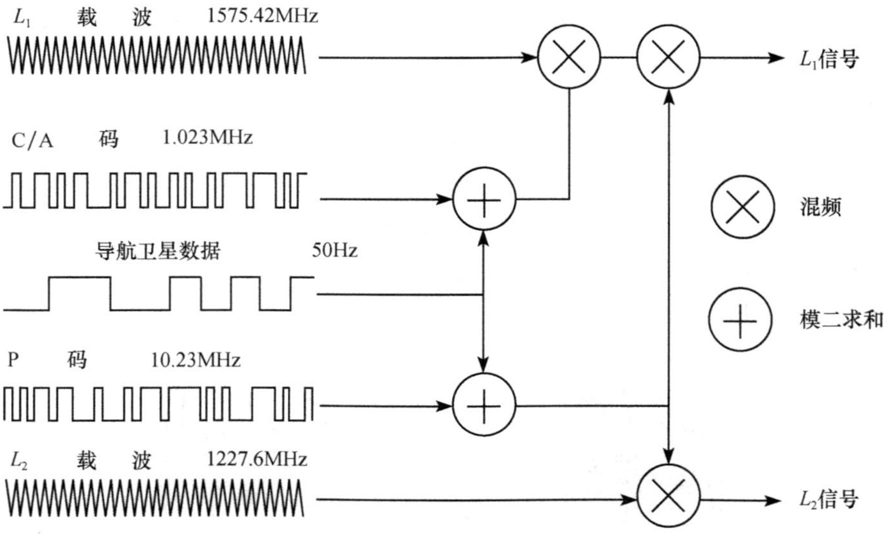


图 8-13　GPS 卫星信号

信号处理技术的发展,可使微弱的卫星信号为便携式或掌上型接收机的小型天线所接收。这是一个功能强大、任何人在全球任何地方都可以免费享用的空间信息资源。

2. 地面站组

地面站组也称为地面控制部分,包括 5 个监控站,3 个上行注入站和 1 个主控站。5 个监控站分别设在美国本土的科罗拉多和夏威夷、南大西洋的阿松森群岛、印度洋的迭哥伽西亚和南太平洋的卡瓦加兰(图 8-14)。

每个监控站设有一台四通道的用户接收机、一台原子钟、收集当地气象数据的传感器和进行数据初步处理的计算机。监控站接收卫星的扩频信号,求出相对于原子钟的伪距和伪距差,检测出卫星的导航数据并将伪距、星历、气象数据、卫星状态数据等一并传送至主控站(图 8-15)。

主控站设在科罗拉多的范登堡空军基地,负责对地面监控站的全面控制,接收各监控站的卫星导航数据,进行数据偏差改正处理后编制导航电文,通过注入站将导航数据注入卫星的导航处理系统,每颗卫星每天进行一次注入检验,以便调整偏离轨道的卫星使之按照预定轨道运行。同时,主控站在必要时启动备用卫星以代替失效的工作卫星。

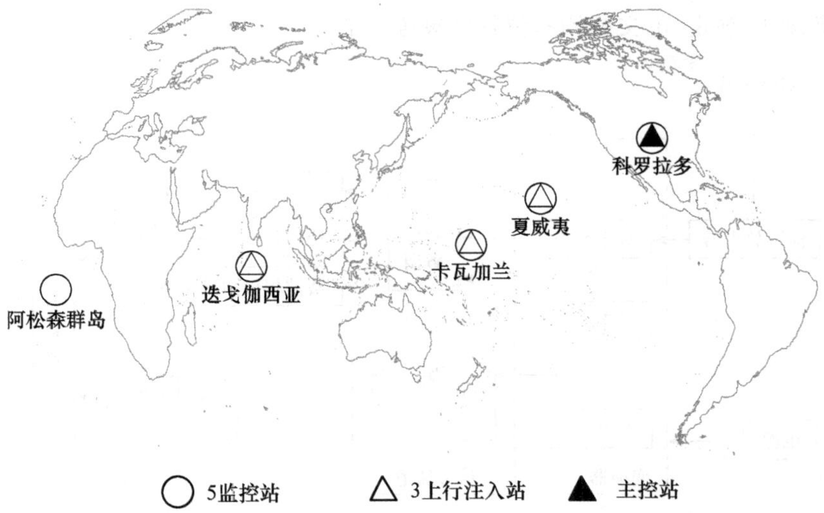


图 8-14　GPS 地面站组的分布区域

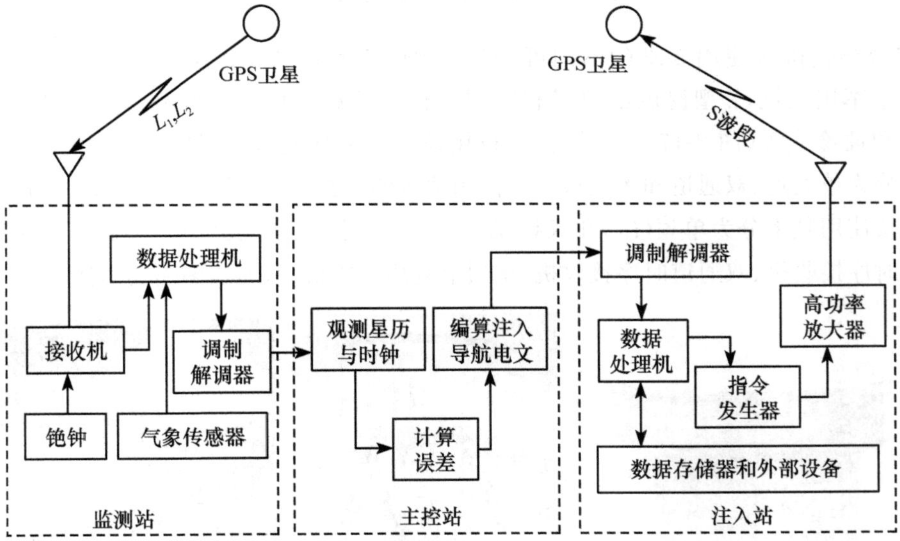


图 8-15　GPS 地面站组成示意图

注入站主要设备包括 2 台直径为 3.6m 的天线、1 台 C 波段发射机和一台计算机。在主控站的控制下，将主控站编制的卫星星历、钟差、导航电文和其他控制指令等注入相应卫星的存储系统，并监控注入信息的正确性。

除主控站外，整个地面站组均无人值守，各站通过现代化的通信网络联系起来，在原子钟和计算机的驱动和精确控制下，各项工作实现了高度自动化和标准化。

### 3. 用户接收机

用户接收机的主要功能是接收卫星的信号并利用本机产生的伪随机编码取得距离观测量和导航电文，根据导航电文提供的卫星位置和钟差改正信息，计算接收机的位置，实现定位和导航。GPS 接收机由天线、接收机、微处理机和输入输出部分组成(图 8-16)，具有码的捕获、码的锁定、电文解调和位置计算等功能。

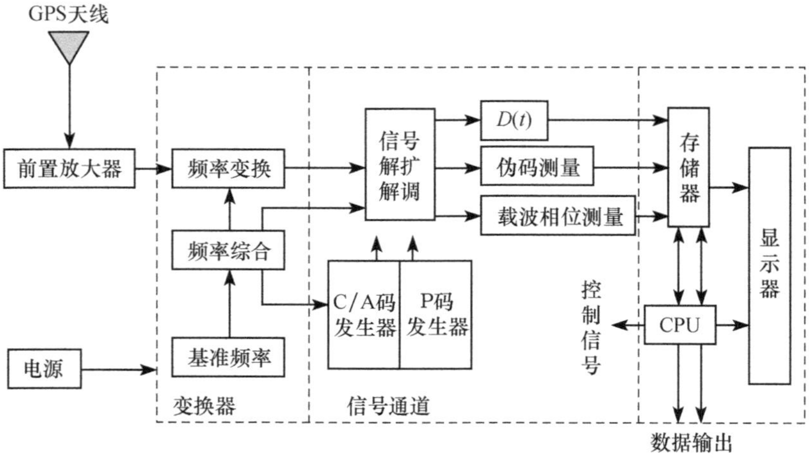


图 8-16　GPS 接收机结构示意图

GPS 接收机按使用要求的不同可分为 X 型、Y 型和 Z 型。X 型适用于航天飞机，Y 型适用于军用飞机，Z 型提供给商船和民用飞机。按载体可分为弹载、机载、舰载、车载、背负式和袖珍式等(图 8-17)。按照接收机用途可分为导航型、测量型、授时型。按接收机通道数分为单通道、双通道和多通道。按使用信号的种类分为 C/A 码、C/A 码和 P 码、无码接收。按使用频率分为单频($L_1$)和双频($L_1/L_2$)。按用户工作方式分为多通道连续接收机、单通道时序接收机、双通道时序接收机、单通道复用接收机、双通道多路复用接收机。

图 8-17　各种类型的 GPS 接收机

导航型 GPS 接收机是目前应用最广的一类 GPS 用户接收机,能利用 C/A 码和 P 码对 4 颗或 4 颗以上 GPS 卫星同时进行伪距测量,能接收导航电文并能实时求得定位和测速解,并具有输入输出功能。

## 二、GPS 系统定位原理

GPS 系统可以实现瞬间动态定位和导航。这里定位和导航有细微差别,实时测得运动载体 GPS 信号接收天线的所在位置称为 GPS 动态定位。如果不仅测得运动载体的实时位置,而且测得运动载体的速度、时间和方位等状态参数,进而"引导"该运动载体准确驶向预定的目的位置,则称之为导航。

GPS 全球定位系统采用多星高轨测距体制以距离作为基本观测量,采用被动测距法。用户接收机天线无须发送信号,而只需同时接收来自 4 颗不同卫星的导航定位信号,就可测得用户天线至卫星的距离或距离差,并利用已知的卫星在轨位置,在 1s 内可推算出用户天线的三维位置。发送测距信号和接收测距信号分别位于不同地方的测距方式,称为被动测距。这种基于被动测距的定位,称为被动定位。用户发送设备发射测距信号经卫星反射器的反射或转发,又返回发送点为其接收机所接收,进而测得用户天线距卫星的距离。发送和接收测距信号位于同一个地方的测距方式称为主动测距。通过它测得的站星距离和已知卫星在轨位置,也可推算出用户现时的三维位置,这种基于主动测距的定位,称为主动定位。

现代测距实质上是使用无线电信号测量其传播时间来推算距离。可以测量单程传播延迟或往返传播延迟。对于大多数用户,GPS 信号接收与测量通常采用伪距法,应用伪随机码测距技术进行定位。所谓伪距是指 GPS 接收机采用单程测距原理,而卫星钟和用户接收机难以保持严格同步,所测得的用户接收机至卫星的距离含有接收机和卫星钟的误差及大气传播误差。

GPS 定位的基本原理是根据高速运动的卫星瞬间位置作为已知的起算数据,采用空间距离后方交会的方法,确定待测点的位置。如图 8-18 所示,假设 $t$ 时刻在地面待测点上安置 GPS 接收机,可以测定 GPS 信号到达接收机的时间 $\Delta t$,再加上接收机所接收到的卫星星历等其他数据可以确定图 8-18 中的 4 个方程式。

4 个方程式中待测点坐标 $x$、$y$、$z$ 和 $Vt_0$ 为未知参数,其中 $d_i=c\Delta t_i(i=1、2、3、4)$,$d_i(i=1、2、3、4)$分别为卫星 1、卫星 2、卫星 3、卫星 4 到接收机之间的距离;$\Delta t_i(i=1、2、3、4)$分别为卫星 1、卫星 2、卫星 3、卫星 4 的信号到达接收机所经历的时间;$c$ 为 GPS 信号的传播速度(即光速);$x$、$y$、$z$ 为待测点坐标的空间直角坐标;$x_i$、$y_i$、$z_i(i=1、2、3、4)$分别为卫星 1、卫星 2、卫星 3、卫星 4 在 $t$ 时刻的空间直角坐标,可由卫星导航电文求得。$Vt_i(i=1、2、3、4)$分别为卫星 1、卫星 2、卫星 3、卫星 4 的卫星钟的钟差,由卫星星历提供。$Vt_0$为接收机的钟差。由以上 4 个方程即可解算出待测点的坐标 $x$、$y$、$z$ 和接收机的钟差 $Vt_0$。

对于动态用户,除了确定接收机天线的位置之外还需要测定航速,即接收机的运动速度。原则上可以利用相邻时刻的定位结果求得这一段时间的平均航速。为了提高测速精度,可用差分 GPS 测速法。

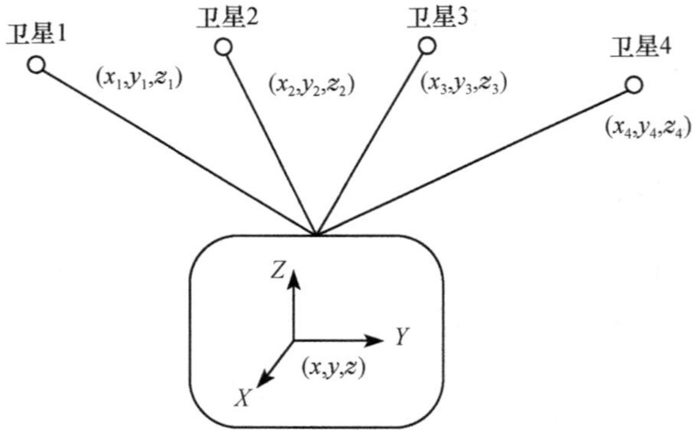


$$[(x_1-x)^2+(y_1-y)^2+(z_1-z)^2]^{1/2}+c(Vt_1-Vt_0)=d_1$$
$$[(x_2-x)^2+(y_2-y)^2+(z_2-z)^2]^{1/2}+c(Vt_2-Vt_0)=d_2$$
$$[(x_3-x)^2+(y_3-y)^2+(z_3-z)^2]^{1/2}+c(Vt_3-Vt_0)=d_3$$
$$[(x_4-x)^2+(y_4-y)^2+(z_4-z)^2]^{1/2}+c(Vt_4-Vt_0)=d_4$$

图 8-18 GPS 定位原理示意图

## 三、差分 GPS 定位原理

GPS 定位系统是美国研制的军用导航系统,虽然现在已经可供民用和其他国家使用,但为了美国国防安全的需要,它只开放了定位精度较低的粗码,并且可通过适当技术改变卫星星历数据,使定位精度人为降低,特别在战时可以通过提高定位误差来防御基于 GPS 导航武器的外来攻击,这就是所谓的“选择可用性”(selective availability,SA)。虽然美国已经于 2000 年 5 月关闭了 SA,并致力于开发和使用区域关闭 SA 能力,但仍然可能受到 SA 的影响。有 SA 影响时,标准定位服务的水平定位精度为 100m。利用差分 GPS 几乎可以完全消除“选择可用性”带来的影响。

差分 GPS(differential GPS,DGPS)就是把一部地理位置已知的接收机作为基准站,由基准站确定所有视界以上卫星伪距的偏差值并发送改正值,由用户接收机接收并对其测量结果进行改正,以获得精确的定位结果(图 8-19)。差分 GPS 发送改正的信息不同,

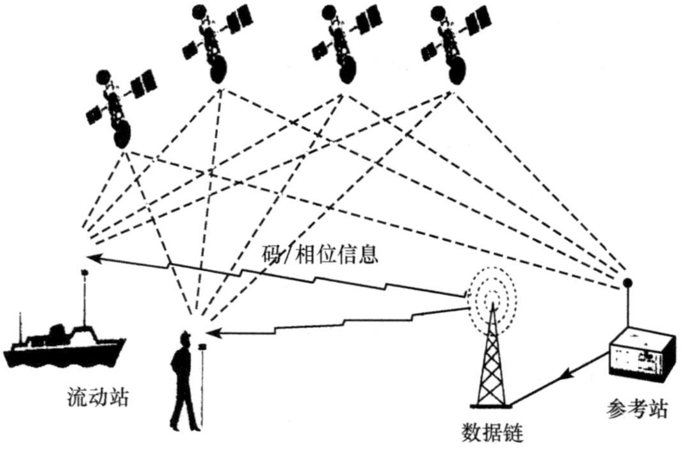


图 8-19 DGPS 定位原理示意图

包括位置差分、伪距差分、载波相位差分等不同工作方式，其定位精度也不相同。

1. 位置差分原理

安装在基准站的 GPS 接收机观测 4 颗卫星后便可进行三维定位，解算出基准站的坐标，由于存在轨道误差、时钟误差、SA 影响、大气影响、多径效应以及其他误差，计算的坐标与基准站已知坐标存在误差 $\Delta x$、$\Delta y$、$\Delta z$，基准站将此坐标改正值利用数据链发送出去，用户接收机接收后对其解算的用户坐标进行改正。最后得到改正后的用户坐标消去了基准站与用户的共同误差，如卫星轨道误差、SA 影响、大气影响等，提高了定位精度。此法计算方法简单，适用于一切 GPS 接收机，但缺点是要求基准站和用户观测同一组卫星，由于可供观测的卫星常在 4 颗以上，通常较难做到这一点。

2. 伪距差分原理

伪距差分是目前用途最广的一种技术。基准站的 GPS 接收机测量出全部卫星的伪距和收集全部卫星的星历文件，利用已经采集的轨道参数计算出各个卫星的地心坐标，同时计算出基准站的地心坐标，然后利用每一时刻计算的卫星地心坐标和基准站地心坐标反求出每一时刻到基准站的真距，并将此真距与含有误差的伪距加以比较，利用 α-β 滤波器将此差值滤波求出其偏差，此后将所有卫星的测距误差传输给用户，用户利用此测距误差来改正测量的伪距。最后，用户利用改正后的伪距求解出本身的位置，就可消除公共误差，提高定位精度。此法的缺点是随着用户到基准站距离的增加（超过 30km）又出现了系统误差（包括电离层延迟、对流层误差和卫星星历误差等），且不易消除。

为了在一个广阔的地区内提供高精度的差分 GPS 服务，将一个差分基准站与一个或多个主站组网，主差分站接收来自各监测站的差分 GPS 改正信号，然后将其组合形成在扩展区域内的有效差分 GPS 改正电文，通过卫星通信线路或无线电数据链把扩展 GPS 改正信号传送给用户，就构成了扩展差分或广域差分 GPS。扩展差分 GPS 引入了电离层模型、对流层模型和卫星星历误差估算等改正模型，使系统误差降低，不仅提高了定位精度，而且扩大了有效工作范围。

3. 载波相位差分原理

载波相位差分技术又称为 RTK 技术（real time kinematics），是建立在实时处理两个测站的载波相位基础上的，能实时提供观测点的三维坐标，并达厘米级的高精度。由基准站通过数据链实时将其载波观测量及站坐标信息一同传送给用户站，用户站接收 GPS 卫星的载波相位与来自基准站的载波相位，并组成相位差分观测值进行实时处理，求差解算坐标，能实时给出厘米级的定位结果（图 8-20）。

## 四、其他卫星定位系统简介

1. 前苏联/俄罗斯 GLONASS 系统

全球轨道导航卫星系统（global orbiting navigation satellite system，GLONASS），是

前苏联为满足授时、海陆空定位与导航、大地测量与制图、生态监测研究等建立的,现在由俄罗斯空间局管理。GLONASS 系统由 21 颗工作星和 3 颗备份星组成,分布于 3 个轨道面上,轨道倾角为 64.8°,每个轨道面有 8 颗卫星,轨道高度 1.9 万 km,运行周期 11h 15min。共发射了 27 颗卫星,由于卫星寿命和资金问题,曾只剩 6 颗卫星运行。2004 年印度加入了 GLONASS 系统,计划联合发射 18 颗导航卫星。GLONASS 系统的抗干扰能力比 GPS 好,但其单点定位精确度不及 GPS 系统。GLONASS 提供标准精密导航信号,其水平定位精度为 57～70m,垂直定位精度为 70m,速度矢量测量精度 15cm/s,时间测量精度在 1mks。

图 8-20 Trimble RTK 基准站系统

### 2. 伽利略系统

伽利略定位系统(Galileo positioning system)是正在建造中的欧洲卫星导航系统,有“欧洲版 GPS”之称。伽利略系统共有 30 颗卫星,轨道高度 2.3222 万 km,共有 3 个轨道面,轨道倾角 56°,每个轨道有 9 颗卫星和 1 个备用卫星,卫星质量 675kg。系统能为用户提供实时米级高精度定位信息,水平定位误差低于 4m,垂直定位误差低于 8m,适合于保障火车运行、导航汽车和飞机着陆的安全性。该系统加强了对挪威、瑞典等高纬度地区的信号覆盖,同时降低了对美国 GPS 系统的依赖。此外,“伽利略计划”中的欧洲地球同步卫星导航增强系统(european geostationary navigation overlay service, EGNOS),是一个 GPS 广域差分增强系统,由全欧洲 40 多个地面站组网,改进了 GPS 系统信号定位精度,并通过静地卫星转发给用户,用于增强卫星导航的精度。

### 3. 北斗卫星导航系统

北斗卫星导航系统[BeiDou(COMPASS) navigation satellite system]是中国正在实施的自主发展、独立运行的全球卫星导航系统,包括“北斗一号”和“北斗二号”等两代系统,可提供高质量的定位、导航和授时服务。

“北斗一号”是一个已投入使用的区域性卫星导航系统,由两颗工作卫星(北斗-1A 和北斗-1B)和一颗备用卫星(北斗-1C)组成,为轨道高度为 3.6 万 km 的地球同步卫星,定点于 80°、140°和 110.5°。该系统为二维有源定位系统,具有快速定位、实时导航、简短通信、精密授时四大功能。定位精度 20～100m,双向定时精度 20ns,单项定时精度 100ns。由于采用主动定位方式,用户隐蔽性差,同时对高程定位精度较低,无法满足三维定位需要。

“北斗二号”则是一个正在建设中的全球卫星导航系统,包括 5 颗静止轨道卫星和 30 颗非静止轨道卫星(图 8-21)。2007 年和 2009 年我国先后发射了两颗北斗导航卫星,包括一颗地球中圆轨道卫星和一颗地球同步静止轨道卫星，2010 年第 3 颗组网卫星发射成功，后续还将发射多颗北斗导航卫星。预计 2012 年左右，系统将首先具备覆盖亚太地区的定位、导航和授时以及短报文通信服务能力；2020 年左右，建成覆盖全球的北斗卫星导航系统。

图 8-21　北斗卫星导航系统分布及其应用示意图

北斗卫星导航系统致力于向全球用户提供高质量的定位、导航和授时服务，包括开放服务和授权服务两种方式。开放服务是向全球免费提供定位、测速和授时服务，定位精度 10m，测速精度 0.2m/s，授时精度 10ns。授权服务是为有高精度、高可靠卫星导航需求的用户，提供定位、测速、授时和通信服务以及系统完好性信息。

# 第三节　智能化农业机械装备技术

带有 DGPS 定位系统的智能化农业机械装备是精确农业技术的主要标志，也是实践精确农业的重要保障。国内外比较成功和效益较好的有施肥、喷药、播种和灌溉等智能化农业机械装备。

## 一、DGPS 农机定位与导航要求与误差

不同农田作业要求的位置分辨率不同。变量施肥为 30m，变量施用除草剂为 1m，测产为 10m，行栽为 10m，构筑种床为 5cm，避免喷药重叠为 10cm。当前的 DGPS 系统可达到的精度为：采用载波相位定位测量时，静态观测位置误差为 1.5mm 至 1cm，动态观测位置误差为 0.5～5cm，连续数据定位位置误差为 50cm 至 2m，采用编码测量时，位置误差为 2～10m。常规的 GPS 编码定位测量时，P 码定位误差为 3～15m，CA 码无 SA 影响时定位误差为 4～50m，带 SA 影响时定位误差为 15～100m。

## 二、生成作物产量分布图的智能收获机

数字化产量分布图是精确农业的重要基础信息。20 世纪 90 年代末期，国际上研制

的各种作物(包括谷物、棉花、马铃薯、甜菜及甘蔗、花生等)联合收获机,采用了自动监测和自动控制技术,大都具有产量分布图自动生成功能(图 8-22)。产量分布图综合了田间空间参数变化的信息,如土壤类型、土壤湿度、养分含量及坡度等,故可用以确定田间地段作物均匀生长的条件并可分别确定各田块各自所需的农事操作。在下一次收获时所得到的新的产量分布图则可以显示精细农作的实际效果。现代谷物联合收割机在收获时,能够自动控制割茬高度、脱粒喂入量、收割台仿形,监测谷粒损失率,监测并记录收获时间、收获面积、收获总量等相关产量数据。

图 8-22　带有产量传感器的智能收割机

## 1. 所用方法及装备

联合收割机在田间作业时,某时刻所测得的单产量为 $Y_G(t)$

$$Y_G(t) = \frac{m_G(t)}{V(t) \times W_c(t)} \times [1 - U_G(t)]$$

式中,$Y_G(t)$为瞬时 $t$ 所测得单产;$m_G(t)$为瞬时 $t$ 所测得谷物质量流量;$V(t)$为瞬时 $t$ 收获机行驶速度;$W_c(t)$为瞬时 $t$ 割幅宽度;$U_G(t)$为瞬时 $t$ 谷物含水量(相对湿度)。为了测得上述数据,相应传感器在联合收割机上的分布如图 8-23 所示。

美国 CASE IH 公司带有 AFS 系统的轴流式 2366 型谷物联合收割机测产系统,由 DGPS、智能终端、轮速传感器、净粮升运器轴速传感器、割台高度传感器、谷物流量传感器、谷物水分传感器和数据卡及图形软件组成(图 8-24)。AFS 系统可以设置和记录作业日期和时间、联合收割机类型、地块名称、谷物种类、割台类型和宽度、数据单位、GPS 采样时间间隔、割台停止高度等项目,但在收获作业前和收获中需要对 AFS 系统中各类传感器的精度进行系统标定,包括距离、面积、温度、湿度和质量等监测项目,以保证获得真实、有效的数据。

## 2. 谷物体积流量测量传感器

目前,已经应用的谷类作物产量传感器主要包括有冲击式流量传感器(图 8-25 A),

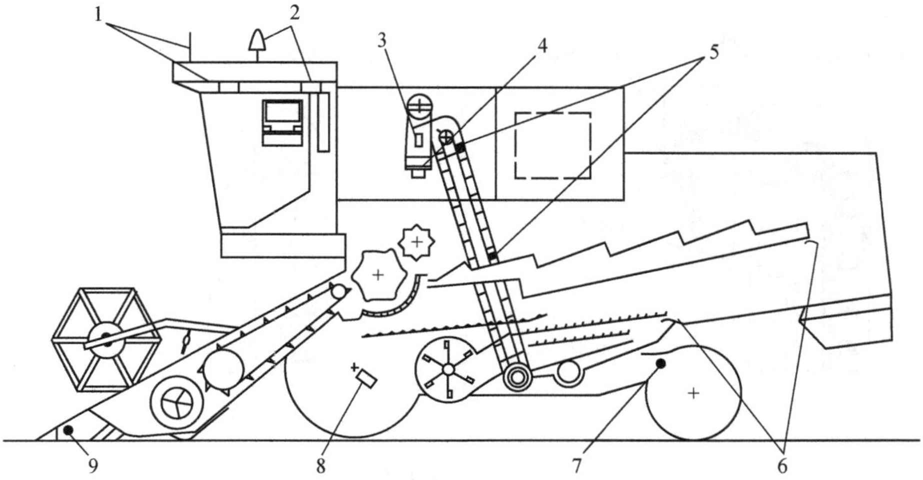


图 8-23　谷物联合收割机测产系统传感器

1. DGPS 接收装置；2. GPS 接收装置；3. 谷物湿度测量；4. 谷物密度测量；5. 谷物体积流量测量；6. 谷物损失测量；7. 转向角度测量；8. 距离/速度测量；9. 割幅测量

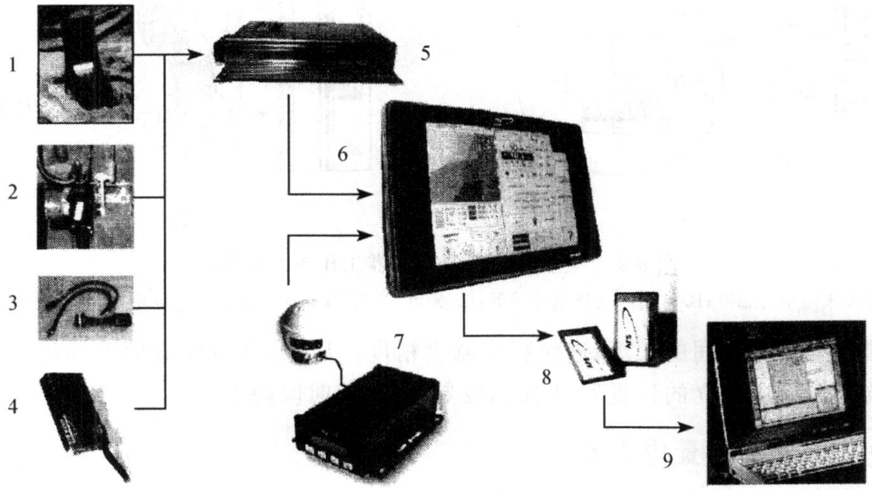


图 8-24　美国 CASE IH 公司 AFS 系统组成

1. 谷物流量传感器；2. 割台高度传感器；3. 谷物水分传感器；4. 前进速度传感器；5. 中央控制单元；6. 智能络端；7. DGPS；8. 数据卡；9. 图形软件

γ 射线式流量传感器(图 8-25 B)、光电式容积流量传感器(图 8-25 C)、刮板轮式容积流量传感器(图 8-25 D)。它们分别应用于美国 John Deere、美国 Case、英国 Massey Ferguson 等公司的精确农业联合收割机上。冲击式流量传感器的产量计量误差在 3%以内，后者的计量误差不大于 1%。

英国 RDS 公司生产的遮光式谷物体积测量传感器测量原理为：光发射器和接收器安装在谷物升运器顶端，光线走向与收获机行驶方向垂直。谷物流的体积可由升运器板上谷物遮断光速的时间长短来计量。然而在收获机走在倾斜地面时，处在升运器板上的谷

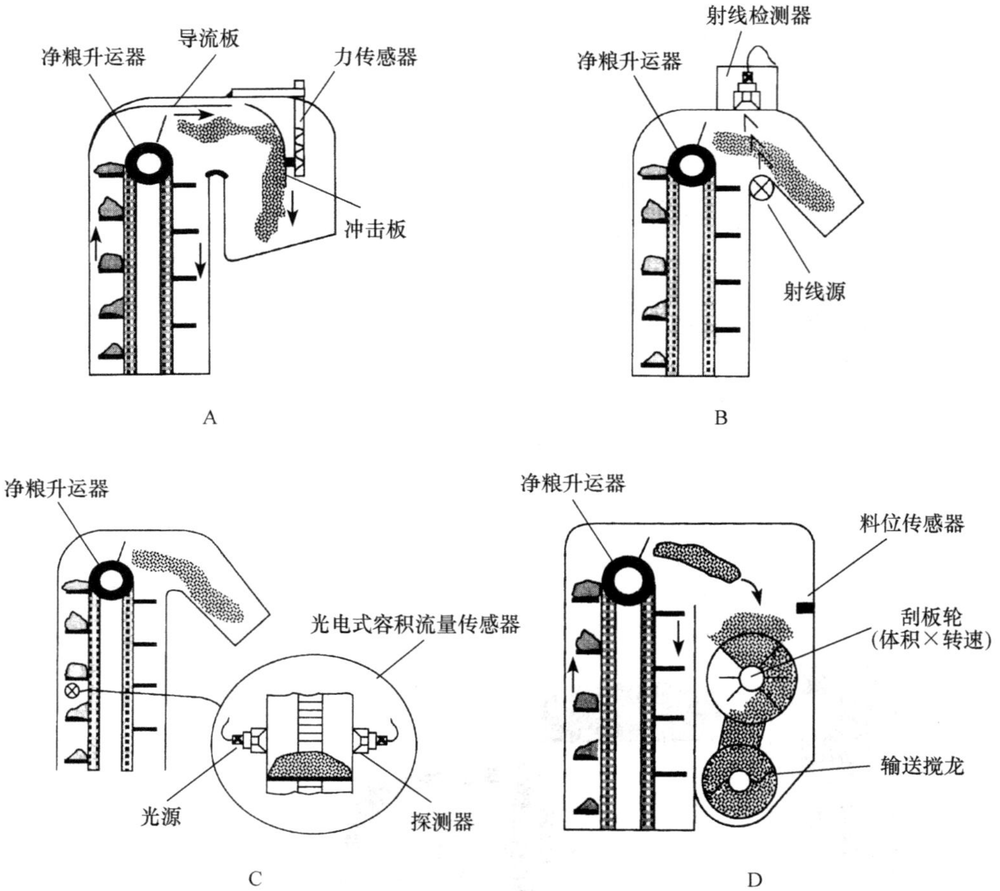


图 8-25　各类谷物流量传感器工作原理示意图

A. 冲击式流量传感器;B. γ 射线式流量传感器;C. 光电式容积流量传感器;D. 刮板轮式容积流量传感器

物位移会改变遮光时间的长短,进而影响测量精度。后来,在行驶方向上加设了双光源,各自遮光期分别由独立的计量器以 10kHz 频率在 1s 时段内采样。

### 3. 谷物质量流量测量传感器

为了减少联合收割机机身倾斜和震动的影响,采取了双叉应变臂的形式,其中一臂载有已知容积的谷物斗而另一臂则载以某参考质量(图 8-26)。在联合收获机行驶时,在双臂上引起的加速度是相同的。升运器斗盛满谷物以及倒空时均可自动处理质量数据。谷物斗的质量每秒计量一次平均值而采样频率为 50Hz。

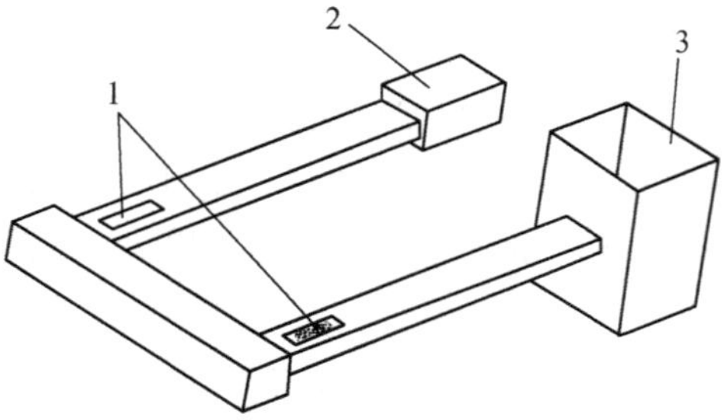


图 8-26　谷物质量测量装置

1. 应变片;2. 参考质量;3. 谷物斗

### 4. 谷物湿度测量传感器

谷物湿度不但在每天不同时间有所变化,而且在田间不同位置也有所不同。公认的谷物存储标准含水率为 15.5%,因而收获时必须进行谷物含水率测量，以便折算其在标准含水率下的谷物质量。大卫制造公司制造的克拉克联合收割机的谷物湿度计装置为：湿度传感器安装在粮仓注入搅龙上，而其控制单元和显示器都设在收获机中。该传感器应用电容器原理以确定湿度，谷物介电常数与其湿度成正比，控制单元将湿度变化的电信号送到显示及数据采集系统(图 8-27)。

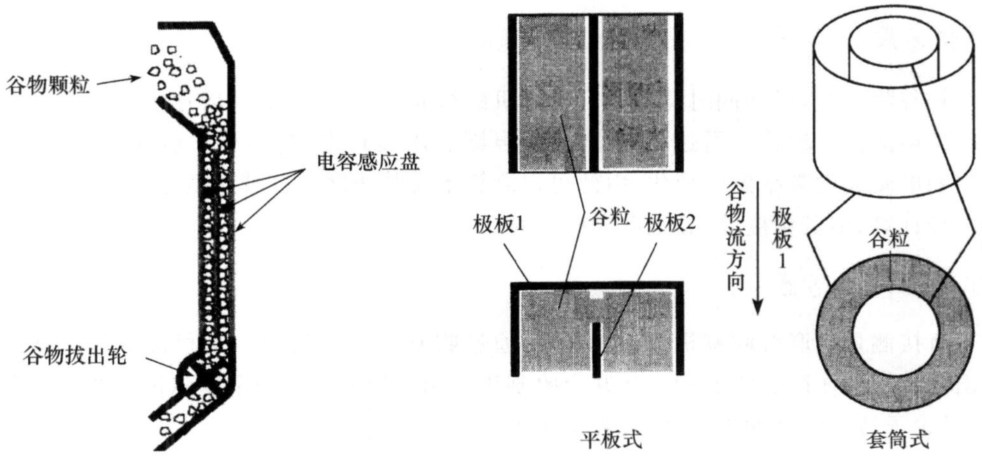


图 8-27　电容式谷物湿度传感器构造及其类型

5. 割幅宽度测量传感器

超声式测距传感器用于测量割幅较为理想，将其安装在分禾器内以测量分禾器与麦丛边缘的距离。传感器所发出的超声波若遇到障碍物就会反射回来被传感器所接收(图 8-28)。精确测量超声波往复期间所造成的时间延迟，即可求得传感器到障碍物的距离。空气湿度对传声速度的影响被所设的集成热元件所补偿。该装置在测量 1.5m 范围时分辨率为 1mm。

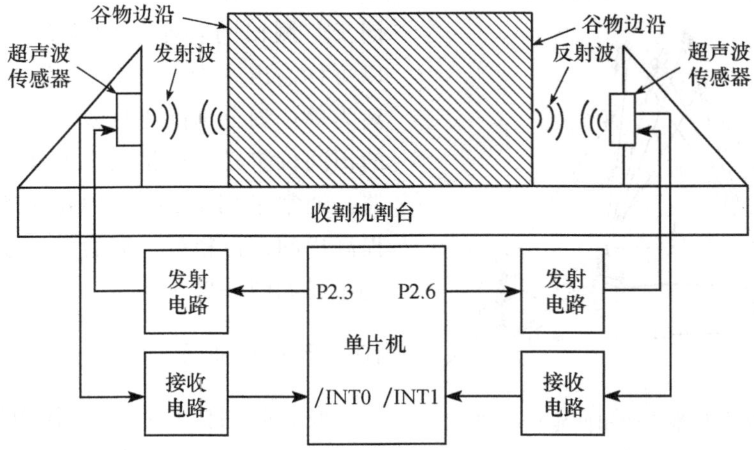


图 8-28　超声波幅宽测量原理图

通过收割台两侧超声波传感器,测量实际收割幅宽:

$$W_r = W_i - \frac{C \times (T_R + T_L)}{2}$$

式中,$W_r$ 为实际幅宽(m);$W_i$ 为收割机幅宽(m);$C$ 为超声波传播速度(m/s);$T_L$ 和 $T_R$ 分别为左右两路超声波往返所花的时间(s)。

6. 行驶速度传感器

计算谷物产量,必须同时监测联合收割机的行驶速度。目前,行驶速度传感器多采用雷达和超声测速传感器。雷达利用微波,超声则利用高频声波,当波束射到地面反射后,被接收的电磁波的频率发生变化,由此可以测算出行驶速度。行驶速度也可由 GPS 定位系统信号计算,但其精度受 GPS 定位精度的影响。

7. 行走距离传感器

可直接测量出联合收割机的行驶距离,通过收割机实际收割幅宽和行走距离就可以计算出收割机的实际收割面积。在联合收割机非驱动轮上安装两个霍尔传感器和几个磁钢,记录轮子转动的脉冲数量,实现收割机行走距离测量:

$$L = \frac{2\pi RN}{m}$$

式中,$L$ 为收割机行走距离(m);$R$ 为安装霍尔传感器轮子的半径(m);$N$ 为霍尔传感器输出的脉冲总数;$m$ 为粘贴在轮子上的磁钢个数。

8. 收割台提升位置传感器

收割机在地头转弯时或经过没有作物的田间作业通道时,收割台将停止工作而升高,由提升位置传感器发出信号,可以自动暂停作业面积的统计计量。

9. GPS 定位系统

为了测量田间某一地块各小区的产量,必须在收获作业的同时,利用 GPS 定位系统同步监测田间各小区的位置。通常 GPS 可以每秒输出一个三维定位信号,并以行驶距离为单位划分田间小区及计算其产量。小区的田间位置必须由接收机同步输入产量监控器。通常采用 DGPS 与 GPS 接收机结合来提高田间定位精度。联合收割机田间定位系统布局如图 8-29 所示。

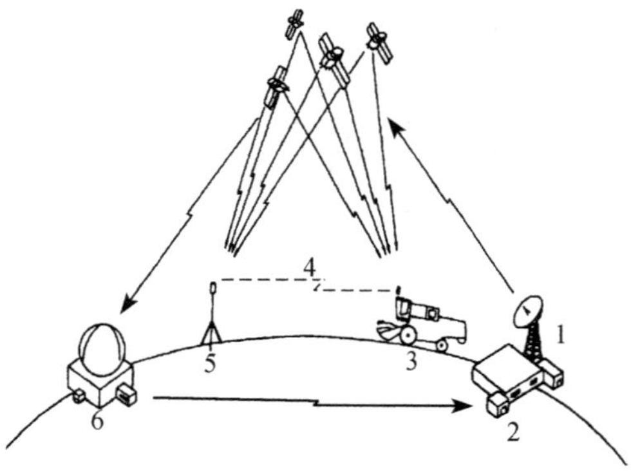


图 8-29 联合收割机的田间定位系统

1. 卫星;2. 主控台;3. DGPS 接收器;4. DGPS 在线遥测;5. 参考站;6. 监控站

10. 产量分布图的生成

联合收割机作业时其谷物体积流量、行驶速度、割幅宽度、收割距离(行程长度)可实现同步测量。最后求出每单元面积的平均产量。通常产量单元以 20m×20m 的正方形表示,绘制产量分布图。图 8-30 为 AFS 系统产量分布图生成软件数据流程图,该软件不仅可根据数据卡中存储的原始数据得到产量数据点图、栅格图、平滑栅格图和等高线图,而且系统可根据收获时间和所属对产量数据进行管理。用户对产量数据进行等间距分类和自定义分类,每一类选用不同的颜色来表示,可以快速查看田间产量分布情况并标出低产区域。

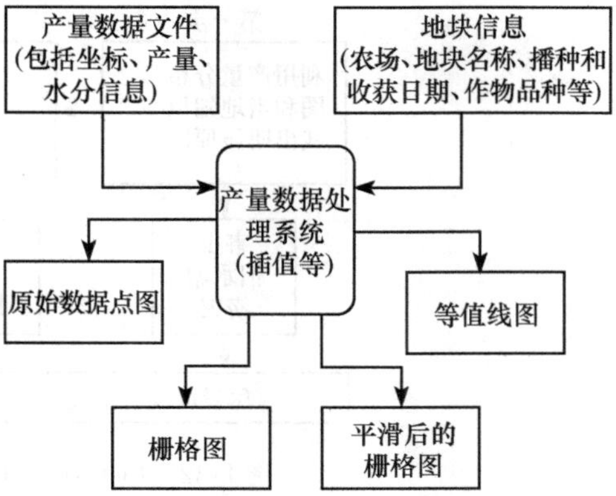


图 8-30　AFS 系统产量分布图生成软件数据流程图(张漫,2003)

图 8-31 是采用 AFS 系统绘制的 2001 年北京精准农业示范区 6.68hm$^2$ 小麦产量分布图,产量被划分为 6 个等级,麦田边界部分产量较低,是因为土壤压实严重和杂草较多所致,这可作为下一轮精确农业管理中变量耕作和除草作业的重要依据。

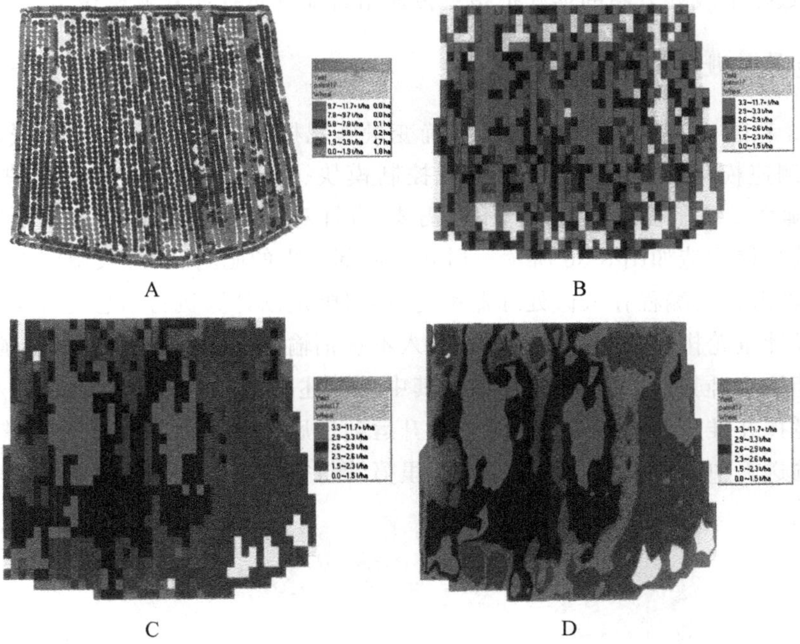


图 8-31　AFS 系统绘制的小麦收获产量图(张漫,2003)

A. 原始数据图;B. 栅格图;C. 平滑处理图;D. 等高线图

## 三、作物处方图的生成与智能变量控制农业机械

### 1. 作物处方图的生成

每当收割机绘出了产量分布图,就显示了田地各局部单产的差异,下一步的工作就是进行产量诊断,找出造成差异的主要原因,提出针对性纠正措施加以优化、量化生成处方图,如图 8-32 所示。

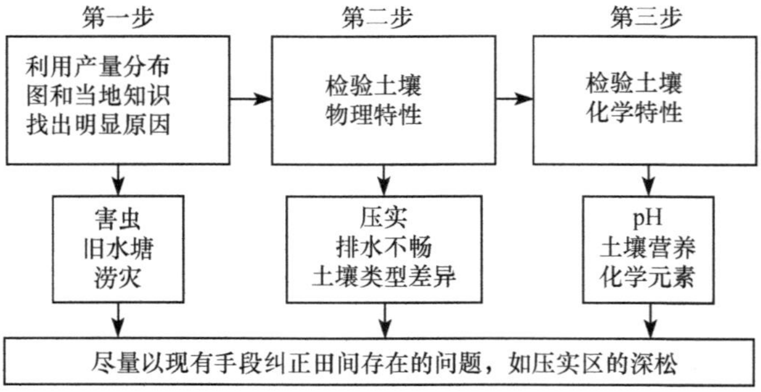


图 8-32　Fieldstar 田间产量分布不均匀的诊断流程

田间产量诊断的步骤如图 8-32 所示。首先查看产量分布图，识别低产的明显原因。例如，农机轮胎压实土壤、局部陡坡、水土流失、鼠兔危害等，如有必要，进行第二步检验土壤物理性质、第三步化验土壤 pH 和营养成分。

找到局部低产的原因后，可根据专家经验或作物生长模型提出针对性纠正措施并加以量化，以数据卡或处方图的形式把指令传递给智能变量控制农业机械实现精细农作。

## 2. 精确变量施肥机

图 8-33 和图 8-34 为装备 GPS 的精确变量施肥机，由 GPS 定位系统、嵌入式车载控制计算机、测速模块、阀控液压马达排肥控制模块、作业导航指示控制模块等组成(图 8-35)。精确变量施肥机可按田块的不同需要，有针对性的撒施不同配方及不同量的干粉混合肥。其具体构造如图 8-36 所示。田间各局部所需的肥料、农药及微肥的比率及单位面积用量，都事先已编程存入微处理器中，扫描田野地图计算机将信息送往电液阀以控制由肥料斗经计量轮排出的肥料量。肥料落入不锈钢输送链，然后被带到混合搅龙，在此注入泵将农药注入，同时微肥从微肥斗撒落其中。上述肥料和农药混合物落到水平短搅龙里进一步搅拌并推送到竖直搅龙。混合物升运到顶后被双刮板送到分配头，然后进入 20 个分立的输送管中。混合肥此时到达文丘里喷管与空气混合。该气流由液压驱动鼓风机

图 8-33　装备 GPS 的精确变量施肥机

图 8-34　在田间作业的 John Deere 变量施肥播种机组

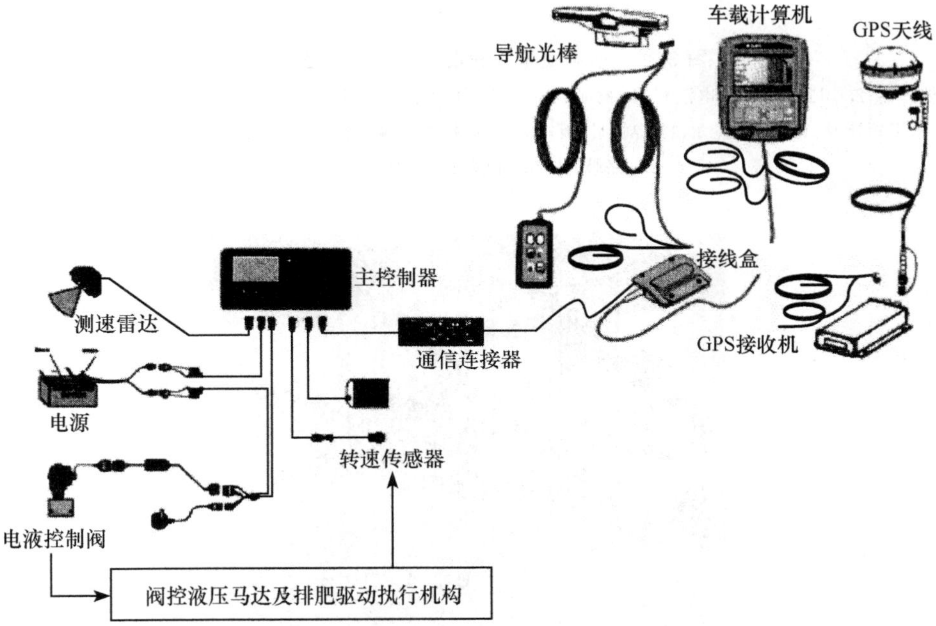


图 8-35　基于处方图的变量施肥作业控制系统

产生并被分送到空气多路歧管，压力升高使气流加速将混合肥料带到不锈钢杆管和喷嘴-反射器处随即以扇形撒向地表。

### 3. 精确变量喷药机械

图 8-37 和图 8-38 为装备 GPS 的精确变量喷药机械。变量施药作业系统和变量施肥作业系统类似，只是物料喷洒执行机构稍有不同，由控制器根据指令控制电磁阀实现喷嘴开关，实现农药变量喷施作业。精确变量喷药机械主要采用喷药量和雾滴大小的分别控制技术，其控制系统基于改进的脉宽调制技术 PWM，该系统进一步改进完善是加装 DGPS 导航功能，根据机载计算机存储的事先绘制好的田间喷药处方图和 DGPS 对喷药机的田间定位，来决定田间逐个位置的药量和雾滴大小(图 8-39)。流量可调范围达 4∶1，压力变化为 70～700kPa，响应速率达 1～2Hz。

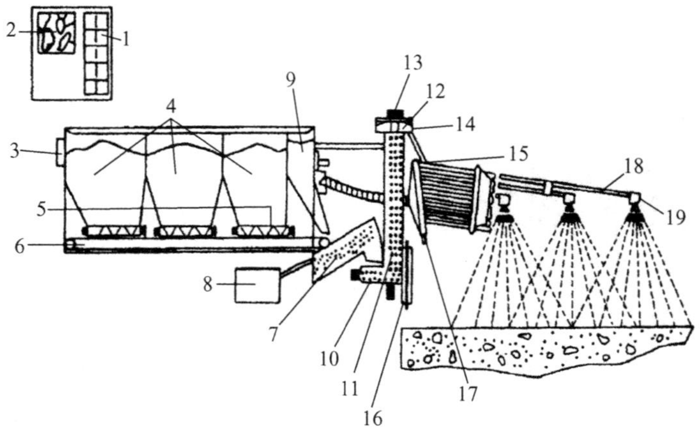


图 8-36　精确变量干粉混合施肥机构造示意图

1. 处理器;2. 田野地图;3. 电液阀;4. 商品肥料斗;5. 计量轮;6. 输送链;7. 混合搅龙;8. 注入泵;9. 微肥斗;10. 水平短搅龙;11. 竖直搅龙;12. 刮(浆)板;13. 分配头;14. 输送管;15. 文丘里管;16. 鼓风机;17. 空气多路歧管;18. 杆管;19. 喷嘴-反射管

图 8-37　装备 GPS 的精确变量喷药机械

图 8-38　在田间作业的变量喷药机

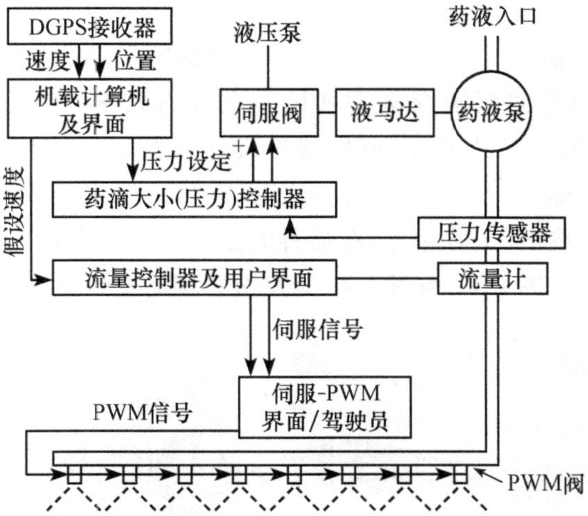


图 8-39 流量及雾滴大小调节的变压控制器

## 4. 精确变量灌溉控制系统

精确变量喷灌机包括自走式平移喷灌机和指针式圆形喷灌机(图 8-40)。自走式平移喷灌机由发动机、抽水系统、行走系统、导向系统、输水系统和喷洒系统构成,能够连续移动,适用于各种类型土壤,通过加压和喷洒系统,保证各喷头水量均匀一致,采用计算机辅助管理系统,能够实现精确和高效灌溉。美国爱达荷州阿伯丁的一个指针式圆形喷灌系统,采用主从微处理器分布式控制,系统仪表包括 2 支 0～100PSI① 压力传感器和 0～1000GPM(gal②/min)流量计,以电子控制变速驱动供水泵和药液泵,使得臂长达 392m 的喷灌机得以随时调节喷洒流量,来适应各田块因土壤质地、耕作层厚度、地形以及产量潜力不同而对水分及农药的不同需求,以达到安全可靠、使用方便、节约用水、节省农药和节约能源的目标。

图 8-40 自走式平移喷灌机与指针式圆形喷灌机

① 1PSI＝6.895kPa。

② 1gal＝4.546 09L。

5. 精确变量播种机

德国阿玛松公司出品的精确变量播种机是在气力式 ED 型播种机基础上改进而成的。其排种轮由电子-液压马达驱动,可根据机载计算机发出的指令进行无级调速,使得每平方米面积上的播种量满足处方图的要求(图 8-41)。该系统需配套 DGPS 引导田间作业,按田块各局部肥力、墒情、土质差异,在播种时随时精确调节播种量和播深,可达到整块地出苗整齐苗壮的目的。图 8-42 和图 8-43 为友谊农场的变量施肥播种机在田间作业过程。

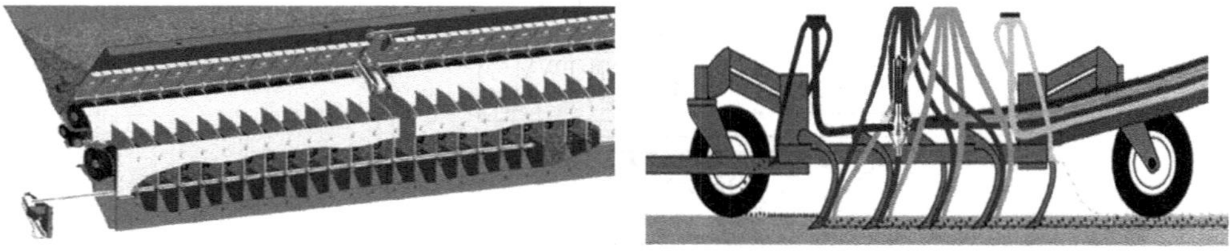

图 8-41 变量施肥播种机的排肥驱动构造示意图

图 8-42 CASE 变量播种机组

图 8-43 变量施肥播种机作业

## 四、农机监控系统

目前,农业机械及其电子监控系统已经实现了标准化、通用化和兼容化。以麦赛福格森公司的田野之星(Fieldstar)系统为例作简要介绍。该系统主要功能有产量分布图的生成和农机监控。Fieldstar 除了用于 MF40 系列收获机之外,还可以成套或分部安装在普通收获机以及 MF6100 或 8100 系列拖拉机上(图 8-44)。

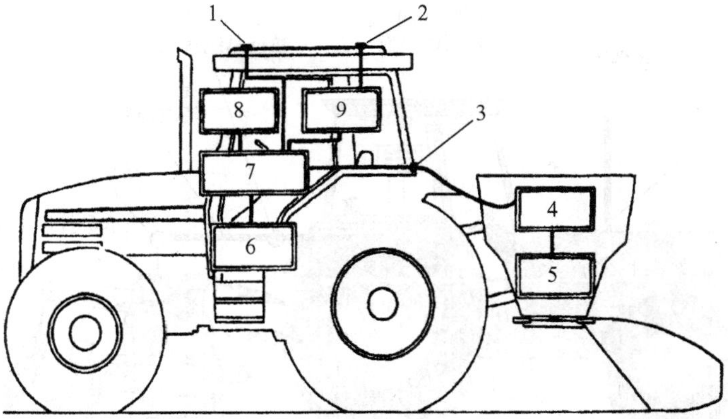


图 8-44　田野之星机具监控系统

1. GPS 天线；2. 差分天线；3. 机具接口；4. 机具界面；5. 执行器和传感器；6. 电子自动控制数据装置；7. 通信单元；8. 终端；9. 校正信号接收

（1）显示项目。Fieldstar 系统可直接用手指点取触摸屏来选择。当精细农作的指令变更时，更新操作极为简单，所以，它可长期适用不会过时。拖拉机、农机的运行状态和功能参数可随时被监测、显示和记录下来，还可以计算、显示和记录运行效率和成本，并能把相应数据绘成图形，通过 Fieldstar 数据卡，从农场计算机输入数据并显示作业计划。当它安装在联合收获机上，可以显示对拖拉机周期服务之需求。

（2）系统的校准。触摸"校准"开关之后屏幕自动出现数字键盘。触摸相应键即可方便地设置工作宽度和轮胎尺寸。当出现任何问题时，在屏幕下边将立即显示警告信息，如 PTO（动力输出轴）转速过低等。该部位还可显示 GPS 警告，甚至可以告诉你所处地块是否搞错了。

（3）精确定位。显示田野地图用"十"字标指出你当前所处位置，并从产量分布图上得出采样位置。土壤采样也简便易行，节省费用。在确定了下一茬作物之后，可在终端屏幕上显示有关田块的地图。由于拖拉机在田间的精确位置随即显示出来，故可手动或自动（取决于你是否拥有 Fieldstar 控制系统）改变机具田间运作或变更投入流量。

（4）农机具控制。Fieldstar 系统是智能化的，而且能够自动识别拖拉机所挂接的机具。所挂接的机具等有关信息能被存取，故操作极为简便。Fieldstar 还被设计成一种易于理解的农机具控制系统，它的连接只需经过一个插座。输入值可以自动根据事先在农场计算机上绘制的处方图而变化。购置一个机具控制盒，机具就可以根据终端显示的拖拉机在田野的位置进行手动调整。为了节约投资，你也可以直接使用 Fieldstar 终端进行机具调整，而无需购置上述机具控制盒。由于该系统是可编程的，故易于跟踪新技术的发展。对于新型机具亦可随时附加在 Fieldstar 终端上以便加以控制。通常农机监控系统采用现场控制局域网络串行总线协议（controller area network，CAN）标准总线设计将各种监控子系统集成和连接（图 8-45）。

（5）标准的数据卡。用于系统编程、常规记录和应用处理。该卡应用方便、成本低廉、数据存储极为安全。

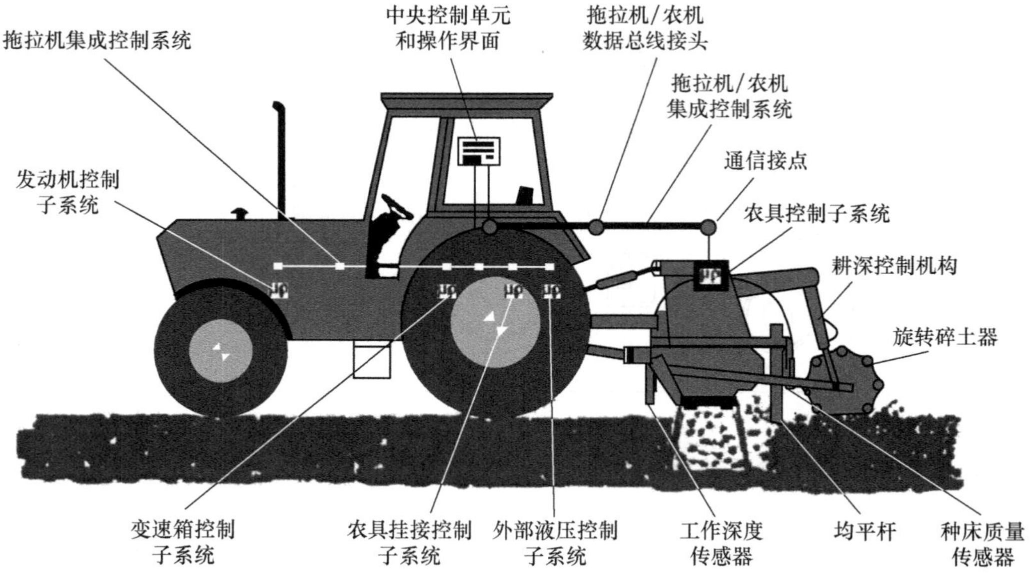


图 8-45 拖拉机/农业机械作业系统上的 CAN 总线

## 思 考 题

1. 什么是精确农业? 发展精确农业的意义是什么?
2. 国内外精确农业发展现状如何?
3. 简述精确农业技术体系的内容。
4. 精确农业的关键支撑技术有哪些?
5. VRT 技术的类型和原理是什么?
6. 简述精确农业发展中的主要问题和今后发展方向。
7. 什么是全球卫星定位系统? GPS 由哪些部分组成? 各自有何功能?
8. GPS 如何实现定位? DGPS 有哪些类型? 它们是如何提高定位精度的?
9. 除 GPS 系统外,世界上还有哪些卫星定位系统?
10. 精确农业中作物产量计量方法有哪些? 产量分布图生成的基本原理是什么?
11. 作物处方图生成步骤是什么? 智能变量控制农业机械的类型和原理是什么?
12. 农机监控系统的作用是什么?
13. 什么是农业机器人? 其类型有哪些?
14. 农业机器人由哪些部分组成? 其手爪和传感器有哪些类型?
15. 设施农业机器人有哪些类型? 其结构和工作原理是什么?
16. 大田作物生产机器人有哪些类型? 其结构和工作原理是什么?
17. 精确养殖机器人有哪些类型? 其工作原理是什么?

# 第九章　农业信息网络

计算机网络技术是计算机应用的核心。资源共享、通信和各种基于网络的服务是计算机网络应用最为广泛的内容。Internet 对推动世界科学、经济和社会的发展有着不可估量的作用。

## 第一节　农业网络信息获取与发布

使用现代信息技术跟踪互联网中农业站点的变化，从浩如烟海的网络资源中有目的地获取有宝贵价值的信息，是农业信息网络技术的基本功能之一。

### 一、网上的主要农业信息资源及其检索

1. 国外主要农业信息资源

(1) 联合国粮食及农业组织(Food and Agriculture Organization of the United Nations，FAO)。其站点(http://www.fao.org/)提供大量的有关农业、经济、渔业、林业、营养、持续发展、食品安全、荒漠化、生物多样性、有机农业等方面的项目、技术合作、出版物和信息。

(2) AGRIS。AGRIS(http://www.fao.org/agris)是国际三大农林数据库之一，是FAO 建立的国际情报交流系统，有 200 个国家、国际和政府间中心参加。

(3) 美国农业部。其站点(http://www.usda.gov/wps/portal/usdahome)发布美国政府的农业计划、政策、机构、项目等详细信息。

(4) 美国农业图书馆。其站点(http://www.nal.usda.gov/)发布农业事件日程和新闻，拥有 AGRICOLA，为世界上报道农业文献最多的目录型数据库。

(5) CABI。其网站为 http://www.cabi.org/，出版应用生命科学方面的书籍、期刊以及电子出版物，包括世界上最大的农业文摘光盘数据库 CABI Abstracts。

(6) AgNIC。农业网络信息中心(http://www.agnic.org/)是国家农业图书馆、大学、机构以及政府其他机构自愿组成的联合体，通过互联网提供电子形式的农业信息和检索服务。

(7) CGIAR。其站点为 http://www.cgiar.org/，通过研究、合作以及政策支持为发展中国家的食品安全和摆脱贫穷提供咨询服务。

(8) Agnet UK Agriculture。其站点(http://www.agnet.co.uk/agnet/agnet.htm)提供英国农业与园艺字典与分类索引，进行专业检索和相关描述，是英国一家著名农业站点。

(9) OVID 平台。OVID 平台是美国 Ovid Technologies. Inc. 开发的基于 Web-CGI

的检索软件(http://gateway.ut.ovid.com)。目前数据库包括CABI、AGRIS、AGRICOLA、FSTA(食品科学文摘)、Pest bank(害虫库)、BIOSIS Preview(生物学文摘)、Zoological Record等。

(10) SpringerLink。Springer出版社出版网站，全球网站为http://www.springerlink.com，中国网站为http://springerlink.lib.tsinghua.edu.cn/home/main.mpx，提供了1250种电子期刊全文服务。

(11) ProQuest数据库。ProQuest数据库为ProQuest公司出版和提供平台服务的农业专题全文数据库(http://www.proquest.cn/)。农业库收录230种连续性出版物，生物库提供了250种连续性出版物。

(12) ScienceDirect数据库。其为Elsevier出版社出版的电子期刊数据库(Science Direct Online，SDOL)(http://www.sciencedirect.com/)，提供1800多种学术期刊的在线检索和全文服务。

## 2. 国内主要农业信息资源

网上的国内农业信息资源可分三类：一类是农业文献信息，包括农业图书、农业期刊等，把纸张上的信息文献搬上了因特网；第二类是农业即时信息和农业数据库，如农产品信息等；第三类是农业科研信息，包括农业方面的新成果、新技术等。

**1) 农业文献信息**

(1) 农业图书类。一些大型图书文献信息部门把文献图书经过技术处理后，通过互联网对用户开放，如国家图书馆(http://www.nlc.gov.cn/)、国家科技图书文献中心(http://www.nstl.gov.cn/index.html)、中国农业数字图书馆(http://www.cakd.cnki.net/cakdweb/index.asp)、超星数字图书馆(http://www.ssreader.com)等。阅读或下载这类信息要有专门的阅读软件和下载软件，如超星图书阅览器等。

(2) 农业期刊类。①中国知网(http://www.cnki.net/)是清华大学中国学术期刊(光盘版电子杂志社)主办的网络服务平台，内容涵盖中国期刊、中国优秀硕博士学位论文、中国重要会议论文集和中国重要报纸等全文数据库，收录国内9100多种重要期刊。②万方数据库系统的中国数字化期刊群(http://www.periodicals.net.cn/index.html)，已收录了6000余种科技期刊全文内容。③重庆维普资讯(http://www.cqvip.com/)的中文科技期刊数据库，收录中文期刊12 000余种。

(3) 报纸类。①农业类报纸，如农业科技报电子版(http://www.nkb.com.cn/)、农民日报电子版(http://www.farmer.com.cn/wlb/nmrb/)等。②综合性报纸，如科技日报(http://www.stdaily.com)、人民日报(http://peopledaily.com.cn)等。

**2) 农业及时信息和农业数据库**

(1) 中国农业信息网(www.agri.gov.cn)。是中华人民共和国农业部官方网站，是以54个精品频道、28个专业网站以及各省(直辖市、自治区)农业网站为一体的农业系统网站群，全国各级政府农业网站联网运行，成为具有权威性和广泛影响的国家农业综合门户网站，此外，由农业部下属机构主办了若干农业专业性服务网站，如由农业部科技教育司主办的中国农业科教信息网(http://www.stee.agri.gov.cn/)，由农业部市场与经济信息司主办的中国农产品促销网(http://www.agri.gov.cn/ztzl/zgncpcxpt/)等。

(2) 中国农业科技信息网(http://www.cast.net.cn/)。由中国农业科学院农业信息研究所主办,网页设有农业科技要闻、实用科学技术、农业专家论坛、农情与气象等主要栏目。此外,由中国农业科学院所属研究所主办了若干农业科技信息服务专业网站,如中国农业科技文献与信息服务平台(http://www.nais.net.cn/site/default.aspx)、中国农作物种质资源信息网(http://icgr.caas.net.cn/)、国家农业科学数据中心(agridata)(http://www.agridata.cn/)等。

(3) 中国林业信息网(http://www.lknet.ac.cn/)。由中国林业科学研究院林业科技信息研究所主办的林业行业大型综合性网站,为林业科学研究和科技创新提供了支撑平台,其主要内容包括林业科技基础数据分析中心、林业行业科技文献信息支撑系统、中国林业科技数字图书馆等。

(4) 金农网(http://www.jinnong.cn/)。金农网是全国领先的农业行业门户网站,集信息资讯、商务策划、顾问咨询、交易服务于一体的专业化、国际化电子商务平台。包括中国农药网(http://www.agrichem.cn/)、中国化肥网(http://www.fert.cn/)、中国种子网(http://www.seedinfo.cn/)、中国农业机械网(http://www.nyjx.cn/)、中国粮油信息网(http://www.chinagrain.cn/)、中国畜牧网(http://www.chinafarming.com/)、中国园艺信息网(http://www.cgin.cn/)、中国水果蔬菜网(http://www.cfvin.com/)、中国水产信息网(http://www.aquainfo.cn/)9 个网群。

(5) 农博网(http://www.aweb.com.cn/)。农博网是北京农博数码科技有限责任公司主办的、集行业在线媒体与专业性农业商务为一体的综合服务平台,号称是全国最大的农业网络传媒平台、农业人才招聘平台和农业电子商务平台。

(6) 中国农业网(http://www.zgny.com.cn)。中国农业网是集农业信息与电子商务服务为一体的农业行业网络平台,号称是中国农业企业的商务信息平台和互联网上的农业商务社区。

**3) 农业科教信息**

农业科教信息是农业信息的前沿,许多科技新成果、新技术是通过高等院校和科研院所的科研人员完成和发布的。部分农业大学和科研院所的网址:中国农业大学(http://www.cau.edu.cn)、西北农林科技大学(http://www.nwsuaf.edu.cn)、南京农业大学(http://www.njau.edu.cn)、中国农业科学院(http://www.caas.net.cn/caas/)、中国林业科学院(http://www.forestry.ac.cn/)。

### 3. 网上农业信息资源的检索

在 Internet 上查找信息的途径有很多种,可大致分为偶然发现、网页浏览、通过资源指南查找和通过搜索引擎搜索。互联网上提供了很多信息丰富、功能强大的搜索引擎,如谷歌、百度、雅虎、搜搜、搜狗等多种,在线提供完全的搜索命令文档。使用搜索方法可以缩小查找范围,省时省力。不同搜索引擎所提供的搜索机制不同,如布尔搜索机制、自然语言搜索、相关等级搜索、概念搜索等。布尔搜索是使用 AND、OR、NOT 3 个布尔操作符来组合搜索项。使用 AND 操作符组合的搜索项,每个项都必须出现在搜索结果中。

使用 OR 操作符组合的搜索项,任一项出现在文档中,都是符合条件的。使用 NOT 操作符时一定要注意,它也许会把你所希望查到的结果给筛选出去。

谷歌是一个功能强劲、受到广泛欢迎的搜索引擎。谷歌支持包括简体中文在内的 132 种语言,使用"网页快照"功能,搜索速度极快。首先要进入谷歌设在香港的中文网站(http://www.google.com.hk/webhp? hl=zh-CN)。主要搜索方法有以下几种。

(1) 初阶搜索。在 Google 搜索框内输入单个或多个关键词,然后点击下面的"Google 搜索"按钮(或者直接回车)即可得到搜索结果。也可采用布尔搜索方式。

(2) 进阶搜索。用"site:"语法可使搜索的网页地址限定在搜索的关键词范围中,用"filetype:"语法可查询某一类文件,用"inurl:"语法可使搜索的关键字包含在 URL 链接中,用"intitle:"语法可使搜索的关键字包含在网页标题中。

(3) 图像搜索。在 Google 首页点击"图像"链接就进入了谷歌的图像搜索界面"images.google.com"。可以在关键字栏位内输入描述图像内容的关键字,就会搜索到大量图片。当然,谷歌还可以搜索视频、地图、资讯、音乐等类型信息。

(4) 学术搜索。Google Scholar(http://scholar.google.com)是专门面向学术资源的免费搜索工具,能够帮助用户查找期刊论文、学位论文、书籍、预印本、文摘和技术报告等学术文献。

### 4. 农业搜索引擎简介

(1) AgriSurf(http://www.agrisurf.com/)。世界上最大的农业相关网站的搜索引擎,提供了 20 000 多个农业相关网站,主题涉及水产、作物、有机农业等内容。

(2) AgriScape(http://www.agriscape.com/)。主要提供农业站点目录,包括商业站点、研究和学术站点以及国际贸易相关的讨论组等,还提供贸易平台和国际市场搜索服务。

(3) 农业网站链接(http://www.agrilink.co.uk/)。Agrilink 是英国最大、更新最快的农业网站链接服务网,提供各种与农村和农业有关的 800 条组织网站链接。

(4) 全球农学网站链接(http://www.agry.purdue.edu/links/)。由美国普度大学农学系创办的一个农学网站的链接集合,可以直接通过大量链接访问全球农学网站。

(5) 农业界(http://agriculture.tradeworlds.com/)。Tradeworld 公司创办的面向农业的垂直门户网站。

(6) 农业网站搜索引擎(http://www.cast.net.cn/ssyq/engine.asp)。由"中国农业科技信息网"提供的农业网站导航服务,提供国内外大量有关农业科学技术的相关网站。

## 二、农业信息服务网站建设与信息发布

### 1. 网页制作技术简述

Web 系统所发布的网页可以包括文本、声音、图像和视频等多种媒体形式,从界面形式和艺术效果上赢得了用户。网页可以分为静态和动态两类。

(1) 静态网页技术。最初的运行模式是在服务器端安装 Web 服务,发布 HTML 文档,在客户端使用浏览器解释 HTML 文档,使用户看到了丰富多彩、层次分明的信息界

面。HTML 文件是普通的纯文本文件,可以使用常用的文字编辑器来编辑 HTML 文件。专用网页编辑器 FrontPage 等提供了所见即所得的编辑方式,用户可以直接编辑网页而不必熟悉 HTML 语言,操作简单和交互能力强,具有编辑、修改和查看已有网页的功能,能够插入图片、声音和文本,建立超级链接,插入动态元素。

(2) 动态网页技术。动态 HTML(dynamic HTML,DHTML)是 HTML、CSS(动态操纵)和客户端脚本(JavaScript)的一种集成,可使网页设计者创建出能够与用户交互并包含动态内容的页面,在浏览器中直接动态地更新网页的内容、排版样式、动画。公共网关接口(common gateway interface,CGI)是传统的动态网站技术,是一种基于浏览器的输入、在 Web 服务器上运行的程序方法,当用户在 Web 上填表或进行搜索,就是在使用 CGI 技术。动态服务器网页(active server pages,ASP)是运行在服务器端的脚本引擎,用于解释执行运行于服务器端的 VBscript 或 JavaScript 脚本。

## 2. 农业信息网站建设与信息发布

农业信息网站建设内容主要包括以下几个方面:①利用农业信息网站建设技术平台,快速生成农业信息网站,考虑农业信息网站的流通性、稳固性、扩展性、可移植性、安全性、易容性以及多元化的要求;②采用统一、标准、科学的分类方法,对农业信息进行分类,制定规范、标准的农业数据库结构;③建立农业综合信息数据库群,采用规范的数据格式和标准数据前处理方法,建立农业信息网站信息采集系统;④采用标准的数据检索机制,建立农业信息网站的数据库信息检索系统;⑤采用层次式、面向对象和目录服务的方式管理信息,建立标准的农业信息网站后台应用管理系统;⑥根据用户的实际需求,建立多元化的农业网站风格控制系统,快速构建农业信息网站主体框架。

一个完整的农业信息网站技术平台包括 3 部分:灵活的农业信息网站信息发布系统;完善的农业信息网站后台应用管理系统;有特色的农业信息网页风格控制系统(图 9-1)。这需要以模块化、分布式的管理和农业综合信息资源数据库群为基础,采用统一的设计、统一的规范标准,可以简单地拆分和组合一个农业信息网站,为用户生成农业信息网站和管理系统,缩短网站开发周期和减少网站维护与信息更新的工作量,降低农业地方单位和农业企业上网与应用计算机网络技术的门槛。

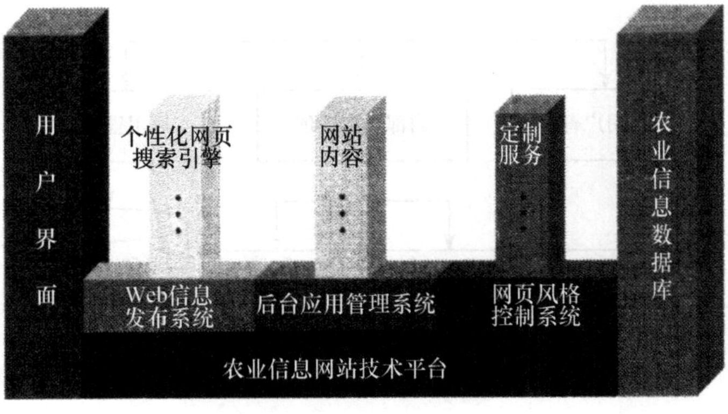


图 9-1　农业信息网站技术平台结构

(1) 农业信息网站信息发布系统。此系统是集中管理,并系统化、标准化发布网站信息流程的一系列应用程序,主要是将各种农业信息源数据进行合理的集成整合,对结构化数据(数据库)采用数据库无缝对接技术,而对非结构化数据(各种文档)统一建立合理的组织结构,自动进行结构化处理,将不同数据源、不同格式的信息进行系统层的整合,通过一系列的编辑审核流程后最终发布到网站上(图 9-2)。

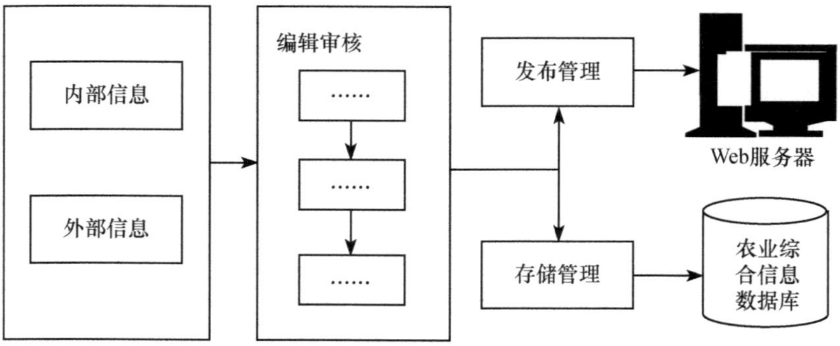


图 9-2　农业信息网站信息发布系统

(2) 农业网站后台应用管理系统。由外部用户管理、内部用户管理、应用管理等功能模块组成(图 9-3)。外部用户管理是对外部用户(浏览用户)的资料进行增加、修改、删除,开启或暂停外部用户的服务,用户信息统计等。内部用户管理是通过设定权限组和功能组来实现的,权限组包括系统管理员、系统操作员等不同权限级别,系统管理员负责对权限组中用户的增加、删除和暂停。功能组是完成某项信息发布任务中的一组操作人员。应用管理是农业网站上的具体维护工作,包括搜索、论坛、个性化服务、信息发布等应用,以批处理方式对网站信息进行查看、统计、上传、删除等日常维护工作。其中,信息发布管理负责网站的农业综合信息更新,包括科技文献、成果专利、农业新闻、科技动态、企业机构、农业专家、种养技术、农业物资、储藏加工、供求信息等,每个部分所涉及的操作包括相应记录的删除、修改、搜索和新记录的添加。

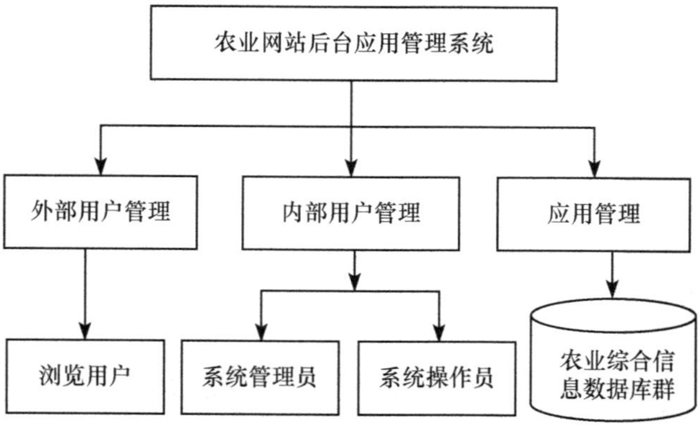


图 9-3　农业网站后台应用管理系统

(3) 农业网页风格控制系统。为农业信息网站建设构造一个主体框架,提供友好的界面、清晰的导航、个性化服务及科学的农业信息架构，主要包括信息架构和视觉表现设计，提供农业政府管理、科研机构、企业各种风格的主页模板，方便界面风格控制，快速生成农业信息网站架构。信息架构是以合理的农业信息分类和富有逻辑性的信息组织方式，使得用户方便、快捷地浏览和查询所需的信息。具体方法是在主页模板上预置与农业综合信息数据库群对应的栏目，由动态页面技术实现信息发布。此外，还要设置网站的基本元素，包括网站导航、网站地图、搜索引擎、联系我们等元件。

农业信息网站的视觉设计是融入创意性的理念，塑造各种类型的农业网站形象，应遵循以下基本标准。①控制文件大小。在网页设计中必须考虑网络速度，权衡好美感、速度和通用性三者的关系。②科学的页面布局。主要考虑用户浏览的因素，排版根据视线移动和视觉色彩敏感度等，突出重点，清晰明了。③统一的标识。农业企业网站具有独特的农业特色和经营理念，根据网站的定位（农业政府、科研、企业），采用LOGO、标题、图案等表现形式，以统一的标识表现农业网站形象。④统一的标准色。对应于网站定位统一标准色和辅助色，建立各种类型的农业网站风格，并将其标准色贯彻到网站的各级网页。

## 第二节　农业电子商务

随着计算机互联网技术的飞速发展和普及，全球互联网用户数大幅度增加，电子商务和网络经济也随之应运而生，各类电子商务网站层出不穷，逐渐成为企业参与全球经济竞争的最重要途径之一。2007年中国电子商务交易总额达2.17万亿元。截至2008年底，中国电子商务类站点的总体用户覆盖已达9800万户。

### 一、电子商务的概念与类型

#### 1. 电子商务的概念

电子商务(electronic commerce，EC)通常是指在全球各地广泛的商业贸易活动中，在互联网开放的网络环境下，基于浏览器/服务器应用方式，买卖双方不谋面地进行各种商贸活动，实现消费者的网上购物、商户之间的网上交易和在线电子支付以及各种商务活动、交易活动、金融活动和相关的综合服务活动的一种新型的商业运营模式。电子商务讲求的是在网络销售中获得商业盈利。

与其含义相近的网络营销(cyber marketing)，是指借助联机网络、电脑通信和数字交互式媒体来实现的一种营销方式，讲求的是与目标人群的网络互动，其发展重要条件是消费者价值观念的变革。电子商务概念出现时间要早于网络营销，但网络营销概念内涵要大于电子商务。网络营销包含了网络调研、网络广告、网络公关、整合营销、搜索引擎优化(SEO)、搜索引擎营销(SEM)等内容。电子商务和网络营销之间交叉存在，电子商务是形式，网络营销是手段。

#### 2. 电子商务的分类

**1) 按参与交易的对象分**

(1) 企业与消费者间的电子商务(business to customer，B2C)。这是消费者利用互联网直接参与经济活动的形式,类似于商业电子化的零售商务。在互联网上有各种类型的虚拟农业企业和虚拟商店,提供各种与商品销售有关的服务。通过网上商店买卖的商品可以是实体化的,如书籍、服装等,也可以是数字化的,如新闻、数据库等商品;还有提供的各类服务,如安排旅游、在线医疗诊断和远程教育等。B2C 电子商务的重心主要在于向消费者提供服务。较为成功的 B2C 模式有以下几种:面向消费者的营销信息宣传与产品推介、面向消费者的互联网网上零售和服务、消费者门户网站、在线拍卖、信息收集与传递等。

(2) 企业与企业间的电子商务(business to business,B2B)。这是企业使用互联网对每笔交易寻找最佳合作伙伴,完成从订购到结算的全部交易行为,包括向供应商定货、签约、接受发票和使用电子资金转移、信用证、银行托收等方式进行付款以及在商贸过程中发生的其他问题,如索赔、商品发送管理和运输跟踪等。B2B 交易所或 B2B 门户是提供 B2B 方式服务的互联网商务组织,一般是通过向会员收取会费或是从每笔交易中抽取佣金来获得收益的。

(3) 其他对象间的电子商务。还有企业与政府间的电子商务(business to government,B2G)、消费者与消费者之间的电子商务(consumer to consumer,C2C)、企业与职业经理人之间的电子商务(business to manager,B2M)、职业经理人与消费者之间的电子商务(manager to consumer,M2C)等。B2G 电子商务覆盖了企业与政府组织间的各项事务,包括企业与政府之间进行的各种手续和报批,政府通过互联网发布采购清单、企业以电子化方式响应,政府在网上以电子交换方式来完成对企业和电子交易的征税等,它已成为政府机关政务公开的手段和方法。C2C 电子商务是以网上拍卖为主要代表,C2C 商务平台就是通过为买卖双方提供一个在线交易平台,使卖方可以主动提供商品上网拍卖,而买方可以自行选择商品进行竞价。B2M 所针对的目标客户群是该企业或者该产品的销售者或者职业经理人,而不是最终消费者。企业通过网络平台发布该企业的产品或者服务,职业经理人通过网络获取该企业的产品或者服务信息,并且为该企业提供产品销售或者提供企业服务,企业通过经理人的服务达到销售产品或者获得服务的目的。职业经理人通过为企业提供服务而获取佣金。M2C 是企业通过网络平台发布该企业的产品或者服务,职业经理人通过网络获取该企业的产品或者服务信息,并且为该企业提供产品销售或者提供企业服务,企业通过经理人的服务达到销售产品或者获得服务的目的,经理人将面对最终消费者。

**2) 按交易所涉及的商品内容分**

(1) 间接电子商务。涉及的商品是有形货物的电子订货,如鲜花、书籍、食品、汽车等,交易的商品需要通过传统的渠道,如邮政业务的服务或商业快递服务来完成送货。因此,间接电子商务要依靠送货的运输系统等外部要素。

(2) 直接电子商务。涉及的商品是无形的货物和服务,如计算机软件、娱乐内容的联机订购、付款和交付,或者是全球规模的信息服务。能使双方越过地理界线直接进行交易,充分挖掘全球市场的潜力。

**3) 按电子商务所使用的网络类型分**

(1) 电子数据交换(electronic data interchange,EDI)网络电子商务。按照一个公认的标准协议,将商务活动中涉及的文件标准化和格式化,通过计算机网络,在贸易伙伴的计算机网络系统之间进行数据交换和自动处理。EDI 主要应用于企业与企业、企业与批发商、批发商与零售商之间的批发业务。

（2）互联网电子商务。它是指利用连通全球的互联网开展的电子商务活动，在互联网上可以进行各种形式的电子商务业务，是目前电子商务的主要形式。

（3）内部（intranet）电子商务。它是指在一个大型企业内部的内部或一个行业的内部开展的电子商务活动，形成一个商务活动链，可以大大提高工作效率和降低业务成本。

**4）按照电子商务网站功能设置划分**

（1）电子市场（E-marketplace）网站。其设计是站在中立的立场，既要考虑到购买方的不同特点和需求，也要考虑到销售方的利益。

（2）电子销售（E-distributor）网站。其主要服务对象是销售商，主要考虑消除或替代现存的销售链的某些环节。

（3）电子购买（E-procurement）网站。其主要服务对象是买主，目的是通过网站聚集网上买主，通过大宗购买降低价格。

### 3. 电子商务的功能

（1）广告宣传。可凭借企业的 Web 服务器和客户的浏览，在 Internet 上发布各类商业信息。客户可借助网上的检索工具（search）迅速地找到所需商品信息，而商家可利用网上主页（home page）和电子邮件（E-mail）在全球范围内做广告宣传。与以往的各类广告相比，网上的广告成本最为低廉，而给顾客的信息量却最为丰富。

（2）咨询洽谈。可借助非实时的电子邮件（E-mail）、新闻组（news group）和实时的讨论组（chat）来了解市场和商品信息、洽谈交易事务，如有进一步的需求，还可用网上的白板会议（white board conference）来交流即时的图形信息。网上的咨询和洽谈能超越人们面对面洽谈的限制、提供多种方便的异地交谈形式。

（3）网上订购。可借助 Web 中的邮件交互传送实现网上的订购。通常都是在产品介绍的页面上提供十分友好的订购提示信息和订购交互格式框。当客户填完订购单后，通常系统会回复确认信息单来保证订购信息的收悉。订购信息也可采用加密的方式使客户和商家的商业信息不会泄漏。

（4）网上支付。电子商务要成为一个完整的过程，网上支付是重要的环节。客户和商家之间可采用信用卡账号进行支付。在网上直接采用电子支付手段将可省略交易中很多人员的开销。网上支付将需要更为可靠的信息传输安全性控制以防止欺骗、窃听、冒用等非法行为。

（5）电子账户。网上的支付必须要有电子金融来支持，即银行或信用卡公司及保险公司等金融单位要为金融服务提供网上操作的服务。而电子账户管理是其基本的组成部分。

（6）服务传递。对于已付了款的客户应将其订购的货物尽快地传递到他们的手中。而有些货物在本地，有些货物在异地，电子邮件将能在网络中进行物流的调配。而最适合在网上直接传递的货物是信息产品。

（7）意见征询。能十分方便地采用网页上的“选择”、“填空”等格式文件来收集用户对销售服务的反馈意见,使企业的市场运营能形成一个封闭的回路。客户的反馈意见不仅能提高售后服务的水平,还能使企业获得改进产品、发现市场的商业机会。

(8) 交易管理。整个交易的管理将涉及人、财、物等多个方面,企业和企业、企业和客户及企业内部等各方面的协调和管理。因此,交易管理是涉及商务活动全过程的管理。

### 4. 电子商务的优缺点

#### 1) 电子商务的优点

(1) 将传统的商务流程电子化、数字化,以电子流代替了实物流,大量减少人力、物力,降低了成本;突破了时间和空间的限制,使得交易活动可以在任何时间、任何地点进行,从而提高了交易效率。

(2) 具有开放性和全球性的特点,为企业创造了更多的贸易机会。

(3) 使企业可以以相近的成本进入全球电子化市场,使得中小企业有可能拥有和大企业一样的信息资源,提高了中小企业的竞争能力。

(4) 重新定义了传统的流通模式,减少了中间环节,使得生产者和消费者能直接交易,改变了整个社会经济运行的方式。

(5) 破除了时空的壁垒,提供了丰富的信息资源,促进各种社会经济要素的重新组合,影响社会的经济布局和结构。

(6) 互动性。商家之间可以直接交流、谈判、签合同,消费者也能反馈建议,而企业或者商家则要根据消费者的反馈及时调查产品种类及服务品质,做到良性互动。

#### 2) 电子商务的缺陷

(1) 网络自身有局限性。网上商品信息是人为选择商品的部分信息,消费者无法得到商品全部基本真实信息和直观印象。

(2) 搜索功能不够完善。用户需要花费大量精力在众多的销售网站查找想要的物品信息,而搜索引擎只能索引到一半网页。

(3) 交易的安全性得不到保障。网上交易中传输数据的安全成为电子商务发展中最大的障碍。

(4) 电子商务的管理还不够规范。电子商务管理涵盖商务管理、技术管理、服务管理等多方面。Web 平台是直接面向消费者的前台门面,而后台内部经营管理体系则是完成电子商务的必备条件。

(5) 税务问题。交易活动是在没有固定场所的国际信息网络环境下进行,造成国家难以控制和收取电子商务的税金。

(6) 标准问题。需要在电子商务交易活动中建立相关的、统一的国际性标准,以解决电子商务活动的互操作问题。

(7) 配送问题。网上消费者经常遇到交货延迟的现象,而且配送的费用很高。需要形成一套高效、完备的配送管理系统。

(8) 知识产权问题。在知识产权领域(专利、商标、版权和商业秘密等)中,版权保护的问题尤为突出。

(9) 电子合同的法律问题。电子合同存在容易编造、难以证明其真实性和有效性等问题，现有法律尚未对电子合同的数字化印章和签名的法律效力进行规范。

(10) 电子证据的认定。保证在网络环境下信息的稳定性、真实性和有效性，是有效解决电子商务中侵权纠纷的重要因素。

(11) 其他细节问题。一些不规范的细节问题，如网上商品价格参差不齐、网上商店服务的地域差异大、在线购物发票问题大等，还没有明确细致的法律规定。

## 二、农业电子商务概念及国外发展现状

### 1. 农业电子商务的概念与作用

农业电子商务是指利用计算机技术、网络技术与通信技术来进行农业商务活动的一种经济运行方式，包括农业的信息化生产、农产品的网络销售与物流配送、资金的电子支付等全过程。农业电子商务是一个涉及政府、企业、商家、消费者、农民以及认证中心、配送中心、物流中心、金融机构、监管机构等多家社会机构的系统工程，通过网络将相关要素组织在一起，其中信息技术扮演着极其重要的基础性角色。图 9-4 和图 9-5 分别为基于农业电子商务的虚拟市场运营模型示意图和农产品电子商务平台系统结构图。

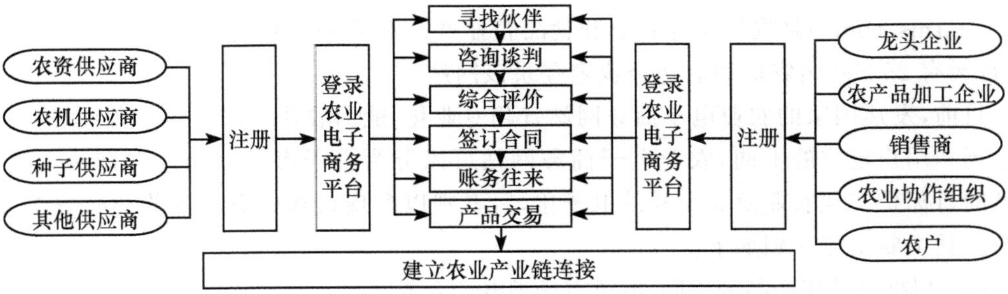


图 9-4　基于农业电子商务的虚拟市场运营模型示意图

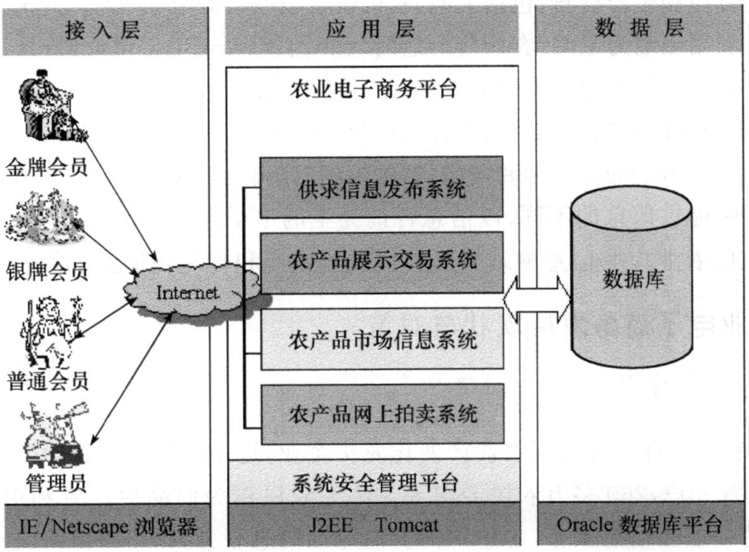


图 9-5　农产品电子商务平台系统结构图(万学道，2008)

发展信息化和网络化的农业电子商务，有助于农村中小企业与国际市场接轨，加速农产品产供信息流通，提高农产品的生产效率，建立健全农村市场体系，改变农产品交易模式，大幅度提升产品市场份额，拓宽农产品销售渠道，减少农产品销售中间环节，提高资金的支付速度，最大限度地降低农业经营成本、交易成本与流通成本，提高农业经济运转的效率与效益，加快农业产业化进程。

### 2. 国外农业电子商务发展现状与类型

美国互联网的普及刺激了农业电子商务的发展。美国政府成立了"小企业电子商务工作组"，推动包括小型农业企业在内的企业发展电子商务。2003年以来，美国农业电子商务的销售额以每年25%的速度增长，2007年全美在线交易的农场数量已经达到总数的35%。日本建立了完善的农业市场信息服务系统，农业电子商务形式多种多样，包括大型网上交易市场、综合性网上超市、农产品电子交易所和农产品网上商店等，日本政府建立了通用的农产品订货、发送和结算标准，推动了农产品流通方式变革。欧洲是继美国之后农业电子商务发展最快的地区，欧洲比较著名的农业电子商务网站是"农场在线"(http://www.farmline.com)，是英国最主要的B2B模式电子商务网站之一。"农场"(http://www.farms.com/)是提供全球农业和食品企业产品和服务信息的最大农业电子商务平台，每天有25 000名农民和农业企业家登录该网站。

目前，发达国家的农业电子商务网站日趋专业化，能为农业生产提供全程服务。根据其市场和用户定位的不同，农业电子商务网站可以分为电子市场和信息咨询两大类型。前者的目标是实现农业商品交易的电子化，后者则以实现市场信息的网络化传播为主要目的。其主要功能区别如下。

(1) 根据其销售产品的不同，电子市场类电子商务网站又可以分为3类，即农业生产资料销售网站、农业服务销售网站和农产品销售网站。农业生产资料销售网站主要经营与农业生产有关的资源和生产资料，包括土地、农机设备、农药、畜药、饲料等，比较著名的网站有以出租和销售农用土地为主的"农场与土地网"(http://www.LandAndFarm.com)。农业服务销售网站主要提供与农业有关的金融、财务、保险、物流、运输和仓储等的网络化和电子化服务；而农产品销售网站则主要以拍卖方式销售各种农产品，比较著名的网站有欧洲的"水产品网"(http://www.pefa.com)和美国的"种牛网"(http://www.cattleofferings.com)等。

(2) 根据所提供信息的不同，以信息咨询为主的电子商务网站可以分两类，即以提供市场信息为主的农业市场信息网站和以提供农业生产和管理咨询为主的农事咨询网站。

## 三、我国农业电子商务发展现状与对策

### 1. 农业电子商务发展现状与问题

据统计，中国已有7万多家农业产业化龙头企业，近15万个农村合作及中介组织，近150万农村经营大户，260多万农民经纪人。广大农民作为商品生产者和市场经营主体，既需要政府的公益性信息服务，也迫切需要商业性信息服务，以更好地解决小生产与大市场对接的矛盾，迫切需要农业电子商务服务。目前，全国涉农网站有1万家左右，如"中国

农业电子商务网”(http://www.3nong.cc/index.asp)是为涉农企业、农民专业合作社、农户提供电子商务服务，实现网上贸易、产品展示、信息发布、广告宣传等功能的电子商务服务平台，又如农业部官方网站“中国农业信息网”的“一站通”(http://gongqiu.agri.gov.cn/index.html)，每天发布大量的农产品供求信息。还有号称“全球领先的农业B2B电子商务平台”——华农网(http://www.nonging.com/)，有农业电子商务平台、农产品期货平台、农业产业资讯和绿色测评中心四大业务体系。

我国农业电子商务发展尚处于酝酿和尝试阶段。开展农业电子商务，必须充分考虑我国农业生产的特点和农民的素质。目前，我国农业小规模的生产和经营方式，导致农业产业化水平低，与市场的对接困难，小生产与大市场的矛盾非常突出。我国农业电子商务物流发展滞后，很多农产品具有季节性、不易储存的特点，在保鲜、运输、后熟处理上较为困难，在物流环节相对于工业品更难于实现。我国农产品质量标准化程度低，不利于开展农业电子商务交易。同时，农业商务网站建设不完善，利用率不高，农业用户上网比例低，有关电子商务的法律法规制度不健全，电子商务品牌的信誉度差，也是制约我国农业电子商务发展的重要因素。

### 2. 农业电子商务发展的类型

#### 1)按照电子商务网站类型划分

(1) 政府主导型涉农网站模式。政府作为农业信息服务体系建设的主要领导者和推动者，通过专业性的信息服务和技术咨询类网站，构架分散生产、经营的农户与市场沟通的渠道，同时为农业生产和经营提供专业性的技术咨询与服务；提供以市场信息为主的农业市场信息网站和以提供农业生产和管理咨询为主的农事咨询；围绕当地特色农产品，提供生产、销售和技术服务。

(2) 农产品网站模式。它是指以汇集各地的优势农业产业、突出优势农产品行业、发挥区域资源和产品特色，充分发挥其网站的营销和推广作用的，并具有一定品牌效应的农业网站。能引导行业市场走向更趋市场化、规范化的道路。

(3) 龙头企业示范基地模式。根据市场需求，由大型涉农企业或农产品流通企业与实行家庭联产承包经营且具有企业化性质的农户联合建立的专业化电子商务网站。大型涉农企业指的是涉农优势企业或产业化龙头企业，这类企业主要为“公司＋农户”的模式。

(4) 第三方交易网站模式。它是指农户充分利用第三方网站提供农产品交易服务、信息服务的交易平台，连接广大小农户进入大市场的模式。

(5) 服务“三农”的区域性电子商务模式。以区域性电子商务网站为核心，为本区域的农产品提供电子商务服务，同时辐射周边区域、省市，有效地为本区域内农户提供电子商务支持。

#### 2)按照电子商务服务对象划分

(1) 信息联盟服务商务模式。在政府有关部门和单位支持下，将农业信息科学分类、制定标准，建立农业网站信息服务联盟，构建农业领域综合信息平台。

(2) 农民信息服务商务模式。可分为农业信息短信服务模式、农村经纪人商务模式和会员商务模式。

(3) 企业信息服务商务模式。包括提供农产品供求信息、展示企业产品、汇聚农业公司网页、发布农业行业资讯、提供商业咨询和服务。

(4) 综合服务商务模式。信息流和物流相结合,利用企业传统的物流系统,加上农业网站先进的信息流系统,组成商业联盟。

### 3. 我国发展农业电子商务的对策

(1) 加大对农村信息化建设的资金投入,强化对广大农民的教育培训,提高互联网等信息技术的应用普及率。

(2) 引入多元化投入机制,加快农业电子商务网站的建设和完善。鼓励大型涉农企业和农产品流通企业建立专业化的电子商务网站。

(3) 加快农产品的品牌化和标准化建设,为实现农产品的电子交易奠定基础。

(4) 建立与电子商务相配套的信用认证、信息传输、物流配送、支付系统等相关机制和体系以及税收、网络安全等相关的体系和法律法规,保障电子商务的健康发展。

# 第三节　农业(农村)电子政务

随着互联网技术的普及应用,电子政务的发展成为当今信息化最重要的领域之一。农业电子政务或者农村电子政务就是农村乡村政务信息化,也是农业现代化和农村信息化建设的重要内容之一。

## 一、电子政务概念及其发展

### 1. 电子政务的概念

电子政务(electronic government affair,EGA),又称为电子政府(E-government),是政府机构借助于计算机网络等现代信息技术,将管理和服务通过网络技术进行集成,在互联网上实现政府组织结构和工作流程的重组优化,超越时间、空间和部门分隔的制约,建成一个统一、精简、高效、廉洁、公平的政府运作模式,全面提高政府的管理、决策、应急处理和服务能力,全方位地向社会提供优质、规范、透明、符合国际水准的管理和服务。简单地讲,电子政务就是应用现代信息技术,将政府管理规范化和透明化,为企业和公众提供方便、快捷、优质的公共服务,使公众在任何时间、任何地点都能方便地获得政府信息与服务。

电子政务是现代政府管理观念和信息技术相融合的产物,是基于信息技术和符合各级政府具体业务、事务、会务需求的应用信息系统。电子政务包含了以下含义:必须借助计算机网络通信技术,不是简单地将传统政府服务进行网上移植,而是要对其进行组织结构重组和业务流程再造;其目的是更好地履行政府职能,为公众、企业和社会提供更好的公共服务。因此,电子政务堪称政府管理的革命。

电子政务借助信息网络,打破时空限制,为公众提供全天候不间断的“一站式”公共服务;能简化办公运作环节和程序,降低办公成本,提高办公效率;公开政府的机构、职能、办事程序等，能够提高工作的透明度；有利于政府管理模式从管理型向服务管理型转变；有利于整合政务信息资源，推动政府信息资源对社会的开放。

### 2. 电子政务的功能与类型

电子政务系统建设以应用为主，服务于公众、企业及政府部门内部办公管理监督，集办公、管理和服务三位于一体，按照其功能可分为政府对政府的电子政务(government to government，G2G)、政府对企业的电子政务(government to business，G2B)和政府对公众的电子政务(government to citizen，G2C)3 个类型。

(1) 政府对政府间电子政务。主要是上下级政府间、地方政府间、政府内部各部门间的电子政务，这些应用主要运行在政府内网上，主要包括电子法规政策系统、电子公文交换系统、电子司法档案系统、电子财政管理系统、电子办公系统、电子培训系统和业绩评价检查系统等。

(2) 政府对企业的电子政务。政府对企业的电子政务是指政府通过现代技术手段精简业务流程，快捷地为企业提供各种监管和服务，这些监管和服务一般运行在政府外网上，主要包括政府的电子采购与招标、电子税务、电子证照办理；电子工商、商检、安全、卫生等服务以及中小企业融资及技术创新服务等。

(3) 政府对公众的电子政务。政府对公众的电子政务是指政府通过电子政务系统为公民提供各种服务，这些服务主要运行在政府外网和门户网站上，主要包括教育培训服务、就业服务、医疗服务、社会保险服务、婚姻生育服务、信息服务、参政议政服务、公民电子税务服务、电子证件服务等。

### 3. 电子政务的发展阶段

从国外发达国家经验看，电子政务的发展可分为以下 4 个阶段。

(1) 信息发布(posting of information online)阶段。政府仅通过网络发布与政府有关的公共服务的静态信息，如政策法规、办事指南、机构设置、职能介绍、成员名单、联络方式等。

(2) 单向沟通(one-way interaction)阶段。政府除了在网上公布公共服务的信息，还向用户提供某种形式的服务，如用户可以从政府网站上下载表格、保税单等。

(3) 双向互动(two-way interaction)阶段。政府和用户可以在网上实现双向互动，如用户可以从政府网上下载表格，也可以提交表格，反馈信息和意见等。

(4) 全方位网上事务处理(full online transaction)阶段，即政府与公众、社会、企业实现全面的互动，完成事件的处理。

### 4. 我国电子政务建设状况

我国电子政务建设尚处于起步阶段，2006 年曾召开全国电子政务工作会议，促进电子政务建设，推进行政管理体制改革，提高政府工作效率和公共服务水平。目前，中央政府各部门、各省市区政府的电子政务网站已经初步建成并投入运行，但市、县及以下政府电子政务发展尚不普及。我国电子政务建设中存在的主要问题是缺乏统一规划和相应的组织机构,电子政务平台建设功能落后,地理基础设施建设投入严重不足。

## 二、农业(农村)电子政务发展

### 1. 农业(农村)电子政务的概念

农业电子政务从属于电子政务的范围,是电子政务在农业和农村中的应用。农业电子政务(E-government in agriculture)是农业主管部门利用互联网技术建立涉农管理和服务的电子政务网络平台,实现公务、政务、事务一体化管理与运行,能极大扩展办公范围和有效提高办公效率。农业电子政务的主体通常是农业部门、涉农人员、涉农企(事)业法人单位,服务对象通常是涉农人员、涉农企业、涉农非盈利组织和涉农政府部门。

直接服务于我国农村基层乡镇和行政村的农业电子政务,又被称为“农村电子政务”(E-government in rural areas),包括乡镇电子政务和村级电子政务,能够实现对乡镇和村日常事务的信息化管理和服务,促进政务公开和管理民主,并能指导农业生产,促进农产品销售,满足农民技能培训信息服务的需求,促进农村精神文明建设。

### 2. 农业(农村)电子政务的内容与作用

(1) 乡村事务管理信息化。通过网上乡村事务公开,保障工作规范化、科学化、透明化,提高乡村办公的工作效率、有序性和信息资源利用程度,有利于在线选举和民主监督,实现政务公开和管理民主。例如,实现村级财务收支、计划生育政策落实、宅基地使用、救灾救济款物发放、村内“一事一议”、村干部报酬等事项的公开。

(2) 农村教育和医疗信息化。通过农村远程教育,缩小农村和城市之间的“信息鸿沟”,为农民提供形式多样、内容丰富的教育培训,提高农村教育质量,加快农业科技普及,提高农民的科技和文化素质,扩大农村剩余劳动力的就业,了解最新的医疗信息,提高农村的医疗水平。

(3) 信息查询。提供国家最新政策、法规、条例、村规、农业技术、农业咨询服务查询以及农村发展规划的服务。

(4) 农业电子商务平台。农民可以通过网上最新的农产品供求信息,提供产前、产中、产后的服务,推动农业的产业化和现代化的进程。

### 3. 国外农业(农村)电子政务状况

美国、加拿大、欧盟、韩国、日本、印度等国在农业和农村电子政务建设方面卓有成效。其中,美国、加拿大两国电子政务发展成熟程度发展快,处于世界的领先位置,而韩国农业电子政务建设普及程度则很高。按照电子政务发展成熟度,美国农业部把电子政务发展过程分为初级的技术应用、自动化技术普及、集成控制、信息和技术管理、信息共享和组织成熟 5 个阶段,前 3 个阶段以计算机软硬件技术应用和技术共享、提高部门工作效率为特征,而后 2 个阶段则以组织结构变革管理和实现信息技术效能为主要特征。为此美国政府颁布了“信息技术管理改革法”。加拿大政府制定了“电子政务建设组织法”。目前,美国、加拿大两国农业电子政务建设正在从集成控制向信息共享管理的成熟阶段发展,以满足公众的要求为组织的目标。韩国政府实施了“信息网络村”项目，使韩国农村普及了宽带网，提供电子政务服务，其建设内容包括：ADSL线路入户、免费提供计算机、村民技能培训、相关专长培训、农户信息服务、公共认知项目等。

### 4. 我国农业(农村)电子政务发展现状

中国互联网络信息中心(China Internet Network Information Center，CNNIC)发布了《2007年中国农村互联网调查报告》，截至2007年6月，农村网民规模达到3741万人，互联网普及率仅为5.1%。而同期我国城镇网民规模达到1.25亿人，互联网普及率已达到21.6%，城乡之间“数字鸿沟”明显。农村网民对互联网的应用集中在娱乐功能，应用比例和城镇网民持平。近年来，农业部正在进行农业电子政务建设，形成了“一个网络(中国农业信息网)、一本日历(农村经济信息发布日历)、两个工程(“金农工程”和“三电合一”)”的建设格局，建成由中国农业信息网主站与30多个全国性农业专业/行业网站的网站群。31个省(直辖市、自治区)农业部门已建立了农业信息网主站及省级专业/行业网站群，实现政务网站与商务网站专业化发展。全国80%以上的地级市和60%以上的县级农业部门建立了农业信息网站，成为具有权威性和广泛影响的农业综合门户网站。根据主办方属性，我国农业信息网站可分为政府类、企业类、科教类、组织类和媒体类5个类型。政府类农业信息网站可归为农村电子政务，也归属于电子农务的范畴，但企业类信息网站属于电子农务和电子商务的范围。

## 三、农村电子政务系统

### 1. 乡镇电子政务系统

(1) 乡镇电子政务的概念。乡镇是我国最基层一级政权组织，全国有近4万个乡镇，其人口约占全国人口的80%。乡镇电子政务是传统电子政务在乡镇一级的延伸，是以互联网为传播媒体、以乡镇为地理单元的农村信息化系统。乡镇电子政务是农村信息化的核心，以面向农民需求为主。

(2) 乡镇电子政务系统布局。根据乡镇政府的工作流程和业务特点，国家农业信息化工程中心研发了乡镇和村级电子政务系统(图9-6)，设内网、外网和专网。外网实现信息发布功能，主要包括信息发布、网上报表、登记申报及审批、网上人才招聘、招商引资、采购招标、虚拟社区、信访投诉等功能；内网为政府内部办公系统，主要包括公文处理、信息处理、日程安排、批示管理、工作流定制、报表管理、信息查询、系统维护等功能。而专网可以整合各种管理系统，实现上、下级机关或相关单位的资源共享。乡镇电子政务系统结构布局包括乡镇综合信息门户、乡镇政务系统、社区信息化系统、农村信息化系统、教育信息化系统和乡镇企业信息化和电子商务系统。

(3) 小城镇移动电子政务系统。为了满足小城镇政府工作人员在地域分散的农村地区实地办公需要，基于无线通信技术、GPS全球定位技术和嵌入式开发技术集成，以低成本PDA、智能手机等移动终端设备为运行平台，国家农业信息化工程技术研究中心开发完成了小城镇移动电子政务系统。该系统可实现农村经济、社会人文等信息的在线和离

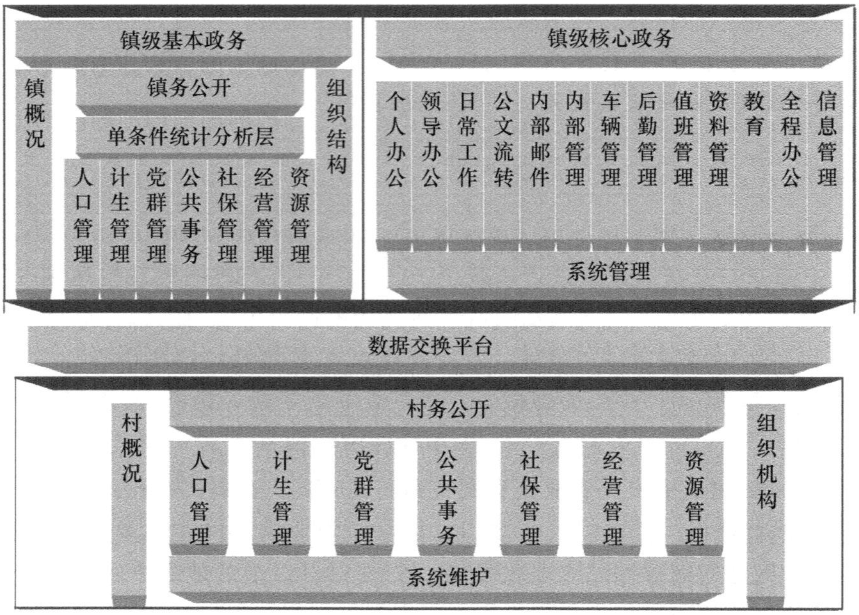


图 9-6　乡镇和村级电子政务系统内容框架

线查询,政务工作的现场审批处理,突发事件现场信息采集与上传,终端位置的实时定位与跟踪等远程办公事务处理,为基层政府工作人员乡下现场办公的实现提供了工具基础。

2. 村级电子政务系统

村级电子政务系统又被称为电子村务。村务主要是指农村里涉及国家的、集体的、村民公共利益以及村民管理、社区管理等事务。电子村务是由电子政务发展而来的,是电子政务在乡村中的应用和延伸,是通过计算机和网络实现村务管理以及信息服务的现代化,为村民提供优质、规范、透明的信息服务系统。国家农业信息化工程技术研究中心研发的村级电子政务管理系统,包括如下三部分。

(1) 村务办公自动化子系统。对村级具体事务进行管理,将每个部门、机构的人员构成、职责、工作制度等信息进行发布,划分为党支部、村委会和经济合作社等三大办公管理部门。

(2) 村务公开子系统。以网站的形式向村民公开村务情况,包括财务账目、干部工资奖金、宅基地审批、集体资产经营、承包合同兑现、计划生育指标、补助扶贫、社员大会决议、奋斗目标、综合整治情况、难点热点、文明建设与规划等作为公开的事项。

(3) 村级信息门户网站。突出信息服务和社区服务内容,重点围绕农村生活、农业生产等进行设置。包括村情宣传、网上交易、网上信息查询、发布信息、村务管理等。

## 四、农村电子政务建设模式

受农村经济发展缓慢、信息基础设施落后、信息资源贫乏、乡村结构分散、信息化意识薄弱、教育状况落后等因素制约,我国农村电子政务建设还处在一个初级发展阶段,网站模式比较单一,功能相对简陋,应用程度较低。今后,农村电子政务建设可以采用以下模式。

(1) 政府主导模式。在政府的主导下，充分调动社会各种力量，可以按照“政府主导、部门联动、社会参与、多元投入、公益为主、市场运作”的思路来开展建设。

(2) “先商后政”模式。农村电子政务是一个村务服务和商务贸易平台。通过及时、准确的市场信息，使农民得到真正的实惠，然后逐步商政分离，真正实现农村电子政务信息化。

(3) 以点带面模式。按照乡村事务公开、初步的网上办公与互动、信息发布、招商引资等步骤逐渐发展。

(4) 手机＋网站模式。在乡镇政府安装一台服务器和适量的电脑终端，再依托大量的手机客户组建网络，适应了农村干部办公地点不固定、流动性大的特点，不仅投资少、见效快，而且操作特别是手机操作相对简单，农民较易接受。

## 思　考　题

1. 名词解释：计算机网络　TCP/IP 协议　主页　远程登录
　　域名　Internet　农业信息网络
2. 写出下列英文字符组合对应的中文名称：DNS，WWW，HTML，URL，FTP，BBS。
3. 按照地理范围通常将计算机网络分为哪几类？
4. 局域网主要采用哪几种拓扑结构？
5. 网络互联需要哪些基本设备？
6. 什么是 IP 地址？IP 地址有什么功能？
7. Internet 服务商主要提供哪些服务？电子邮件有哪些特点？
8. Internet 网络上有哪些类型的农业信息资源？如何高效利用这些农业信息资源？
9. 举例说明 Internet 网络资源的搜索方法，农业搜索引擎有哪些？
10. 农业信息服务网站建设主要包括哪些内容？
11. 农业信息网站技术平台的结构和功能包括哪些？
12. 什么是电子商务？它有哪些类型？
13. 电子商务有何功能？优缺点是什么？
14. 什么是农业电子商务？发展农业电子商务有何意义？国外农业电子商务包括哪些类型？
15. 我国农业电子商务发展现状如何？其未来发展类型和模式主要包括哪些？
16. 如何促进我国农业电子商务的发展？
17. 什么是电子政务？其主要功能和类型有哪些？
18. 什么是农业(农村)电子政务？其主要内容和作用是什么？
19. 农村电子政务系统包括哪些内容？如何促进我国农村电子政务建设？
20. 什么是电子农务？在我国发展电子农务有何意义？
21. 陕西省电子农务平台的结构和功能是什么？

# 参考文献

## 第一章


阿尔·戈尔.1998.数字地球:理解二十一世纪我们的星球.测绘科学研究,(4):42-45.

百度百科.2010-3-20.数字地球.http://baike.baidu.com/view/8443.htm.

百度百科.2010-3-20.物联网.http://www.hudong.com/wiki/%E7%89%A9%E8%81%94%E7%BD%91.

曹卫星,朱艳,田永超,等.2006.数字农作技术研究的若干进展与发展方向.中国农业科学,(39)20:281-288.

曹卫星.2008.数字农作技术.北京:科学出版社.

承继成,李琦,易善桢.1999.国家信息基础建设与数字地球.北京:清华大学出版社.

高亮之.2001.数字农业与我国农业发展.计算机与农业,(10):1-3.

李军.2006.农业信息技术.北京:科学出版社.

麻清源.2007.基于空间信息技术的数字农业研究——以上海市农工商现代农业园区为例.上海:华东师范大学博士学位论文.

梅方权.2000.中国农业信息技术的发展分析.刘世洪等.农业信息技术的世纪回顾与展望.北京:中国农业科技出版社.

杨敏华.2000.数字地球与现代信息技术农业.刘世洪等.农业信息技术的世纪回顾与展望.北京:中国农业科技出版社.

郑业鲁,薛绪掌.2006.数字农业综论.北京:中国农业科学技术出版社.

周鸿铎.2000.信息资源开发利用策略.北京:中国发展出版社.

IBM 中国商业价值研究院.2010-3-20.智慧地球赢在中国.https://www-900.ibm.com/innovation/cn/think/downloads/smart_China.pdf.

John V Stafford. 2000. Implementing precision agriculture in the 21st century. Journal of Agricultural Engineering Research,76:267-275.

Thysen I. 2000. Agriculture in the information society. Journal of agricultural engineering research. 76(3):297-303.


## 第二章


安爱琴,余泽通,王宏强.2008.基于机器视觉的苹果大小自动分级方法.农机化研究,(4):163-166.

白广存.1998.计算机在农业生物环境监测与管理中的应用.北京:清华大学出版社.

邓少平,田师一.2007.电子舌技术背景与研究进展.食品与生物技术学报,26(4):110-116.

丁春辉.2008.多频脉冲电子舌对昌黎原产地干红葡萄酒的检测.杨凌:西北农林科技大学硕士学位论文.

冯斌,汪懋华.2003.基于计算机视觉的水果大小检测方法.农业机械学报,34(1):73-75.

韩冰,林明星,丁凤华.2008.机器视觉技术及其应用分析.农业装备与车辆工程,(10):24-27.

姜会飞.2009.农业气象观测与数据分析.北京:科学出版社.

邝朴生. 1999. 精确农业基础. 北京:中国农业大学出版社.
雷勇杰,章桥新,张覃轶. 2007. 电子舌常用传感器研究进展. 传感器与微系统,26(2):4-7
李保国,龚元石,左强,等. 2000. 农田土壤水分动态模型及应用. 北京:科学出版社.
李慧,刘毅. 2004. 温室控制技术的发展方向. 林业机械与木工设备,32(5):4-7.
李军. 2006. 农业信息技术. 北京:科学出版社.
罗克勇,许立新. 2004. 设施农业环境智能监控管理系统研制与应用. 江苏农业科学,(6):171-173.
石礼娟,文友先,牟同敏,等. 2009. 谷物检测中机器视觉技术的应用进展. 湖北农业科学,48(6):1514-1518.
石志标. 2004. 智能仿生鼻及其应用研究. 长春:吉林大学博士学位论文.
王斌,刘兴龙,刘永福,等. 2008. 机器视觉技术在农业应用中的研究. 农机化研究,(9):162-164.
王俊,胡桂仙,于勇,等. 2004. 电子鼻与电子舌在食品检测中的应用研究进展. 农业工程学报,20(2):292-295.
王俊,胡桂仙,于勇,等. 2004. 电子鼻与电子舌在食品检测中的应用研究进展. 农业工程学报,20(4):121-124.
王振龙,高建峰. 2006. 实用土壤墒情监测预报技术. 北京:中国水利水电出版社.
熊运章. 1999. 计算机在农业水土工程中的应用. 北京:清华大学出版社.
应义斌,饶秀勤,赵匀,等. 2000. 机器视觉技术在农产品品质自动识别中的应用(Ⅰ). 农业工程学报,16(1):103-108.
应义斌,饶秀勤,赵匀,等. 2000. 机器视觉技术在农产品品质自动识别中的应用研究进展. 农业工程学报,16(3):4-8
张覃轶. 2005. 电子鼻:传感器阵列、系统及应用研究. 武汉:华中科技大学博士学位论文.

## 第 三 章

百度百科. 2010-3-12. 数据库系统. http://baike.baidu.com/view/7809.htm.
曹卫星. 2005. 农业信息学. 北京:中国农业出版社.
胡春芳. 2008. 国内中文农业数据库综述. 河北农业科学,12(3):163-164.
胡小平,王长发. 2001. SAS基础及统计实例教程. 西安:西安地图出版社.
李红刚,方佳,张素萍,等. 2009. 热带农业数据库体系建设. 安徽农业科学,37(1):417-419,433.
李军. 2006. 农业信息技术. 北京:科学出版社.
马新明. 2009. 农业信息化技术导论. 北京:中国农业科学技术出版社.
孟宪学. 2002. 中国农业科技数据库系统建设研究. 北京:中国农业科学院博士学位论文.
钱雪忠. 2004. 数据库系统原理. 北京:清华大学出版社.
唐研,封文杰. 2007. 互联网上农业外文资源的利用. 农业网络信息,(12):80-83.
王人潮,史舟. 2003. 农业信息科学与农业信息技术. 北京:中国农业出版社.
邬丽雅. 2006. 国外农业数据库概况. 农业图书情报学刊,18(9):173-176,封3.
曾小红,王强,方佳. 2007. 农业数据库的发展概况及其应用. 世界农业,(8):21-24,61.
郑丽敏,刘忠,吴平. 2006. 农业信息系统原理及其应用. 北京:化学工业出版社
Kroenke D M. 2003. 数据库原理. 丁炎炎译. 北京:清华大学出版社.

## 第 四 章

鲍艳松,王纪华,刘良云,等. 2007. 不同尺度冬小麦氮素遥感监测方法及其应用研究. 农业工程学报,

23(2):138-144.

北京大学遥感与地理信息系统研究所. 2009-10-05. 遥感概论 . http://sess.pku.edu.cn/greatcourse/index.asp.

陈鹏程,张建华,雷勇辉,等. 2006. 高光谱遥感监测农作物病虫害研究进展. 中国农学通报,22(2):388-391.

承继成. 2004. 精准农业技术与应用. 北京:科学出版社.

戴昌达. 1999. 植物病虫害的遥感监测. 自然灾害学报,21(2):40-46.

宫彦萍,黄文江,王纪华,等. 2008. 集成 GIS 和 RS 技术的作物病虫害监测预报研究进展. 农业工程学报,24(Supp.2):331-336.

郭虎,王瑛,王芳. 2008. 旱灾灾情监测中的遥感应用综述. 遥感技术与应用,23(1):111-116.

黄文江,赵春江,王纪华,等. 2004. 红边参数在作物营养诊断和品质预报上的应用. 农业工程学报,26(6):1-5.

江东,王乃斌,杨小唤,等. 2002. NDVI 曲线与农作物长势的时序互动规律 . 生态学报,22(2):247-252.

李建龙. 2004. 信息农业生态学. 北京:化学工业出版社.

李军. 2006. 农业信息技术. 北京:科学出版社.

李映雪,谢晓金,徐德福. 2009. 高光谱遥感技术在作物生长监测中的应用研究进展. 麦类作物学报,29(1):174-178.

梁尧钦,曾辉. 2009. 高光谱遥感在植被特征识别研究中的应用. 世界林业研究,29(2):41-47.

柳钦火,辛景峰,辛晓洲,等. 2007. 基于地表温度和植被指数的农业干旱遥感监测方法 . 科技导报,25(6):12-18.

鲁迪. 2005. 论遥感技术在国土资源调查中的应用. 国土资源导刊,(2):37-38.

陆登槐. 1997. 遥感技术在农业工程中的应用. 北京:清华大学出版社.

陆登槐. 1998. 农业遥感的应用效益及在我国的发展战略. 农业工程学报,14(3):64-70.

梅安新. 2001. 遥感导论. 北京:高等教育出版社.

裴志远,杨邦杰. 2000. 多时相归一化植被指数 NDVI 的时空特征提取与作物长势模型设计. 农业工程学报,16(5):20-22.

浦瑞良,宫鹏. 2000. 高光谱遥感及应用. 北京:高等教育出版社.

童庆禧. 2006. 高光谱遥感——原理技术与应用. 北京:高等教育出版社.

王纪华,赵春江,黄文江,等. 2008. 农业定量遥感基础与应用. 北京:科学出版社.

王锦地,张立新,柳钦火,等. 2009. 中国典型地物波谱知识库. 北京:科学出版社.

吴素霞,毛任钊,李红军,等. 2005. 中国农作物长势遥感监测研究综述. 中国农学通报,21(3):319-322,345.

闫峰,李茂松,王艳姣,等. 2006. 遥感技术在农业灾害监测中的应用. 自然灾害学报,15(6):131-136.

姚云军,秦其明,张自力,等. 2008. 高光谱技术在农业遥感中的应用研究进展. 农业工程学报,24(7):301-306.

张树誉,杜继稳,景毅刚. 2006. 基于 MODIS 资料的遥感干旱监测业务化方法研究. 干旱地区农业研究,24(3):1-6.

赵春江. 2009. 精准农业研究与实践. 北京:科学出版社.

赵英时. 2005. 遥感应用分析原理与方法. 北京:科学出版社.

周磊,辛晓平,李刚,等. 2009. 高光谱遥感在草原监测中的应用. 草业科学,26(4):20-27.

朱述龙. 2000. 遥感图像获取与分析. 北京:科学出版社.

## 第五章

陈海生,刘国顺,刘大双,等. 2009. GIS 支持下的河南省烟草生态适宜性综合评价. 中国农业科学,42(7):2425-2433.

陈述彭,鲁学军,周成虎. 2000. 地理信息系统导论. 北京:科学出版社.

承继成. 2004. 精准农业技术与应用. 北京:科学出版社.

付哲,周云轩,刘殿伟. 2006. 基于特征的面向对象虚拟 GIS 数据模型分析及其数据库实现. 计算机应用研究,(6):216-222.

黄芬,朱艳,姜东,等. 2009. 基于模型与 GIS 的小麦籽粒品质空间差异分析. 中国农业科学,42(9):3087-3095.

黄杏元,马劲松. 2008. 地理信息系统概论. 北京:高等教育出版社.

李德仁. 1997. 论 RS,GPS 与 GIS 集成的定义——理论与关键技术. 遥感学报,1(1):64-68.

李建龙. 2004. 信息农业生态学. 北京:化学工业出版社.

李军. 2006. 农业信息技术. 北京:科学出版社.

李旭祥,沈振兴,刘萍萍,等. 2008. 地理信息系统在环境科学中的应用. 北京:清华大学出版社.

刘锋,何火娇,吴华瑞. 2007. 农田远程智能诊断与决策系统研究与实现. 微计算机信息(测控自动化),23(11):181-183.

刘湘南,黄方,王平. 2008. GIS 空间分析原理与方法. 北京:科学出版社.

刘友兆,夏敏. 2001. GIS 支持的土壤适宜性评价专家系统的实现. 土壤通报,(10):193-196.

吕新. 2004. 地理信息系统及其在农业上的应用. 北京:气象出版社.

罗清文,蒋耀培,吕镇梅,等. 2008. 上海水稻主要病虫害灾变预警系统的研究与应用. 农业网络信息,(12):7-10.

潘瑜春,王纪华,赵春江,等. 2004. 基于网络 GIS 的作物品质监测与调优栽培系统. 农业工程报,20(6):120-123.

秦伟,朱清科,张岩. 2009. 基于 GIS 和 RUSLE 的黄土高原小流域土壤侵蚀评估. 农业工程学报,25(8):157-163.

邱炳文,周勇. 1999. GIS 在土地资源和生态环境研究中的应用、问题与展望. 华中农业大学学报,(8):348-351.

单英杰,刘小军,姜海燕,等. 2009. 基于 GIS 和模型的种植系统设计. 农业工程学报,25(2):145-151.

任怡,毕华兴,云雷. 2009. 黄土高原沟壑区长武县景观格局分析. 中国水土保持科学,7(1):43-48.

石晓燕,汤亮,刘小军,等. 2009. 基于模型和 GIS 的小麦空间生产力预测研究. 中国农业科学,42(11):3828-3835.

汤国安,赵牡丹. 2000. 地理信息系统. 北京:科学出版社.

唐嘉平,刘钊. 2002. 基于 GIS 的特色经济作物种植适宜性评价系统. 农业系统科学与综合研究,(1):9-12.

唐秀美,赵庚星,陈百明,等. 2009. 基于栅格数据的耕地测土配方施肥技术研究. 自然资源学报,24(6):0975-0983.

杨星卫,陆贤. 1998. GIS 支持下的上海农业气象服务系统的开发研究. 上海农业通报,14(2):1-6.

张浩,席磊,许鑫,等. 2009. 基于 GIS 的县域小麦自然生产潜力评价系统 . 农业工程学报,25(12):198-205.

周勇,聂艳. 2005. 土地信息系统——理论 · 方法 · 实践. 北京:化学工业出版社.

## 第 六 章

曹宏鑫,金之庆,石春林,等. 2006. 中国作物模型系列的研究与应用. 农业网络信息,(5):45-48.

曹宏鑫,石春林,金之庆. 2008. 植物形态结构模拟与可视化研究进展. 中国农业科学,41(3):669-677.

曹卫星. 2008. 数字农作技术. 北京:科学出版社.

曹卫星,罗卫红. 2000. 作物系统模拟及智能管理. 北京:华文出版社.

曹卫星. 2005. 农业信息学. 北京:中国农业出版社.

陈沈斌,孙九林. 2000. 虚拟农业与虚拟现实——科学数据库潜在的应用领域. 第五届科学数据库与信息技术研讨会论文集. 北京:中国科学技术出版社.

德威 C T. 1987. 农作物同化、呼吸和蒸腾的模拟. 裴鑫德,李赋镐译. 北京:科学出版社.

范柯伦 H,沃尔夫 J. 1990. 农业生产模型——气候、土壤和作物. 杨守春,王涌清,陈同斌等译. 北京:中国农业出版社.

高亮之,金之庆,郑国清,等. 2000. 小麦栽培模拟优化决策系统(WCSODS). 江苏农业学报,16(2):65-72.

郭新宇,赵春江,肖伯祥,等. 2007. 玉米三维重构及可视化系统的设计与实现. 农业工程学报,23(4):144-148.

郭焱,李保国. 1999. 玉米冠层的数学描述与三维重建研究. 应用生态学报,10(1):39-41.

郭焱,李保国. 2001. 虚拟植物的研究进展. 科学通报,46(1):1-5.

国红,雷相东,Veronique Letort,等. 2009. 基于 GreenLab 的油松结构-功能模型. 植物生态学报,33(5):950-957.

何喜玲,王俊. 2004. 虚拟现实技术及其在农业中的应用. 中国农机化,(1):22-24.

侯加林,王一鸣,董乔雪,等. 2004. 虚拟植物生长的现状与发展趋势. 农业机械学报,35(3):159-163.

胡包钢,赵星,严红平,等. 2001. 植物生长建模与可视化——回顾与展望. 自动化学报,27(6):816-835.

胡克林,李保国,陈研,等. 2007. 作物生长与土壤水氮运移联合模拟的研究 Ⅰ 模型. 水利学报,38(7):779-786.

胡林,周国民,丘耘,等. 2008. 虚拟植物研究进展. 安徽农业科学,36(25):11063-11065.

金之庆,葛道阔,高亮之,等. 1998. 我国东部样带适应全球气候变化的若干粮食生产对策的模拟研究. 中国农业科学,31(4):51-58.

靳润昭,王兆毅. 2002. L-系统的基本概念和示例. 天津农学院学报,9(1):49-54.

李军,邵明安,张兴昌,等. 2004. EPIC 模型中作物生长与产量形成的数学模拟. 西北农林科技大学学报,32(增刊):25-30.

李军,邵明安,张兴昌. 2004. 黄土高原地区 EPIC 模型数据库组建. 西北农林科技大学学报,32(8):21-26.

李军. 2006. 农业信息技术. 北京:科学出版社.

罗毅,郭伟. 2008. 作物模型研究与应用中存在的问题. 农业工程学报,24(5):307-312.

马新明,杨娟,熊淑萍,等. 2003. 植物虚拟研究现状及展望. 作物研究,17(3):148-151.

马新明. 2009. 农业信息化技术导论. 北京:中国农业科学技术出版社.

潘学标,韩湘玲,石元春. 1996. COTGROW:棉花生长发育模拟模型. 棉花学报,8(4):180-188.

潘学标. 2003. 作物模型原理. 北京:气象出版社.

沈禹颖,南志标,Bill Bellotti,等. 2002. APSIM 模型的发展与应用. 应用生态学报,13(8):1027-1032.

田展,刘纪远,曹明奎. 2006. 气候变化对中国黄淮海农业区小麦生产影响模拟研究. 自然资源学报,

21(4):598-607.

王学春,李军,郝明德.2008.施肥水平对长武旱塬地冬小麦产量影响的模拟.农业工程学报,24(8):45-50.

王学春,李军,郝明德.2008.施肥水平对冬小麦田土壤水分影响的模拟.农业工程学报,24(9):38-43.

邬定荣,欧阳竹,赵小敏,等.2003.作物生长模型在华北平原的适用性研究.植物生态学报,27(5):594-602.

吴锦,余福水,陈仲新,等.2009.基于EPIC模型的冬小麦生长模拟参数全局敏感性分析.农业工程学报,25(7):136-142.

伍艳莲,曹卫星,汤亮,等.2009.基于OpenGL的小麦形态可视化技术.农业工程学报,25(1):121-126.

谢文霞,王光火,张奇春.2006.WOFOST模型的发展及应用.土壤通报,37(1):154-158.

杨国才.2005.虚拟农业体系结构的研究.计算机科学,32(3):125-126,151.

张吴平,李保国.2007.均质壤土下玉米根系三维空间分布的模拟与参数分析.土壤学报,44(5):949-955.

赵春江.2009.农业智能系统.北京:科学出版社.

钟南,罗锡文,秦琴.2008.基于生长函数的大豆根系生长的三维可视化模拟.农业工程学报,24(7):151-154.

诸叶平.2001.小麦-玉米连作环境模拟与智能决策系统.计算机与农业专刊,(11):41.

Hu B G, Jaeger M. 2003. Plant Growth Modeling and Application－2003 International Symposium on Plant Growth Modeling, Simulation, Visualization and Their Application, Beijing, China, October13-16, 2003. Beijing: Tsinghua University Press.

Hoogenboom G, Jones J W, Porter C H, et al. 2003. Decision Support System for Agrotechnology Transfer Version 4.0. Volume 1-4. University of Hawaii, Honolulu, HI.

Hoogenboom G. 2000. Contribution of agometeorology to the simulation of crop production and its applications. Agricultural & Forest Meteorology, 103(1-2): 137-157.

Jones J W, Hoogenboom G, Porter C H, et al. 2003. The DSSAT cropping system model. Europ J Agronomy, 18: 235-265.

Keating B A, Carberry P S, Hammer G L, et al. 2003. An overview of APSIM, a model designed for farming systems simulation, European Journal of Agronomy, 18(3-4): 267-288.

Smith G S. 1992. Amethod for analyzing plant architecture as it relates to fruit quality using three dimensional computer gralohics. Annuals of Botang, 70: 265-269

Staggenborg S A, Vanderlip R L. 2005. Crop Simulation Models Can be Used as Dryland Cropping Systems Research Tools. Agron J, (97): 378-384.

Texas A&M Blackland Research Center. 2004. Researcher's Guide to WinEPIC, Version 1.0. BRC report No. 0406.

## 第七章

蔡自兴,徐光佑.1996.人工智能及其应用.2版.北京:清华大学出版社.

曹卫星,朱艳.2005.作物管理知识模型.北京:中国农业出版社.

曹卫星.2005.农业信息学.北京:中国农业出版社.

曹卫星.2008.数字农作技术.北京:科学出版社.

陈立平,王东辉,赵春江,等.2002.掌上电脑农业专家系统开发平台的研究与开发.农业工程学报,

18(3):142-145.
程显毅,刘一松,晏立.2008.面向智能体的知识工程.北京:科学出版社.
高灵旺,陈继光,于新文,等.2006.农业病虫害预测预报专家系统平台的开发.农业工程学报,22(10):154-158.
胡建东,余泳昌,江敏,等.2006.PDA作物施肥通专家系统的技术研究.农业工程学报,22(8):149-152.
邝朴生.1999.精确农业基础.北京:中国农业大学出版社.
李军.2006.农业信息技术.北京:科学出版社.
马新明.2009.农业信息化技术导论.北京:中国农业科学技术出版社.
孙波,严浩,施建平,等.2006.基于组件式GIS的施肥专家决策支持系统开发和应用.农业工程学报,22(4):75-79.
孙妮娜,秦向阳,杨宝祝,等.2006.农业专家系统开发平台的研究现状及发展趋势.中国农学通报,22(6):436-440.
田魁祥.1998.信息农业研究.北京:气象出版社.
王海江,吕新.2006.基于GIS技术的新疆棉花施肥专家系统.农业工程学报,22(10):167-170.
王纪华,杨信廷,王北洪,等.2001.基于HPC开发平台的农业专家系统知识库的构建.计算机与农业,(4):13-16.
熊范纶.1999.农业专家系统及开发工具.北京:清华大学出版社.
薛亮,方瑜.1998.农业信息化.北京:京华出版社.
赵春江.1997.小麦栽培管理计算机专家系统的研究与应用.中国农业科学,30(5):42-49.
赵春江.2009a.农业智能系统.北京:科学出版社.
赵春江.2009b.精准农业研究与实践.北京:科学出版社.
赵林峰,熊兴耀.2007.农业专家系统的问题与发展.农业网络信息,(6):43-45.
郑丽敏,刘忠,吴平.2006.农业信息系统原理及其应用.北京:化学工业出版社.

## 第 八 章

承继成.2004.精准农业技术与应用.北京:科学出版社.
方建军.2004.移动式采摘机器人研究现状与进展.农业工程学报,20(2):273-278.
何勇.2003.精细农业.杭州:浙江大学出版社.
胡桂仙,于勇,王俊.2002.农业机器人的开发与应用.中国农机化,(5):45-47.
邝朴生.1999.精确农业基础.北京:中国农业大学出版社.
李建龙.2004.信息农业生态学.北京:化学工业出版社.
李军.2006.农业信息技术.北京:科学出版社.
田魁祥.1999.精确农业研究.北京:气象出版社.
汪懋华.1999."精细农业"发展与工程技术创新.农业工程学报,15(1):1-8.
王凤花,张淑娟.2008.精细农业田间信息采集关键技术的研究进展.农业机械学报,39(5):111-121.
王克林,李文祥.2000.精确农业发展与农业生态工程创新.农业工程学报,16(1)5-8.
徐丽明.2009.生物生产系统机器人.北京:中国农业大学出版社.
张漫.2003.农田谷物产量空间分布信息采集、处理与系统集成技术研究.北京:中国农业大学博士学位论文.
赵春江,薛绪掌,王秀,等.2003.精准农业技术体系的研究进展与展望.农业工程学报,19(4):7-12.
赵春江.2009.精准农业研究与实践.北京:科学出版社.

## 第九章

百度百科.2010-4-5.电子商务.http://baike.baidu.com/view/757.htm.
陈良玉,卢兵友.2007.农村信息化探索与实践.北京:中国农业科学技术出版社.
陈生萍.2008.国外农业电子商务的发展.农业图书情报学刊,(9):112~114,154.
承继成.2004.精准农业技术与应用.北京:科学出版社.
崔岩.2007.农业信息化组织体系研究.杨凌:西北农林科技大学博士学位论文.
邓磊.2008.我国农业电子政务发展趋势探析.农业网络信息,(5):4-7.
顾静秋,吴华瑞,朱华吉.2010.小城镇移动电子政务系统的设计与实现.计算机工程与设计,31(1):98-101.
李道亮.2007.中国农村信息化发展报告.北京:中国农业科学技术出版.
李军.2006.农业信息技术.北京:科学出版社.
李伟克.2006.美国和加拿大农业电子政务的现状.天津农林科技,(6):7-9.
刘邦凡,王宏禹,梁俊山.2008.我国农村电子政务建设的对策分析.电子政务,(12):71-74.
马明远,秦向阳,李健楠.2008.基于数字化管理的农村电子政务系统研究.农业网络信息,(11):96-99.
万学道.2008.区域农村信息化网络共享服务平台建设研究.北京:北京林业大学博士学位论文.
王宏禹.2009.新农村建设下的电子村务研究.秦皇岛:燕山大学硕士学位论文.
王娟,温暖,郑国清.2008.农村电子政务促进我国新农村建设.农业网络信息,(10):145-147.
韦鸿钰,朱立学,王毅.2010.基于电子商务的农业信息化系统研究.安徽农业科学,38(1):423-424,485.
吴华瑞,王功明,冯臣.2007.乡镇电子政务建设与发展规划.乡镇经济,(6):65-68.
许宏云,邓志强.2008.中国农业电子商务的发展对策.农业网络信息,(4):107-109.
许智宏,刘耀.2007.农村电子政务的制约因素及对策建议.农业网络信息,(5):68-70.
喻光继.2008.关于市县级电子政务系统平台研究.农业网络信息,(9):76-79.
赵春江.2007.农村信息化技术.北京:中国农业科学技术出版社.
赵国洪.2009.电子农务与农村电子政务的概念辨析.现代农业科学,16(4):230-232.
郑丽敏,刘忠,吴平.2006.农业信息系统原理及其应用.北京:化学工业出版社.
郑鹏超,常士闾.2009.中西部农村电子政务建设现状与对策.河北农业科学,13(1):137-139.
周明海.2009.新农村建设背景下发展电子农务问题研究.中国科技论坛,(1):119-120.

# 《农业信息技术》(第二版)

# 教学课件索取单

凡是使用本《农业信息技术》(第二版)作为教材的院校与教师,均可免费获赠由作者提供的教学课件一份。欢迎通过电话、信件、电邮与我们联系。本活动解释权在科学出版社。

## 教师反馈表

<table>
<tr><td>姓名:</td><td colspan="2">职称/职务:</td></tr>
<tr><td>大学:</td><td colspan="2">院系:</td></tr>
<tr><td>电话:</td><td colspan="2">传真:</td></tr>
<tr><td colspan="3">电子邮件(重要):</td></tr>
<tr><td colspan="3">通讯地址及邮编:</td></tr>
<tr><td colspan="2">所授课程(一):</td><td>人数:</td></tr>
<tr><td colspan="2">课程对象:□研究生 □本科(________年级) □其他________</td><td>授课专业:</td></tr>
<tr><td colspan="3">使用教材名称/作者/出版社:</td></tr>
<tr><td colspan="2">所授课程(二):</td><td>人数:</td></tr>
<tr><td colspan="2">课程对象:□研究生 □本科(________年级) □其他________</td><td>授课专业:</td></tr>
<tr><td colspan="3">使用教材名称/作者/出版社:</td></tr>
<tr><td colspan="3">您对本书的评价及对下一版的修改意见:</td></tr>
<tr><td colspan="3">贵校(学院)开设的相关课程有哪些?使用的教材名称/作者/出版社?</td></tr>
<tr><td colspan="2">某些现用教材若不符合教学需求,换用其他版本时有何要求?</td><td rowspan="2">院系证明(建议加盖公章):</td></tr>
<tr><td colspan="2">您的其他建议和意见:</td></tr>
</table>

表格回执地址:北京市东黄城根北街 16 号 科学出版社高等教育出版中心,邮编 100717
联系人:丛楠　　Tel:010-64034871　　e-mail:congnan@mail.sciencep.com